高中数学核心内容教学设计案例集（上册）

“中学数学核心概念、思想方法结构
体系及教学设计理论与实践”课题组

人民教育出版社
北京

图书在版编目（CIP）数据

高中数学核心内容教学设计案例集. 上册/“中学数学核心概念、思想方法结构体系及教学设计理论与实践”课题组编. —北京：人民教育出版社，2014.5（2021.6 重印）
ISBN 978-7-107-27434-3

Ⅰ. ①高…　Ⅱ. ①中…　Ⅲ. ①中学数学课—教学设计—高中　Ⅳ. ①G633.602

中国版本图书馆 CIP 数据核字（2014）第 104685 号

高中数学核心内容教学设计案例集　上册

出版发行　人民教育出版社
（北京市海淀区中关村南大街 17 号院 1 号楼　邮编：100081）
网　　址　http://www.pep.com.cn
经　　销　全国新华书店
印　　刷　人民教育出版社印刷厂
版　　次　2014 年 5 月第 1 版
印　　次　2021 年 6 月第 5 次印刷
开　　本　787 毫米×1 092 毫米　1/16
印　　张　23
字　　数　470 千字
定　　价　38.60 元

编委会

Editorial Committee

Contents

目录

数学1

数学2

数学3

数学4

数学5

数学 1

第一章 “集合与函数概念”概述

本章学习的主要内容是集合与函数.

集合概念及其基本理论，是近、现代数学的一个重要基础. 一方面，许多重要的数学分支，如数理逻辑、近世代数、实变函数、泛函分析、概率统计、拓扑等，都建立在集合理论的基础上；另一方面，集合论及其所反映的数学思想，在越来越广泛的领域中得到应用. 在高中数学中，集合的初步知识与其他内容有着密切联系，它是学习、掌握和使用数学语言的基础，这就是把它安排在高中数学起始章的一个原因.

对“集合”学习的定位是，将集合作为一种语言来学习. 使学生体会用集合语言表达数学内容的简洁性、准确性，学会使用最基本的集合语言表示有关的数学对象，并能在自然语言、图形语言或集合语言之间进行转换，发展运用数学语言进行交流的能力.

从学生熟悉的集合（整数集合、有理数集合、直线或圆上的点的集合等）出发，结合实例引出集合的描述. 介绍集合的元素、集合的表示法，以及集合间的关系（包含与相等）、集合的运算（交集、并集和补集），并结合相关内容给出子集、全集等概念.

函数是中学数学中最重要的基本概念之一. 高中阶段不仅把函数看成变量之间的依赖关系，同时还用集合与对应的语言刻画函数，函数的思想方法将贯穿高中数学课程的始终.

通过本章的学习，使学生认识函数是刻画现实世界中一类运动变化规律的数学模型，感受运用函数概念建立模型的过程与方法.

在中学，函数的学习大致可分为三个阶段. 第一阶段是在义务教育阶段，学习函数的描述性概念，学习正比例函数、反比例函数、一次函数、二次函数等简单的函数，了解它们的图象、性质等. 本章学习的函数概念、基本性质及后续学习的基本初等函数

（Ⅰ）与基本初等函数（Ⅱ）是函数学习的第二阶段，这是对函数概念的再认识阶段. 在这个阶段，学生将学习用集合与对应的语言刻画函数，加深对函数概念的理解. 在此基础上研究指数函数、对数函数、幂函数以及三角函数等基本初等函数，从而建立较为系统的函数知识，并初步培养函数的应用意识，为今后学习打好基础. 第三阶段的学习是选修系列的导数及其应用，这是对函数概念的进一步深化和提高.

本章知识框图如下所示：

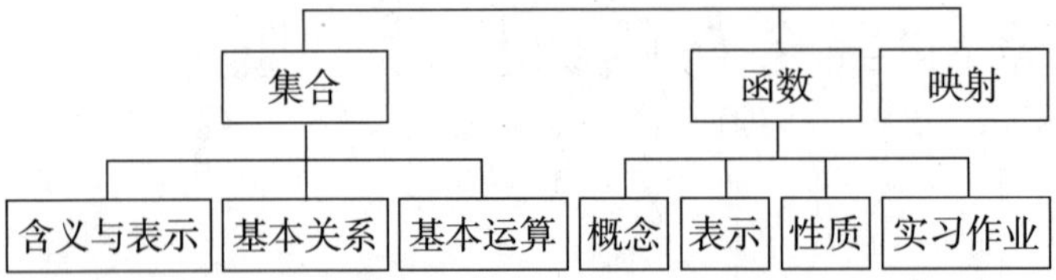

教学案例 1

集合的含义及其表示

一、内容和内容解析

内容：集合的含义与表示.

内容解析：本节课是人教版《数学 1》第一章第一节“集合与函数概念”中第 1 小节“集合”的第一课时，之后将学习集合间的基本关系.

集合是现代数学的基本语言，是一个原始的、不定义的概念. 从数学发展的历史来看，康托尔创立集合论的初衷是解决“无穷大”这一数学问题. 1874 年，康托尔“把若干确定的、有区别的具体或抽象的事物合并起来，看作一个整体，称其为集合”，然后他用“一一对应”关系的基本原则来区分两种数量无穷多的物体是否数量相等. 这种既抽象又朴素的概念已成为当今数学科学最重要的基本概念之一. 希尔伯特曾言：“康托尔的集合论创立了数学上最广泛、最有力的一个部门，一个没有人能把我们赶出去的天堂.”

就高一学生的认知水平来看，让他们理解为什么要创立这样一个原始概念较为困难，因此高中数学课程把集合“作为一种语言”来学习是合理与必要的. 既然把集合定位为一种语言，不妨从“语义”、“语法”和“语境”等角度开展教学设计. 本课需要突破的难点，一是改进学生的数学观，使之初步形成“数学是一种语言”的认识；二是从“语义”的角度理解“集合”这一概念，这可以借助集合中元素的“三性”——确定性、互异性和无序性；三是“语法”，即“列举法”和“描述法”，这可以从两种表示方法的格式入手；四是“语境”，这需要对自然语言、图形语言、集合语言进行“三语联用”，根据问题情境，选择恰当的表示方式，进行相互转换，发展用集合语言表达数学对象和数学内容的能力.

教学重点：了解集合的含义，用集合语言表达数学对象.

二、目标和目标解析

了解集合的含义，掌握集合表示的两种方法，能运用集合语言描述不同问题.

1. 结合生活中的实例以及初中学习过的知识，体会引入“集合”概念的必要性. 以集合中元素的确定性、互异性、无序性加深体会集合的含义.

2. 通过问题的辨别、选择及写法的改进，体会集合表示的两种方法“列举法”和“描述法”的合理性，并能正确地运用.

3. 利用自然语言、图形语言、集合语言描述同一具体问题，感受集合语言的意义和作用.

三、教学问题诊断分析

1. 本节课新概念、新符号较多，但教科书中的大部分内容学生都能够看懂. 在教学中，教师可以选择部分内容引导学生阅读，适时穿插彼此间的交流，再总结出知识要点.

2. 集合中元素的“确定性”是判断能否组成集合的关键条件，大多数学生知道这一性质后都能顺利运用，但理解“确定性”较难，教师可以从正、反两个方面引导学生结合社会实例进行讨论.

3. 集合的“描述法”格式要求比较规范，学生易出现条件漏写、错写等情况，教师要及时捕捉错误写法，及时纠正.

4. 自然语言、图形语言、集合语言的转换往往会出现困难，这需要一个循序渐进的过程. 本节课的关键在于让学生初步产生“三语联用”的意识，为后继学习集合间的关系、函数概念打下伏笔. 教师在教学中可以给出其中的两种语言，让学生翻译成第三种. 例如可以用自然语言叙述、图形语言描绘，要求学生用集合语言表达；或是用集合语言表达，要求学生翻译成自然语言或图形语言.

四、教学支持条件分析

本节课既是本章的起始课，也是高中数学的第一课. 对高一新生而言，无论在知识体系、学习方法以及对数学的认识等方面都是一个不小的跨越. 在问题设计时要紧密结合社会生活实际，注意初高中知识的衔接，通过“三语联用”，凸显“集合”的教学定位.

五、教学过程设计

（一）“集合”是描述“某类研究对象所组成的总体”的数学语言

问题 1

回顾初中已学的如下结论：(1) 长方形的对角线互相相等；(2) 等腰三角形两底角相等；(3)（实系数）二元一次方程的根的判别式．请思考：(1) 中的结论是否对所有的“长方形”都成立？(2) 与 (3) 呢？

教师指出：我们有时需要研究某类对象的普遍规律，如“所有的长方形”、“所有的等腰三角形”、“所有的二元一次方程”等．如何表达“所有”这种意思？就需要我们把这些研究对象“集中、聚合”到一起成为一个整体．在数学中，我们称这个整体为“集合”，例如“所有的长方形”就可以组成一个集合．事实上，现实生活中也有很多包含“所有”的例子．

指导学生阅读教科书第 2 页的引例 (1) ～ (8)，并思考：例 (3) ～ (8) 也都能组成集合吗？它们的元素分别是什么？

设计意图

先让学生意识到用数学语言描述“所有”这一含义的必要性．随之延伸到现实生活，并顺带引出“集合”、“元素”的概念．

（二）集合中的元素具有“确定性”、“互异性”和“无序性”

问题 2

是否把研究对象聚合到一起就是数学中所指的“集合”呢？必须符合什么条件才能构成“集合”？

学生阅读教科书第 2 页至第 3 页“思考”．

教师让学生回答“思考”提出的问题，通过 (1)、(2) 归纳出集合中的元素必须具有“确定性”．

教师引导学生逐段剖析教科书中的内容．

在第一段后，请学生仿照教科书“身材较高的人”，举出类似的例子，如“老人”、“高楼大厦”、“好看的衣服”等．

对于为什么要具有“确定性”，可以引导学生结合社会现实，先探讨这些例子如果不具有“确定性”将会如何．如“身材较高的人”可以结合军校院校招生的体检标准，“老人”可以结合我国法律法规中对年龄的明确规定等．再引导学生对这些例子进行改良，使之构成集合．如“身高 1.75 m 以上”、“年满七十周岁”等. 让学生明白，“确定性”意味着：某个元素要么“是”、要么“不是”这个集合的元素，不能出现似是而非、模棱两可的情况.

对于“互异性”，可以参照教科书第二段所写的“一个给定集合中的元素是互不相同的”直接告诉学生. 如果学生有疑惑，可以启发他们思考引例（3）中某款汽车在外观一样的情况下拥有不同识别码的事实.

对于“无序性”，可以先回顾教科书第三段所写的“只要构成两个集合的元素是一样的，就称这两个集合相等”. 提问学生：我们现在这个班的同学组成了一个集合，下周换了座位，还是同一个集合吗？从中归纳出元素具有“无序性”.

设计意图

从正、反两个角度加深学生对“确定性”的理解，加之“互异性”，使学生进一步认识到“集合中的元素是清楚的”. 通过“座位变换后集合不变”，让学生感受到“无序性”是顺乎自然的. 由此说明：数学之所以成为科学的语言，其重要原因之一是，数学语言本身也满足了科学研究的需要.

（三）元素与集合的关系

学生阅读教科书第3页，师生共同整理出以下要点：

（1）大写拉丁字母 A，B，C，…表示集合，小写拉丁字母 a，b，c，…表示集合中的元素.

（2）a 是集合 A 的元素，称为 a 属于集合 A，记作 $a\in A$；

a 不是集合 A 的元素，称为 a 不属于集合 A，记作 $a\notin A$；

学生用符号“$\in$”或“$\notin$”填空教科书第5页练习1.

（四）集合的表示

对于一些常用数集，方便起见，我们约定用特殊的大写拉丁字母表示：$\mathbf{Z}$——整数集，$\mathbf{Q}$——有理数集，$\mathbf{R}$——实数集. $\mathbf{N}$——自然数集；$\mathbf{N}_+$ 或 $\mathbf{N}^*$——正整数集.

问题3

回顾教科书第2页的引例（1），用 A 表示“1～20以内的所有素数”组成的集合，则 $3\in A$. 这里是用自然语言描述一个集合. 除此之外，还可以用什么方法描述呢？

改进Ⅰ：由于这里的元素不多，我们可以把它们一一列举出来，写成 $\{2, 3, 5, 7, 11, 13, 17, 19\}$，这种表示集合的方法称为“列举法”.

例1 试用列举法表示（1）(2)(3)，并思考（4）(5)是否也可以用列举法？

（1）小于10的所有自然数；

（2）地球上的四大洋；

（3）方程 $x^2=x$ 的所有实数根；

（4）不等式 $x-7<3$ 的解集；

（5）所有的直角三角形.

改进Ⅱ：因为（4）与（5）中的元素无法一一列举，我们可以用这个集合中元素所具有的共同特征来描述. 如（4）中元素的共同属性是“$x<10$”，可以写成 $\{x|x<10, x\in\mathbf{R}\}$，把这种方法称为“描述法”（此处可暂缓呈现教科书中的写法 $\{x\in\mathbf{R}|x<10\}$，以免学生产生混乱）.

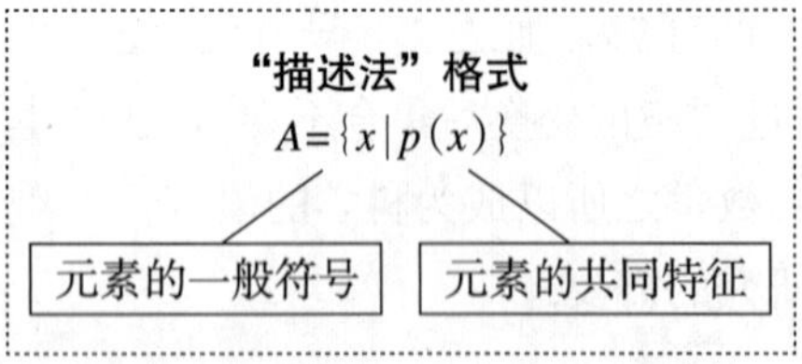

图 1

让学生再试着用描述法写（3），师生共同总结描述法的规范格式（如图1）.

思考：你认为应该怎样用描述法表示例1（5）?

改进Ⅲ：用描述法虽然可以写成 $\{x|x$是直角三角形$\}$，但引入的“x”显得勉强，不妨直接用{直角三角形}表示. 注意提醒学生，不能写成{所有的直角三角形}，因为“{}”已包含了“所有”的意思. 这是描述法的变通，而不是“列举法”.

设计意图

以“改进”的方式完成例1中各小题的集合表示，可以使“列举法”和“描述法”的学习显得自然、合理. 例1（3）可以比较出两种表示法的格式特点，例1（4）强调了“描述法”的格式要求，而例1（5）则渗透了“描述法”的变通写法.

例2 试分别用列举法和描述法表示下列集合，并思考用哪种方法更合适?

（1）方程 $x^2-2=0$ 的所有的实数根组成的集合；

（2）由大于1小于20的所有整数组成的集合.

对于例2（2），用列举法显得具体明了，而用描述法则突出了元素的共性，两者各有所长. 一般而言，有限集且元素个数不多时用列举法，有限集但个数较多或不能列举时用描述法.

引导学生用恰当的方法表示本节课引例（1）～（8），并完成教科书第5页的练习2.

设计意图

理解与巩固“列举法”和“描述法”，使学生能够根据具体问题选择恰当的方法.

（五）用集合语言进行表达

例 3 试用集合语言表达下列数学对象：

(1) 如图 2，直线 l 上的点 A，直线 l 外的点 B；

(2) 如图 3，抛物线 $y=x^2$ 上的所有的点.

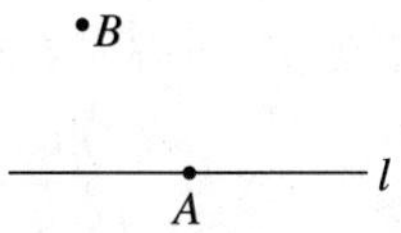

图 2

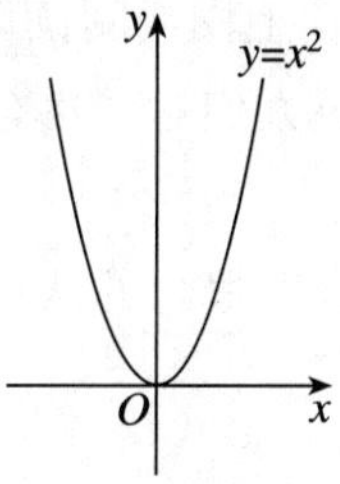

图 3

提醒学生，直线 l 或抛物线 $y=x^2$ 可以看成点集，直角坐标系中的点的通用符号是 (x, y). 注意收集例 3 (2) 学生所写的以下情形：

写法 1：$E_1=\{x \mid y=x^2\}$；

写法 2：$E_2=\{(x,y) \mid y=x^2\}$；

写法 3：$E_3=\{y \mid y=x^2\}$.

提问：E_1 实际上表示的集合是什么？它与 $E_3=\{y \mid y=x^2\}$ 一样吗？

教师还可以让学生举例，如“王小明是中华人民共和国公民”等，用集合语言进行表达.

例 4 请用自然语言叙述集合 $A=\left\{(x, y) \middle| \begin{cases} x+y-1=0 \\ x-y+1=0 \end{cases}\right\}$ 所表达的数学含义？

集合 A 是“方程组 $\begin{cases} x+y-1=0 \\ x-y+1=0 \end{cases}$ 的解组成的集合”，也可以看成是“直线 $x+y-1=0$ 与直线 $x-y+1=0$ 的交点组成的集合”.

设计意图

通过例 3 与例 4，进行自然语言、图形语言和集合语言的相互转换，使学生进一步认识“集合”的语言特性.

（六）小结

集合论被誉为 20 世纪最伟大的数学创造，创立者是德国数学家康托尔. 集合概念大大扩充了数学的研究领域，给数学结构提供了一个基础. 我们也将随着“集合”这一概念，走进高中数学课程. 通过本节课的学习，结合初中的数学学习经历，你有什么收获？高中数学给了你怎样的第一印象？

设计意图

引导学生自主梳理知识点，加深体会数学语言的特点.

六、目标检测设计

1. 书面作业：教科书第 11 页，习题 1.1，A 组，第 1～5 题.

2. 素养拓展：上网或阅读课外读物，了解康托尔的生平，查询有关“集合论”的资料，摘录人们对“集合”的评价.

设计意图

拓宽对“集合”概念的认识，了解相关数学史实，提高数学素养.

（浙江省义乌中学　王芳）

教学案例 2

函数的概念

一、内容和内容解析

“函数”是中学数学的核心概念.

学生在初中学习了函数概念. 函数定义采用“变量说”；介绍了三种表示法；以一次函数（包括正比例函数）、反比例函数和二次函数为具体函数模型，借助图象讨论了这些函数的一些简单性质；要求用所学函数知识解决简单实际问题；不涉及抽象符号 $f(x)$，不强调定义域、值域；等等. 初中所学的函数知识，与代数式、方程等联系紧密，而对“变量”、“变化”、“对应关系”等涉及函数本质的内容，要求是初步的.

高中阶段要建立函数的“对应说”，虽然它比“变量说”更具一般性，但两者的本质一致. 不同的是表述方式：高中用集合与对应语言表述；明确了定义域、值域；引入抽象符号 $f(x)$ 表示集合 B 中与 x 对应的那个数，当 x 确定时，$f(x)$ 也唯一确定.

函数概念的核心是“对应关系”：两个非空数集 A，B 间有一种确定的对应关系 f，即对于数集 A 中每一个 x，数集 B 中都有唯一确定的 y 和它对应. 这里的关键词是“每一个”，“唯一确定”. 集合 A，B 及对应关系 f 是一个整体，是两个集合的元素间的一种对应关系，这种“整体观”很重要.

由此，本节课的教学重点是在研究已有函数实例的过程中，感受在两个数集

A，B 之间所存在的对应关系 f，进而用集合、对应的语言刻画这一关系，获得函数概念.

二、目标和目标解析

1. 通过丰富实例，建立函数概念的背景，使学生体会函数是描述两个变量间依赖关系的重要数学模型.

2. 能用集合与对应的语言刻画函数，了解构成函数的三个要素.

3. 会用恰当的方式描述一个具体函数的对应关系.

4. 会判断两个函数是否相等，会求一些简单函数的定义域和值域.

5. 通过从实例中抽象概括函数概念的活动，培养学生的抽象概括能力.

三、教学问题诊断分析

1. 由于学生在初中接触的主要是用解析式表示的函数，他们对图象、表格表示的函数，因为其对应关系“说不出来”，所以往往认为不是函数. 因此，为了帮助学生认识“对应关系”这一函数概念的核心，应当特别重视“图象、表格表示的对应关系是什么”的教学.

2. 从以往的经验看，学生对解析式表示的函数对应关系的认识往往也不清晰，为此，应当加强用“等值语言”叙述函数解析式的训练. 例如，函数 $y=\sqrt{x}$ 的对应关系是“非负数与它的算术平方根对应”，或者“正方形的面积与它的边长对应”等.

3. 对函数概念中的“每一个”、“唯一确定”等关键词关注不够，领会不深. 教学中，可以通过反例帮助学生理解，当然，真正达到理解还需要有个过程.

因此，本节课的难点主要是对抽象符号 $y=f(x)$ 的理解，尤其是对 f 的意义的理解. 教学中应利用具体函数例证，特别是图象、表格表示的函数，使学生逐步体会对应关系 f 的意义.

四、教学过程设计

（一）用集合、对应语言定义函数

问题 1

同学们在初中已学过“函数”，请你举几个函数的例子.

教师根据学生所举例子，引导他们明确分别用解析式、图象、表格表示对应关系的函数. 如果学生所举例子都是用解析式表示的，教师则问：“函数关系都是可以用解析式表示的吗？”引导学生开阔思路，再举一些用图象、表格表示对应关系的函数. 教师也可以参与举例，但是，让学生来判断教师举出的例子是否能够表示一个函数，并要求说明理由.

设计意图

通过举例来回顾“变量说”.

例 1 图 1 中的曲线记录的是 2009 年 2 月 20 日自上午 9：30 至下午 3：00 上海证券交易所的股票指数的情况. 这是一个函数吗？为什么？

（此例的功能与教科书中“臭氧层空洞面积关于时间的变化曲线”相同，但更贴近日常生活.）

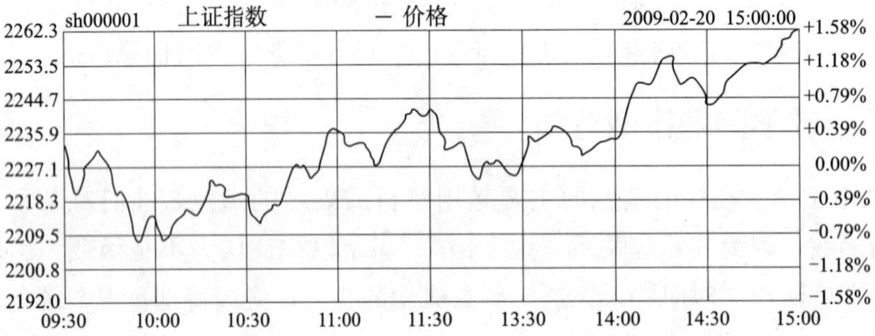

图 1

例 2 下面是某运动员在一次训练中射击序号与中靶环数的对应表：

序号	1	2	3
环数	8	8	8

环数是序号的函数吗？

学生正确说明后，再追问：“如果第三次脱靶，还表示函数吗？”

例 3 如图 2，一枚炮弹发射后，经过 26 s 落到地面击中目标. 炮弹的射高为 845 m，且炮弹距地面高度 h（单位：m）随时间 t（单位：s）变化的规律是

$$h=130t-5t^2. \quad (*)$$

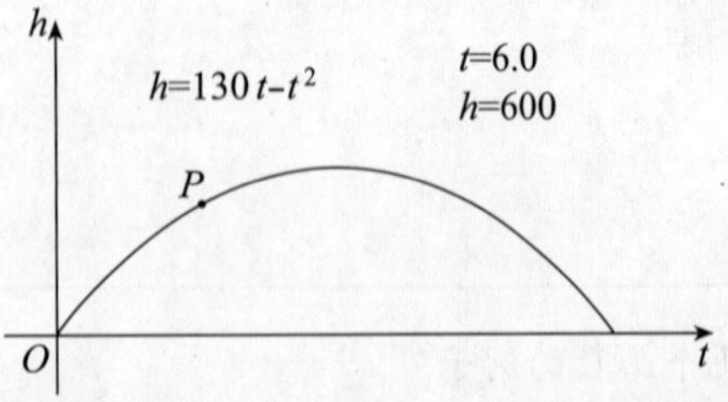

图 2

炮弹距地面高度 h 是时间 t 的函数吗？为什么？

教师演示：在线段 OD 上画一点 M，过 M 作 x 轴的垂线，并作出与图象的交点 P，度量点 M 的横坐标与点 P 的纵坐标. 随着点 M 位置的改变，点 M 的横坐标 x 与点 P 的纵坐标 y 都在变化，但无论点 M 在哪个位置，点 M 的横坐标 x 总对应唯一的点 P 的纵坐标 y. 由此，使学生体会，函数值 y 的变化依赖于自变

量 x 的变化，而且由 x 的值唯一确定. 炮弹飞行时间 t 的变化范围是数集 $A=\{t|0\leqslant t\leqslant 26\}$，炮弹距地面的高度的变化范围是数集 $B=\{h|0\leqslant h\leqslant 845\}$，从问题的实际意义可知，对于数集 A 中的任意一个时间 t，按照对应关系（$*$），在数集 B 中都有唯一确定的高度 h 和它对应.

问题 2

（追问举例的同学）你凭什么说自己举的例子表示一个函数？其他同学也思考一下，他们所举的是函数的例子吗？为什么？

设计意图

让学生用概念解释问题，了解他们对函数本质的理解状况. 要注意突出“两个变量 x，y”，对于变量 x 的“每一个”确定的值，另一个变量 y 有“唯一”确定的值与 x 对应. “y 是 x 的函数”，特别要求学生指出对应关系是什么？x 取哪些数？即取值范围，感受数集 A 的存在，y 值的构成情况，为引入两个数集做准备.

问题 3

前面我们学习了“集合”，你能用“集合”和对应的语言描述函数概念吗？

在学生用集合与对应语言解释“变量说”后，让学生阅读教科书上的“对应说”.

设计意图

引导学生把初中学过的函数概念与高一刚学的集合知识联系起来，用集合的观点解释已有概念，获得对函数概念的新认识.

（二）认识函数的定义域、值域、对应关系

例 1 填写下列表格：

函数	一次函数	二次函数		反比例函数
		$a>0$	$a<0$	
对应关系				
定义域				
值域				

例 2 函数 $y=x^2$ 的对应关系是什么？你能用一个具体背景说明这一对应关

系吗？

例 3 已知函数 $f(x)=\sqrt{x+4}+\frac{1}{x+3}$，求 $f\left(-\frac{2}{3}\right)$，$f(x-4)$ 的定义域.

例 4 下列函数中哪个是与 $y=x$ 相等的函数，为什么？

（1）$y=(\sqrt{x})^2$；（2）$y=(\sqrt[3]{x})^3$；（3）$y=\sqrt{x^2}$；（4）$y=\frac{x^2}{x}$.

上述例题都采用让学生先独立完成再师生共同讲评的方式完成.

设计意图

及时巩固概念，学习用函数概念作判断的“基本操作”.

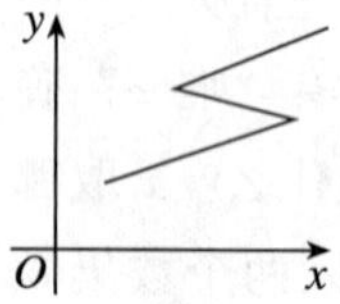

图 3

练习 1 请举出对应关系 f 只能用图象或表格表示的函数例子，并用函数定义说明你举的函数的确是函数.

练习 2 图 3 表示一个函数吗？为什么？

练习 3 教科书第 19 页练习 2、3.

设计意图

进一步认识函数概念中“三要素”的整体性. 两函数相等，当且仅当三要素相同. 练习 2 是一个反例，目的是认识“对应关系”的特点.

（三）自学“区间”概念

在研究函数时，常常需要用到“区间”概念. 请大家阅读教科书第 17 页，了解这个概念.

（四）小结

通过本节课的学习，你对函数概念有了哪些新的认识？还有哪些收获？

要点：“对应说”的概括过程，如何理解“对应关系 f”等.

设计意图

回顾函数概念的概括过程，体会通过归纳具体事例的共同本质特征得出数学概念的方法；体会用函数概念描述变量之间依赖关系的过程与方法；体会抽象符号 f：$A\to B$ 的含义.

五、目标检测设计

1. 教科书第 24 页习题 1.2，A 组，第 1，2，3，4 题.

2. 给定函数 $y=x(x+2)(x>0)$，请你用尽量多的具体情境解释这个函数的对应关系.

3. 联系自己的生活经历和实际问题，举出一些函数的实例. 希望包括一些只能用图象或表格表示的函数.

设计意图

第(2)(3)题的目的是加深对“对应关系”的理解. 学生能举出丰富的函数例子，是理解函数概念的重要标志.

（南京师大附中　陶维林）

教学案例3

函数的表示法

一、内容和内容解析

函数的表示法是“函数及其表示”这一节的主要内容之一.

学习函数的表示法，不仅是研究函数本身和应用函数解决实际问题所必须涉及的问题，也是加深对函数概念理解所必需的. 同时，基于高中阶段所接触的许多函数均可用几种不同的方式表示，因而学习函数的表示也是领悟数学思想方法（如数形结合、化归等）、学会根据问题需要选择表示方法的重要过程.

学生在学习用集合与对应的语言刻画函数之前，比较习惯于用解析式表示函数，但这是对函数很不全面的认识. 在本节中，从引进函数概念开始，就比较注重函数的不同表示方法：解析法、图象法、列表法. 函数的不同表示法能丰富对函数的认识，帮助理解抽象的函数概念. 特别是在信息技术环境下，可以使函数在数形结合上得到更充分的表现，使学生更好地体会这一重要的数学思想方法. 因此，在研究函数时，应充分发挥图象直观的作用；在研究图象时要注意代数刻画，以求思考和表述的精确性.

解析法有两个优点：一是简明、精确地概括了变量间的关系；二是可以通过解析式求出任意一个自变量的值所对应的函数值. 中学阶段所研究的主要是能够用解析式表示的函数.

图象法的优点是，直观形象地表示自变量的变化，相应的函数值变化的趋势，有利于我们通过图象来研究函数的某些性质. 图象法在生产和生活中有许多应用，如企业生产图、股票指数走势图等.

列表法的优点是，不需要计算就可以直接看出与自变量的值相对应的函数值，简洁明了. 列表法在实际生产和生活中也有广泛应用. 如成绩表、银行的利率表等.

在研究函数时，根据问题的特点，往往需要同时借助几种不同的函数表示法研究函数，如同时采用解析法和图象法表示函数，加强数形结合，这是研究函数的常用方法.

分段函数是一类重要的函数. 所谓分段函数，就是在同一个定义域的不同子集上对应关系不同的函数. 这类似于，同一个国家的不同地区可以实行不同的社会制度.

二、目标和目标解析

1. 掌握函数的三种表示方法（图象法、列表法、解析法），会根据不同的需要选择恰当的方法表示函数.

通过具体的实例，在不同的表示法的选择、转化中，逐步学会用恰当的方法表示一个函数，逐步养成用不同方法表示一个函数的习惯，尤其是增强数与形结合的意识.

2. 了解简单的分段函数，并能简单地应用.

通过具体实例（如出租车资费、邮件资费等），以及画出含绝对值函数的图象，或者求含绝对值的函数的值域，认识分段函数是一种普遍存在的函数.

3. 会用列表、描点、连线的三步作图法画一些简单函数的图象，并能通过几何直观得到函数的有关信息（性质）.

三、教学问题诊断分析

1. 初中已经接触过函数的三种表示法：解析法、列表法和图象法. 高中阶段重点是让学生在了解三种表示法各自优点的基础上，使学生会根据实际情境的需要选择恰当的表示方法. 因此，教学中应该多给出一些具体问题，让学生在比较、选择函数模型表示方式的过程中，加深对函数概念的整体理解，而不再误以为函数都是可以写出解析式的.

2. 让学生借助计算器，列表描点，画出给定解析式的函数的图象，加强各种表示法之间的联系. 有条件的，可使用信息技术，利用计算机软件画出图象，为学生创设丰富的数形结合环境，帮助学生更深刻地理解函数概念及其表示法. 如可补充如下函数：

①$y=\dfrac{3}{x^2-3x+2}$；　　②$y=\sqrt{2x-1}+\sqrt{5-2x}$；

③$y=\sqrt{x^2-9}$；　　④$y=\dfrac{\sqrt{4-x}}{x-1}$.

上述四个函数的图象如图 1 所示，依次为：

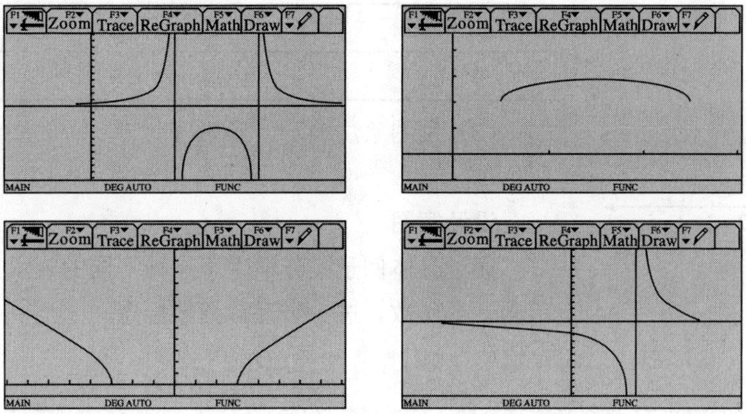

图 1

3. 分段函数大量存在，但比较繁琐. 一方面，要加强用分段函数模型刻画实际问题的实践；另一方面，可以画含绝对值号的函数的图象，促使学生根据绝对值的意义把函数分段写出来，然后分段画出图象. 还可以通过求分段函数的值域，让学生体验到，分段函数的问题应该分段解决，然后再综合. 这也为下一步研究分段函数的单调性等性质打下伏笔.

四、教学过程设计

（一）用三种表示法表示同一个函数

我们在初中就已经知道函数的三种表示法：解析法，图象法，列表法.

问题 1

某种笔记本的单价是 5 元，买 x（$x\in\{1, 2, 3, 4, 5\}$）本笔记本需要 y 元. 试用函数的三种表示法表示函数 $y=f(x)$.（教科书第 19 页例 3）

这个函数的图象由一些离散的点组成，与以前学习过的一次函数、二次函数的图象是连续的曲线不同. 通过本例，进一步让学生感受到，函数概念中的对应关系、定义域、值域是一个整体. 函数 $y=5x$ 不同于函数 $y=5x$（$x\in\{1, 2, 3, 4, 5\}$），前者的图象是（连续的）直线，而后者是 5 个离散的点.

由此认识到：函数图象既可以是连续的曲线，也可以是直线、折线、离散的点，等等.

让学生体会到三种表示方法各自的优点. 为“问题 2”提供一个具体的事例.

解：这个函数的定义域是$\{1, 2, 3, 4, 5\}$.

（1）用解析法表示为 $y=5x$，$x\in\{1, 2, 3, 4, 5\}$.

（2）用列表法表示为

笔记本数 x	1	2	3	4	5
钱数 y	5	10	15	20	25

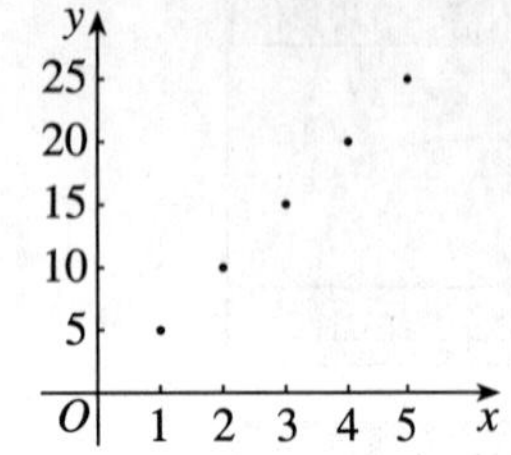

图 2

（3）用图象法表示，函数 $y=f(x)$ 的图象如图 2 所示.

设计意图

通过具体例子，让学生用三种不同的表示方法来表示同一个函数，进一步理解函数概念.

问题 2

（1）比较函数的三种表示法，各自有哪些优、缺点？

（2）所有的函数都能用解析法表示吗？举出一个函数，并分别用三种表示法表示.

不是所有的函数都能用解析法表示，如心电图.

讨论中，还可以问学生："函数图象可以是折线吗？"让学生举例说明.（如 $y=|x|$）

设计意图

通过比较，明确各种表示法的优点；通过举例，让学生通过自己的例子说明怎样用恰当的表示法来表示某些函数.

问题 3

图 3 能表示某个函数的图象吗？为什么？

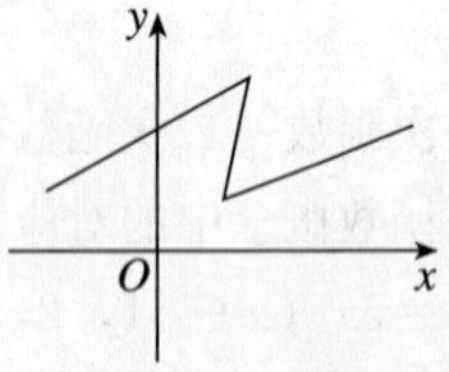

图 3

组织学生讨论后，归纳出判断方法：平行于 y 轴的直线（或 y 轴）与图形至多一个交点.

设计意图

这是例 3 边空的内容"那么判断一个图形是不是函数图象的依据是什么". 通过讨论，进一步理解函数概念中"对于集合 A 中的任意一个数 x，在集合 B 中都有唯一确定的数 $f(x)$ 和它对应".

（二）选择恰当方法表示函数，以便分析其特点

问题 4

下表是高一(3) 班三位同学在高一学年度 6 次数学测试的成绩及班级平均分表.

姓名	第 1 次	第 2 次	第 3 次	第 4 次	第 5 次	第 6 次
王伟	98	87	91	92	88	95
张城	90	76	88	75	86	80
赵磊	68	65	73	72	75	82
班级平均分	88.2	78.3	85.4	80.3	75.7	82.6

请你对这三位同学在高一学年度的数学学习情况做一个分析.

教学中，先不必直接把图象法告诉学生，可以让学生说说自己是如何分析的，选择了什么样的方法来表示这三个函数．通过比较各种不同的分析方法，达成共识：用图象法比较好．培养学生根据实际需要选择恰当的函数表示法的能力.

能够从图象中读出哪些信息也不要直接告诉学生，让学生经过观察、思考获得结论．比如总体水平（王伟成绩好）、变化趋势（赵磊的成绩在逐步提高）、与班级平均分的比较，等等．培养学生的观察能力、获取有用信息的能力.

解：从表中可以知道每位同学在每次测试中的成绩，但不太容易分析每位同学的成绩变化情况（学习情况）．如果将“成绩”与“测试序号”之间的关系用函数图象表示出来，如图 4，那么就能比较直观地看到成绩变化情况．这对我们分析学习情况是有利的.

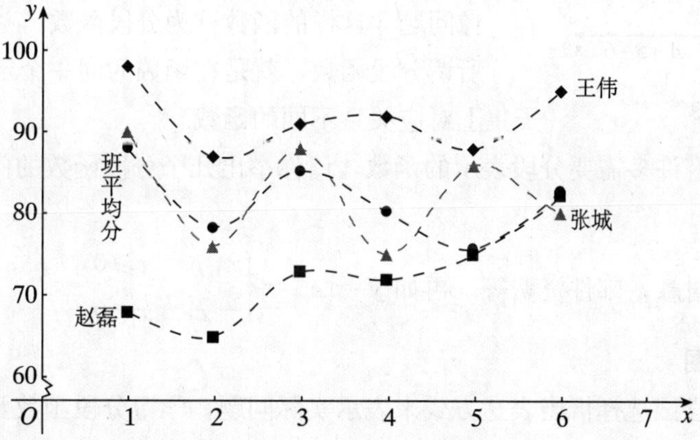

图 4

从图 4 中可以看到，王伟同学的学习成绩始终高于班级平均水平，学习情况稳定，而且成绩优秀．张城同学的学习成绩不够稳定，总是在班级平均水平上下波动，而且波动幅度也比较大．赵磊同学的学习成绩低于班级平均水平，但是他的成绩呈上升趋势，表明他的成绩在稳步提高.

必须提醒学生，图中的虚线不是函数图象的组成部分，之所以用虚线连接散点，主要是为了区分这三个函数，直观感受三个函数的变化趋势，从而便于分析学习情况，加以比较.

设计意图

这里有三个用表格法给出的函数．要“对这三位同学在高一学年度的数学学习情况做一个分析”不太方便，因此需要改变函数表示的方法，选择图象法比较恰当．

（三）分段函数及其表示

问题 5

某市出租车资费规定如下：(1) 3 公里以内（含 3 公里）9 元；(2) 3 公里以上，每增加 1 公里，资费增加 2.4 元（不足 1 公里按 1 公里计算）．

某线路总里程为 6 公里，请根据题意写出资费与里程之间函数的解析式，并画出函数的图象．

解：设资费为 y 元，里程为 x 公里．由题意，自变量 x 的取值范围是 $(0,6]$．

y 与 x 的函数解析式为 $y=\begin{cases}9, & 0<x\leqslant 3,\\ 11.4, & 3<x\leqslant 4,\\ 13.8, & 4<x\leqslant 5,\\ 16.2, & 5<x\leqslant 6.\end{cases}$

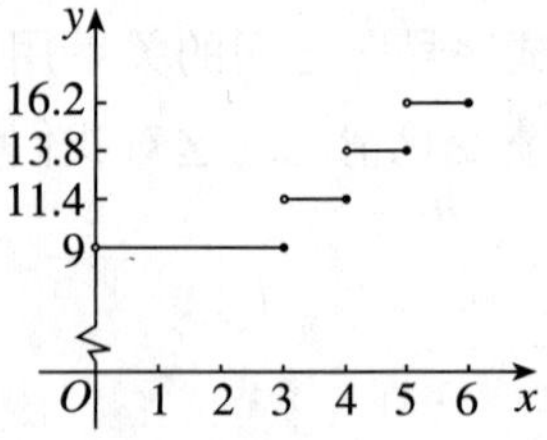

图 5

根据解析式画出的图象如图 5 所示．

像问题 5 这样的函数称为分段函数．

所谓分段函数，就是在函数的同一个定义域的不同子集上对应关系不同的函数．

生活中有许多需要分段表示的函数，请你举出几个分段函数的例子，并画出它的图象．

如分期付款，邮件资费等．再如 $y=|x|=\begin{cases}x, & x\geqslant 0,\\ -x, & x<0.\end{cases}$

设计意图

让学生尝试选择恰当表达方式来表示实际问题，学习分段函数及其表示．

（四）课堂练习

教科书第 23 页，练习 1，2，3．

（五）小结

通过本节课的学习，你的主要收获有哪些？

大致有：函数的表示方法有三种，各有优、缺点；应该根据不同的问题、不同的要求选择恰当的表示方法，以便研究函数的某些性质．还学习了什么样的函数是分段函数．

（六）课后作业

教科书第 24 页，习题 1.2，第 7，8 题.

五、目标检测设计

1. 画出函数 $y=\begin{cases}x^2, & x\in\{1, 2, 3\},\\ x, & x\in\{4, 5, 6\}\end{cases}$ 的图象，并用列表法表示该函数.

2. 用图象法表示下列函数：

（1）$f(x)=1+\dfrac{1}{x-1}$；

（2）自变量 x 与它的函数 y 的关系如下表所示：

x	2	4	6	8
y	4	8	12	16

3. 甲、乙两地间共 300 km. 某人驾车从甲地到乙地，开始一个小时的行驶速度是 90 km/h，然后在服务区休息了半个小时，后来的行驶速度是 100 km/h. 把速度 v 表示为时间 t 的函数，并画出这个函数的图象.

（南京师大附中　陶维林）

教学案例 4

函数的单调性

一、内容和内容解析

函数的单调性是研究当自变量 x 不断增大时，它的函数 y 增大还是减小的性质. 如函数单调增表现为“随着 x 增大，y 也增大”这一不变的特征. 与函数的单调性不同，函数的奇偶性是研究 x 成为相反数时，y 是否也成为相反数，即函数的对称性质.

函数的单调性与函数的极值类似，是函数的局部性质，在整个定义域上不一定具有. 这与函数的奇偶性，函数的最大值、最小值不同，它们是函数的整体性质，即函数在整个定义域上的性质.

函数单调性的研究方法也具有典型意义，体现了对函数研究的一般方法. 这就是，加强“数”与“形”的结合，由直观到抽象，由特殊到一般．首先借助对函数图象的观察、分析、归纳，发现函数的增、减变化的直观特征，进一步量化，发现增、减变化的数字特征，从而进一步用数学符号刻画．

函数单调性的概念是研究具体函数单调性的依据，在研究函数的值域、定义域、最大值、最小值等性质中有重要应用（内部）；在解不等式、证明不等式、数列的性质等数学的其他内容的研究中也有重要的应用（外部）．因而在数学中具有核心地位．

教学重点：引导学生对函数在区间 (a, b) 上“随着 x 增大，y 也增大（或减小）”这一特征进行抽象的符号描述，即在区间 (a, b) 上任意取 x_1，x_2，当 $x_1<x_2$ 时，有 $f(x_1)<f(x_2)$（或 $f(x_1)>f(x_2)$），则称函数 $f(x)$ 在区间 (a, b) 上单调增（或单调减）．

二、目标和目标解析

理解函数在某区间上单调的意义，掌握用函数的单调性定义证明函数在区间上具有某种单调性的方法（步骤）．

1. 要求能够以具体的例子说明函数在某区间上具有某种单调性．

2. 能够举例说明函数在定义域的子集（区间）上具有单调性，而在整个定义域上未必具有单调性，说明函数的单调性是函数的局部性质．

3. 对于一个具体的函数，能够用单调性的定义，证明它的单调性：在区间上任意取 x_1，x_2，$x_1<x_2$，作差 $f(x_2)-f(x_1)$，然后判断这个差的正、负，从而证明函数在该区间上是增函数还是减函数．

三、教学问题诊断分析

学生已有的认知基础是，初中学习过函数的概念，初步认识到函数是一个刻画某些运动变化数量关系的数学概念；进入高中以后，又进一步学习了函数的概念，认识到函数是两个数集之间的一种对应．学生还知道函数有三种表示方法，特别是可以借助图象对函数特征加以直观考察．此外，还学习过一次函数、二次函数、反比例函数等几个简单而具体的函数，了解它们的图象及性质．尤其值得注意的是，学生有利用函数性质进行两个数大小比较的经验．

“图象是上升的，函数是单调增的；图象是下降的，函数是单调减的”，仅就图象角度直观描述函数单调性的特征学生并不感到困难．困难在于，把具体的、直观形象的函数单调性的特征抽象出来，用数学的符号语言描述．即把某区间上“随着 x 的增大，y 也增大”（单调增）这一特征用该区间上“任意的 $x_1<x_2$，有 $f(x_1)<f(x_2)$”（单调增）进行刻画．其中最难理解的是为什么要在区间上“任意”取两个大小不等的 x_1，x_2．

教学中，通过一次函数、二次函数等具体函数的图象及数值变化特征的研究，得到“图象是上升的”，相应地，即“随着 x 的增大，y 也增大”，初步提出单调增的说法. 通过讨论、交流，让学生尝试，就一般情况进行刻画，提出“在某区间上，若对于任意的 $x_1<x_2$ 有 $f(x_1)<f(x_2)$，则函数在该区间上具有‘图象是上升的’、‘随着 x 的增大，y 也增大’”的特征；进一步给出函数单调性的定义；然后通过辨析、练习等帮助学生理解这一概念.

企图在一节课中完成学生对函数单调性的真正理解可能是不现实的. 在今后，学生通过判断函数的单调性，寻找函数的单调区间，运用函数的单调性解决具体问题等一系列学习活动，可以逐步理解这个概念.

四、教学支持条件分析

为了有效实现教学目标，条件许可，可以借助计算机或者计算器绘制函数图象，同时辅以坐标计算、跟踪点等手段观察函数值的变化，从而获得对函数单调增、减的直观感受.

五、教学过程设计

（一）用好节前语，引出课题

函数是描述事物运动变化规律的数学模型. 如果了解了函数的变化规律，那么也就掌握了相应事物的变化规律. 因此研究函数的性质十分重要. 在事物变化过程中保持不变的特征就是这个事物的性质.

问题1

观察图1中各个函数的图象，你能说说它们分别反映了相应函数的哪些变化规律吗？

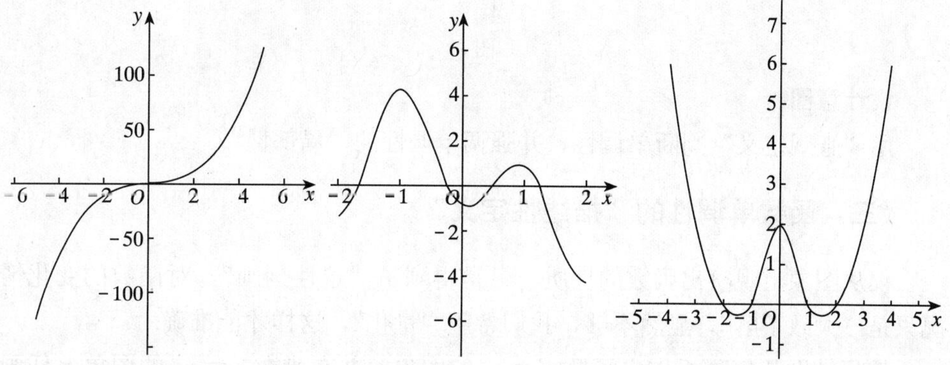

图1

可能的回答是，第一个图中的函数图象，自左向右是上升的；第二个图中的函数图象，自左向右，有时是上升的，有时是下降的；第三个图中的函数图象，自左向右也是有时上升有时下降的，而且是关于 y 轴对称的.

对于运动变化问题，最基本的就是描述变化的快与慢、增与减……相应地，函数的特征就包含：函数的增与减. 我们把函数的这种性质称为“单调性”.

教师结合上述直观认识，写出课题：函数的单调性.

设计意图

从形到数，借助对函数图象的观察，想象相应函数的性质，引导学生思考单调函数的“直观定义”.

（二）函数单调性的“直观定义”

结合上述直观认识，给出单调函数的“直观定义”：

设函数的定义域为 I，区间 $D\subseteq I$，在区间 D 上，若函数的图象（从左至右看）总是上升的，则称函数在区间 D 上是增函数，区间 D 称为函数的单调增区间；在区间 D 上，若函数的图象（从左至右看）总是下降的，则称函数在区间 D 上是减函数，区间 D 称为函数的单调减区间.

例 图 2 是定义在区间 $[-5, 5]$ 上的函数 $y=f(x)$ 的图象，根据函数图象说出函数的单调区间，以及在每一个单调区间上，它是增函数还是减函数？

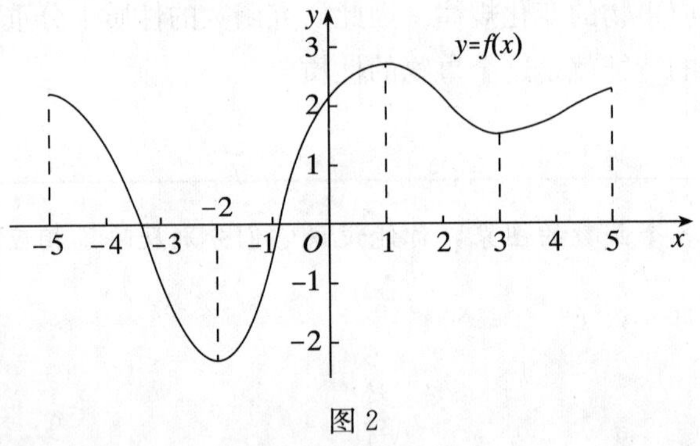

图 2

设计意图

用“直观定义”判断单调性，并强调单调性的“局部性”.

（三）函数单调性的“描述性定义”

仅从图象上观察出函数的性质，只是得到了“定性刻画”，对函数的变化情况只是“大致了解”，显然不够，我们希望“量化”，这样才能准确.

教师借助几何画板作出函数 $y=x^2$ 的图象，并在函数 $y=x^2$ 的图象上任画一点 P，测量出其横坐标与纵坐标，制作表格. 拖动点 P，表格主动增行.

——问题 2

根据函数的定义，对于自变量 x 的每一个确定的值，变量 y 有唯一确定的值与它对应. 那么，当一个函数在某一区间上是单调增（或单调减）的时候，相应地，自变量的值与对应的函数值的变化规律是怎样的呢？

由上面的表格可见，点 P 的纵坐标 y（即函数值）的变化规律：在区间 $(-\infty, 0]$ 上，随着自变量 x 的增大，函数值 y 减小；在区间 $(0, +\infty)$ 上，随着自变量 x 的增大，函数值 y 也增大.

由此得到单调函数的“描述性定义”：

设函数的定义域为 I，区间 $D \subseteq I$，在区间 D 上，若随着自变量 x 增大，函数值 y 也增大，则称函数在区间 D 上是增函数；在区间 D 上，若随着自变量 x 增大，函数值 y 反而减小，则称函数在区间 D 上是减函数.

设计意图

对函数的单调性的刻画，从图形语言的表述过渡到自然语言的表述.

（四）从“定性定义”过渡到“定量定义”

虽然完成了对函数单调性的从图形语言的表述到自然语言的表述过渡. 但这样的描述还不是“量化”的，所以，要把定性的数量变化关系转化为定量的数量变化关系. 这是本课的重点，也是难点所在.

从上面的结论可以看到，函数在区间 D 上是增函数，那么随着自变量 x 增大，函数值 y 也增大.

——问题 3

如果对于区间 (a, b) 上的任意 x，有 $f(x)>f(a)$，则函数 $f(x)$ 在区间 (a, b) 上单调增. 这个说法对吗？请你说明理由（举例或者画图）.

设计意图

通过对描述性定义的辨析，逐渐引出定量定义. 在这里，必须是两个变化的量的比较.

——问题 4

函数 $f(x)$ 在区间 (a, b) 上有无数个自变量 x，使得当 $a<x_1<x_2<\cdots<b$ 时，有 $f(a)<f(x_1)<f(x_2)<\cdots<f(b)$，能不能说明它在 (a, b) 上单调增？请你说明理由（举例或者画图）.

设计意图

本问题较为贴近描述性定义，但这是对描述性定义的误解．通过对函数描述性定义的辨析，逐渐使学生认识到要使函数 $f(x)$ 在区间 (a, b) 上具有单调增的特征，必须允许自变量 x 在区间 (a, b) 上“任意取”，且只要“取两个”就够了．同时也给学生使用符号说明单调性以示范或提示．

从上面的讨论可以看到，函数 $f(x)$ 在区间 (a, b) 对任意 x 有 $f(x)>f(a)$，不能说明它在 (a, b) 单调增；在区间 (a, b) 上有无数个自变量 x，使得当 $a<x_1<x_2<\cdots<b$ 时，有 $f(a)<f(x_1)<f(x_2)<\cdots<f(b)$，也不能说明它在 (a, b) 上单调增．那么自变量 x 在区间 (a, b) 上到底该怎样取值好呢？我们再来看一看具体的函数 $f(x)=x^2$．

教师利用《几何画板》演示：在函数 $f(x)=x^2$ 的图象上，于区间 $[0, +\infty)$ 任选两个点，自变量大的函数值也一定大．并提出以下问题：

问题 5

在函数 $f(x)=x^2$，$x\in[0, +\infty)$ 的图象上任意取两点，自变量大的函数值也一定大，能否说明函数 $f(x)=x^2$ 在 $x\in[0, +\infty)$ 上单调增？

这个问题的答案是显然的．教师立即提出“怎样用符号来表示”的问题．引导学生获得“只要任意 $x_1<x_2$，$f(x_1)<f(x_2)$”即可．

经过讨论，获得共识——函数单调性的定义．

一般地，设函数 $f(x)$ 的定义域为 I，如果对于定义域 I 内的某个区间 D 上的任意两个自变量的值 x_1，x_2，当 $x_1<x_2$ 时，都有 $f(x_1)<f(x_2)$，那么就说函数 $f(x)$ 在区间 D 上是增函数；对于定义域 I 内的某个区间 D 上的任意两个自变量的值 x_1，x_2，当 $x_1<x_2$ 时，都有 $f(x_1)>f(x_2)$，那么就说函数 $f(x)$ 在区间 D 上是减函数．

这个定义的关键词是什么呢？是“任意”两字．

设计意图

由问题 5 可见，刻画函数单调性不在于所取自变量的个数的多少，关键在于是否能够任意取值，而且必须任意取两个．

（五）单调性定义的应用（课堂练习）

练习 1　画出反比例函数 $y=\dfrac{1}{x}$ 的图象，并回答下列问题：

（1）指出这个函数的单调性；

（2）是否可以说“这个函数在定义域 I 上单调减”？为什么？

答：(1) 函数 $y=\dfrac{1}{x}$ 在区间 $(-\infty,\ 0)$ 上单调减，在区间 $(0,\ +\infty)$ 上也单调减.（图象略）

(2) 这个函数的定义域 $I=(-\infty,\ 0)\cup(0,\ +\infty)$. 不能说“这个函数在定义域 I 上是单调减”. 事实上，取 $x_1=-1$，$x_2=1$，而 $f(-1)=-1$，$f(1)=1$.

设计意图

通过具体问题，使学生认识函数的单调性是函数定义域的某个区间上的性质，是函数的局部性质（在整体上未必有）. 进一步认识“任意”二字的意义，加深对函数单调性的认识.

练习 2 物理学中的波利尔定律 $p=\dfrac{k}{V}$（k 是正常数）告诉我们，对于一定量的气体，当体积 V 减小，压强 p 将增大. 试用函数的单调性证明之.

分析 怎样来证明“体积 V 减小，压强 p 将增大”呢，根据函数单调性的定义，只要证明函数 $p=\dfrac{k}{V}$（（k 是正常数）是减函数. 怎样证明函数 $p=\dfrac{k}{V}$（（k 是正常数）是减函数呢，只要在区间 $(0,\ +\infty)$（因为体积 $V>0$）任意取两个大小不相等的值，证明较小的值对应的函数值较大，即：设 $V_1<V_2$，证明 $p_1>p_2$，也就是只要证明 $p_1-p_2>0$.

证明：设 $V_1<V_2$，V_1，$V_2\in(0,\ +\infty)$.

$$p_1-p_2=\frac{k}{V_1}-\frac{k}{V_2}=\frac{k(V_2-V_1)}{V_1V_2}.$$

因为 k 是正常数，$V_1<V_2$，所以 $\dfrac{k(V_2\quad V_1)}{V_1V_2}>0$，$p_1>p_2$.

所以，体积 V 减小，压强 p 将增大.

设计意图

函数单调性概念的应用. 逐步掌握利用单调性定义证明一个函数在某区间上具有某种单调性的步骤，加深对函数单调性的理解.

（六）小结

这节课，我们学习了“函数的单调性”，如果函数在区间 $(a,\ b)$ 上单调减，那么这个函数有什么特征?

教师总结研究问题的过程（突出思想方法）：图形直观—定性刻画—定量刻画. 最后用不等式，即“大小比较”的方法刻画一种变化规律，描述一个变化过程.

设计意图

$f(x)$ 在区间 D 上是减函数 $\Leftrightarrow f(x)$ 的图象在区间 D 上是下降的 $\Leftrightarrow$ 在区间 D 上自变量增大，函数值减小. 类似地，$f(x)$ 在区间 D 上是增函数 $\Leftrightarrow f(x)$ 的图

象在区间 D 上是上升的⇔在区间 D 上自变量增大，函数值增大.

（七）课后作业

教科书第 39 页，习题 1.3，第 1，2，3 题.

六、目标检测设计

1. 画出下列函数的图象，并指出单调区间：

(1) $y=\frac{1}{x}+1$；　　(2) $y=\frac{1}{x+1}$.

2. 用函数单调性的定义证明函数 $f(x)=x^2+2x$ 在区间 $(-\infty, -2)$ 上是减函数.

3. 用函数单调性的定义证明函数 $f(x)=x+\frac{1}{x+1}$ 在区间 $(0, +\infty)$ 是增函数，试画出这个函数的图象.

（南京师大附中　陶维林）

教学案例 5

函数的单调性

一、内容和内容解析

内容：函数单调性的概念及简单应用.

内容解析：本节课是人教版《数学 1》第一章第三节“函数的基本性质”中第 1 小节“单调性与最大（小）值”的第 1 课时，紧接着函数的概念及其表示的学习.

函数是研究现实世界中变量间依赖关系的一种数学模型，而函数单调性又是这种依赖关系中最基本、最重要的性质. 函数的单调性是学生在了解函数概念后学习的函数的第一个性质，是函数学习中第一个用数学符号语言刻画的概念，它为进一步学习函数其他性质提供了方法依据. 函数单调性研究的是当自变量 x 不断增大时，它的函数值 y 是增大还是减小的问题. 函数的单调性既是函数概念的延续和拓展，又是后续研究具体函数如指数函数、对数函数、三角函数等单调性的基础，在研究函数的值域、最值等性质中有重要作用. 此外，在比较数的大小，解、证不等式以及相关的数学综合问题中也有广泛的应用，它是整个高中数学中起着承上启下作用的核心概念之一.

教科书中函数单调性概念的形成经历了以下三个由直观到抽象、由特殊到一般、从感性到理性的认知过程：首先借助一次、二次函数图象，发现函数单调性的“上升”、“下降”的直观特征（图形语言）；接着结合二次函数图象与对应值表发现增、减变化的数字特征（自然语言）：x 增大，y 增大（减小），进一步利用解析式研究，定量精确描述上述特征（符号语言）；最后从特殊到一般地给出增、减函数的形式化定义. 教科书这样安排，既体现了对函数研究的一般方法，又符合学生的认知规律.

增（减）函数定义：对于函数 $f(x)$ 的定义域 I 内某个区间 D 上任意两个自变量的值 x_1，x_2，当 $x_1<x_2$ 时，都有 $f(x_1)<f(x_2)$（$f(x_1)>f(x_2)$），那么就说 $f(x)$ 在区间 D 上是增（减）函数. 从定义本身可以看到，函数单调性是相对于某个区间来说的，它刻画的是函数的局部性质，定义中“任意”、“都有”是这个概念的关键词.

判断函数的单调性，既可利用函数图象的直观性得到，也可利用增（减）函数的定义获得，有时也可借助增（减）函数的自然语言来分析，因此，经历单调性概念的形成过程，不仅有利于理解单调性概念的本质，也有利于理解三种语言表示的关系，掌握判断函数单调性的方法.

用定义证明函数单调性的方法和步骤是：“设元”（设区间中的任意 x_1，x_2，且 $x_1<x_2$），“作差”（$f(x_2)-f(x_1)$），“变形”（对 $f(x_2)-f(x_1)$ 变形），“断号”（判断 $f(x_2)-f(x_1)$ 的正负号），“定论”（下结论）. 通过概念的应用、方法步骤的归纳，有助于形成有条理地、符合逻辑地进行推理、表达的能力，也有助于深化单调性概念的理解.

在单调性概念的形成和应用过程中，或对函数图象进行观察思考，或利用图象进行猜想推测，体现了“以形助数”的思想方法，因此数形结合思想是本课内容蕴含的核心数学思想.

教学重点：函数单调性定义的形成.

二、目标和目标解析

能从形与数两方面理解函数单调性概念，初步掌握利用函数图象和定义判断、证明函数单调性的基本方法和步骤.

1. 通过观察一次、二次、反比例函数图象，形成增（减）函数的直观认识（上升或下降），再借助二次函数图象及函数值大小比较，认识函数值随自变量的增大而增大的规律，由此形成增函数的定义，再类比得出减函数的定义.

2. 能借助函数图象的直观性得出一些简单函数的单调性，能利用定义证明一些函数的单调性，熟悉证明的基本步骤.

3. 在增（减）函数定义的形成过程中，经历从直观到抽象、从感性到理性、从特殊到一般的认知过程，学习数学思考的基本方法，感悟蕴含其中的数形结合思想，培养数学思维能力.

三、教学问题诊断分析

一方面，学生在初中已经学习过函数的概念，初步认识到函数是一个刻画某些运动变化关系的数学概念，进入高中以后，又进一步学习了函数的概念，认识到函数是两个数集之间的一种对应. 还了解了函数的三种表示方法，特别是具备可以借助图象直观得出函数部分性质的能力，有了利用函数图象进行两个数大小比较的经验. 另一方面，学生在初中已经接触过一次函数、二次函数、反比例函数等几个简单而具体的函数，对函数增减性已有了初步的认识. 这些都是建立函数单调性概念的知识生长点.

学生的认知困难主要在两个方面：(1) 用准确的数学符号语言刻画图象的上升与下降，这种由形到数的翻译，从直观到抽象的转变，对仍然处于经验型逻辑思维发展阶段的高一学生来讲，有较大的学习困难；(2) 单调性的证明是学生在函数内容中首次接触到的代数论证内容，而学生在代数方面的推理论证能力是比较薄弱的. 突破难点的关键是：将图形直观中的上升、下降改用数学中的比较大小来表达，同时将图象上的连续变化用任意两个点的数值变化来表示. 同时，利用背景实例，通过提出具有启发性、挑战性的问题，借助信息技术，引导学生经历观察、思考、探究、交流、反思的过程，逐步加深对单调性概念本质的理解. 通过对练习的思考讨论和证明方法步骤的归纳总结，提高学生推理论证的能力.

教学难点：形成增（减）函数概念的过程中，如何从图象升降的直观认识过渡到函数增（减）的数学符号语言表述；用定义证明函数的单调性.

四、教学支持条件分析

为了使单调性概念的形成变得自然、严谨，克服因形式化定义的抽象程度高而使概念的理解不到位，教学中，可利用《几何画板》演示函数图象上动点坐标的变化，为学生提供直观感性的材料，帮助学生从直观到抽象，逐步领悟单调性概念的本质.

五、教学过程设计

先行组织者：函数是描述事物运动变化规律的数学模型. 如果了解函数的变化规律，那么也就基本把握了相应事物的变化规律. 对于运动变化问题，最基本的就是要描述变化的快或慢、增或减……相应地，函数的重要特征就包含：函数的增与减（单调性），函数的最大值、最小值等. 因此研究函数的性质，是非常重要的.

设计意图

引导学生感受研究函数性质的必要性，明确研究的方向.

（一）创设情境，引入新课

问题 1

请同学们观察我市某天的气温变化图（图 1），你得到什么信息？

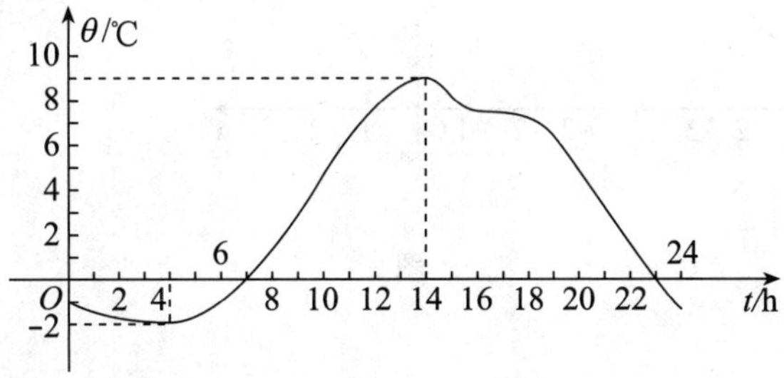

图 1

引导学生观察图象给出的信息：某时刻温度，最高、最低温度，某些时段温度升高（降低）等. 教师指出生活中有许多需要了解数据变化规律的类似情形，了解这些数据的变化规律，对我们的生活是很有帮助的.

设计意图

基于学生的生活常识，通过实例，感受研究函数性质的重要性，激发学习兴趣.

问题 2

你还能举出生活中其他的数据变化情况吗？

学生举例，如股票价格、经济总量、水位高低等. 接着，教师可指出从函数观点看，这些例子反映的就是随着自变量的变化，函数值相应的变化，是函数的重要性质，称为函数的单调性.

设计意图

感受研究函数单调性的必要性，由此导入新课.

（二）归纳探索，形成概念

1. 借助图象，直观感知

问题 3

观察函数 $y=x$、$y=x^2$ 与 $y=\dfrac{1}{x}$ 的图象（图 2），分别指出这三个函数在哪个区间是上升的，哪个区间是下降的？

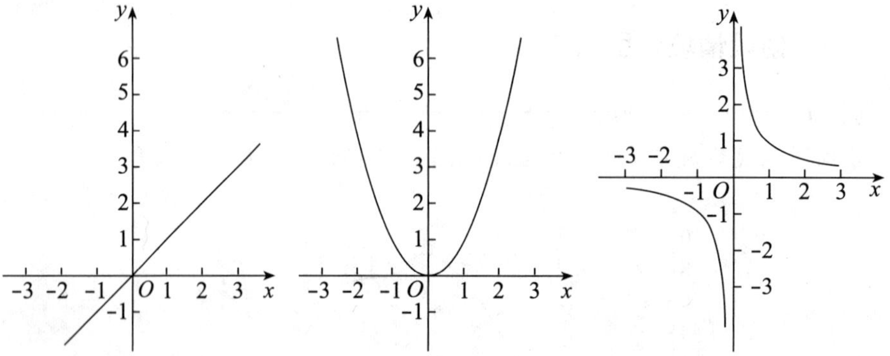

图 2

引导学生看图并说出自己的看法，并从“形”的角度定义增、减函数.

设计意图

基于学生的数学知识，以学生熟悉的函数图象为切入点，形成单调性的直观认识（上升、下降），为抽象概念作准备. 通过分类描述（增函数、减函数），体会函数单调性是对定义域内某个区间而言的，是函数的局部性质.

问题 4

借助上述函数，你能从自变量变化时函数值变化的角度，说说什么是增、减函数吗？

学生思考作答，教师可借助《几何画板》演示，让学生观察图象上动点变化时函数值的变化，获得对增（减）函数由“形”到“数”的认识.

设计意图

先着眼于增函数，引导学生用自然语言描述增函数的含义，形成“如果函数 $f(x)$ 在某个区间上随自变量 x 的增大，y 随之增大，则 $f(x)$ 是该区间上的增函数”的自然语言表征.

问题 5

图 3 是函数 $y=x+\dfrac{2}{x}(x>0)$ 的图象，能说出这个函数分别在哪个区间为增函数和减函数吗？

先让学生独立思考，当学生无从下手时，教师指出用函数图象判断函数单调性虽然比较直观，但有时不够精确，需要结合解析式进行严密化、精确化的研究.

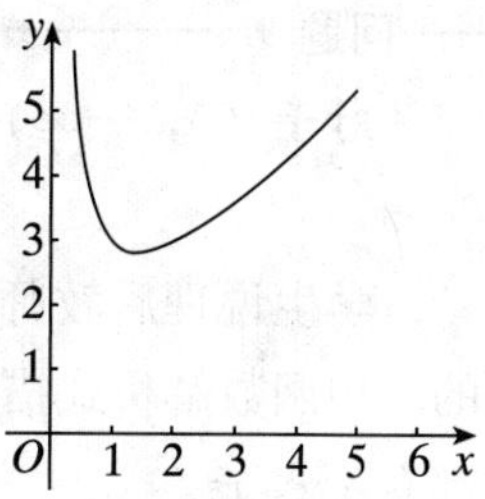

图 3

设计意图

学生的困难是难以确定分界点的确切位置，从中体会将增、减函数定义符号化的必要性.

2. 抽象思维，形成概念

问题 6

以函数 $y=x^2$ 为例，在区间 $(0, +\infty)$ 上，如何用数学符号语言来描述“函数值 y 随着 x 的增大而增大”呢?

学生思考作答，若有难度，可提问上述描述中的关键词“增大”的含义是什么，引入“比较”思想.

设计意图

从具体函数入手，引导学生从定性分析到定量刻画，为形式化定义作准备.

问题 7

增大就意味着比较，比较至少在两个量之间进行，任意给定区间 $(0, +\infty)$ 上的 x_1，x_2，当 $x_1<x_2$ 时，都有 $x_1^2<x_2^2$ 吗?

学生取值比较，将自己得到的结论与同学交流，感受用数值大小刻画增减性的可行性.

设计意图

由具体的数字特征逐步向抽象的符号描述过渡.

问题 8

令 $f(x)=x^2$，你认为下面的判断对吗?

(1) 因为 $f(-1)<f(2)$，所以 $f(x)$ 在区间 $(-1, 2)$ 上是增函数.

(2) 因为 $f(1)<f(2)$，$f(2)<f(3)$，$f(3)<f(4)$……所以 $f(x)$ 在区间 $(0, +\infty)$ 上是增函数.

让学生充分思考讨论，发表各自见解. 教师可引导学生结合图象说明，并追问：“如何取遍所有的数?”引导学生联想到用字母符号表示任意的数值，取任意两个.

设计意图

通过反例说明要取遍所有的数.

问题 9

对于 $(0, +\infty)$ 上任意的 x_1，x_2，当 $x_1<x_2$ 时，是否都有 $x_1^2<x_2^2$？

学生说理后教师引导学生得出：函数 $y=x^2$ 在 $(0, +\infty)$ 上图象是上升的. 用函数解析式描述就是：对于 $(0, +\infty)$ 上任意的 x_1，x_2，当 $x_1<x_2$ 时，都有 $x_1^2<x_2^2$.

设计意图

通过说理，明确符合“任意性”的要求.

问题 10

请举出其他增函数的例子并用解析式描述.

学生举例，师生共同分析探讨.

设计意图

仿照 $f(x)=x^2$ 讨论它们的单调性，通过举例和分析，领悟增函数概念的实质.

问题 11

对于一般的函数 $y=f(x)$，我们应当如何给增函数下定义？

学生讨论、交流，说出想法，师生共同补充完善.

设计意图

给出增函数的严格定义.

问题 12

类比增函数的定义，你能给出减函数的定义吗？请举例说明.

学生作答并举例说明，教师介绍单调性和单调区间的定义.

设计意图

类比得出减函数的定义，通过举例，加深概念理解.

（三）初步应用，巩固概念

思考题 1 教科书第 29 页例 1.

学生思考作答.

设计意图

能利用函数的图象判断函数的单调性和单调区间.

思考题 2 教科书第 29 页例 2.

先让学生证明，再引导学生阅读教科书，注意步骤的规范性，启发学生概括用定义证明函数为增（减）函数的一般步骤.

设计意图

能利用增（减）函数的定义证明函数的单调性，明确用定义证明增（减）函数的步骤.

思考题 3 判断下列函数的单调性，运用定义证明你的结论.

（1）$y=x^2+2x-3$； （2）$y=\frac{1}{x}$.

学生判断并证明，师生共同完善.

设计意图

先从“形”上去判断单调区间和单调性，再回归定义，从“数”的角度证明单调性，使学生认识到“形”能帮助我们探索解题思路，而定义是最终解决问题的基础.

（四）总结反思，优化结构

（1）通过增（减）函数概念的形成过程，你学习到了什么？

（2）如何根据图象求函数的单调区间？

（3）怎样用定义证明函数的单调性？

设计意图

使学生深刻体会到本节课的主要内容和思想方法，从而实现对函数单调性认识的再次深化.

六、目标检测设计

1.（1）阅读教科书第 27～29 页内容.

（2）书面作业：教科书第 39 页 A 组第 1，2，3 题；B 组第 1（1）题.

2. 思考题：讨论函数 $y=x+\frac{1}{x}(x>0)$ 的单调性.

设计意图

通过训练，巩固本课所学知识，检测运用所学知识解决问题的能力.

（浙江金华第一中学 孔小明）

教学案例6

函数的最大（小）值

一、内容和内容解析

内容：函数最大（小）值的概念，利用函数的单调性求函数的最大（小）值.

内容解析：本节课是人教版《数学1》第一章第三节“函数的基本性质”中第1小节“单调性与最大（小）值”的第2课时，是学生学习了函数单调性之后继续学习的内容. 函数的最值是函数的又一重要性质，它既是函数概念的延续和拓展，又是后续研究各种具体函数的性质，解决科技、经济、社会中的一些如如何使成本最低、产量最高、效益最大等实际问题的基础.

函数最大值的定义，教科书是借助于二次函数及其图象引出的，并以高等数学中的“上确界”的意义与形式来呈现：一般地，设函数 $y=f(x)$ 的定义域为 I，如果存在实数 M 满足：（1）对于任意的 $x\in I$，都有 $f(x)\leqslant M$；（2）存在 $x_0\in I$，使得 $f(x_0)=M$. 那么，称 M 是函数 $y=f(x)$ 的最大值. 该定义中（1）（2）两个条件缺一不可，其中“任意”、“都有”、“存在”是定义中逻辑结构的关键词. 函数最小值的定义是通过类比最大值定义得出的.

函数单调性是相对于某个区间来说的，它刻画的是函数的局部性质，而函数的最值是对函数整个定义域而言的，它刻画的是函数的整体性质. 教科书将函数最值放在函数单调性之后，旨在借助单调性来求函数的最值，有助于深化单调性概念的理解.

求函数的最值，既可利用函数图象，依据最值的几何意义而得到，也可借助函数的单调性依据最值的定义而获得，利用函数的单调性求函数最值是常用方法.

在最值概念的形成和应用过程中，或对函数图象进行观察思考，或利用图象进行猜想推测，体现了“以形识数”和“以形助数”的思想方法，因此数形结合思想是本课内容蕴含的核心数学思想.

教学重点：抽象概括函数最大（小）值的定义，能利用单调性求一些函数的最大（小）值.

二、目标和目标解析

理解函数最大（小）值概念及其几何意义，能利用函数单调性求一些函数的最大（小）值.

1. 借助学生已有常识（生活常识、数学常识），通过观察思考，形成对函数最大（小）值的直观认识，并能用自然语言表述最大（小）值的几何特征.

2. 借助二次函数及其图象，完成从定性分析到定量刻画，得出最大值形式化定义，再类比得出函数最小值的定义.

3. 能借助函数图象的直观性得出一些简单函数的最值，能利用函数的单调性求一些不熟悉的或比较复杂的函数的最值，深化最值定义的理解，体会单调性在求函数最值中的作用.

4. 在最值概念的形成过程中，进一步体会从具体到抽象、从感性到理性的认知过程以及从特殊到一般的研究方法，领会蕴含其中的数形结合的数学思想，提高学生观察、比较、归纳、类比、抽象、概括的能力，体验数学的理性精神.

三、教学问题诊断分析

学生通过二次函数的学习，知道了二次函数最大（小）值就是函数图象的最高（低）点的纵坐标，有了一定的最值相关经验，并通过对单调性的研究获得研究函数性质的一般方法（“三步曲”），有了从直观到抽象的认知活动经验，这些是学习本课知识的生长点.

由于最值概念的新旧知识结构上的矛盾——语言形式上的差异较大，最值的形成化定义抽象程度高，对仍处于经验型逻辑思维发展阶段的高一学生来讲，很难让学生独立地建构这种高度形式化的定义. 解决的策略是要培植知识的生长点，搭建恰当的脚手架，引导学生从最值的几何直观入手，通过教师的指导、点拨，问题组的引领，引导学生积极思维、主动探究、合作交流，经历从图形表征到自然语言表征再到形式化定义的形成过程，最终达到对最值概念的实质性理解，感悟蕴含其中的数形结合思想，形成正确的数学观念，不断提高抽象、概括等理性思维能力.

高一阶段利用函数单调性求函数最值是常用方法. 一方面通过具体例子的分析和说理活动，让学生逐步感受函数单调性和最值中都含有数的大小比较的特征，从而将两种性质联系起来，在具体问题的求解过程中进一步体会函数单调性在求函数最值中的作用. 另一方面，又要克服最大（小）值就是函数在定义域内最值点左侧单调递增（减），右侧单调递减（增）的思维负迁移，最终形成与单调性既有联系又有本质区别的最值概念.

教学难点：函数最大（小）值形式化定义的形成与理解.

四、教学支持条件分析

为了使最值概念的形成变得自然、严谨，克服因形式化定义的抽象程度高而使概念的理解不到位，教学中，可利用《几何画板》演示函数图象上动点坐标的变化，为学生提供直观感性的材料，帮助学生从直观到抽象，领悟最值概念的本质.

五、教学过程设计

（一）复习回顾，引出课题

问题 1

上节课我们研究了函数的单调性，它是刻画函数变化规律的重要性质，请叙述单调性定义，并回忆一下单调性定义形成的研究步骤.

学生回答，师生共同修整. 再次明确单调性定义中“给定区间”、“属于”、“任意”、“都有”几个关键词，指出可类比单调性的研究步骤来研究函数的其他性质.

设计意图

通过已学知识与研究方法的回顾，培植新学知识的生长点，为类比单调性的研究步骤（“三步曲”）得出最大值定义作准备.

问题 2

请同学们重新观察图 1 的气温变化图（上堂课的引例），我们知道曲线的升降反映了函数的单调性，那么图中最高点和最低点体现了什么性质？它有怎样的实际意义与数学含义？你还能举出其他生活或数学中的例子吗？

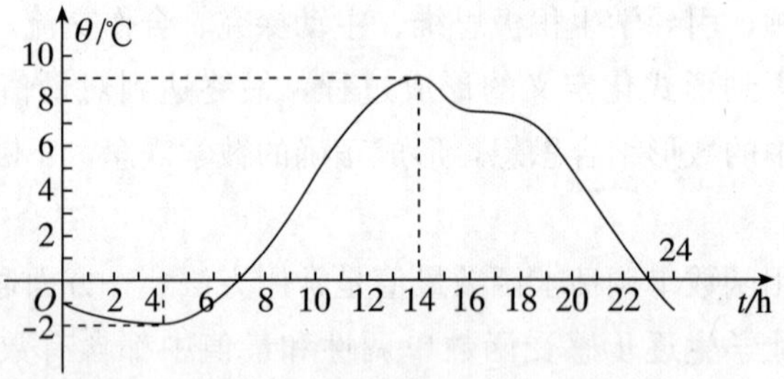

图 1

学生思考回答后，教师引出课题，指出本课的任务首先是在初中对函数最值性质的直观认识基础上，建立函数最值的严格定义.

设计意图

基于学生的生活常识，通过实例，感受函数最值在现实生活中的存在性和重要性，激发学习兴趣，体会到函数的最大（小）值实际上是函数图象的最高（低）点的纵坐标，同时明确研究方向.

（二）归纳探索，形成概念

1. 借助图象，直观感知

问题3

观察下列函数图象，指出下列各函数的最大、最小值.

（1）$y=-x^2$；　　（2）$y=\dfrac{1}{x}$，$x\in[1,2]$；

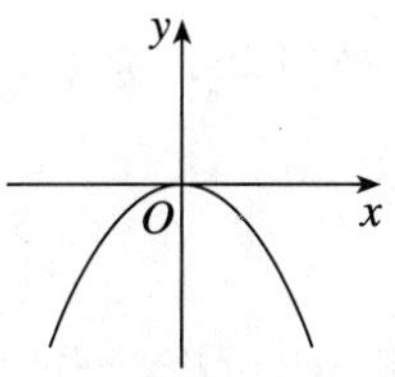

（第（1）题）

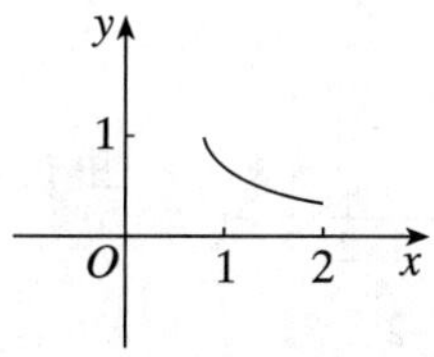

（第（2）题）

（3）$y=\begin{cases}x+2, & x\leqslant -1,\\ -x, & -1<x\leqslant 0,\\ x, & 0<x\leqslant 2,\\ 4-x, & x>2\end{cases}$　　（4）$y=\begin{cases}1, & x=2n,\\ -1, & x=2n+1\ (n\in\mathbf{Z}).\end{cases}$

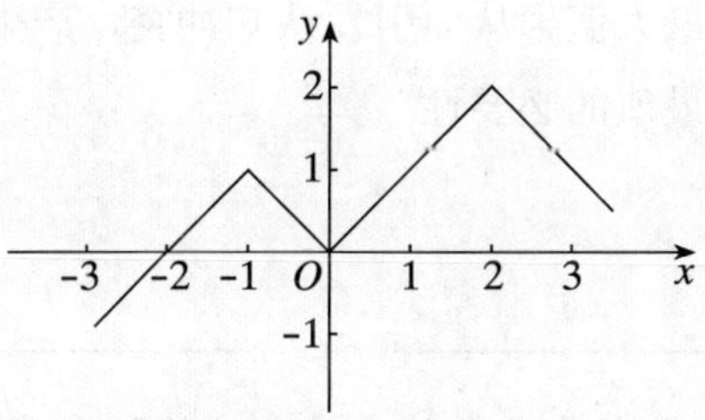

（第（3）题）

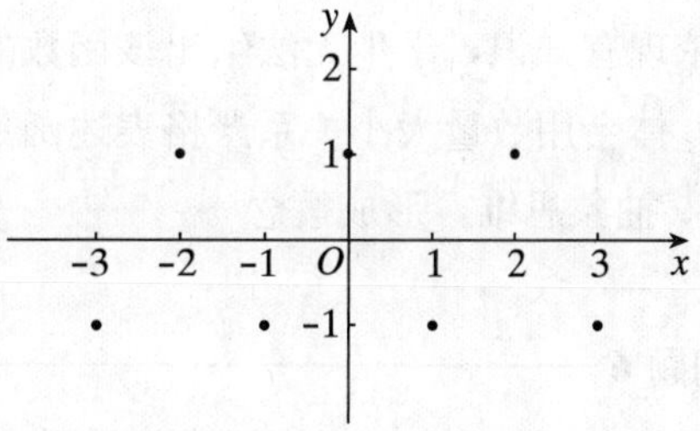

（第（4）题）

学生思考作答，教师参与讨论.

设计意图

基于学生的数学常识，以学生熟悉的函数图象为切入点，强化函数最值的直观表征，为抽象概念作准备. 通过分类描述（最大值、最小值），体会函数的最值是对整个定义域而言的，是函数的整体性质.

问题4

请你根据自己的理解说说什么是函数的最大值呢？

学生思考讨论，教师引导学生从函数值变化的角度分析问题，通过《几何画板》演示函数（1），让学生观察图象上动点变化时函数值的变化，获得对函数最大值由“形”到“数”的认识.

设计意图

引导学生用自然语言描述函数最大值的含义，形成“函数的最大值就是所有函数值中最大的值”的描述性认识.

2. 引发冲突，产生动力

问题 5

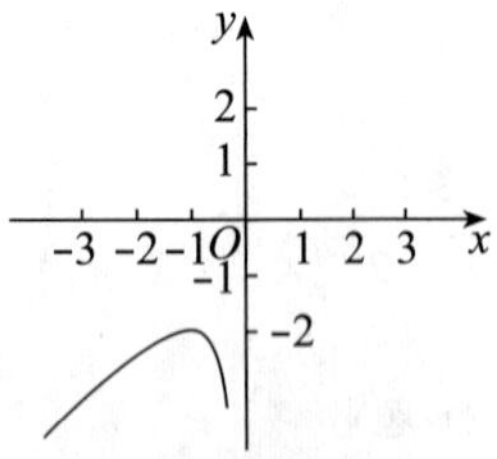

图 2

函数 $y=x+\dfrac{1}{x}(x<0)$ 的图象如图 2 所示，你能说出该函数的最大值吗？

先让学生独立思考，再小组讨论．当学生无从下手时，教师可通过《几何画板》演示函数 $y=x+\dfrac{1}{x}(x<0)$ 图象上动点 $A(x,\ y)$ 运动变化情况，通过观察 y 值变化，猜想出最大值为 -2，指出猜想的结论必须证明，而证明的逻辑依据是最大值的精确定义.

设计意图

依现有知识，学生无法给出该函数的最大值，从而引发认知冲突，产生学习动力，体会用数量大小关系严格表述函数最值的必要性.

3. 抽象思维，形成概念

问题 6

以函数 $f(x)=-x^2$ 为例，请说说“0 是所有函数值中最大的值”中“最大”是什么意思.

学生可能回答“比其他函数值都大”，教师可追问“比其他都大吗”引导学生观察函数（4）的图象，得到“不小于其他函数值”也就是“不小于所有函数值”.

设计意图

从具体函数入手，引入“比较”思想，为形式化定义作准备.

问题 7

若 M 不小于所有函数值，M 一定是最大值吗？

学生思考回答，若问题有难度，教师可将问题具体化为“$y=-x^2$ 中所有函数值不小于1，那么1是它的最大值吗”.

设计意图

引导学生明确 M 必须是其中一个函数值.

问题8

如何从解析式的角度说明0是函数 $f(x)=-x^2$ 的最大值？

让学生充分思考讨论，发表各自见解. 师生共同分析得出：$(-\infty, 0]$ 是 $f(x)$ 的增区间，故当 $x\in(-\infty, 0]$ 时有 $f(x)<f(0)$，同理 $x\in(0, +\infty)$ 也有 $f(x)<f(0)$，故对任意 $x\in\mathbf{R}$，都有 $f(x)\leqslant f(0)$，且 $f(0)=0$. 教师可继续引导学生分析函数（2），（3），（4）的情形.

设计意图

引导学生从定性分析到定量刻画，用精确的数学符号语言表述最大值的含义. 通过说理，初步感受单调性在求函数最值中的作用.

问题9

从特殊到一般，设函数 $y=f(x)$ 的定义域为 I，那么实数 M 是函数 $y=f(x)$ 最大值的含义是什么？由此你能给出函数最大值的精确定义吗？

学生作答，师生共同补充完善.

设计意图

给出函数的最大值的定义.

问题10

（3）中 $f(-1)$ 是该函数的最大值吗？4是该函数的最大值吗？

让学生辨析讨论，说明理由.

设计意图

通过反例辨析，让学生体会到实数 M 是 $f(x)$ 的最大值必须满足“任意”和“存在”两个条件，加深对定义的理解.

问题11

你能仿照函数最大值的定义，给出函数 $y=f(x)$ 的最小值的定义吗？

学生作答，师生共同补充完善.

设计意图

类比给出函数的最小值的定义.

（三）初步应用，巩固概念

思考题 1 “菊花”烟花是最壮观的烟花之一，制造时一般是期望在它达到最高点时爆裂. 如图 3，如果烟花距地面的高度 h（单位：m）与时间 t（单位：s）之间的关系为 $h(t)=-4.9t^2+14.7t+18$，那么烟花冲出后什么时候是它爆裂的最佳时刻？这时距地面的高度是多少（精确到 1 m）？

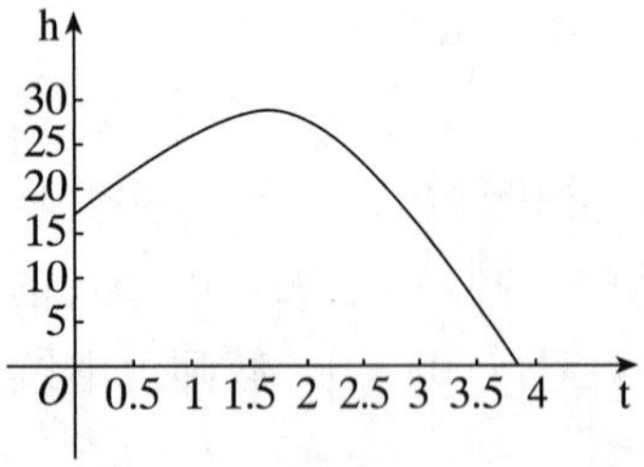

图 3

让学生说说题意和解题思路，引导学生阅读教科书，师生共同总结：对于熟悉的函数（如一次函数、二次函数、反比例函数等），可先画出其图象，再依据函数最值的几何意义写出最值.

设计意图

深化最值概念的直观理解，借助学生熟悉的二次函数问题，依据最值的几何意义求最值. 通过思考、解释、说理、阅读等活动，展现解题思维过程，体会最值概念在生产、生活中的作用.

思考题 2 教科书第 32 页，练习 5.

学生作图后给出答案.

设计意图

体会单调性在求函数最值中的作用，加深最值概念的理解，进一步培养学生数形结合的能力，也为解决思考题 3 作铺垫.

思考题 3 已知函数 $y=\dfrac{2}{x-1}(x\in[2,\ 6])$，求函数的最大值和最小值.

先让学生独立思考，再引导学生谈谈自己的想法，然后让学生独立完成证明和求解，在此基础上师生共同总结：不熟悉的函数或者比较复杂的函数可以先画出其图象，观察出其单调性，再用定义证明，最后依据最值定义求出函数的最值.

设计意图

体会用函数单调性求函数最值的作用，通过思考与说理，提高对最值定义中“任意”和“存在”两个词的必要性的认识，进一步领会先观察猜想，再推理证明的研究方法.

（四）总结反思，优化结构

(1) 你是如何理解函数最大（小）值定义的？

(2) 求函数的最值有哪些方法？

(3) 最值定义的形成与应用过程体现了哪些数学思想？

设计意图

培养学生反思的习惯，优化学生认知结构.

六、目标检测设计

1. 教科书第35页A组第5题；B组第1，2题.

2. 思考题：求函数 $y=x+\frac{1}{x}(x<0)$ 的最大值.

设计意图

通过训练，巩固本课所学知识，检测运用所学知识解决问题的能力.

（浙江金华第一中学　孔小明）

教学案例7

函数的奇偶性

一、内容和内容解析

“奇偶性”是函数的一个重要性质，直观反映了函数图象的对称性.

奇偶性从形的角度揭示了函数的整体图象与函数在第一象限的局部图象的可能的联系；从数的角度揭示了函数自变量与函数值之间的一种特殊的数量规律. 利用数形结合的数学思想来研究此类函数的问题常为我们展示一个新的思考视角.

奇偶性概念的关键词是“任意一个”，“都有”. 也就是，对于定义域中的 x，不能有的 $f(-x)=f(x)$（或 $f(-x)=-f(x)$）成立，有的不成立，每一个都要成立.

奇偶性概念的核心是“对称”，理解奇偶性概念要注意：

(1) 具体函数的定义域关于原点对称是奇偶性的前提.

(2) 对任意一个 x，都有 $f(-x)=f(x)\Leftrightarrow$函数 $f(x)$ 的图象上总存在关于 y 轴对称的两点 $(x, f(x))$ 和 $(-x, f(x))$；

对任意一个 x，都有 $f(-x)=-f(x)\Leftrightarrow$函数 $f(x)$ 的图象上总存在关于原点对称的两点 $(x, f(x))$和$(-x, -f(x))$.

（3）奇偶性是函数的整体性质，对整个定义域而言.

教学重点：在研究已有函数实例（学生举出的例子）的过程中，用几何直观感受关于 y 轴对称的两点和关于原点对称的两点的对称关系，进而用代数形式对这两种对称关系进行一般性刻画，然后再进一步理解它.

二、目标和目标解析

1. 通过实例，建立奇偶性概念的背景，使学生体会函数的整体图象与函数在第一象限的局部图象的可能的联系. 能用数学符号语言来描述函数的奇偶性.

2. 通过从实例中抽象概括奇偶性概念的活动，培养学生的抽象概括能力.

3. 会判断一个函数是否为奇（偶）函数.

三、教学问题诊断分析

1. 对几何直观“对称性”的意图不明，容易造成学生被动“直观”. 教学中，可以通过恰当的反映整体图象与局部图象关系的情境让学生加以认识.

2. 用几何直观感受关于 y 轴对称的两点和关于原点对称的两点的对称关系，进而用代数形式给这两种对称关系进行一般性刻画是本节课的重头戏. 几何直观如何向代数刻画过渡，需要仔细斟酌，手持技术（如图形计算器）需要发挥好作用.

3. 偶函数的概念属于揭示内涵的概念，在教学中要注重“种属”关系的分析，突出概念“属差”的研究，使学生明确概念的本质属性. 因此，本节课的重点是理解偶函数的概念及对偶函数的判定，使学生的感性认识提高到理性认识.

4. 对奇偶性概念中的“任意一个”、“都有”等关键词关注不够，领会不深. 教学中，在定义域对称和 $f(-x)=f(x)$（或 $f(-x)=-f(x)$）两个方面加以落实，可以辅以手持技术（如图形计算器）通过反例让学生加深认识.

教学难点：对抽象关系式 $f(-x)=f(x)$（或 $f(-x)=-f(x)$）的理解；有关偶函数问题的证明. 教学的关键是抓住实例，结合直观的图形，充分发挥数形结合思想的功能.

四、教学支持条件分析

本节课需要几何直观感受与奇偶性相关的各种“对称”，这使信息技术有用武之地，而且几何直观向代数刻画过渡的过程通过《几何画板》的“多元表达”来实现更是一种比较合适的选择，可以有效促成学生对概念的理解，使学生在学习中因为需要而探究，并且在探究数学问题的过程中学习知识，增强能力.

五、教学过程设计

（一）对剪纸的观察

问题1

剪纸是中国的民间艺术，观察照片中民间艺人的剪纸创作，你能感悟到什么？

照片上提供的剪纸作品是对称图形，不仅轴对称而且中心对称.

民间艺人的剪纸利用了图形对称．他只要完成了如图中三角形区域的作品创作，也就完成了整个作品的创作，而这个三角形区域只是作品整体的八分之一.

今天我们研究函数，也试图做一件这样的工作，利用图形对称，达到事半功倍的效果.

（二）折纸实验

对于函数 $y=x^2$，请同学们按照列表、描点、画图（特殊要求：只要求用光滑的曲线把原点及第一象限的点连接起来）的过程在一张白纸上绘出函数 $y=x^2$ 的图象（图1）.

x	…	-3	-2	-1	0	1	2	3	…
$f(x)=x^2$	…	9	4	1	0	1	4	9	…

以 y 轴为折痕将纸对折，并在纸的背面（即第二象限）画出第一象限内图形的痕迹，然后将纸展开，观察坐标系中的图形.

让学生叙述自己（对函数值间的变化特征）的发现：$f(-1)=f(1)$，$f(-2)=f(2)$，….

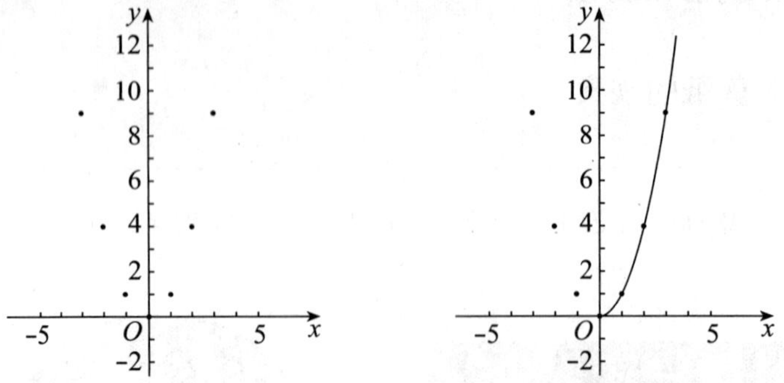

图 1

问题 2

将第一象限和第二象限的图形看成一个整体，则这个图形是否就是函数 $y=x^2$ 的图象？

直观的感知，学生乐见其是．到此学生已经初步认识到一、二象限的图象具有某种联系．折纸实验的目的就在于使这种联系的产生自然合理，但由于手工图象的粗糙，据此推出更一般性的结论缺乏可信度，为了更清晰准确地解决问题，我们利用《几何画板》继续进行探究．

（三）《几何画板》的探究

在 $y=x^2$ 第一象限的图象上任取点 P．

（1）作出点 P 关于 y 轴的对称点 P'，给出点 P，P'的横坐标 x_P，$x_{P'}$；

（2）计算 x_P^2，$x_{P'}^2$，并对 x_P，x_P^2，$x_{P'}$，$x_{P'}^2$ 制表；

（3）拖动点 P，看 x_P，x_P^2，$x_{P'}$，$x_{P'}^2$ 的变化．

学生观察到，$x_{P'}=-x_P$，$x_{P'}^2=x_P^2$ 始终成立（图 2）．

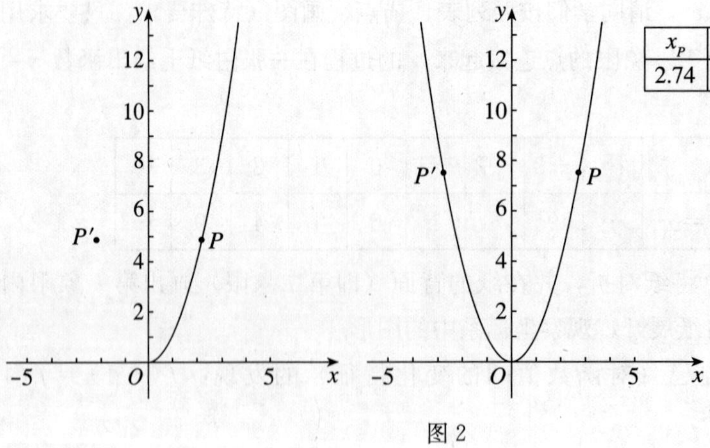

x_P	x_P^2	$x_{P'}$	$x_{P'}^2$
2.74	7.51	-2.74	7.51

图 2

问题 3

$x_{P'}=-x_P$，$x_{P'}^2=x_P^2$ 始终成立说明什么问题？

答案：(1) 点 P 和 P' 确实关于 y 轴对称.

(2) 点 P' 在函数 $y=x^2$ 的图象上，从而 $y=x^2$ 的图象关于 y 轴对称.

(3) 一般地，若设 $P(x, y)$，则 $P'(-x, y)$，即 $P(x, f(x))$ 和 $P'(-x, f(x))$ 关于 y 轴对称.

(4) 对于 $\mathbf{R}$ 内任意一个 x，都有 $f(-x)=(-x)^2=x^2=f(x)$.

问题 4

作出函数 $y=|x|$ 的图象，并与函数 $y=x^2$ 的图象进行比较，是否具有类似的性质？

答案：(1) 若点 $(x, f(x))$ 在函数图象上，则相应的点 $(-x, f(x))$ 也在函数图象上，即函数图象上横坐标互为相反数的点，它们的纵坐标一定相等.

(2) 对于 $\mathbf{R}$ 内任意一个 x，都有 $f(-x)=|-x|=|x|=f(x)$.

（四）偶函数概念的得出

一般地，对于函数 $f(x)$，如果对于函数定义域内任意一个 x，都有 $f(-x)=f(x)$，那么函数 $f(x)$ 就叫做偶函数.

练习：作图并判断下列函数的奇偶性：

(1) $f(x)=x^2+1$；　　(2) $f(x)=\dfrac{2}{x^2+11}$.

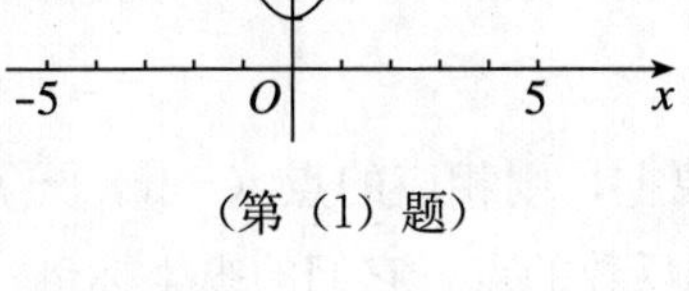

（第 (1) 题）

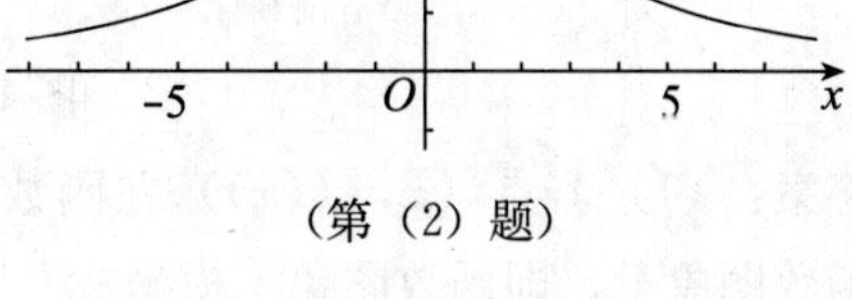

（第 (2) 题）

问题 5

观察函数 $f(x)=x$ 和 $f(x)=\dfrac{1}{x}$ 的图象，显然它们都不是偶函数，那么随自变量的改变函数值间存在怎样的变化规律呢？

可选用折纸实验，以 y 轴为折痕将纸对折，然后以 x 轴为折痕将纸对折，在纸的背面（即第三象限）画出第一象限内图形的痕迹，然后将纸展开，观察坐标系中的图形（图 3）.

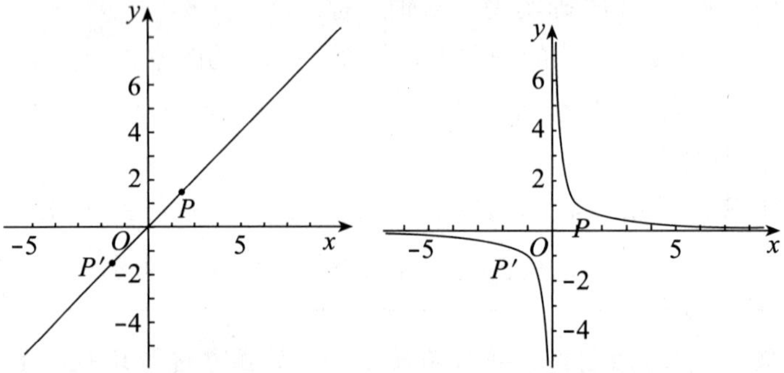

图 3

初步判断这两个函数的图象均为中心对称图形，通过手持技术（如图形计算器）加以证实.

选取函数 $f(x)=\dfrac{1}{x}$ 进行研究，在第一象限的图象上任取点 P.

1. 作出 P 点关于原点的对称点 P'，给出 P，P' 点的横坐标 x_P，$x_{P'}$；

2. 计算 $\dfrac{1}{x_P}$，$\dfrac{1}{x_{P'}}$，并对 x_P，$\dfrac{1}{x_P}$，$x_{P'}$，$\dfrac{1}{x_{P'}}$ 制表；

3. 拖动 P 点看 x_P，$\dfrac{1}{x_P}$，$x_{P'}$，$\dfrac{1}{x_{P'}}$ 的变化.

学生观察到，$x_{P'}=-x_P$；$\dfrac{1}{x_{P'}}=-\dfrac{1}{x_P}$ 始终成立（图 4）.

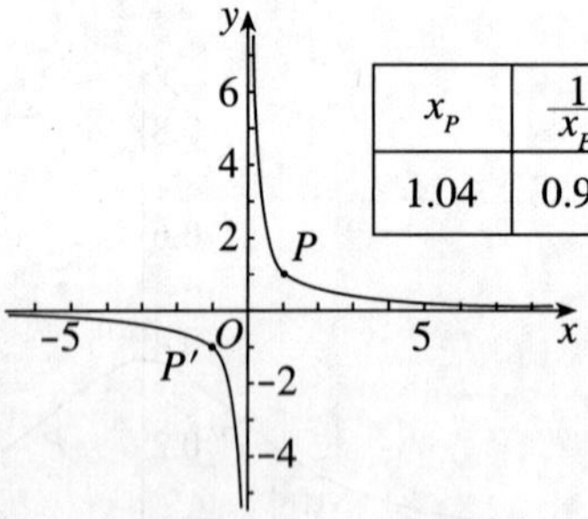

x_P	$\frac{1}{x_P}$	$x_{P'}$	$\frac{1}{x_{P'}}$
1.04	0.96	-1.04	-0.96

图 4

答案：(1) 若点 $(x, f(x))$ 在函数图象上，则相应的点 $(-x, -f(x))$ 也在函数图象上，即函数图象上横坐标互为相反数的点，它们的纵坐标也一定互为相反数.

(2) 对于 $\mathbf{R}$ 内任意一个 x，都有 $f(-x)=\dfrac{1}{-x}=-\dfrac{1}{x}=-f(x)$.

而就函数 $f(x)=x$ 来说，对于 $\mathbf{R}$ 内任意一个 x，都有 $f(-x)=-x=-f(x)$.

（五）奇函数概念的得出

一般地，对于函数 $f(x)$，如果对于函数定义域内任意一个 x，都有 $f(-x)=-f(x)$，那么函数 $f(x)$ 就叫做奇函数.

图象具有这种关于原点（或 y 轴）对称特点的函数是奇（或偶）函数，函数图象的这种对称性就是函数的奇偶性.

问题 6

函数 $y=x^2$（$x\in\mathbf{R}$）是偶函数，如果任意改变函数的定义域，它还是偶函数吗？

利用手持技术（如图形计算器）营造一个可以任意改变函数的定义域的图象场景，在第一象限取点 P，拖动点 P，观察点 P 关于 y 轴的对称点 P' 是否始终落在函数的图象上（图 5）.

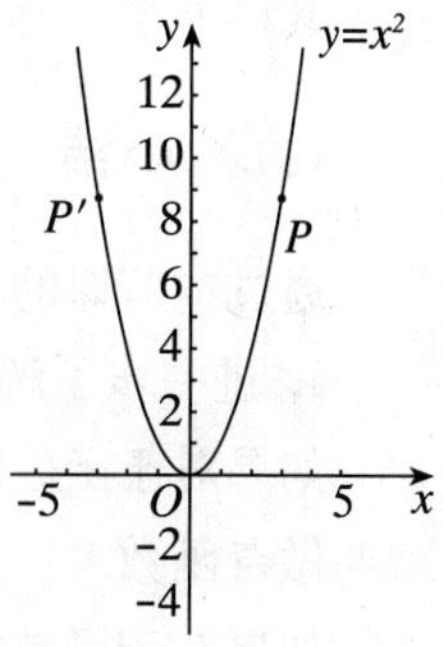

图 5

发现当定义域关于原点不对称时，不能保证点 P 关于 y 轴的对称点 P' 是否始终落在函数的图象上.

从而函数具备奇偶性的前提条件是定义域关于原点对称，只有定义域关于原点对称了，才有可能函数的图象关于原点（或 y 轴）对称.

（六）对于奇、偶函数定义的几点说明

1. 如果一个函数 $f(x)$ 是奇函数或偶函数，那么我们就说函数 $f(x)$ 具有奇偶性.

2. 定义域关于原点对称是函数具有奇偶性的先决条件.

3. 奇、偶函数定义的逆命题也成立，即：

若函数 $f(x)$ 为奇函数，则 $f(-x)=-f(x)$ 成立.

若函数 $f(x)$ 为偶函数，则 $f(-x)=f(x)$ 成立.

（七）奇偶函数概念的应用

例 1 判断下列函数的奇偶性：

（1）$f(x)=x^4$；（2）$f(x)=x^5$；

（3）$f(x)=2|x|$；（4）$f(x)=(x-1)^2$；

（5）$f(x)=\begin{cases}x^2+x, & x<0,\\ x-x^2, & x>0.\end{cases}$

用定义判断函数奇偶性的步骤：

(1) 先求出定义域，看定义域是否关于原点对称.

(2) 再判断 $f(-x)=-f(x)$ 或 $f(-x)=f(x)$ 是否成立.

函数按奇偶性划分为四类：

奇函数（不是偶函数）；

偶函数（不是奇函数）；

既奇又偶函数；

非奇非偶函数.

例 2 教科书第 39 页“思考”.

（八）练习

教科书第 40 页“练习”.

（九）小结

通过本节课的学习，你主要有哪些收获？

1. 进一步了解了“对称性”，理解了奇、偶函数的定义：

如果对于函数定义域内任意一个 x，都有 $f(-x)=-f(x)$，那么函数 $f(x)$ 就叫做奇函数.

如果对于函数定义域内任意一个 x，都有 $f(-x)=f(x)$，那么函数 $f(x)$ 就叫做偶函数.

2. 学会了如何判断函数的奇偶性，有两个步骤：

(1) 先求出定义域，看定义域是否关于原点对称.

(2) 再判断 $f(-x)=-f(x)$ 或 $f(-x)=f(x)$ 是否成立.

（十）课后作业

教科书第 43 页，习题 1.3，A 组，第 1，3，6 题；B 组，第 1，3 题.

六、目标检测设计

1. 判断下列函数的奇偶性：

(1) $f(x)=\sqrt{\dfrac{1+x}{1-|x|}}$；　　(2) 6. $f(x)=\sqrt{x^2-1}\cdot\sqrt{1-x^2}$；

(3) $f(x)=(x-1)\sqrt{\dfrac{1+x}{1-x}}$；　　(4) $f(x)=\sqrt{1-x^2}\,(-0.5\leqslant x<0.5)$.

2. 函数 $f(x)$ 是定义在 $\mathbf{R}$ 上的奇函数，且当 $x>0$ 时，$f(x)=x^2+2x$，求 $f(x)$ 的解析式.

（浙江省金华市教育局教研室　张曜光）

第二章 “基本初等函数（Ⅰ）”概述

本章学习的主要内容是指数函数、对数函数与幂函数.

指数函数、对数函数和幂函数是三类重要且常用的基本初等函数，是进一步学习的基础. 在本章，使学生通过具体实例，了解指数函数、对数函数的实际背景，理解指数函数、对数函数和幂函数的概念与基本性质，体会建立和研究一个函数的基本过程，同时会运用它们解决一些实际问题.

学生在初中学习了数的开平方、开立方以及二次根式的概念，又学习了正整数指数幂、零指数的概念、负整数指数幂，学习了整数指数幂的运算法则. 教科书通过实际问题引出了分数指数幂，说明了扩张指数范围的必要性，由此先将平方根与立方根的概念扩充到 n 次方根，将二次根式的概念扩充到一般根式的概念；然后进一步探究了分数指数幂及其运算性质；最后，通过有理指数幂逼近无理指数幂，借助实例介绍了无理指数幂的概念，将指数的范围扩充到了实数.

指数函数是高中新引进的第一个初等函数，因此，教科书先给出了指数函数的实际背景，然后对指数函数概念的建立、指数函数图象的绘制、指数函数的基本性质的发现与指数函数的初步应用，作了完整的介绍. 指数函数是本章的重点内容之一.

教科书从具体问题引进对数概念. 从对数概念的建立过程可以看出，教科书强调了“对数源出于指数”（这与历史上对数的发明先于指数不同），以及指数运算与对数运算的互逆关系，这为学生学习时发现与论证对数的运算性质提供了方便. 与传统教科书另一个较明显的区别是，这里加强了对数的实际应用与数学文化背景.

同指数函数一样，对数函数是以对数概念和运算法则作为基础学习的. 对数函数的研究过程也同指数函数的研究过程一样，这样学生对建立和研究一个具体函数的方法有较完整的认识. 对数函数是本章的另一个重点内容.

在学习了指数函数与对数函数后，以两个底数相同的指数函数与对数函数介绍了反函数的概念. 对一般的反函数概念，不再作更多的介绍.

幂函数是实际问题中常见的一类函数，教科书是从具体问题中归纳了 $\alpha=1$，2，3，$\frac{1}{2}$，-1 这五个数字作为指数的幂函数，并通过幂函数 $y=x$，$y=x^2$，$y=x^3$，$y=x^{\frac{1}{2}}$，$y=x^{-1}$ 的图象归纳出这五个幂函数的基本性质.

本章知识框图如下所示：

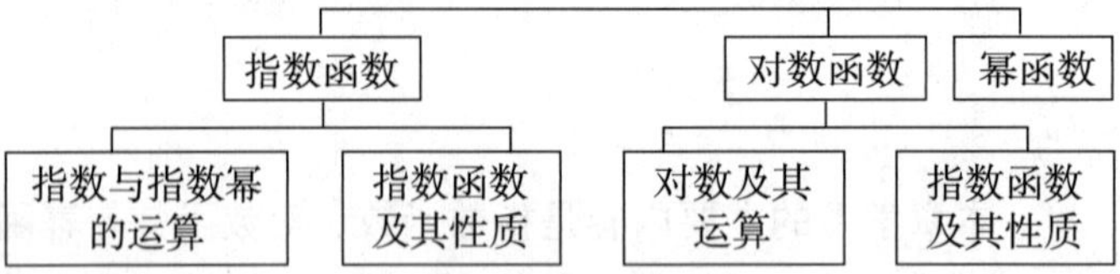

教学案例 8

指数函数及其性质

一、内容和内容解析

内容：指数函数的定义、图象及其性质.

内容解析：本节课是人教 A 版《数学 1》第二章第一节"指数函数"的第 1 课时，指数函数是高中阶段所学习的第一个重要的基本初等函数.

指数函数的定义：一般地，函数 $y=a^x$（$a>0$ 且 $a\neq1$）叫做指数函数，其中 x 是自变量，定义域为 $\mathbf{R}$. 理解指数函数的定义时要注意：

（1）对于底数 $a>0$ 且 $a\neq1$ 的限定. 因为如果 $a<0$，比如 $y=(-4)^x$，这时对于 $x=\frac{1}{4}$，$x=\frac{1}{2}$ 等，在实数范围内函数值不存在；如果 $a=0$，当 $x>0$ 时，$a^x=0$，当 $x\leqslant0$ 时，a^x 无意义；如果 $a=1$，$y=1^x=1$，是常值函数，没有研究的必要.

（2）指数函数的定义是形式定义，在形式上与定义一模一样的函数才是指数函数.

探究指数函数的性质，可以从上一章已学知识"函数的定义域、单调性、奇偶性、最值"等方面入手. 通过指数函数的学习，既深化了对函数概念的理解与认识，得到较系统的函数知识和研究函数的方法，为社会经济中人口增长、银行复利等实际问题提供了函数模型．又为今后探究对数函数、幂函数的性质打下坚实的基础．因此，本节课的内容十分重要，起到了承上启下的作用．

从指数函数的实际背景入手，在本节开头先给出两个具体例子，让学生从现实生活中感知引入指数函数的必要性，从而产生强烈的求知欲．通过图象探究指数函数的性质时，从“特殊到一般”的研究方法符合学生的认知规律．

对函数图象进行观察、思考，发现底数 $a>1$ 和 $0<a<1$ 时图象的不同特征，使得分类讨论变得必要，因此分类讨论和数形结合思想是本节课蕴含的数学思想．

二、目标和目标解析

理解指数函数的定义，掌握指数函数的图象、性质及其简单运用．

1. 通过实际问题了解指数函数的背景，能根据指数函数定义判断一个函数是否为指数函数，能根据指数函数图象归纳出指数函数的性质，能运用指数函数的单调性和过定点（0，1）的特性比较两个幂的大小．

2. 通过自主探索，让学生经历“特殊到一般”的研究方法，完善认知结构，领会数形结合、分类讨论等数学思想方法．

3. 让学生感受数学问题探索的乐趣和成功的喜悦，体会数学的理性、严谨及数与形的和谐统一美，展现数学实用价值及其在社会进步、人类文明发展中的重要作用．

教学重点：掌握指数函数的概念、图象与性质．

三、教学问题诊断分析

1. 学生第一次接触指数函数的形式定义，缺乏对指数函数定义本质的理解．

2. 学生的学习不可避免地缺乏对知识系统性、整体性的认识，学生可能对性质的归纳比较零散，教学中教师有必要站在系统和整体的高度组织教学，让学生对知识的发生、发展有一定的认识．

3. 本节内容对 $a>1$ 和 $0<a<1$ 分类讨论、由特殊到一般的归纳能力有较高要求，有一定难度．

4. 学生在遇到两个幂比较大小时，要根据它们的特征构造相应的指数函数，并借助指数函数的性质解决问题有一定的难度．

教学难点：理解 $a>1$ 和 $0<a<1$ 时函数图象的不同特征，底数 a 对函数图象的影响．

四、教学支持条件分析

通过图象探究指数函数性质时，类比一次函数、二次函数从“特殊到一般”的研究方法，先通过描点法画出几个特殊函数图象并观察特征，再推广到一般形式，研究这类函数的性质，这样的研究方法符合学生由直观到抽象的认知规律.

教学中，可利用《几何画板》演示 $a>1$ 和 $0<a<1$ 时指数函数的图象，为学生提供直观感性的材料，帮助学生从具体到抽象，归纳出指数函数的性质.

五、教学过程设计

（一）指数函数的定义

实例 1 据国务院发展研究中心 2000 年发表的《未来 20 年我国发展前景分析》判断，未来 20 年，我国 GDP（国内生产总值）年平均增长率可望达到 7.3%. 那么，在 2001～2020 年，各年的 GDP 可望为 2000 年的多少倍？

设 x 年后我国的 GDP 为 2000 年的 y 倍，那么 $y=(1+7.3\%)=1.073^x(x\in\mathbf{N}^*，x\leqslant 20)$.

实例 2 折纸问题

让学生动手折纸，对折的次数 x 与折后面积 y 之间的关系如何（记折前纸张面积为 1）？

对折的次数 x 与折后面积 y 的关系是 $y=0.5^x(x\in\mathbf{N}^*)$.

问题 1

函数 $y=1.073^x$ 与 $y=0.5^x$ 的解析式在形式上有什么共同特征？

学生从函数解析式的形式上概括共同特征：①幂的形式；②幂的底数是一个正的常数；③幂的指数是一个变量. 学生把对应关系概括为 $y=a^x$ 的形式之后，给出指数函数的定义：

一般地，函数 $y=a^x(a>0$ 且 $a\neq 1)$ 叫做指数函数，其中 x 是自变量，定义域为 $\mathbf{R}$.

设计意图

通过这两个实例，为引出指数函数 $y=a^x(a>0$ 且 $a\neq 1)$ 作准备，以利于学生体会指数函数的概念来源于生活，并且服务于生活. 同时启发学生从函数解析式的形式概括出它们的共同特征，进而给出指数函数的定义.

问题 2

指数函数的定义中，为什么要规定 $a>0$ 且 $a\neq 1$，定义域是 $\mathbf{R}$？

教师从以下三方面对学生进行引导：（1）从幂的指数的扩充理解定义域为 $\mathbf{R}$；（2）从幂的意义理解为什么 a 不能是负数；（3）从函数的概念理解为什么 a 不能等于 1.

由此可知：

（1）如果 $a<0$，比如 $y=(-4)^x$，这时对于 $x=\frac{1}{4}$，$x=\frac{1}{2}$ 等，在实数范围内函数值不存在.

（2）如果 $a=0$，当 $x>0$ 时，$a^x=0$；当 $x\leqslant 0$ 时，a^x 无意义.

（3）如果 $a=1$，$y=1^x=1$，是个常值函数，没有研究的必要.

（4）如果 $0<a<1$ 或 $a>1$ 即 $a>0$ 且 $a\neq 1$，x 可以是任意实数.

设计意图

进一步加深对指数函数本质的理解.

例 1 判断下列函数哪些是指数函数：

（1）$y=4^x$；（2）$y=x^4$；（3）$y=-4^x$；（4）$y=4^x+1$.

设计意图

通过具体函数，判断其是否为指数函数，不断完善对指数函数定义的理解.

（二）探究指数函数的性质

问题 3

类比前面探究一次函数、二次函数性质的思路，你能提出研究指数函数性质的思路吗？

设计意图

教师先从宏观上引导学生探究函数性质，按照从“特殊到一般”的研究方法，还要引导学生回顾需要研究函数的哪些性质（函数的定义域、值域、单调性、奇偶性等），强调数形结合，强调函数图象在研究函数性质中的作用.

问题 4

你能用描点法画出 $y=2^x$ 与 $y=\left(\frac{1}{2}\right)^x$ 吗？

学生利用计算器完成 x，y 的对应值表，并在同一坐标系中画出图象（图 1）.

x	$y=2^x$	$y=\left(\frac{1}{2}\right)^x$
−2	0.25	4.00
−1.5	0.35	2.83
−1	0.50	2.00

续表

x	$y=2^x$	$y=\left(\frac{1}{2}\right)^x$
−0.5	0.71	1.41
0	1.00	1.00
0.5	1.41	0.71
1	2.00	0.50
1.5	2.83	0.35
2	4.00	0.25

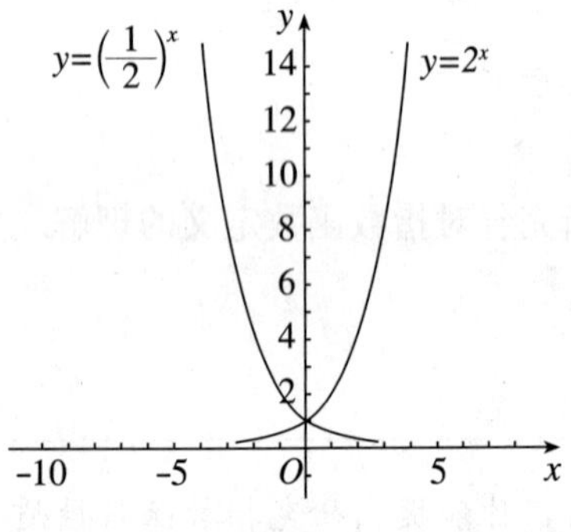

图 1

教师引导学生从画出的图象中发现函数 $y=2^x$ 的图象和函数 $y=\left(\frac{1}{2}\right)^x$ 的图象关于 y 轴对称的关系．教师提问：如何进行一般性证明？启发学生在函数 $y=2^x$ 的图象上任取一点 $P(x,\ y)$，只要证明点 P 的对称点 $P_1(-x,\ y)$ 在函数$y=\left(\frac{1}{2}\right)^x$ 的图象上．事实上，$\left(\frac{1}{2}\right)^{-x}=2^x=y$，即 $y=\left(\frac{1}{2}\right)^{-x}$，这表明点$P_1(-x,y)$ 在函数 $y=\left(\frac{1}{2}\right)^x$ 的图象上，反之亦然.

设计意图

从作图中感知指数函数的大致特点．通过对两个函数图象特点的分析，总结出两个指数函数关于轴对称时其解析式的特点，并用轴对称画指数函数的图象.

问题 5

如果我们不断改变底数 a，那么指数函数又有什么特点与变化规律？让我们再画出函数 $y=3^x$ 和 $y=\left(\frac{1}{3}\right)^x$ 的图象（图 2）.

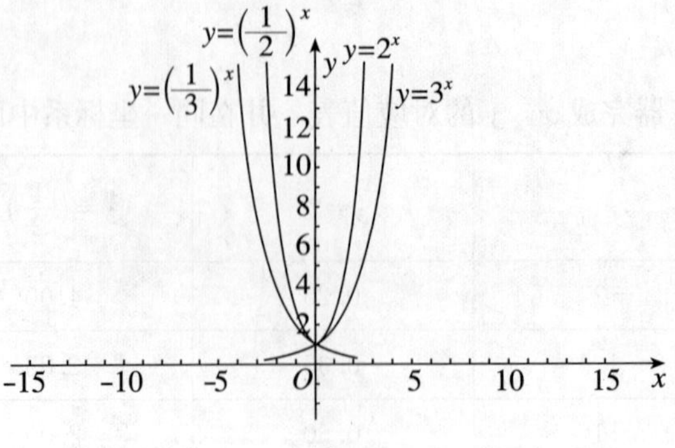

图 2

教师可以借助《几何画板》，不断改变底数 a，让学生观察函数的图象（图3），引导学生猜测图形特点并通过《几何画板》验证学生猜测，将具体指数函数升华为一般指数函数，渗透对底数 a 进行分类讨论的思想方法，从而突破重点.

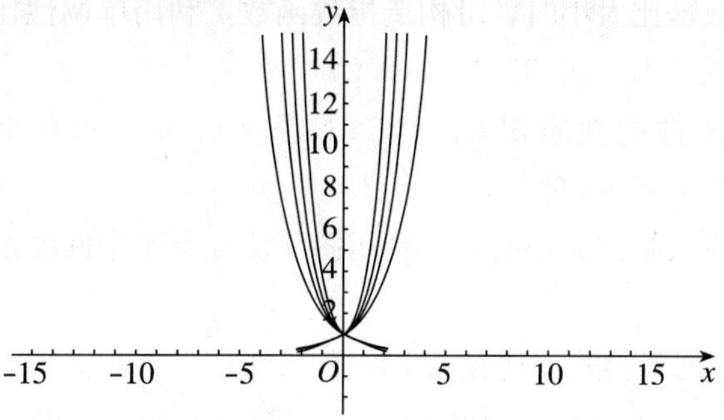

图 3

教师引导学生根据指数函数的图象特征，归纳指数函数的性质，完成下表：

	$a>1$	$0<a<1$
图象	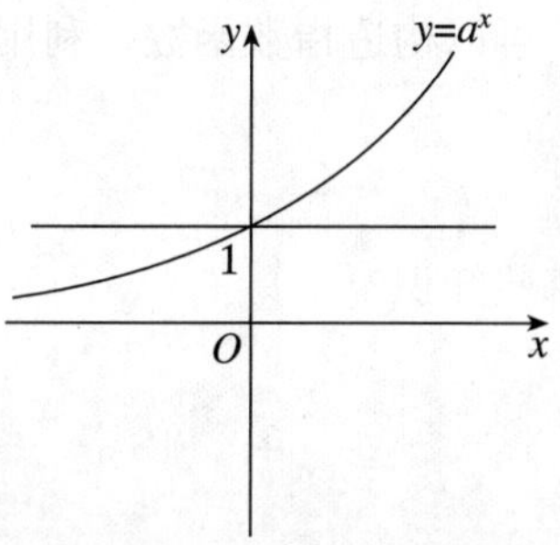	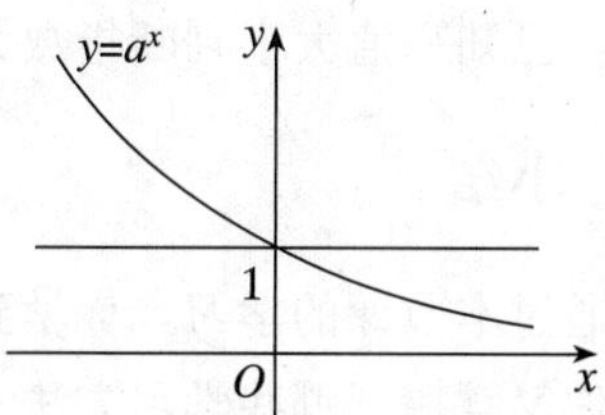
性质	(1) 定义域：**R**.	
	(2) 值域：$(0, +\infty)$.	
	(3) 过点 $(0, 1)$，即 $x=0$ 时，$y=1$.	
	(4) 在 **R** 上是增函数.	(4) 在 **R** 上是减函数.

设计意图

引导学生通过几个特殊的指数函数，归纳概括出指数函数的基本性质.

例 2 比较下列各题中两个值的大小：

(1) $1.7^{2.5}$，1.7^{3}； (2) $0.8^{-0.1}$，$0.8^{-0.2}$；

(3) $0.3^{-0.3}$，$0.2^{-0.3}$； (4) $1.7^{0.3}$，$0.9^{3.1}$。

解：(1) 考察指数函数 $y=1.7^{x}$，由于底数 $1.7>1$，所以指数函数 $y=1.7^{x}$ 在 **R** 上是增函数，因为 $2.5<3$，所以 $1.7^{2.5}<1.7^{3}$.

小结：利用所给幂值的特征构造指数函数判断大小.

(2) 考察指数函数 $y=0.8^x$，由于底数 $0<0.8<1$，所以指数函数 $y=0.8^x$ 在 $\mathbf{R}$ 上是减函数，因为 $-0.1>-0.2$，所以 $0.8^{-0.1}<0.8^{-0.2}$.

小结：同底数幂比大小时，可构造指数函数，利用单调性比大小.

(3) 观察图象可得，$(0.3)^{-0.3}<(0.2)^{-0.3}$.

(4) 由指数函数的性质知：$1.7^{03}>1.7^0=1$，$09^{3.1}<0.9^0=1$ 即 $1.7^{0.3}>0.9^{3.1}<1$，所以 $1.7^{0.3}>0.9^{3.1}$.

小结：不同底数幂比大小时，可利用图象法或利用中间变量.

例 3 已知下列不等式，比较 m 和 n 的大小：

(1) $2^m<2^n$； (2) $0.2^m>0.2^n$； (3) $a^m<a^n(a>0)$.

解：(1) 因为 $y=2^x$ 是一个单调递增函数，所以由题意 $m<n$.

(2) 因为 $y=0.2^x$ 是一个单调递增函数，所以由题意 $m<n$.

(3) 当 $a>1$ 时，$y=a^x$ 是一个单调递增函数，所以此时 $m<n$.

当 $0<a<1$ 时，$y=a^x$ 是一个单调递减函数，所以此时 $m>n$.

小结：已知幂值大小判断指数大小，可以构造指数函数，利用单调性解题.

（三）小结

(1) 通过本节课的学习，你学到了哪些知识？

(2) 你又掌握了哪些学习方法？

六、目标检测设计

1. 教科书第 59 页，习题 2.1，A 组，第 5，6，7，8 题.

2. A 先生从今天开始每天给你 10 万元，而你承担如下任务：第一天给 A 先生 1 元，第二天给 A 先生 2 元，第三天给 A 先生 4 元，第四天给 A 先生 8 元，依次下去，…. A 先生要和你签定 15 天的合同，你同意吗？又 A 先生要和你签定 30 天的合同，你能签这个合同吗？

（浙江省艾青中学 孙珊珊）

教学案例9

对数函数的图象和性质

一、内容和内容解析

这是人教A版《数学1》第二章“基本初等函数（Ⅰ）”中继研究“指数函数及其性质”后所研究的第二个函数. 学习基本初等函数，一方面可以加深对函数概念的理解，掌握研究函数的一般方法；另一方面，基本初等函数是常见的重要的函数模型，是研究其他函数的基础，与生活实践、科学研究有着密切的联系，有着广泛的应用.

对数函数的学习还承载着对互为反函数的两个函数关系的体验. 应当引导学生反复体验对数函数与指数函数之间的关系，反函数概念也就将水到渠成. 反函数的学习重要的不在于给出定义，更不在于给出一般化的定义（教科书未给出），而在于互为反函数的两个函数在性质上的联系，以及这种联系的应用（如认识各自的性质）.

教学重点：建立对数函数的概念，画出对数函数的图象，初步了解对数函数的性质.

二、目标和目标解析

1. 经历由指数函数、对数及其运算导出对数函数概念的过程，体验知识之间的联系；通过举例感受数学与生活实践、科学研究的联系.

2. 进一步掌握研究函数的一般方法，初步掌握利用指数与对数的联系研究对数函数.

3. 初步了解对数函数的性质，并初步运用对数函数的性质解决诸如求函数的定义域、比较大小等简单问题.

学习对数函数应当紧紧抓住指数函数. 类比指数函数的研究方法研究对数函数，比如绘制图象，观察图象发现性质，再加以证明. 利用指数函数的性质理解对数函数的性质，比如，当 $a>1$ 时，指数函数 $y=a^x$ 单调递增，同样地，对数函数 $y=\log_a x$ 在 $a>1$ 时也单调递增.

这一阶段的学习应该让学生感受、体验到下面的两条“平行线”：

指数概念—指数运算—指数运算法则—指数函数；

对数概念—对数运算—对数运算法则—对数函数.

三、教学问题诊断分析

学生已经学习过函数概念，函数的单调性、奇偶性等性质，学习过指数函数的图象和性质，学习过对数的概念以及对数的运算．这些都构成了学生的认知基础．教学中，一方面利用研究指数函数所获得的经验，按照研究函数的一般方法来研究对数函数，进一步体验研究函数的一般方法；另一方面，加强与指数函数的联系，在知识与知识间的联系中学习新知识，帮助他们形成良好的知识结构，发展理性思维，提高认识能力．

让学生在知识的联系中学习知识．学生已经比较详细地学习过指数函数，熟悉指数函数的定义、图象、性质；了解研究函数的一般“套路”——先画图象，借助图象研究函数的性质，以及先研究定义域，值域，再研究奇偶性、单调性等．不仅如此，又学习过对数概念，了解了对数与指数之间的关系——对数是指数的另一种表示形式，还学习过对数的运算法则等．这些就构成了学习对数函数的生长点，构成了一个重要的系统．让学生在与旧知识的联系中学习新知识，在知识的系统中理解新知识，让学生了解知识的来龙去脉，以帮助他们形成良好的知识结构，提高认识能力，便于知识的迁移与应用．

教学难点：利用与指数函数的联系研究对数函数的性质．

四、教学过程设计

问题 1

我们已经学习过指数函数 $y=a^x(a>0,\ a\neq1)$，又知道 $x=\log_a y(a>0,\ a\neq1)$，那么，在 $x=\log_a y(a>0,\ a\neq1)$ 中，能否说 x 是 y 的函数呢？为什么？

在学生回答问题的基础上，提出对数函数的概念．

形如 $y=\log_a x(a>0,\ a\neq1)$ 的函数称为对数函数．

紧接着询问：在实际生活中，大家见过或者听说过这样的函数吗？试图把新函数与学生已有的经验联系起来．

因为学习过指数函数以及对数知识，同学们又学习过教科书之前的一个例题：生物体内碳 14 的“半衰期”为 5 730 年，湖南长沙马王堆汉墓女尸出土时碳 14 的残余量约占原始含量的 76.7%，试推算马王堆古墓的年代．利用 $t=\log_{\sqrt[5\,730]{\frac{1}{2}}}P$ 可估算出土文物或古遗址的年代（其中 t 表示死亡年数，P 表示碳 14 含量）．根据问题的实际意义，对于每一个碳 14 含量 P，通过对应关系 $t=\log_{\sqrt[5\,730]{\frac{1}{2}}}P$ 都有唯一确定的年代 t 与它对应，说明 t 是 P 的函数．也可能举例：如果我国 GDP 年平均增长率保持 8%，约多少年后我国的 GDP 在 2010 年的基础上翻两番？即利用 $t=\log_{1.08}N$ 计算年数 t 是多少．

设计意图

问题的侧重点是判断“在 $x=\log_a y(a>0,\ a\neq1)$ 中，能否说 x 是 y 的函数”，这是一次加深函数概念理解的过程．在这个过程中，学生必然以函数概念为指导，检查这个函数的定义域是什么？对应法则是什么？即需要考虑对于 y 的每一个取值，x 是否有唯一确定的值与之对应以及怎样对应. y 的每一个值必须是正数，这是因为，学生自然地会把“$x=\log_a y\,(a>0,\ a\neq 1)$”与“$y=a^x\,(a>0,\ a\neq 1)$”紧密地联系起来，或者借助“对数的真数必须是正数”. 问题中要求回答“为什么”，意图就是启发学生利用指数函数的单调性以及指数与对数之间的关系来解释结果——有唯一的 x 与 y 对应.

问题 2

请你研究对数函数 $y=\log_a x\,(a>0,\ a\neq 1)$，获得它的性质，越多越好.

留给学生充足的时间. 请 4 名学生板演.

待学生板演完毕，绝大多数学生都有了比较充分的思考之后组织交流，提出问题 3.

设计意图

引导学生自己发现对数函数的性质.

问题 3

你们是怎样研究对数函数 $y=\log_a x\,(a>0,\ a\neq 1)$ 性质的？

首先应该先画出对数函数的图象. 这里有两种方法，一种是列表、描点，另一种是先画指数函数的图象，再利用对数与指数的关系，找出对数函数图象上的点绘制图象.

然后，借助对数函数的图象发现对数函数的性质. 也可以与指数函数类比发现对数函数的性质.

对于利用指数与对数之间的关系绘制图象，教师可以借助《几何画板》演示. 如图 1，先在指数函数图象上画点 P，度量横坐标 x_P、纵坐标 y_P，然后画点 $P'(y_P,\ x_P)$，跟踪点 P'，拖动点 P，观察点 P'形成的轨迹.

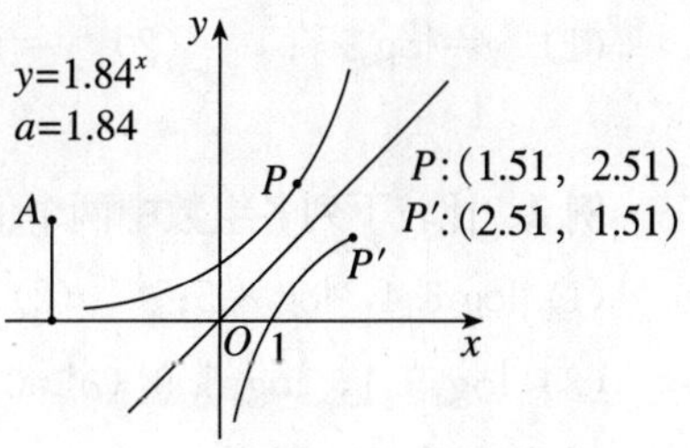

图 1

如果学生发现“点 $P(x,\ y)$ 与 $P'(y,\ x)$ 关于直线 $y=x$ 对称”，教师可以利用《几何画板》的“反射”功能，作出与点 P 关于直线 $y=x$ 对称的点，观察其与点 P'重合. 或者连接 PP'，说明直线 $y=x$ 是线段 PP'的垂直平分线.

借助板演的内容，与指数函数对照，整理对数函数的性质，形成下表.

性质	对数函数 $y=\log_a x(a>0, a\neq 1)$	指数函数 $y=a^x(a>0, a\neq 1)$
定义域	$(0, +\infty)$	**R**
值域	**R**	$(0, +\infty)$
奇偶性	不是奇函数，也不是偶函数	
单调性	在 $a>1$ 时单调增，在 $0<a<1$ 时单调减	
图象过特殊点	图象都经过点 $(1, 0)$	图象都经过点 $(0, 1)$
对称	$y=\log_a x$ 的图象与 $y=\log_{\frac{1}{a}} x$ 的图象关于 x 轴对称	$y=a^x$ 的图象与 $y=\left(\frac{1}{a}\right)^x$ 的图象关于 y 轴对称

设计意图

了解学生的研究过程．之所以加上“越多越好”，并不是提高教学要求，主要是激发学生的学习兴趣，不会发现一两个性质则罢．如果发现超出教学要求的对数函数的性质，可不要求证明．

问题 4

你能够证明你所发现的对数函数的性质吗？

设计意图

促进学生理性思考．

性质运用，课堂练习．

例 1 求下列函数的定义域：

(1) $y=\log_a x^2$； (2) $y=\log_a(4-x)$．

例 2 比较下列各组数中两个值的大小：

(1) $\log_2 3.4$，$\log_2 8.5$； (2) $\log_{0.3} 1.8$，$\log_{0.3} 2.7$；

(3) $\log_a 5.1$，$\log_a 5.9$ $(a>0, a\neq 1)$．

板演练习（过程略）．

全课小结，布置作业．

问题 5

下课后，如果有人问你：“你们这堂课学习了些什么东西？”你怎么回答？你能说说我们是怎样研究对数函数的吗？还有其他什么收获吗？

设计意图

通过问题小结.

布置作业. 教科书第 74 页，习题 2.2，第 7，8 题.

五、目标检测设计

1. 求下列函数的定义域：

(1) $y=\log_a(4-3x)$；　(2) $y=\dfrac{1}{\log 2x}$；　(3) $y=\sqrt{\log_2(4-x)}$.

2. 比较下列各组数中两个值的大小：

(1) $\log_{0.2}3.14$，$\log_{0.2}\pi$；　(2) $\log_a 5$，$\log_a 5(a>0，a\neq1)$.

（南京师大附中　陶维林）

第三章 “函数的应用”概述

本章主要内容是方程的根与函数的零点及其关系、用二分法求方程的近似解、几种不同的函数增长模型、函数模型的应用举例.

学生在初中学习了一元二次方程及其根的求法、一元二次函数及其图象与性质. 在这些知识的基础上，教科书通过比较一元二次方程的根与对应的一元二次函数的图象与 x 轴的交点的横坐标之间的关系，给出了函数的零点的概念，并揭示了方程的根与对应的函数的零点之间的关系. 在此基础上，教科书给出了判断一个（连续）函数在某个给定区间存在零点的方法，并介绍了如何通过“二分法”求函数的零点的近似值，进而求出对应方程的近似解的方法.

教科书在介绍“二分法”时，通过总结“用二分法求函数零点的步骤”渗透了算法的思想，为学生后续学习算法内容埋下了伏笔. 在“阅读与思考”栏目中，教科书通过介绍中外历史上的方程求解，不仅给学生认识方程的解提供了更广阔的空间，同时还让学生了解古今中外不少数学家在方程求解中所取得的成就，特别是可以了解我国古代数学家对数学发展与人类文明的贡献.

学生在初中学习了一次函数、二次函数；通过第二章的学习，学生又接触了指数函数、对数函数、幂函数等函数模型. 有了这些函数模型作准备，教科书通过实例介绍了几种不同的函数增长模型，特别是用具体问题说明了直线上升、指数爆炸、对数增长等不同函数类型增长的含义. 为了让学生体会指数函数、对数函数、幂函数的增长速度的差异，教科书用实例专门安排了这三种函数增长速度的比较.

函数基本模型的应用是本章的重点内容之一.

要注意引导学生用联系的观点看待本章中的有关问题. 让学生学会利用函数的图象和性质，用二分法求方程近似解的方法，从中体会函数与方程之间的联系．通过一些实例，让学生感受建立函数模型的过程和方法，体会函数在数学和其他学科中的应用，体验函数是描述客观世界变化规律的基本数学模型，体验指数函数、对数函数、幂函数等函数与现实世界的密切联系及其在刻画现实问题中的作用，初步运用函数思想解决现实生活中的一些简单问题．

本章知识框图如下所示：

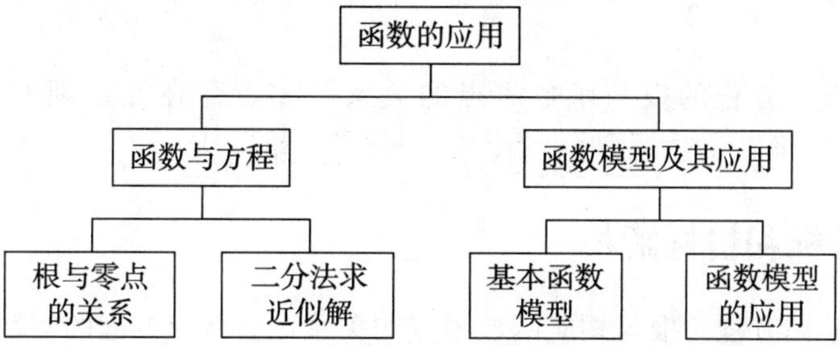

教学案例 10

方程的根与函数的零点

一、内容和内容解析

本节课内容有函数零点概念、函数零点与相应方程根的关系、函数零点存在性定理．

函数零点是，当函数 $f(x)$ 的值为 0 时，相应的自变量 x 的实数值．反映在函数图象上，也就是函数图象与 x 轴交点的横坐标．

由于函数 $f(x)$ 的值为 0 亦即 $f(x)=0$ 的实数根，$f(x)=0$ 是方程的形式，因而函数的零点必然与方程有着不可分割的联系，事实上，若方程 $f(x)=0$ 有实数解，则函数 $f(x)$ 存在零点，且方程的实数根就是相应函数的零点，也是函数图象与 x 轴交点的横坐标．顺理成章地，求方程实数解的问题，可以转化为求函数零点的问题．

零点存在性定理是函数在某区间上存在零点的充分不必要条件．如果函数 $y=f(x)$ 在区间 $[a, b]$ 上的图象是一条连续不断的曲线，并且满足 $f(a)\cdot f(b)<0$，则函数 $y=f(x)$ 在区间 (a, b) 内至少有一个零点，但零点的个数，需结合函数的单调性等性质进行判断．

方程的根与函数零点的研究方法，应当从特殊的、具体的二次函数入手，建立二次函数的零点与相应二次方程的联系，然后将其推广到一般的、抽象的函数与相应方程的情形；零点存在性的研究，也采用类似的方法，同时也体现了“数形结合思想”及“转化与化归思想”.

方程的根与函数零点的关系研究，不仅为“用二分法求方程的近似解”的学习作准备，而且揭示了方程与函数之间的本质联系，这种联系正是中学数学重要思想方法——“函数与方程思想”的基础. 可见，函数零点概念在中学数学中具有重要地位.

教学重点：方程的根与函数零点的关系及零点存在性定理的深入理解与应用.

二、目标和目标解析

理解并掌握方程的根与相应函数零点的关系，会将求方程的实数根的问题转化为求相应函数零点的问题；理解零点存在性定理，并能初步确定具体函数存在零点的区间.

1. 能够结合具体方程（如二次方程），说明方程的根、相应函数图象与 x 轴交点的横坐标以及相应函数零点的关系.

2. 正确理解函数零点存在性定理：了解图象连续不断的意义及作用，知道定理只是函数存在零点的一个充分条件，了解函数零点可能不止一个.

3. 能利用函数图象和性质判断某些函数的零点个数.

4. 能顺利将一个方程求解问题转化为一个函数零点问题，写出与方程对应的函数；会判断存在零点的区间（可使用计算器）.

三、教学问题诊断分析

学生已有的认知基础是，初中学习过二次函数图象和二次方程，并且解过“当函数值为 0 时，求相应自变量的值”的问题，初步认识到二次方程与二次函数的联系，对二次函数图象与 x 轴是否相交，也有一些直观的认识与体会. 在高中阶段，已经学习了函数概念与性质，掌握了部分基本初等函数的图象与性质.

以二次方程及相应的二次函数为例，引入函数零点的概念，说明方程的根与函数零点的关系，学生并不会觉得困难. 学生学习的难点是准确理解零点存在性定理，并针对具体函数（或方程），求出存在零点（或根）的区间.

教学过程中，通过引导学生探究，发现方程的根与函数零点的关系；而零点存在性定理的教学，则应引导学生观察函数图象与 x 轴的交点的情况，研究函数零点的情况，通过研究：① 函数图象不连续；② $f(a)\cdot f(b)>0$；③ $f(a)\cdot f(b)<0$，函数在区间上不单调；④ $f(a)\cdot f(b)<0$，函数在区间上单调等各种情况，加深学生对零点存在性定理的理解.

四、教学支持条件分析

若条件许可，可以借助计算机或者计算器，一方面是绘制函数图象，通过观察图象加深方程的根、函数零点以及同时函数图象与 x 轴的交点的关系；另一方面，判断零点所在区间过程中，一些函数值的计算也必须借助计算机或计算器.

五、教学过程设计

（一）问题引入

解方程：$2\ 007x^2-2\ 008x+3=0$.

设计意图

通过一个学生熟悉又不容易解的方程，让学生了解学习本节内容的必要性.

（二）方程的根与相应函数图象的关系

复习总结一元二次方程与相应函数与 x 轴的交点及其坐标的关系：

	$\Delta>0$	$\Delta=0$	$\Delta<0$
一元二次方程根的个数			
图象与 x 轴交点个数			
图象与 x 轴交点坐标			

设计意图

回顾二次函数图象与 x 轴的交点和相应方程的根的关系，为一般函数及相应方程关系作准备.

问题 1

上述结论对其他函数成立吗？为什么？

在《几何画板》中展示如下函数的图象：$y=2x-4$，$y=(x-1)(x+2)(x-3)$，$y=(x^2-1)(x+2)(2x-6)$，$y=2^x-8$，$y=\ln(x-2)$，比较函数图象与 x 轴的交点和相应方程的根的关系.

函数 $y=f(x)$ 的图象与 x 轴交点，即当 $f(x)=0$，该方程有几个根，$y=f(x)$ 的图象与 x 轴就有几个交点，且方程的根就是交点的横坐标.

设计意图

通过各种函数，将结论推广到一般函数.

（三）函数零点概念

对于函数 $y=f(x)$，把使 $f(x)=0$ 的实数 x 叫做函数 $y=f(x)$ 的零点.

（四）方程的根与函数零点的关系

方程 $f(x)=0$ 有实数根⇔函数 $y=f(x)$ 的图象与 x 轴有交点⇔函数 $y=f(x)$有零点.

以上关系说明：函数与方程有着密切的联系，从而有些方程问题可以转化为函数问题来求解，同样，函数问题有时也可转化为方程问题. 这正是函数与方程思想的基础.

（五）零点存在性定理

问题 2

观察图象（气温变化图）片段，根据该图象片段，将其补充成完整函数图象，并思考：是否有某时刻的温度为 0 ℃？为什么？（假设气温是连续变化的）

给出零点存在性定理：如果函数 $y=f(x)$ 在区间 $[a, b]$ 上的图象是连续不断的一条曲线，并且有 $f(a)\cdot f(b)<0$，那么，函数 $y=f(x)$ 在区间 (a, b) 内有零点. 即存在 $c\in(a, b)$，使得 $f(c)=0$，这个 c 也就是方程 $f(x)=0$ 的根.

设计意图

通过类比得出零点存在性定理.

问题 3

不是连续函数结论还成立吗？请举例说明.

利用《几何画板》绘制函数 $y=\frac{2}{x}+2$ 的图象，并加以说明.

问题 4

若 $f(a)\cdot f(b)>0$，则函数 $y=f(x)$ 在区间 $[a, b]$ 上一定没有零点吗？

问题 5

若 $f(a)\cdot f(b)<0$，则函数 $y=f(x)$ 在区间 $[a, b]$ 上只有一个零点吗？若不是，可能有几个？

问题 6

当 $f(a)\cdot f(b)<0$ 时，增加什么条件可确定函数 $y=f(x)$ 在区间在 $[a, b]$ 上只有一个零点？

在《几何画板》中结合函数 $y=x^4+2x^3-2x^2-2x$ 的图象说明问题 4，5，6.

设计意图

通过四个问题使学生准确理解零点存在性定理.

例 求函数 $f(x)=\ln x+2x-6$ 的零点的个数.

问题 7

能否确定一个区间，使函数在该区间内有零点？

问题 8

该函数有几个零点？为什么？

设计意图

通过例题分析，学会用零点存在性定理确定零点存在区间；结合函数性质，学会判断零点个数的方法.

师生共同小结.

(1) 什么是函数 $f(x)$ 的零点？

(2) 函数 $f(x)$ 在区间 $[a, b]$ 上存在唯一一个零点的条件是什么？

（六）作业

教科书第 88 页，练习 1.

六、目标检测设计

1. 已知函数 $f(x)$ 的图象是连续不断的，且有如下对应值表，则函数在哪几个区间内有零点？为什么？

x	1	2	3	4	6	10
$f(x)$	20	-5.5	-2	6	18	-3

2. 函数 $f(x)=(x+4)(x-4)(x+2)$ 在区间 $[-5, 6]$ 上是否存在零点？若存在，有几个？

3. 利用函数图象判断下列方程有几个根：

(1) $2x(x-2)=-3$；　(2) $e^{x-1}+4=4x$.

4. 指出下列函数零点所在的大致区间：

(1) $f(x)=-x^3-3x+5$；　(2) $f(x)=3(x+2)(x-3)(x+4)+x$.

（浙江省衢州第二中学　刘宗良）

教学案例 11

用二分法求方程的近似解

一、内容和内容解析

内容：根据具体函数的图象，能够借助计算器用二分法求相应方程的近似解，了解这种方法是求方程近似解的常用方法.

内容解析：本节课是人教 A 版《数学 1》第三章“函数的应用”中第一节“函数与方程”的第二块内容，是在学习了集合与函数概念、基本初等函数（I）以及方程的根与函数零点的关系之后，研究函数与方程关系的内容，它是“函数与方程”的重点. 本节课是新增的内容，其教学目的有三点：一是学习一种求方程近似解的简单常用方法；二是通过这个具体载体让学生体会到函数与方程的联系，初步形成用函数观点处理问题的意识；三是这一内容较好地体现了算法的思想，为后期算法的学习作一定的铺垫.

二分法是求方程 $f(x)=0$ 近似解的一种方法，适用于函数 $f(x)$ 连续，并且存在区间 $[a, b]$，满足 $f(a)\cdot f(b)<0$ 的情况，它的依据是零点存在定理（勘根定理）. 二分法的实质就是通过“取中点”的方法将函数零点所在的区间不断地一分为二，使新得到的区间不断变小，把所求零点“逼”到一个符合精确度要求的区间内，从而得到近似解的过程. 由于二分法是一个典型的“构造性方法”，很“机械”，所以可以设计一定的计算程序，借助计算器或计算机来完成.

在本节课之前，关于方程根求解的学习，都是在等式状态下研究方程的变化关系，通过公式化的方式诸如求根公式、因式分解来求解方程的根，并以精确形式表示求解结果. 而以“零点存在定理”为理论基础，用“区间逼近”的方式求出方程近似解的“二分法”，是一次“思想方法”上的突破，通过对二分法的学习，让学生经历“整体→局部”、“定性→定量”、“精确→近似”、“计算→技术”、“技法→算法”的转化过程，感受方程与函数的联系，初步体会蕴含其中的逼近思想与算法思想.

教学重点：用二分法求方程近似解的基本思想和操作步骤.

二、目标和目标解析

理解二分法的基本思想，能借助计算器用二分法求方程的近似解.

1. 能根据函数的图象，借助计算器用二分法求给定方程的近似解.

2. 在求给定方程近似解的过程中，理解“一分为二”、“逐步逼近”的思想，培养理性思维.

3. 能从具体实例中归纳概括用二分法求方程近似解的步骤，认识算法化的形式表达，初步体会其中蕴含的算法思想.

4. 经历用二分法求方程近似解的探究过程，感受方程与函数之间的联系，初步形成用函数观点处理问题的意识.

三、教学问题诊断分析

在学习本节内容之前，学生已经掌握了基本初等函数的图象和性质，有了从直观到抽象的认知活动经验. 通过前面一节的学习，学生理解方程的根与函数零点的关系，对方程根的存在性有了一定的认识，这些都是建立本节课知识的生长点.

学生的认知困难主要表现在两个方面：一方面，学生在学习本节内容之前，对方程根的求解一直是以代数运算的方式来学习的，用二分法求方程的近似解，对学生而言是一次思想方法上的突破和学习观念的提升. 另一方面，由于学生第一次接触“逼近”这种数值计算中的专业术语，第一次接触隐含算法结构的用符号表示的步骤，这种语言形式的抽象性，造成学生理解上的困难. 教学中应加强与已有知识的联系，遵循“从特殊到一般，从具体到抽象”的过程，注重学生的思维参与，给学生提供动手实践的机会，加强信息技术的应用，引导学生观察、计算、思考、讨论，在具体问题的解决过程中理解二分法的基本思想.

教学难点：用二分法求方程近似解的一般步骤的概括和理解.

四、教学支持条件分析

在用二分法求方程近似解的教学中，通过分析，学生在逻辑上能基本接受算法的可行性，但对于该做法能否实现还会持怀疑态度，要在根本上理解二分法求方程的近似解，必须借助计算器经历实现的过程.

若条件允许，可准备教具：多媒体课件（以 PPT 为平台，结合使用《几何画板》、Excel 软件）. 学生自备有关计算器.

五、教学过程设计

（一）创设情境，引入新课

问题 1

一元二次方程可以用公式求根，那么如何求方程 $\ln x+2x-6=0$ 的根呢？

让学生谈谈自己的想法. 教师可结合教科书中的阅读材料简略介绍方程求解的历史，借助具体例子说明生产、生活中有时是不可能也不需要求出精确解，一方面解决“为什么求近似解而不是精确解”的问题，另一方面让学生在了解相关数学史活动中感受数学文化的魅力.

设计意图

教学起点源于教科书中的问题，旨在与上节课内容相关联，符合学生的最近发展区．引入求方程根的话题，引起学生的认知冲突，激发学生自主探索的欲望.

（二）归纳探索，形成概念

问题 2

如何求方程 $\ln x+2x-6=0$ 的近似解？

让学生谈谈思考的方向，教师适时以“方程 $\ln x+2x-6=0$ 有解吗”激活学生已有认知，回顾判断函数零点的“试值法”和“图象法”，得到函数 $f(x)=\ln x+2x-6$ 在区间（2，3）内有零点，并指出，在“近似程度”要求不高的情况下，可在（2，3）内任选一个点 x_0 作为零点的近似值.

设计意图

提出本节课研究的内容，并将求方程 $\ln x+2x-6=0$ 近似解的问题转化为求函数 $f(x)=\ln x+2x-6$ 零点的近似值问题.

问题 3

为了刻画“近似程度”，我们引进“精确度”的概念．请同学们观察数轴，对于 $\sqrt{2}$，你认为什么样的值近似程度好？为什么？

教师可给出具体的精确度如 0.1，帮助学生理解精确度的含义：近似值和 $\sqrt{2}$ 之间的距离小于 0.1，并追问“$|1.4-1.42|=0.08<0.1$，那么，是不是 $[1.4,1.42]$ 中的每一个值都是 $\sqrt{2}$ 的满足精确度 0.1 的近似值”，在学生思考、讨论及进一步分析的基础上给出精确度的含义：对于数值 x 和精确度 ξ，找到一个包含 x 的区间 $[a, b]$，满足 $|a-b|<\xi$，则 $[a, b]$ 内任意一点都可作为函数零点的近似值.

设计意图

借助数轴，让学生直观感受距离是刻画近似程度的方法，通过具体例子，体会精确度的含义.

问题 4

对函数 $f(x)=\ln x+2x-6$，如何获得满足一定精确度要求的零点所在的区间？

引导学生获得解题思路：缩小零点所在区间的长度．教师进一步提出“如何缩小”的问题，可能会涉及不同细分区间的方法，如二分法、三分法、十分法等，教师引导学生对比讨论后得出结论．

设计意图

引出“取中点”方法，通过对比感受该方法的简单性．

问题 5

区间 (2，3) 一分为二得到两个子区间 (2，2.5) 和 (2.5，3)，函数 $f(x)=\ln x+2x-6$ 的零点在哪个子区间？

让学生判断并获得出结论．

设计意图

明确二分法的依据是零点存在定理．

问题 6

若精确度为 0.01，你能借助计算器求出函数 $f(x)=\ln x+2x-6$ 零点的近似值吗？

借助计算器，用表格演示二分法逐次计算的结果，再用图象演示零点所在区间不断“二分”的过程，感受精确与近似的相对统一．

设计意图

在问题解决过程中体会二分法的逼近思想．

问题 7

按照这种方法可以把区间缩减到任意小，得到符合要求的零点近似值，你认为这种方法的特点是什么？

师生活动：鼓励学生说出求函数零点近似值的思想方法，指出这种求近似值的方法称为“二分法”，接着教师引导学生阅读教科书上规范的二分法定义表述，结合实例剖析定义中的关键词．

定义：对于在区间 $[a，b]$ 上连续不断且 $f(a)\cdot f(b)<0$ 的函数 $y=f(x)$，通过不断地把函数 $f(x)$ 的零点所在的区间一分为二，使区间的两个端点逐步逼近零点，进而得到零点近似值的方法叫做二分法．

设计意图

明确二分法的两个关键点“一分为二”、“逐步逼近”，依据是零点存在定理．

（三）演练概括，揭示规律

练习 1 利用计算器，求方程 $2^x+3x=7$ 的近似解（精确度 0.1）.

同桌合作. 留给学生充足的观察、思考、计算、讨论的时间，在此基础上思考“第一步做什么，第二步做什么……”，为概括步骤作准备.

设计意图

经历用二分法求方程近似解的完整过程，理解二分法定义，体会用二分法求方程近似解的思路.

问题 8

你能用自然语言描述用二分法求方程近似解的步骤吗？

师生共同归纳步骤：

第一步，求给定区间的中点；

第二步，计算中点的函数值；

第三步，确定零点所在的新区间；

第四步，判断是否达到精确度，如果达到，完成，如果没达到，再从第二步开始.

设计意图

用自然语言描述步骤.

问题 9

二分法的步骤有什么特点，如何用符号表示？

学生思考回答，师生共同完善.

给定精确度 ξ，用二分法求函数 $f(x)$ 零点近似值的步骤如下：

1. 确定区间 $[a, b]$，验证 $f(a)\cdot f(b)<0$，给定精确度 ξ；

2. 求区间 (a, b) 的中点 c；

3. 计算 $f(c)$；

（1）若 $f(c)=0$，则 c 就是函数的零点；

（2）若 $f(a)\cdot f(c)<0$，则令 $b=c$（此时零点 $x_0\in(a, c)$）；

（3）若 $f(c)\cdot f(b)<0$，则令 $a=c$（此时零点 $x_0\in(c, b)$）.

4. 判断是否达到精确度 ξ：即若 $|a-b|<\xi$，则得到零点近似值 a（或 b），否则重复 2～4.

设计意图

引导学生获得用符号描述的用二分法求函数零点近似值的一般步骤.

（四）初步应用，巩固所学

练习 2 教科书习题 3.1，A 组第 1 题.

练习 3 教科书第 91 页，练习 2.

设计意图

让学生对求一个方程的近似解的探究有更完整的认识，进一步体会用二分法求方程近似解的基本思想和操作步骤.

（五）回顾小结，提高认识

本节课你学到了哪些知识？有哪些收获？

设计意图

体会本节课的主要内容和思想方法，深化对二分法的认识.

六、目标检测设计

作业：教科书习题 3.1，A 组第 4、5 题.

拓展：利用互联网查找中外历史上有关方程求解的资料，并结合阅读材料和二分法的学习，谈谈你的体会.

设计意图

巩固本课所学知识，进一步体会二分法思想，发展方程求解观念，提升数学素养.

（浙江金华第一中学　孔小明）

教学案例 12

几类不同增长的函数模型

一、内容和内容解析

“数学是关于空间形式和数量关系的科学”，数学模型是对空间形式和数量关系的一个近似的反映，要解决实际问题就必须建立数学模型，建立数学模型的过程就是数学建模. 函数是描述客观世界变化规律的基本数学模型，不同的变化规律可以用不同的函数模型来描述. 从解应用题到数学建模是从“理想化”问题到“原始化”问题的扩张，其扩张的关键在于如何使“原始化”问题数学化，这需要收集数据并对数据加以处理，用数学模型加以解决，并作出合理选择或解释.

几类不同增长的函数模型属于新增内容，此前学生已经学习了一次函数（直线）、二次函数（抛物线）、反比例函数（双曲线）、指数函数、对数函数和幂函数，有了一定的函数背景. 那么，要用数学解释实际问题，选用函数模型是合理的，也是必然的. 只是我们要使学生明白如何合理地选择，且使之对实际问题愈加吻合. 这与数学 3“统计”以及选修 2—3“统计案例”有直接的联系，为后面的学习作好铺垫.

函数模型本身并不是一个核心概念，只是作为解释自然现象的一种工具，其核心还是函数. 在前面研究了函数基本性质的基础上，通过对一次函数、对数函数、二次函数、指数函数模型单位增长量的比较，理解几类不同增长的函数模型增长变化的差异性，体会直线上升、对数增加、二次增长、指数爆炸（相对于教科书，增加了对二次函数模型的分析），为科学选择模型提供依据.

在建立函数模型的过程中，学生可以感受到数学是自然的、数学是有用的，体会函数的三种表示方式（列表、图象、解析式）之间的一致性，同时理解为什么大家更喜欢用解析式来表示，只是因为它能更加明确地反映变量之间的关系.

二、目标和目标解析

能选择不同的增长型函数模型解释实际问题，通过比较几类不同增长的函数模型的差异，初步理解直线上升、对数增长、二次快速、指数爆炸.

1. 能从实际问题中收集数据，同时对数据作适当处理. 数据是自然的，来源于生活实际；数学是科学的，数据处理有效地实现了两者的结合.

2. 用函数的三种表示方法（列表、图象—散点图、解析式—函数模型）表示实际问题反映的函数关系. 一方面，体会三种表示方法的一致性；另一方面，提供学生对原始数据呈现形式的多样性和选择性.

3. 利用 Spss 统计分析软件，得到不同函数模型，掌握建立离散型问题函数模型的一般步骤：收集数据→处理数据→作散点图→确定函数模型→检验模型.

4. 通过对模型单位增长量的比较，理解几类不同增长的函数模型增长变化的差异性，初步体会直线稳步上升、对数缓慢增加、二次快速增长、指数飞速爆炸.

5. 在数学建模过程中，感受数学是自然的、有用的，体会数与形的统一、函数动与静的统一.

三、教学问题诊断分析

1. 学生面对实际问题会束手无策，原因是一直以来接触的问题都是经过数学化和模型化处理的. 要克服这一障碍，关键是帮助学生引入散点图，先用图形表示变量的关系.

2. 学生在函数模型的选择上也会出现障碍，原因是一般想要选用的函数图象并不能过散点图中的每个点，也就是说散点图中有一些异常点，而且实际问题的数据对应函数模型的计算量比较大. 针对这一问题，可以引导学生作数学尝试，排除一些异常点的干扰，同时也可以利用计算器帮助计算.

3. 对于直线稳步上升、对数缓慢增加、二次快速增长、指数飞速爆炸的理解学生也会出现困难，原因是学生只能从三个图象作直观描述，不能作定量分析. 突破这一困难的关键是引入单位增长量作定量的比较分析.

四、教学支持条件分析

为了实现较准确地比较几类不同增长的函数模型，同时使每一类模型数据拟合选择最为准确，避免因数据繁琐引起的计算障碍，本课选用 Spss，Excel 软件以及计算器辅助教学，增强教学效果.

五、教学过程设计

（一）活动组织：预测 2008 年金华市国民生产总值（GDP）

1. 收集数据，数据处理

师生活动：通过金华市国民经济和社会发展统计公报收集 2000 年至 2007 年金华市国民生产总值（GDP）；将年份作适当修改，标记年份＝实际年份－1999，师生共同完成，并输入计算机数表中.

金华市 2000～2007 年生产总值（GDP：亿元）

年份	1	2	3	4	5	6	7	8
GDP	546.40	597.27	680.39	798.98	978.38	1 055.36	1 228.57	1 462.45

数据来源：金华市国民经济和社会发展统计公报

设计意图

数据来源于学生身边的实际生活，符合数学建模的“近体原则”（见《中学教研》2000 年第 7 期“‘近体原则’在中学数学建模教学中的应用”），以此激发学生参与问题探究的好奇心. 为了使计算更加简单但又不会改变数据的实质，对收集所得的数据作适当的处理，以帮助学生建立数据处理的意识和方法.

2. 建系描点

（1）以标记年份为 x 轴，GDP 为 y 轴，建立直角坐标系；

（2）描点——散点图（图 1）.

师生活动：教师指导学生在预备好的图纸上完成.

设计意图

帮助学生引入散点图，先用图形表示变量的关系，克服第一个障碍.

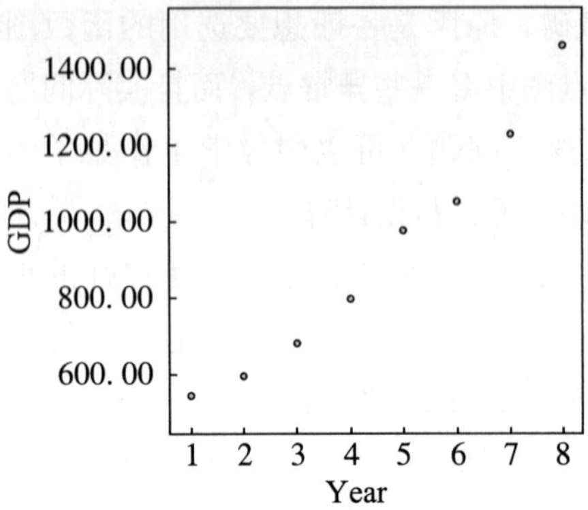

图 1

3. 用合理的曲线连线，求出曲线对应的函数解析式——函数模型

（1）曲线是已经学习过的函数的图象；

（2）使点在曲线上或均匀分布在曲线的两侧；

（3）使不在曲线上的点尽可能靠近曲线.

师生活动：学生以小组为单位，在散点图上作尝试，派代表发表观点，教师写出相应的函数模型，并用 Spss 统计分析软件确定每一类模型的最佳模拟函数模型（图 2 为二次函数模型，方程为 $y=496.14+33.3492x+10.677x^2$；图 3 为指数型函数模型，方程为 $y=457.171e^{0.1431x}$；图 4 为对数型函数模型，方程为 $y=372.530+411.855\ln x$；图 5 为一次函数模型，方程为 $y=335.984+129.442x$）.

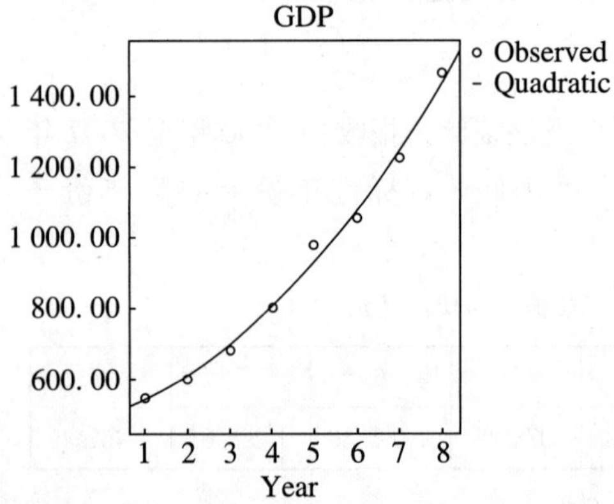

图 2

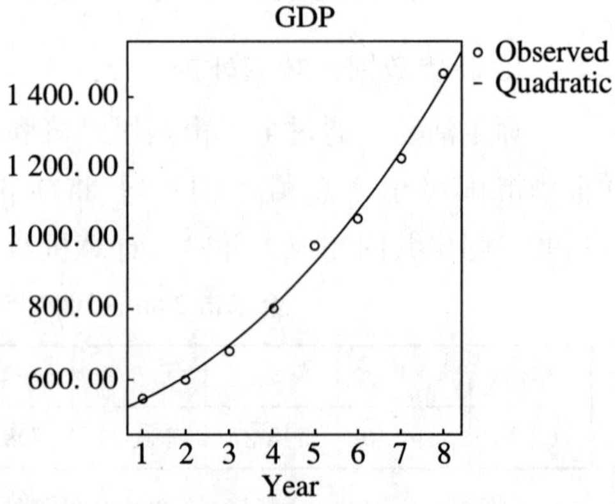

图 3

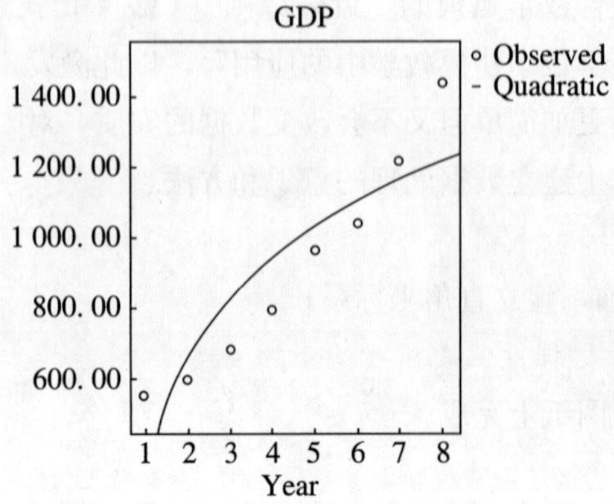

图 4

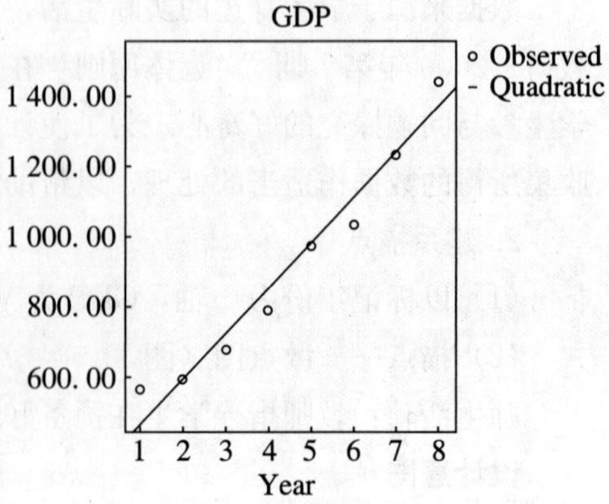

图 5

设计意图

通过小组讨论合作，增强学生合作能力和意识，通过拟合软件使学生计算结果更加贴近实际问题，为研究差异性作准备.

4. 模型检验与应用

师生活动：教师通过 Spss 统计分析软件中吻合度比较实现，确定吻合度达到 0.80 以上即可认为吻合程度较高，对问题具有可行性. 通过建立的函数模型计算当 $x=9$（即 2008 年）时 y 的函数值（即 GDP).

设计意图

使学生意识到从实际问题到具体函数模型可以有不同的选择，但对于模型并不一定都能准确地反映实际问题，必须作出检验，只有当吻合度达到较高时方认为是适合的. 通过计算 $x=9$（即 2008 年）时 y 的函数值体现建立函数模型的作用——预测未来.

（二）概括提升：实际问题到函数模型过程剖析

1. 了解相关概念

模型：是根据实物、设计图或设想，按比例、生态或其他特征制成的同实物相似的物体.

数学模型：对于现实世界的一个特定对象，为了某个确定目的，根据它的内在规律，做出若干必要的简化假设，运用适当的数学工具，得到的一个数学结构.

函数模型：用函数关系表示得到的数学结构.

数学建模：建立数学模型的过程.

师生活动：教师介绍，学生了解.

设计意图

通过介绍相关概念使学生了解实际问题到数学建模过程的构成因子.

2. 建立离散型问题函数模型的步骤

收集数据→处理数据→作散点图→确定函数模型→检验模型.

师生活动：引导学生对活动过程归纳总结.

设计意图

理解建立函数模型的步骤，产生新的方法，并纳入到已有的函数知识体系中；体现活动设计具有一般性，达到从“见树木”到“见森林”的特殊到一般的演变.

3. 体现函数的三种表示法（列表法、图像法、解析式法）的一致性

——问题 1

函数的这三种表示方式中我们使用最多的是哪一种？试分析其原因.

师生活动：引导学生比较活动过程中问题的呈现方式与函数的三种表示法.

设计意图

使学生进一步体会函数概念的核心是自变量 x 与函数值 y 之间的对应，能科学地反映变化趋势，为下面比较几类不同增长的函数模型作准备.

（三）发现引申：几类不同增长的函数模型

1. 利用 Spss 统计分析软件在同一坐标系显示学生活动产生的四类不同增长的函数模型（一次函数、对数函数、二次函数、指数函数），从直观上体现它们的变化差异.

2. 利用 Excel 计算四种模型的增长量.

问题 2

如何用具体的数量关系刻画变化程度不同？

以此引入增长量 $g(x)=f(x+1)-f(x)$，利用计算器（机）列出单位增长量比较表.

一次函数、对数型函数、二次函数、指数型函数
四类模型单位增长量的比较

年份	GDP	一次函数	单位增长量	对数型函数	单位增长量	二次函数	单位增长量	指数型函数	单位增长量
1	546.40								
2	597.27								
3	680.39								
4	798.98								
5	978.38								
6	1 055.36								
7	1 228.57								
8	1 462.45								

问题 3

单位增长量能说明什么？

单位增长量说明当自变量增加 1 个单位时函数值的增加值.

——问题4——

一次函数、二次函数、对数型函数、指数型函数四种模型的增长量的变化趋势如何？

以此引导学生总结，得出四者的增长情况很不相同，一次函数的单位增长量是不变的，对数型函数的单位增长量是逐渐减小的，而二次函数和指数型函数是成倍增加的，并且随着自变量增大到比较大时，指数型函数比二次函数增加得快得多.

——问题5——

分别依据建立的四种模型，你能对金华市未来30年、50年GDP的增长趋势作出预测吗？

以此引导学生进一步总结并理解直线稳步上升、对数缓慢增加、二次快速增长、指数飞速爆炸.

师生活动：教师图形演示，学生观察，师生问答.

设计意图

从图形定性分析和利用增长量定量分析，两方面发现直线稳步上升、对数缓慢增加、二次快速增长、指数飞速爆炸，符合学生从直观到抽象的认知规律，突破了第三个学习障碍，同时对模型的选择提供更高的参照标杆.

（四）小结

——问题6——

快下课了，你在走出教室之前能告诉大家，通过今天的学习，你能如何用数学解释一些自然现象、生产生活吗？你对一次函数、二次函数、指数函数、对数函数又有怎样的新认识呢？

设计意图

突出建立函数模型的一般步骤，强调不同函数模型的增长差异.

通过这节课，老师希望你们成为三“家”：

（1）分析家：通过建立函数模型分析现实生活的具体问题.

（2）预测家：通过选择函数模型预测今后一段时间（范围）内的趋势.

（3）小作家：通过学习函数模型撰写数学建模小论文.

设计意图

以此进一步激发学生学习数学的兴趣，感受数学是自然的、有用的.

六、目标检测设计

1. 某公司为了实现 1 000 万元利润的目标，准备制定一个激励销售部门的奖励方案：在销售利润达到 10 万元时，按销售利润进行奖励，且资金 y（单位：万元）随着销售利润 x（单位：万元）的增加而增加，但资金数不超过 5 万元，同时奖金不超过利润的 25%．现有三个奖励模型：$y=0.25x$，$y=\log_7 x+1$，$y=1.002^x$，其中哪个模型能符合公司的要求呢？

2.（研究性作业）请你用函数模型对身边的一个实际问题进行分析，写一篇数学建模小论文．

（浙江师范大学附中　周建峰）

数 学 2

第一章 “空间几何体”概述

几何学是研究现实世界中物体的形状、大小与位置关系的数学学科. 空间几何体是几何学的重要组成部分. 本章侧重从空间几何体的整体观察入手，重点研究空间几何体的结构特征、三视图和直观图，了解一些简单几何体的表面积与体积的计算方法.

认识和把握柱体、锥体、台体、球体的几何结构特征，实质就是要考察组成几何体整体的各部分的搭配和安排，特别是构成几何体的点、线、面这些基本要素的相关特征（如面的种类、面数、棱数、顶点数或对称性等）. 这是我们认识空间几何体的基础，也是继续研究几何体画法、几何体表面积和体积的计算等知识的重要基础. 在几何体结构的教学过程中，要注意借助实物或实体模型，通过观察、归纳、抽象、概括，形成概念，明确定义，并进一步了解数学概念系统的建构过程，提高学生分类、类比、推理的能力.

三视图和直观图的画法，在工程建设、机械制造和日常生活中有着十分重要的意义，其实质是通过二维的平面图形表示三维的空间图形，我们能根据平面图形想象空间图形的形状和结构. 通过实物模型、三视图和直观图之间的相互转换有助于学生从不同的角度深入认识空间几何体的结构特征，进一步培养空间想象能力.

本章知识框图如下页所示：

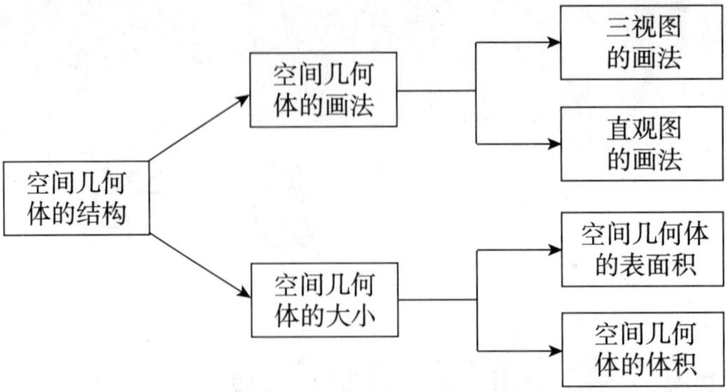

教学案例 1

空间几何体的结构

一、内容和内容解析

本课是“空间几何体的结构”的第 1 课时，是立体几何的起始课，也是义务教育阶段“空间与图形”课程的延续与提高．主要内容为空间几何体、多面体、旋转体的概念和棱柱、棱锥、棱台的结构特征．教科书以“注意空间几何体与平面图形的联系，观察组成空间几何体的每个面的特点，以及面与面之间的关系”为分类标准，将空间几何体分为多面体和旋转体．其中多面体的每个面都是平面图形，并且都是平面多边形；旋转体由平面和曲面围成，它是由一个平面图形绕它所在平面内的一条定直线旋转所形成的封闭的几何体．

棱柱、棱锥、棱台是具有典型几何结构特征的空间几何体，是正确认识简单组合体的基础．棱柱的定义要注意两点：一是要有两个面平行；二是其余各面都是四边形，并且每相邻两个四边形的公共边都互相平行．棱柱的组成要素有：底面、侧面、侧棱、顶点．棱柱的分类按底面的边数确定，棱柱的表示方式是用表示底面各顶点的字母表示．棱锥的定义要注意两点：一是有一个面是多边形；二是其余各面都是有一个公共顶点的三角形．棱锥的组成要素、分类、表示方式均与棱柱相仿．棱台是用一个平行于棱锥底面的平面去截棱锥，底面与截面的部分．这是从棱锥出发去定义棱台．棱台的组成要素、分类、表示方式可类比前两个几何体获得．分析棱柱、棱锥、棱台结构的联系与区别，发现：只要将其中一几何体的上底面（或顶点）作适当变化，可变为另外两个几何体．这样的分析有利于知识的整体把握，便于知识的建构和培养学生利用联系的观点认识事物．

由于立体几何初步的体系是从对空间几何体的整体感受入手，再研究组成空间几何体的点、直线和平面，故本节课的学习不能建立在严格的逻辑推理的基础上，要充分利用实物模型、图片向学生展示具有典型几何结构特征的空间物体，增强直观感受. 通过本节课的学习，可获得本章研究问题的一些基本方法：直观感知、操作确认、思辨论证. 本节课的核心思想是类比思想.

教学重点：感受大量空间实物及模型，概括出棱柱、棱锥、棱台的结构特征，逐步形成空间想象能力.

二、目标和目标解析

1. 借助实物、模型及丰富多彩的图片，抽象出空间几何体的定义，能在感知多面体和旋转体形成过程的基础上理解其定义及组成要素.

2. 通过对长方体包装盒及螺丝帽等模型的观察、分析、比较，抽象、概括出棱柱的定义，依据定义，能判断一个几何体是否为棱柱. 理解棱柱的组成要素、分类、表示方式.

3. 由棱柱的结构特征类比获得棱锥、棱台的结构特征，能判断一个几何体是否为棱锥、棱台. 理解棱柱、棱锥、棱台结构的联系与区别.

4. 通过直观感知的方式认识我们所处的现实空间，认识数学与生活的密切联系，体验数学活动充满着探索与创造. 在直观感受空间几何体结构特征的同时，学会类比，学会说理和推理.

三、教学问题诊断分析

1. 面对众多的几何体，找到合理的标准将其进行分类，是学生学习时可能遇到的第一个学习障碍. 这个问题可在教师引导下完成，分类时要考虑物体的内部结构和外部特征，从而确定分类的标准.

2. 借助初中所学知识，学生能够通过观察实物抽象出空间图形，但要上升到用数学语言定义空间图形比较困难，这是第二个学习障碍，也是教学难点之一. 课前可先让学生做一些柱体、锥体、台体的模型，教学时通过观察他们自己所做的模型，结合教师、教科书提供的图片，再讨论得出.

3. 在得出棱柱的定义后，如何深刻理解这个定义是第三个学习障碍，可配置适当的习题进行思辨论证来深化概念.

教学难点：概括棱柱、棱锥、棱台的结构特征.

四、教学条件支持分析

虽然学生在义务教育阶段学习“空间与图形”时，已经认识了一些具体的棱柱（如正方体、长方体等），能从具体的物体抽象出相应的几何体模型，但没有学习几何体的定义，只停留在“看”的层面，空间观念淡薄. 为此，课前要求学生用纸板制做出柱体、锥体、台体的模型，提示学生在制做过程中体会几何体的构造及生成过程. 课堂学习时，引导学生从不同的角度观察自己所做的几何体，增加学习兴趣，激发成就感. 另外，本节课有许多概念，如棱柱、棱锥、棱台的定义及组成要素等，通过大量的几何体实物、计算机展示的图片引导学生观察、比较、分析，对上述概念的理解会更透彻，也能在一定程度上促进学生空间观念的形成. 主要的教学支持条件为棱柱、棱锥、棱台的模型，大量实物的图片、《几何画板》等.

五、教学过程设计

（一）创设情境，激趣入题

引语：环顾四周，我们生活的空间是三维的空间，触摸到的物体几乎都和几何体相关. 在小学和初中我们都接触过一些特殊的几何体，如：正方体、长方体、圆柱体、球体等. 在生活中我们也常见到一些建筑物，它们实际上是由几种几何体组合在一起而形成的. 对于几何体，它们都有严格的定义，下面我们一起来研究其中一些几何体的定义及其基本性质.

(1) 利用多媒体出示大量的世界经典建筑物的图片（包括章头图），引导学生领悟章头图和章引言的重要性，并明确几何学研究的内容，几何学在数学研究和数学应用中的地位和作用，本章要学习的内容，以及如何去学习本章的内容.

(2) 给出大量生活中常见的物体图片，结合这些图片给出空间几何体的概念：如果我们只考虑这些物体的形状和大小，而不考虑其他因素，那么由这些物体抽象出来的空间图形就叫做空间几何体. 并指出：本节课主要从结构特征方面认识一些最基本的空间几何体.

设计意图

作为一章的起始课，重视编者精心打造的章头图和章引言，充分发挥它的价值.

（二）提出问题，探索新知

问题 1

同学们能否将图 1 中的 16 个物体进行分类（要求从物体的结构特征方面分成两类）?

考虑到学生对结构和特征的概念比较模糊，教师给出《现代汉语词典》中对结构与特征的描述，并结合图 1 中图 (1) 和图 (2) 进行解释. 在此基础上引领学生概括出共性的结论，从而得出多面体和旋转体的定义，并一起得出相关的概念. 其中对于旋转体的分析，借助于多媒体，进行动画演示，以使学生对概念理解得更透彻.

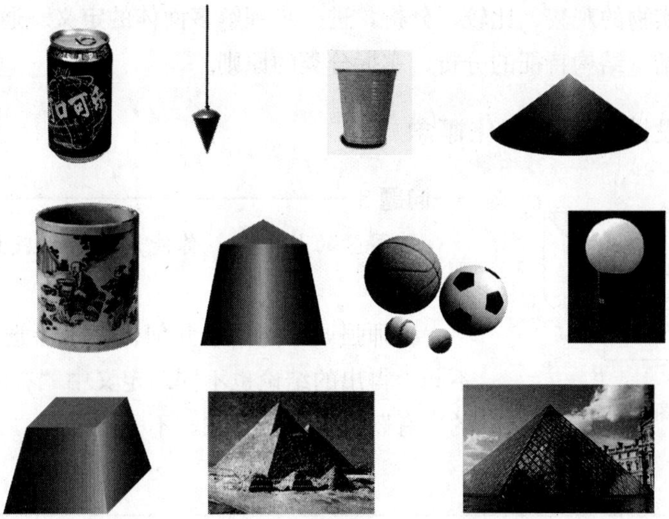

图 1

设计意图

借助具体的实物图及实物，引导学生主动地对图形及实物进行观察、分析、比较，并根据图形的特点进行分类，根据不同类别图形的特点，抽象概括出多面体和旋转体的定义.

教师引导：刚才我们将图 1 中的物体形状较粗地进行了分类，而分类越细，事物就具有更明显一致的共性. 几何学的研究这样，整个数学的研究也如此. 接下来，我们再对图 1 中总结出的多面体进行研究、探索与分类.

问题 2

请同学们观察图 2 中的四个多面体，再结合你们自制的模型，发现它们有何特征？

师生活动：经过学生的观察、讨论，得出它们具有三个特征：①有两个面互相平行；②其余各面都是四边形；③每相邻两个四边形的公共边都互相平行. 教师指出具有这三个特征的多面体叫做棱柱. 得出定义后，师生共同研究棱柱的组成要素：棱柱的底面、侧面、侧棱、顶点，棱柱的表示，棱柱的分类.

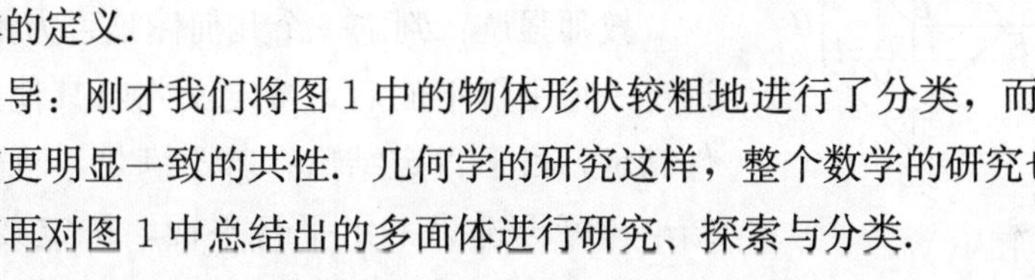

图 2

设计意图

通过对实物的观察、比较、分析，进一步理解多面体的定义．通过对棱柱定义的抽象概括，结构特征的分析，掌握分类的原则．

（三）设计问题，深化概念

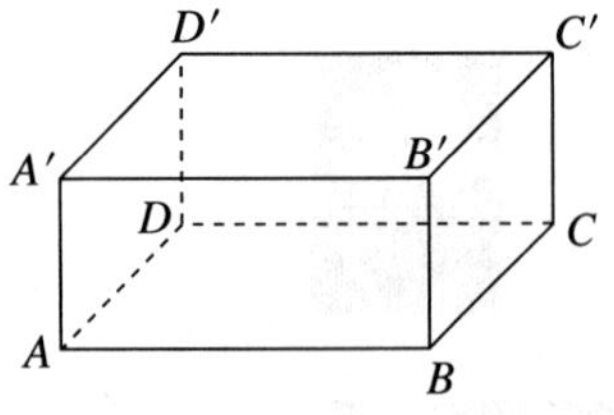

图 3

问题 3

如图 3 的长方体，你能说出它的底面吗？

教师强调：同一个几何体由于所选平行平面的不同，得出的结论也不同．定义中“有两个面平行”的“有”的含义：存在，不一定唯一．

问题 4

如图 4，长方体 $ABCD-A'B'C'D'$ 中被截去一部分，其中 $FG/\!/A'D'$，剩下的几何体是什么？截去的几何体是什么？你能说出它们的名称吗？

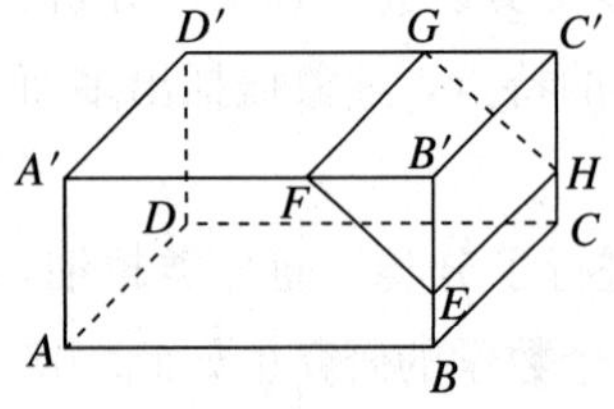

图 4

教师强调：判定一个几何体是否为棱柱的思路：选定一组平行平面后，按定义判断其他条件．若条件满足，可下肯定结论；若不满足，不要急于否定结论，可再选另一组平行平面，按定义再次判断．总之，观察问题一定要周到、仔细、全面．

问题 5

有两个面互相平行，其余各面都是平行四边形的几何体是棱柱吗？

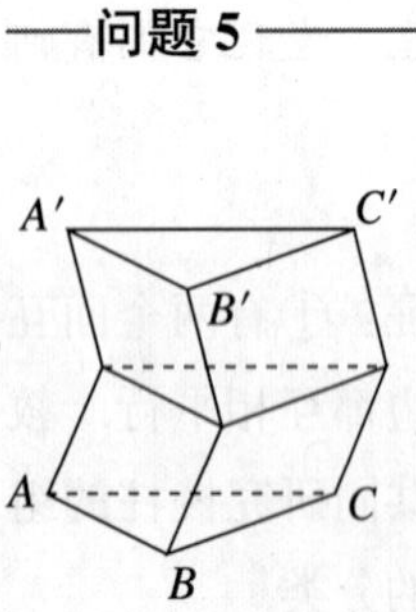

图 5

师生活动：此题较难，学生不易想到．先让学生思考，若学生举不出反例，教师给出如图 5 的反例，让学生讨论．

设计意图

通过三个问题让学生深入理解棱柱的概念，在培养合情推理能力的同时，适当进行思辨论证．

（四）类比学法，合作交流

师生活动：教师提供图片和实物，让学生自己探索发生棱锥、棱台的结构特征．在这个过程中，教师提示学生类比棱柱的结构特征进行研究，通过合作学习，自主探索出棱锥和棱台的结构名称、分类标准及表示方法. 经过一定时间的观察、分析、讨论、交流，学生作探讨后的汇报，教师及时点评，得出棱锥和棱台的结构名称、分类标准及表示方法.

之后，教师给出以下两位名人对类比的描述，强调类比思想的重要性.

开普勒说：“我珍视类比胜过任何别的东西，它是我最可信赖的老师，它能揭示自然界的秘密.”

波利亚曾指出：“类比是一个伟人的引路人，求解立体几何问题往往有赖于平面几何中的类比问题.”

设计意图

通过学生对图片和实物的观察、分析、比较，类比棱柱的联系与区别，得出棱锥和棱台的结构特征，培养学生自主学习的能力，独立思考的习惯. 借助名人名言，强调类比的价值.

（五）应用整合，强化新知

练习1 图6中为棱锥的是________.

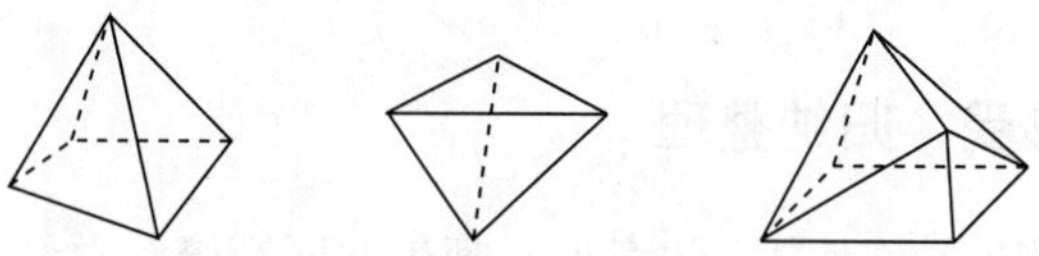

(1) (2) (3)

图6

练习2 如图7，判断下列几何体是不是棱台，并说明为什么.

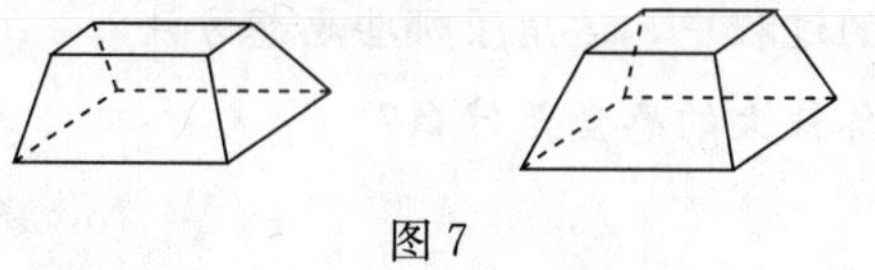

图7

设计意图

理解棱锥、棱台的概念.

（六）设置探究，感悟哲学思想

问题6

棱台与棱柱、棱锥都是多面体，它们在结构上有哪些相同点和不同点？三者的关系如何？当底面发生变化时，它们能否互相转化？

师生活动：经过学生的讨论，得到结论：棱柱、棱锥、棱台都是多面体，从相互联系的观点看：棱台的上底面扩大，使上下底面全等，就得到棱柱；棱台的上底面缩小为一个点，就得到棱锥，如图8. 教师在学生分析过程中，借助《几何画板》动画演示.

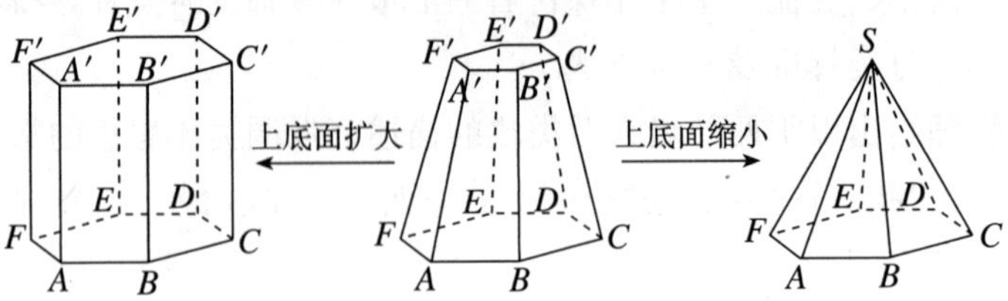

图 8

教师强调：这三者之间的关系所渗透的哲学思想是量变到质变. 棱锥的上底面慢慢变大，即量慢慢在增加，增到一定程度，变成台、柱，质也发生了变化. 学习就是一个量变到质变的过程，数学的学习也如此，要树立信心，努力学习，不断思考，增加自己数学学习的经验，提升数学素养和思维能力.

设计意图

一是引导学生用运动、变化、联系的观点看待我们所研究的棱柱、棱锥、棱台；二是在直观感知方式的基础上，适当进行一些合情推理、思辨论证；三是渗透人文主义精神.

（七）交流感受，归纳整理

让学生充分讨论并发表自己的意见，师生共同交流、总结.

问题 7

(1) 本节课你学到哪些知识？这些知识与你日常的生活有什么联系？

(2) 在学习知识的过程中，运用了哪些思想方法？

(3) 今天这节课你最大的感受是什么？

教师强调：数学家德•摩根说过："数学发明创造的动力不是推理，而是想象力的发挥."而想象力在几何上的一个表现就是直观能力，是归纳、类比的合情推理能力. 这节课我们一直沉浸在这些能力培养的氛围中，希望同学们在今后的学习中注重这些能力的培养.

设计意图

通过对本节课的小结，让学生构建自己的知识结构，培养反思的习惯.

六、目标检测设计

1. 六棱锥有________个顶点，________条棱，________个面，这些面的形状为________________.

2. 下列说法中正确的是（　　）.

(A) 棱柱的侧面可以是三角形

(B) 由六个大小一样的正方形所组成的图形是正方体的展开图

(C) 正方体的各条棱都相等

(D) 棱柱的各条棱都相等

3. 教科书第 8 页，第 1 题 (1)，(2)，(3)；第 2，5 题.

设计意图

通过训练，巩固本课所学知识，检测运用所学知识解决问题的能力.

（浙江省台州市路桥中学　陈伟丽）

教学案例 2

空间几何体的三视图

一、内容和内容解析

本节课是人教 A 版《必修 2》“空间几何体的三视图”的第 1 课时，是在学习过空间几何体的结构以及中心投影与平行投影的基础上学习的. 三视图利用几何体的三个投影来表现空间关系，是用平面图形表示空间几何体的一种方式. 它既是中心投影与平行投影的运用和发展，又为学习空间几何体的直观图奠定基础，同时促进理解空间几何体的结构；它帮助我们从不同的角度和侧面认识几何体的形状和结构，同时使我们能根据几何体的三个视图想象几何体的形状和结构. 从知识类型而言，空间几何体的三视图是程序性知识，学习的类型是发现学习和接受学习. 促成程序性知识的有效策略是掌握子技能或前提技能、促进组合和促进程序化. 因此教学的重点应体现在空间几何体的三视图的理解和应用上.

三视图作为认识和理解空间几何体的结构的基本方法，应从下面几个角度理解：

1. 从一个角度观察认识物体，是用平面认识空间几何体的基本方法，而实际上只有多角度观察物体才能识别空间关系.

2. 最少需三个角度来观察物体才能表示空间关系，所以需要三个投影来表示空间几何体.

3. 如何画三个投影——三视图?

4. 三个视图有什么关系?

5. 根据三视图想象几何体的形状和结构.

二、目标和目标解析

1. 借助对图片、实物的观察比较，感受建立三视图的必要性，进而初步了解利用三视图认识几何体的方法.

2. 通过直观感知、操作确认、思辨论证，理解三视图的操作方法，理解三个视图的关系及作用，能根据三视图“切割”出几何体，进而想象出几何体的形状和结构. 了解简单组合体的三视图.

3. 能充分体验与感悟平面图形表示空间几何体的思想方法，能认识到三个视图与实际几何体的联系与差别.

人们认识几何体时往往先整体后局部及细节，因此教学时要借助直观具体的实物，让学生经历直观感知、操作确认、思辨论证、度量计算的过程，经历从直观到抽象，从特殊到一般的过程，从而发展空间想象能力. 先从生活中发现投影能很好地反映物体的形状和位置，为平面图形表示几何体及三视图打下基础，这也是从整体上认识几何体；再给出涉及三视图、三视图的关系及由三视图还原出几何体等知识的问题，这是从整体到局部认识几何体的全过程.

教学重点：三个视图的关系、作用以及三视图与几何体的联系和差别，进而想象出几何体的形状和结构.

三、教学问题诊断分析

学生在初中已初步学习过三视图，这为本节学习打下一定基础. 但由于还没有学习几何体直观图的概念，空间想象能力还没有得到培养. 另外，对平面图形表示几何体的思想方法不熟悉，因此，学生对三个视图的关系、作用，以及根据三视图想象出几何体的形状和结构都可能遇到困难.

教学的难点是三个视图的关系、作用，以及根据三视图想象出几何体的形状和结构. 对于根据三视图想象出几何体的形状和结构，可以让学生通过探究和动手实践，通过由三视图“切割”出几何体，初步认识到三个视图与几何体的联系与差别，得到根据三视图想象出几何体的一个简单方法，从而突破教学难点.

四、教学支持条件分析

为了有效地突破学生思维的难点，需充分整合现代信息技术，教学中应借助实物、图片，更要让学生动手实践，在“做”中学、在“做”中思. 为此，课前要准备好一个长方体、一个圆柱、一个圆锥、一块塑料泥和一把小刀.

五、教学过程设计

（一）探究：为什么要三视图

前面学习了中心投影与平行投影，知道空间物体的形状和位置等可由投影反映出来. 如图 1 是不同性别的人的投影，图 2 是各种形状物品的投影.

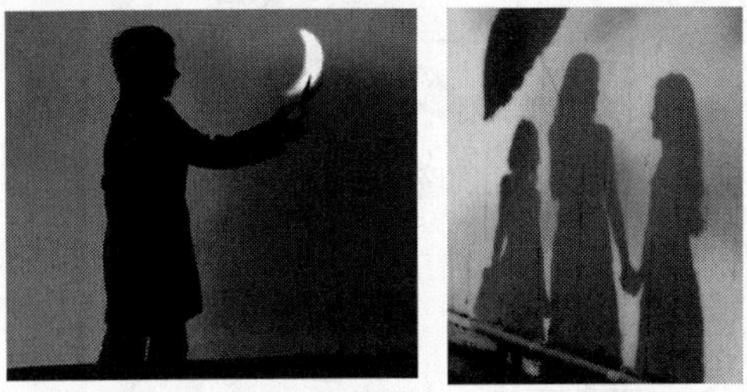

图 1

图 2

问题 1

是不是所有的投影都能很好地反映物体的形状和位置？组织学生观察手影游戏，再回答上述问题. 为什么不能呢？说明了什么？应该有几个投影才能“真实”地反映空间物体的形状和位置？

设计意图

通过有趣的游戏，既激发了学生的学习兴趣，又引导学生通过观察和思考，体验单一角度观察和投影的局限性，从而理解从多个角度观察和投影的必要性.

问题 2

一个角度不行，那么两个角度的投影能不能反映空间物体的形状和位置？需几个什么样的角度观察和投影才能准确反映几何体的形状和位置？

设计意图

通过讨论，理解三个互相垂直的角度观察和投影的必要性.

（二）三视图的画法

从围墙等实物，师生一起讨论得出需三个互相垂直的角度观察和投影.

师生一起得出三视图画法：

（1）从几何体的前面向后面正投影，得到的投影图称为几何体的正视图.

（2）从几何体的左面向右面正投影，得到的投影图称为几何体的侧视图.

(3) 从几何体的上面向下面正投影，得到的投影图称为几何体的俯视图.

教师引导学生体验，三视图是工程建设、机械制造的常用方法，如图 3、图 4 是汽车、飞机的三视图.

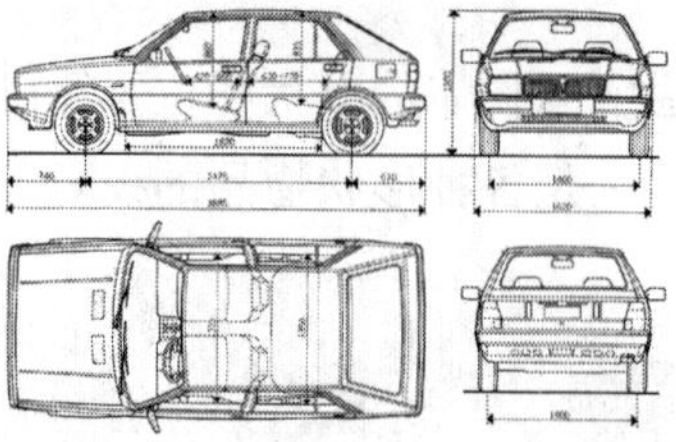

图 3

图 4

师生一起观察实物及图片，画出长方体的三视图（图 5）.

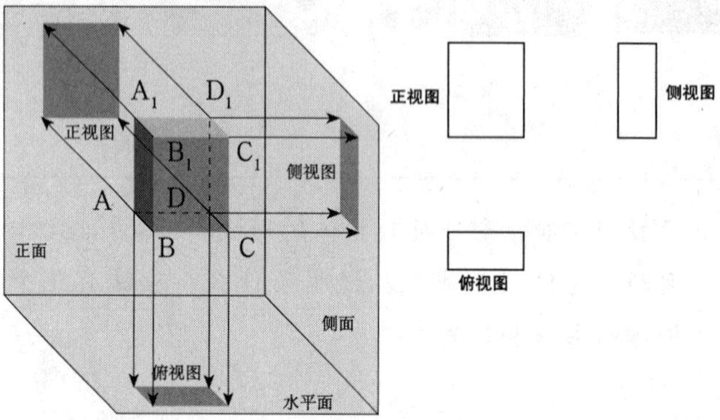

图 5

设计意图

初步理解并体会三视图画法及三视图与几何体的关系.

（三）三个视图的关系

——问题 3

在刚才的长方体（图 5）中，如果长方体的长改变，三个视图中哪个改变？长方体的宽或高改变呢？

设计意图

引导学生观察各视图与实际位置之间的关系，从而培养空间想象能力，进而理解正视图反映物体上下、左右的位置关系，即反映了物体的高度和长度；俯视图反映物体左右、前后的位置关系，即反映物体的长度和宽度；侧视图反映物体上下、前后的位置关系，即反映物体的高度和宽度. 初步理解三视图的关系.

——问题 4

在刚才的长方体（图 5）中，边 AB，CD，AA_1 在各个三视图中是什么位置？体对角线 BD_1 又如何呢？改为有向线段 $\overrightarrow{AB}$，$\overrightarrow{CD}$，$\overrightarrow{AA_1}$ 呢？

设计意图

进一步理解三视图的关系．理解各个三视图上下、左右的关系与原几何体上下、左右、前后关系之间的联系．

（四）几何体的三视图的确认

师生一起观察实物（圆柱、圆锥），画出简单几何体的三视图，如图 6、图 7，并观察各视图的形状．

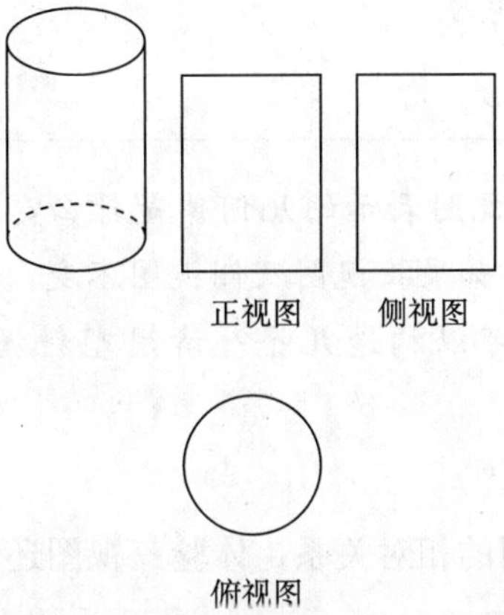

图 6

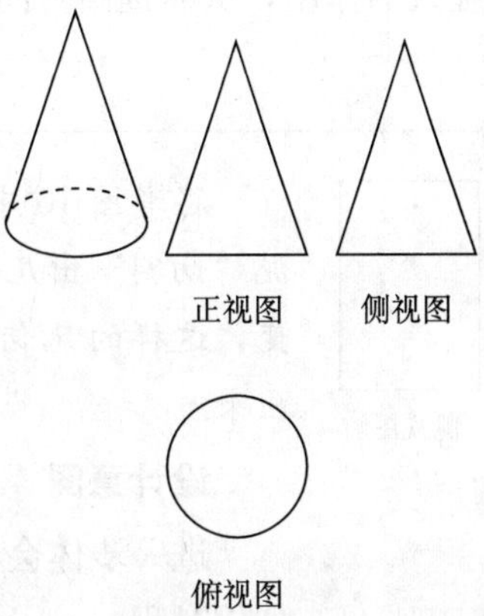

图 7

——问题 5

在圆柱的三视图中，正视图、侧视图的矩形的长与宽及俯视图的圆的半径有什么关系？在圆锥的三视图中，正视图、侧视图的等腰三角形的底与高及俯视图的圆的半径有什么关系？

设计意图

初步理解并会画出三视图，能整体把握几何体的三视图．

（五）由三视图还原出几何体

——问题 6

思考图 8、图 9 的三视图表示的几何体分别是什么？它们有什么联系？

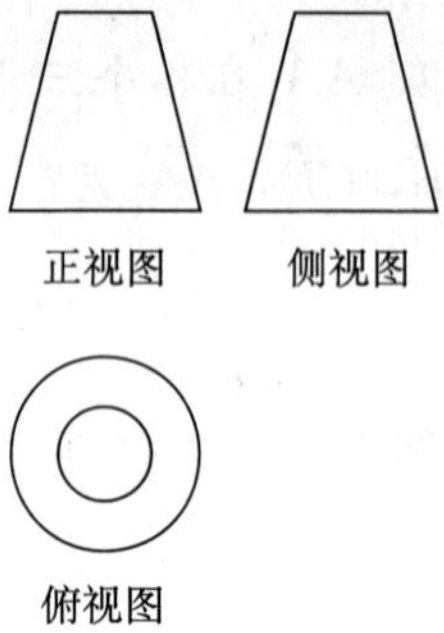

图 8

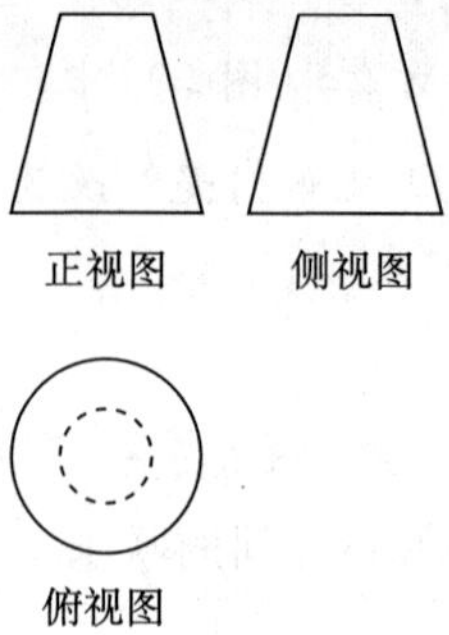

图 9

设计意图

初步掌握由三视图还原几何体的方法，能从几何体的整体角度理解三视图，初步理解虚线的作用，从而提高空间想象能力.

问题 7

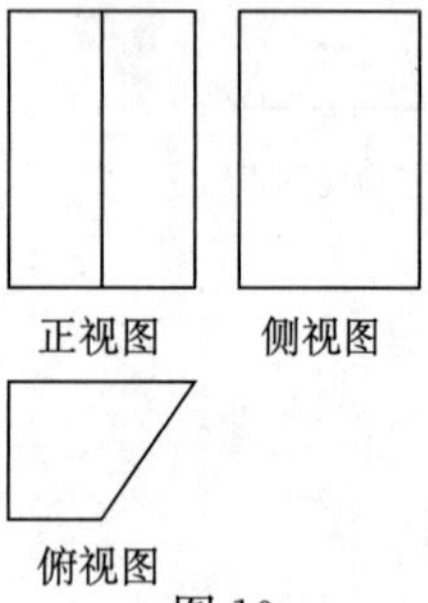

图 10

思考图 10 中的三视图表示的几何体是什么？请用塑料泥“切割”出几何体. 如果正视图及侧视图不变，俯视图改变，这样的几何体你可以构造几个？请用塑料泥“切割”出来.

设计意图

进一步体会各视图的相对关系，体验三视图还原出几何体的过程.

（六）小结

学生进行自我回顾、梳理与小结，然后教师作画龙点睛式的小结.

问题 8

（1）本节课你学了什么方法？几何体的三视图是怎么画出来的？它们有什么关系？三视图能不能还原出几何体？三视图有什么作用？

（2）请对本节课的学习做一个简单的自我评价，找出学习中存在的问题与不足.

设计意图

培养学生反思的意识和习惯，帮助学生在大范围内把所学的知识系统化、结构化.

六、目标检测设计

1. 桌面上放着 1 个长方体和 1 个圆柱体，按如图所示的方式摆放在一起，其侧视图是（　　）.

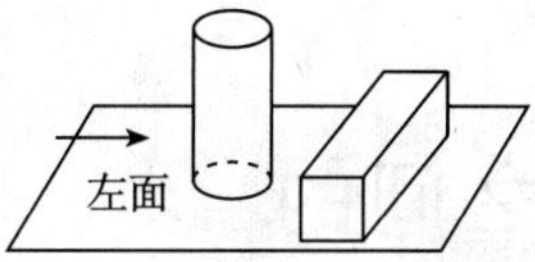

（第1题）

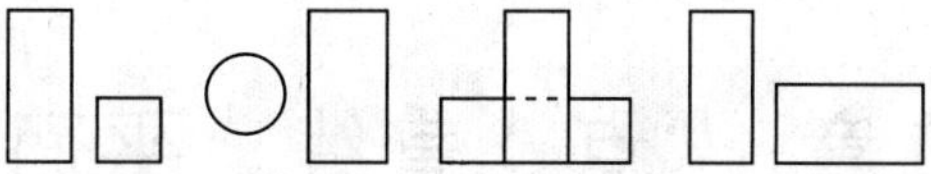

(A)　(B)　(C)　(D)

2. 将正三棱柱截去三个角（如图所示，A，B，C 分别是$\triangle GHI$ 三边的中点）得到几何体如图所示，则该几何体按如图所示方向的侧视图为（　　）.

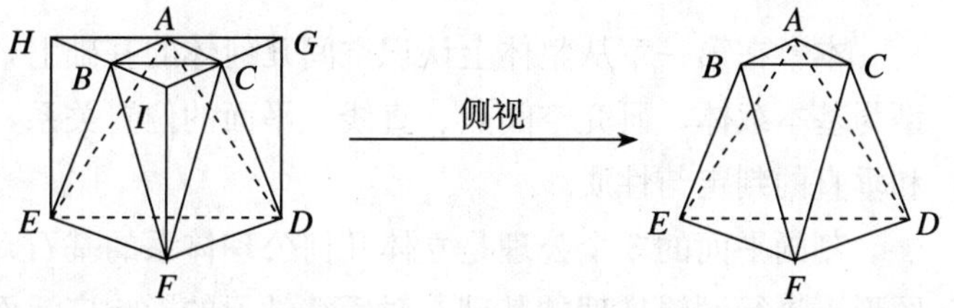

（第 2 题）

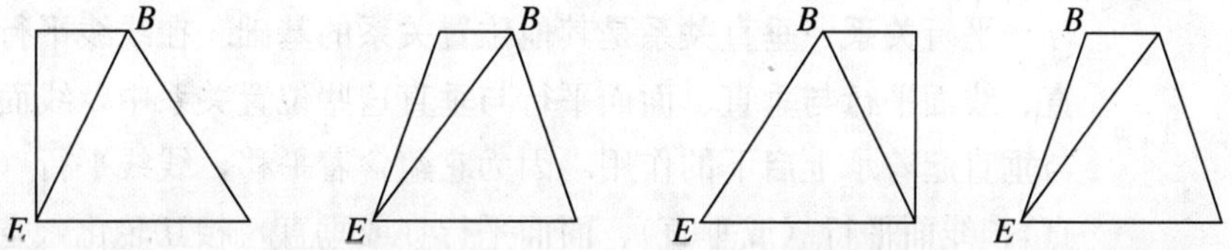

(A)　(B)　(C)　(D)

3. 一个多面体的三视图分别为正方形、等腰三角形和矩形，如图所示，则该多面体的体积为（　　）.

(A) 24 cm^3　　(B) 48 cm^3

(C) 32 cm^3　　(D) 28 cm^3

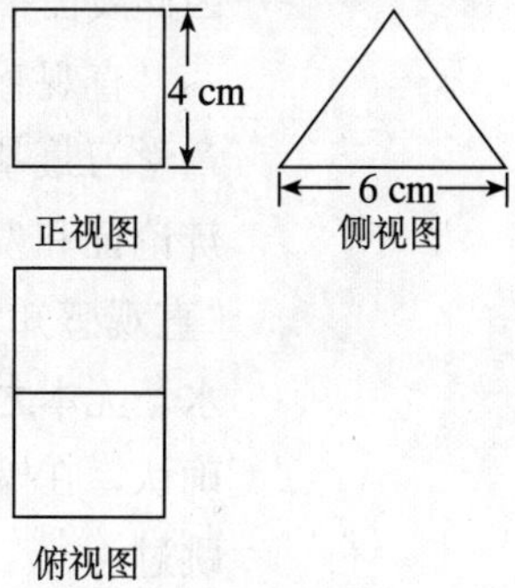

（第 3 题）

设计意图

第 1 题重在检测从整体角度认识几何体，检测几何体在特定视图中的形状. 第 2，3 题重在检测三视图与几何体的联系.

（浙江省黄岩中学　冯海容）

第二章 “点、直线、平面之间的位置关系”概述

本章在第一章从整体上认识空间几何体的基础上，以长方体模型为基本载体，研究空间点、直线、平面的位置关系，尤其是平行和垂直的判定与性质.

刻画平面的 3 个公理是立体几何公理体系的基石，是研究空间图形、进行逻辑推理的基础，对后继学习的影响广泛而深刻，因此它们是本章的核心内容.

平行关系、垂直关系是其他位置关系的基础. 在线线平行与垂直、线面平行与垂直、面面平行与垂直这些位置关系中，线面平行与垂直起着承上启下的作用. 因为它蕴含着平移，线线平行（或垂直）、线面平行（或垂直）、面面平行（或垂直）相互转化，空间问题与平面问题相互转化，构造辅助图形等重要而常用的思想方法，因此线面平行与垂直的性质和判定是本章的核心内容.

直观感知、操作确认、抽象概括、思辨论证、度量计算是本章学习最基本的认知方式. 直观感知、操作确认是抽象概括、思辨论证和发展学生空间想象能力的基础和必需的环节；离开了“直观感知和操作确认”，思辨论证、抽象概括就成为了无源之水、无本之木. 教学通常应引导学生在直观感知的基础上进行操作确认，在操作确认的基础上进行抽象概括与思辨论证，切不可轻易跳过.

图形语言、文字语言、符号语言之间的相互转化是发展学生空间想象能力的重要载体. 教学时既要给予高度重视，又要注意三者之间的逻辑顺序是“三维对象—图形—文字—符号”. 要引导学生在看（观察对象的形状与大小）、画（画出空间图形）、说（说空间图形的结构与特征）、写（用简洁、准确的符号语言描述）的过程中提高他们的空间想象能力.

本章知识框图如下所示：

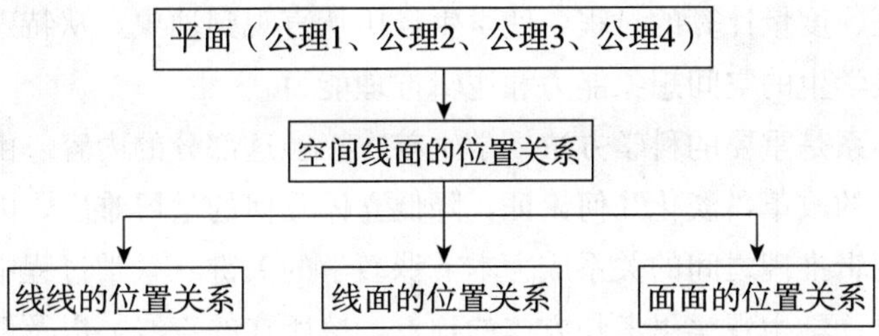

教学案例 3

平面的基本性质

一、内容和内容解析

本节课的教学内容是平面的概念和立体几何中的三个公理.

平面的概念和三个公理是立体几何的逻辑基础，公理化方法是自然科学乃至社会科学的一种重要的科学方法. 依据平面的概念和三个公理，就可以建立立体几何的体系. 平面基本性质是立体几何初步中的重要基础，是进一步培养学生空间想象能力的重要题材，是培养学生逻辑推理能力的关键所在. 公理 1 是研究直线与平面的位置关系，以及判定直线是否在平面内的依据. 公理 1 充分体现了平面的“平”和“无限延展”的特性. 公理 2 提供了确定平面的依据，利用公理 2 可以证明有关共面的问题. 公理 3 是研究平面与平面关系的基础，从另一个侧面体现了平面的“平”，它是判定两个平面位置关系的依据. 从知识类型而言，平面的基本性质是陈述性知识，学习的类型是概念学习. 概念学习的核心是抽象，抽象使我们能把事物进行分类，从而可以对这类事物进行研究. 因此教学的重点应体现在平面概念的数学抽象上. 平面的概念的形成，要通过观察和想象，理解“平面”这个事物特性，抓住平面是“平”的和“无限延展”的这两个特点，并用文字、图形、符号语言正确表示这种特点.

二、目标和目标解析

1. 理解平面的概念，掌握它的基本表示方法.

2. 借助长方体模型等几何实体，感知点、直线、平面及其位置关系，理解并掌握平面基本性质的三条公理.

立体几何初步的教学需借助直观具体的实物，让学生经历直观感知、操作确认、思辨论证、度量计算的过程，使学生经历从直观到抽象，从特殊到一般的过程，从而发展学生的空间想象能力和逻辑推理能力.

公理化体系是重要的科学方法，学生首次接触这部分的内容. 由于立体几何内容体系结构的改革，淡化几何论证，降低立体几何的学习难度，因此如何处理合情推理与逻辑推理之间的关系成为本节课教学的关键. 教学过程中要借助长方体模型，通过让学生观察思考长方体的顶点，棱所在的直线，以及侧面、底面之间的位置关系，培养学生的几何直观和空间想象能力，会把文字语言转化为图形语言和符号语言，发展学生的数学表达能力.

三、教学问题诊断分析

本节课是第二章的起始课，学生在学习了第一章空间几何体后已初步具有空间观念，但学生对立体几何的认识仍停留在对具体事物的感知上，特别对像“平面”这样抽象的数学概念的认识存在一定的困难. 因此，教学的难点是平面概念的数学抽象，教学中更要强调几何直观. 同时本节课又是逻辑几何的基础，也是公理化几何的起始，把空间观念的建立和空间想象能力的培养放到突出的位置，以克服学生的不足. 为了降低学生学习的难度，本节课一定要突出长方体等模型的作用，帮助学生正确树立空间观念.

四、教学支持条件分析

立体几何是直观形象的，因此，通过现代信息技术和有关软件展示丰富的图片，从而让学生在感受大量的实物的基础上抽象出空间几何体所蕴含的特征. 特别是在学生刚开始学习立体几何的阶段，通过实物或信息技术引导学生观察分析，并根据模型进行学习，对学生树立空间观念会有很大的帮助. 主要的教学支持条件为长方体模型、《几何画板》、Cabri 3D 等.

五、教学过程设计

（一）引入

空间体各式各样、千姿百态，如何认识和把握它们呢？一般的方法是，从构成空间几何体的基本元素——点、直线和平面入手，研究它们的性质以及相互之间的位置关系，由整体到局部，由局部到整体，逐步认识空间几何体的性质.

问题 1

观察长方体（图 1），你能发现长方体的顶点，棱所在的直线，以及侧面、底面之间的位置关系吗？

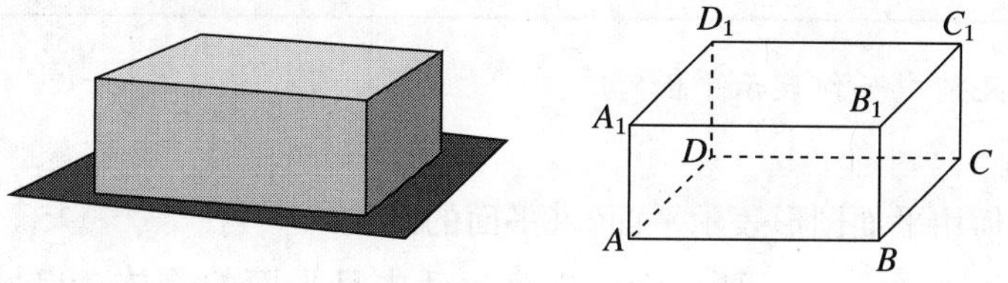

图 1

设计意图

通过直观感知，让学生了解：

(1) 长方体由上下、前后、左右六个面围成；

(2) 有些面是平行的，有些面是相交的；

(3) 有些棱所在的直线与面平行，有些棱所在的直线与面相交；

(4) 每条棱所在的直线都可以看成是某个平面内的直线.

(二) 新课

问题 2

观察以下物体（图 2)，什么是数学中的“平面（plane)”?

图 2

这些物体在生活中通常呈平面形，它们给我们以平面的形象. 立体几何中研究的“平面”就是从这些物体中抽象出来的. 生活中的平面是平的且是有限的，但立体几何中的平面形象是理想的、绝对的并且是无限延展的. 平面图形与平面是有区别的.

设计意图

观察生活中的一些物体，如大海、黑板、平板电视、桌子等，抽象出平面的概念.

问题 3

在立体几何中如何表示平面？

（1）如何用平面图形表示平面？（平面的画法）

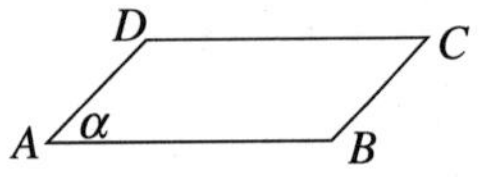

图 3

要求学生观察生活中呈平面的物体，启发他们发现，虽然这些物体呈不同的形状，但多数呈平行四边形形状．因此在立体几何中，我们通常把平面画成一个平行四边形，用平行四边形表示平面（图 3）．

教师指出：①由于人的视觉表示的范围有限，用平行四边形来表示平面，是通过有限来表示无限，这与用线段表示直线是一样的．

②通常用平行四边形表示平面，并不意味着表示平面只有一种方法，有时根据需要也可以用其他平面图形表示平面，如三角形、矩形、圆等．

③常常把水平的平面画成一个平行四边形，也常把平行四边形的锐角画成 45°，横边画成邻边的 2 倍．

④如果一个平面被另外一个平面遮挡住，为了增强它的立体感，常常把被遮挡部分用虚线画出（图 4）．

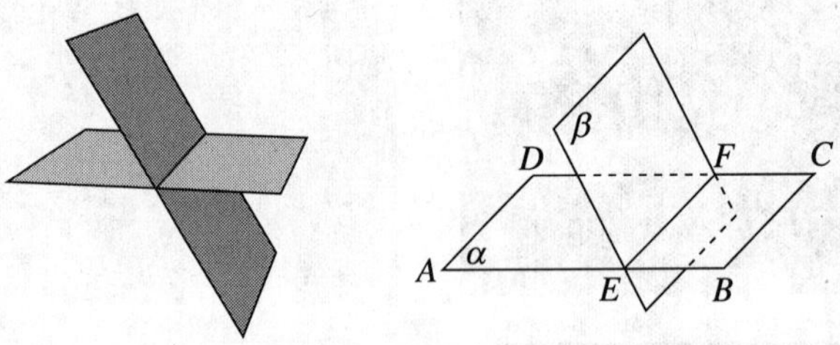

图 4

（2）如何用符号表示一个平面？

教师引导：对于一个平面，也需要命名，以方便表述．

①常把希腊字母 α，β，γ 等写在代表平面的平行四边形的一个角上，用平面 α，平面 β，平面 γ 表示不同的平面；

②用代表平面的平行四边形的四个顶点的字母来表示平面，如平面 $ABCD$ 等；

③用代表平面的平行四边形的相对两个顶点的字母表示平面，如平面 AC 或平面 BD．

（3）如何用集合的符号表示立体几何中点、直线、平面的关系？

教师引导：空间图形的基本元素是点、直线、平面．从集合的观点看，直线是点的集合，平面是直线的集合，也是点的集合．因此点、直线、平面之间的关系除了用图形和文字表示外，还可以借用集合中的符号语言来表示．你认为如何用符号来表示空间中点、直线、平面间的一些位置关系呢？

点 A 在直线 l 上，记作__________；($A\in l$)
点 A 在直线 l 外，记作__________；($A\notin l$)
点 A 在平面 α 内，记作__________；($A\in\alpha$)
点 A 在平面 α 外，记作__________．($A\notin\alpha$)

设计意图

从集合的角度认识几何图形，是数学抽象和数学发展的需要，这对于培养学生的抽象思维和逻辑思维是非常重要的．在几何学习中，特别要重视学生对图形语言、文字语言和符号语言这三种语言间的相互关系的理解，而符号语言是数学语言的核心．

问题 4

为了进一步研究平面，需要总结和归纳出平面的一些基本性质，这些性质不证自明，我们把它们作为公理．这些公理是进一步推理的基础．平面有那些最基本的性质呢？我们知道，平面最主要的特征是：它是“平”的．你如何说明平面是“平”的呢？

观察下面几个图形（图 5），有平面也有曲面，它们的不同在哪里？

（1）　（2）　（3）　（4）

图 5

如何判断一个面是平的，我们可以用“直线”作为工具，用直线去检验“面”．观察下面的图形（图 6），你得到了什么结论？

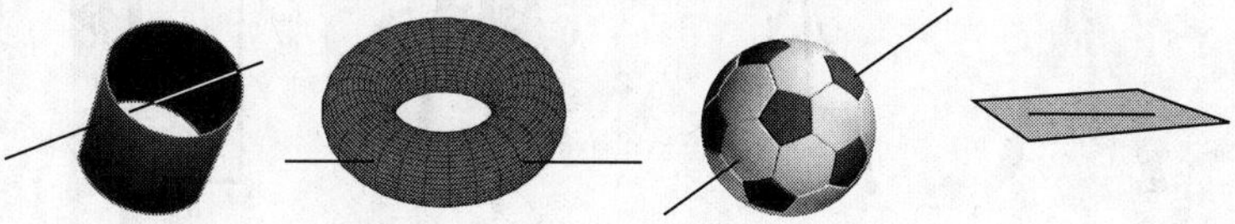

（1）　（2）　（3）　（4）

图 6

观察上面四个图形，我们可以得出这样的结论：对于平面，如果一条直线上的两点在一个平面内，那么这条直线在此平面内，即直线上的所有点都在这个平面内．图（1）中虽然存在这样的两点，这两点在面内，但并非直线上所有的点都在面内，因此这个面仍不是平面．于是我们得到平面的第一个性质，即公理 1.

公理 1　如果一条直线上的两点在一个平面内，那么这条直线在此平面内．

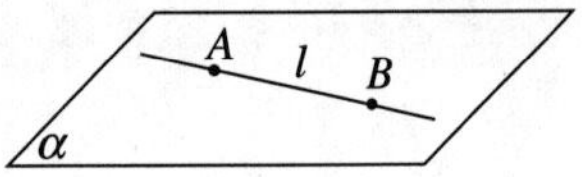

图 7

即直线上的所有点都在这个平面内.

此公理即是平面“平整性”的反映，也可以用以判断直线是否在平面内.

问题 5

根据公理 1，请思考直线与平面公共点的个数有什么样的规律？

教师引导：通过观察，由公理 1，直线与平面如果有两个公共点，则必有无数个公共点. 因此，直线与平面的公共点的个数只有三种情形：0 个，1 个或无数个. 如果直线 l 上的所有点都在平面 α 内，就说直线 l 在平面 α 内，或者说平面 α 经过直线 l，记作 $l\subset\alpha$；否则，就说直线 l 在平面外，记作 $l\not\subset\alpha$.

设计意图

通过让学生观察直线与平面公共点的个数，了解直线与平面位置关系可分成直线在平面内或直线在平面外两种.

问题 6

你能用符号语言表示公理 1 吗？

公理 1 $A\in l$，$B\in l$，且 $A\in\alpha$，$B\in\alpha\Rightarrow l\subset\alpha$.

问题 7

观察下列图形（图 8），思考三脚架为什么可以牢固地支撑物体？为什么一把锁就可以把门锁上？

图 8

公理 2　过不在一条直线上的三点，有且只有一个平面.

教师引导：

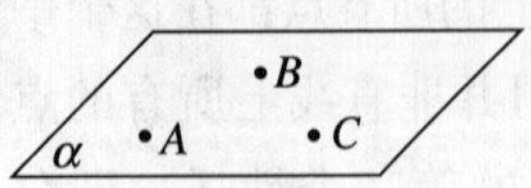

图 9

（1）公理 2 的图形语言表示（图 9）.

（2）公理 2 的符号语言表示：A，B，C 三点不共线 $\Rightarrow$ 有且只有一个平面，记为 α，使 $A\in\alpha$，$B\in\alpha$，$C\in\alpha$. 因此这个平面可以记为平面 ABC.

（3）公理 2 有两点需要重视. 第一是 A，B，C 三点是不在同一直线上的三点；第二是“有且只有一个”的含义，“有”表示图形是存在的，“只有一个”是表示图形是唯一的. 因此“有且只有一个”是有两重含义，不能仅用“只有一个”来代替.

设计意图

通过对实际事物的观察，引导学生归纳出公理 2.

问题 8

观察下列图形（图 10），你发现平面还有哪些性质？

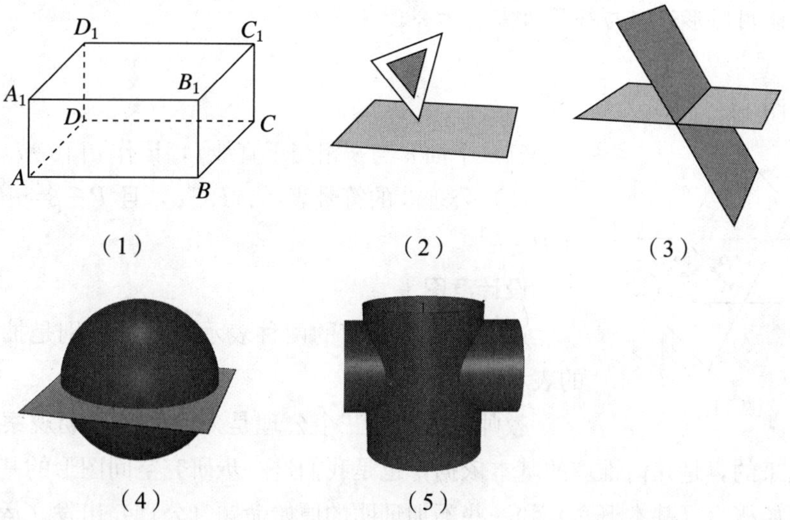

图 10

教师启发学生发现：

(1) 两个平面如果有公共点，就会有一条公共直线.

(2) 为什么两个平面的公共部分是一条直线？因为平面是“平”的，这也深刻地反映出平面的基本性质.

(3) 平面与其他曲面或者曲面间的公共部分也体现出平面的性质.

公理 3　如果两个不重合的平面有一个公共点，那么它们有且只有一条过该点的公共直线.

教师引导：

(1) 如果两个不重合的平面有一个公共点，那么这两个平面一定相交，且其交线一定过这个公共点.

(2) 如果两个平面有一个公共点，那么它们必定还有另外一个公共点，只要找出这两个平面的两个公共点，就找出了它们的交线.

(3) 这个公理从另一个侧面体现出平面的性质，正是因为平面是平的，所以两个平面的交线一定是直线.

(4) 首先，公理 3 可以用于判断两个平面是否相交，只要两个平面有一个公共点，就可以判定这两个平面必相交于过这一点的一条直线；其次，公理 3 也可以判定点在一条直线上，如果点是某两个平面的公共交点，线是这两个平面的公共交线，那么这个点在交线上.

设计意图

通过观察不同的图形，特别是长方体模型，探索两个平面公共部分的特性.

问题 9

你能用图形语言与符号语言表示公理 3 吗?

如图 11.

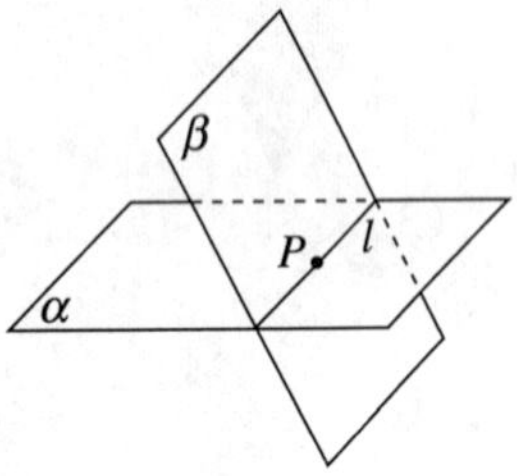

图 11

(1) 平面 α 与 β 相交于直线 l，记作 $\alpha\cap\beta=l$.

(2) 公理 3 的符号表示：$P\in\alpha$，且 $P\in\beta\Rightarrow\alpha\cap\beta=l$，且 $P\in l$.

设计意图

进一步巩固几何的两种表示方法，特别是抽象符号的表示方法.

教师引导：这三个公理是人们经过长期观察与实践总结出来的，是几何推理的基本依据，也是我们进一步研究空间图形的基础. 从一些原始概念（基本概念）和一些不加证明的原始命题（公理）出发，运用逻辑推理，推导出其他命题和定理的方法叫做公理化的方法. 现代科学发展的基本特点之一，就是科学理论的数学化，而公理化是科学理论成熟和数学化的一个主要特征.

(三) 例题讲解

例 如图 12，用符号表示下列图形中点、直线、平面之间的位置关系.

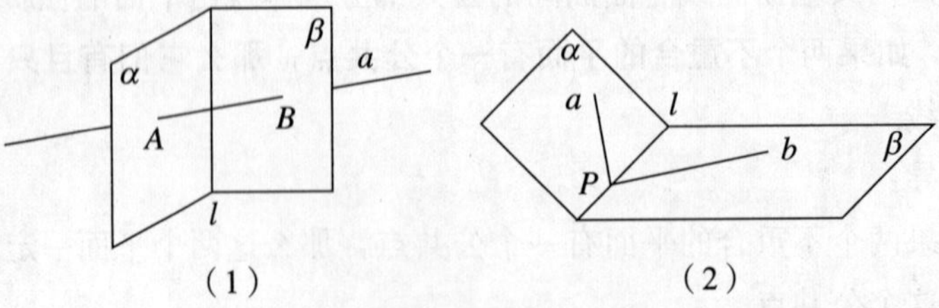

图 12

分析：根据图形，先判断点、直线、平面之间的位置关系，然后用符号表示出来.

解：在 (1) 中，$\alpha\cap\beta=l$，$a\cap\alpha=A$，$a\cap\beta=B$.

在（2）中，$\alpha\cap\beta=l$，$a\subset\alpha$，$b\subset\beta$，$a\cap l=P$，$b\cap l=P$.

设计意图

使学生进一步理解空间的点、直线、平面之间的位置关系，掌握文字语言、图形语言、符号语言之间的相互转化，培养学生的看图和空间想象能力，训练学生正确地认识和描述空间图形.

（四）小结

（1）请描述平面的概念.

（2）几何中的平面有什么基本性质，三个公理的核心是什么？

（3）简单叙述三个公理的作用.

（4）点、直线、平面以及它们之间的关系怎样用符号表示？

六、目标检测设计

1. 练习：教科书第 43 页，第 1，2，3，4 题.

2. 习题：教科书第 51 页，A 组第 1，2 题；B 组第 2，3 题.

（浙江省黄岩中学　金克勤）

教学案例 4

直线与平面平行的性质

一、内容和内容解析

本节课的教学内容是直线与平面平行的性质．通过上一章的学习，学生对空间几何体的结构特征已有了较为直观的认识．教科书将直线与平面平行的性质定理的学习，安排在空间两直线的位置关系、空间直线与平面的位置关系、线面平行的判定定理以及面面平行的判定定理等知识点的后面．这样的安排即为学习本节内容提供了基础，也为直线与平面平行关系的应用提供了广阔的舞台.

在点、线、面的相互关系中，直线与平面的关系是最重要的位置关系，直线与平面平行的性质是线面关系的难点．本节内容与下一节面面平行的性质有着密切的联系，在描述直线与直线、直线与平面、平面与平面的位置关系中起着重要的作用.

直线与平面平行的性质，要求学生在认知上形成以下几方面的观念：一是从线面平行到线线平行这种思维方向的确立，即直线与直线平行的有关依据，除了之前从平面几何相关知识中获取外，也可以从直线与平面平行的条件里得到．二是系统地建立起平面辅助法的观念，除了本节，无论在立体作图中，还是之前对异面直线的理解中，还是后面将要学习的平面与平面平行的性质定理内容中，平面辅助法都起了很重要的作用．平面辅助法体现了研究立体几何的从空间转化到平面的研究思想，平面辅助法观念的建立，还有助于学生空间想象能力的提高．三是实现从空泛的直线与直线平行的模糊直观感知到形成具体、生动、可操作的直线与直线平行的深入把握．两条平行线在同一平面内，使学生对线线平行从直观感知过渡到操作确认．四是让学生学会在一堆条件中寻找直线与直线平行性质的应用契机．由线面平行得到线线平行，在具体问题中，线面平行是固有的条件，但是线线平行并不是信手拈来的，它需要学生敏锐的观察力，也就是要求学生善于抓住应用的契机．

根据本节课特点及学生的认知心理，我们把教学重点放在直线与平面平行的性质定理的获得以及平面辅助法的运用上．如何让学生“会学习”？学生在教师营造的“可探索”环境里，积极参与，生动活泼地获取知识、掌握规律、主动发现、积极探索，从而培养观察能力、空间想象能力、探索能力，分析问题及解决问题的能力．

二、目标和目标解析

1．掌握直线与平面平行的性质定理；理解并体会辅助平面法；掌握直线与平面平行性质定理的简单应用．

2．培养和发展几何直觉，培养运用图形语言进行交流的能力；体会化归与转化的数学思想．

学生学习直线与平面平行的性质定理，首先要置身于一个直线与平面平行的具体可把握的情境中，学生要了解已学知识的基础作用，了解定理的前因后果．

学生学习直线与平面平行的性质定理，要直观观察和理性探究相结合．通过合情推理去发现直线与平面平行的性质定理，能够准确地用数学符号语言与图形语言表述该定理，能够对直线与平面平行的性质定理作出严密的逻辑论证．

学生学习直线与平面平行的性质定理，能够深切体会和理解定理的核心是辅助平面法，即在直线与平面平行的条件下，借助一个辅助平面才能得到两条平行直线．

学生学习直线与平面平行的性质定理的主要目的，是要学会应用定理来解决问题，就是从直线与平面平行的关系，得到两条平行的直线；学生能够从一堆给定条件出发，在平面中寻找与已知直线平行的特定直线，这条特定直线的获得，取决于学生对定理的理解程度，取决于学生空间想象能力、空间直觉能力，要鼓励学生大胆猜想，从猜想出发，找到特定的目标．

学生学习直线与平面平行的性质定理过程中，通过自己的观察、操作等活动去获得知识形成和应用的体会；学生通过自主学习、主动参与、积极探究的学习过程，体会事物之间的相互转化；积累解决问题过程所带来的经验，从而进一步提高自身的空间想象能力.

三、教学问题诊断分析

对于空间中直线与直线平行的感知，虽然学生之前已经在头脑中形成，但是由于空间想象能力的局限，特别是两平行线共面这个结论，学生认识不深. 这就导致学生在求作平行线时，只是凭借直观的想象，而不是通过平面辅助法来得到. 所以在本节课，平面辅助法这一方法要求做到实处，而能否在一个平面内找到平行线是应用性质的关键. 对于直线与平面平行性质的理解，学生通过对图形的探索，会初步认识到在直线与平面平行的条件下，在平面内有无数条与已知直线平行的直线，在一个辅助平面的作用下，就可以得到这些平行线. 这些平行线的获得，对于学生来说，需要想象、尝试、猜想、论证，既是理解的难点，又是应用的难点.

本节课的另一个难点是综合应用线面平行的判定定理和性质定理进行线线平行与线面平行的相互转化. 直线与平面平行的性质定理的证明，由于直接证明较为困难，即使是反证法，对于学生来说也是较为陌生的方法，所以，教学中应结合图形，让学生在深入理解的基础上接受定理并加以运用.

四、教学支持条件分析

学生借助实物，通过类比、交流等，得出性质及基本应用；教学用具是投影仪、投影片、长方体模型.

五、教学过程设计

（一）复习、巩固、应用直线与平面平行的判定定理

问题 1

如图 1，观察长方体 $ABCD\text{-}A_1B_1C_1D_1$，回答下列问题.

(1) A_1B_1 是否平行于平面 $ABCD$？平面 $A_1B_1C_1D_1$ 内还有哪些直线与平面 $ABCD$ 平行？

(2) 能否证明 A_1B_1 平行于平面 $ABCD$ 呢？

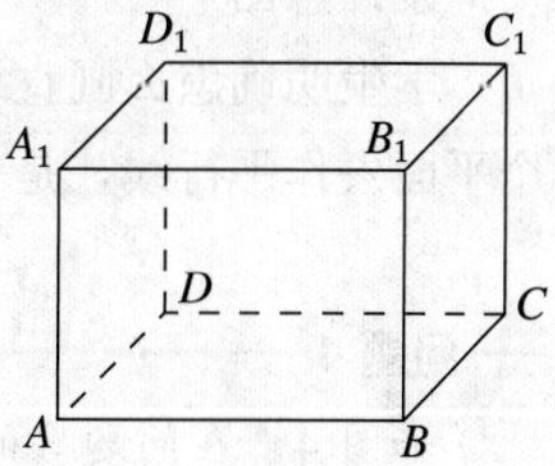

图 1

设计意图

用学生熟悉的长方体模型，直接提出问题，要求学生利用直线与平面平行的

判定定理，既直观地做出线面平行的判断，又理性地表达证明的过程，达到复习的目的.

（二）引入直线与平面平行的性质

问题 2

如图 2，长方体 $ABCD$-$A_1B_1C_1D_1$ 中，

(1) 平面 $ABCD$ 中有多少条直线与直线 A_1B_1 平行？

(2) 你能在平面 $ABCD$ 中画出几条吗？

(3) 你所画的直线有什么共同特征？

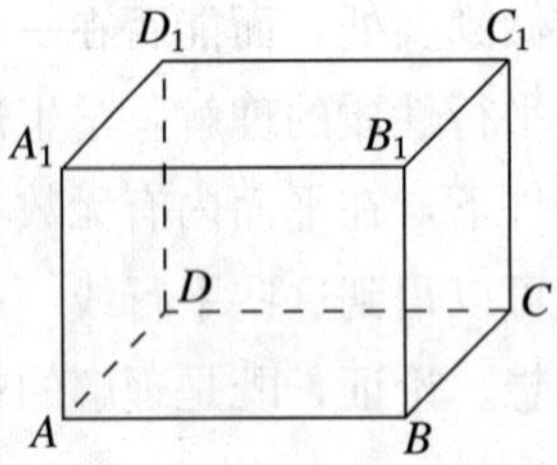

图 2

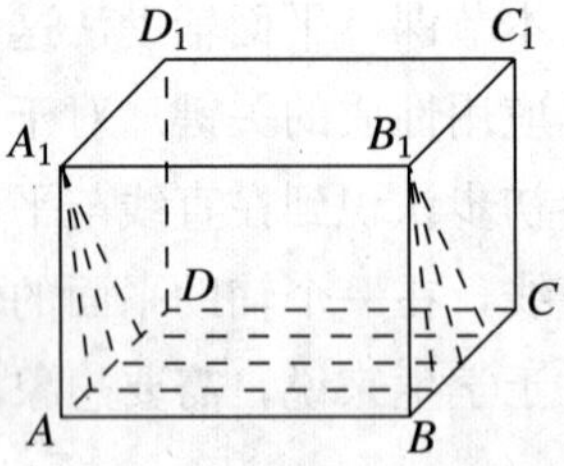

图 3

设计意图

紧接着问题 1 提出新问题，可以促使学生理解平面 $ABCD$ 中与直线 A_1B_1 平行的直线的共同特征（图 3）.

（三）探究、发现、验证直线与平面平行的性质

问题 3

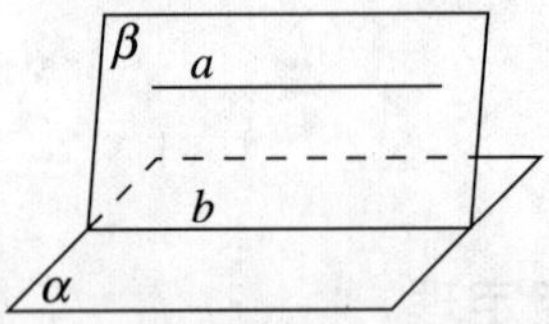

图 4

直线 $a//\alpha$，在平面 α 内能画出与直线 a 平行的直线吗？怎么画？

如图 4，过直线 a 作一平面 β，与平面 α 相交，其中交线 b 就平行于直线 a.

设计意图

学生明确怎么画直线 a 的平行线是本节的关键，从无意识的想象，到借助一个平面去作平行线，是一个进步，也是掌握本节课内容的一个标志.

问题 4

如图 4，在问题 3 的探索与发现中，你能得出怎样的结论？你能用文字语言和符号语言来表述这个结论吗？

文字语言描述：一条直线与一个平面平行，则过这条直线的任一平面与此平面的交线与该直线平行.

符号语言描述：$\left.\begin{array}{l}a/\!/\alpha\\a\subset\beta\\\alpha\cap\beta=b\end{array}\right\}\Rightarrow a/\!/b$.

设计意图

在探索的过程中，引导学生得出结论，并且要求用两种语言去描述，学会将数学问题符号化.

问题5

你能否证明问题4中发现的结论?

已知$a/\!/\alpha$，$a\subset\beta$，$\alpha\cap\beta=b$，求证：$a/\!/b$.

(1) 可以从两直线平行的定义出发，直接证明$a/\!/b$吗?(即证明同在一个平面内的两条直线没有公共点.)

(2) 直接证明受阻，大家能用反证法证明吗?若能，请用反证法去写出该定理的证明.

引导学生：可以先假设同在一个平面内的两条直线不平行，那一定有交点，从而得出a与平面α有交点，与$a/\!/\alpha$相矛盾. 也可以从a与平面α平行得出a与面α没有公共点，又因为b在平面α内，从而得出a与b没有公共点，即证明了同在一个平面内的两条直线没有公共点，得出定理证明.

设计意图

由问题4获得发现后，需通过推理论证确定一个命题正确与否；需注意启发学生思考证明的方法.

问题6

直线与平面平行的性质定理：一条直线与一个平面平行，则过这条直线的任一平面与此平面的交线与该直线平行.

(1) 你能说出定理满足的几个条件吗?

(2) 你认为这个定理提供了什么问题的判定方法?

(3) 本定理中，直线与直线平行的判定方法叫辅助平面法，你能概述一下这个方法吗?

设计意图

证明定理后，引导学生反思定理的条件. 结论和方法等，特别是辅助平面法的本质与应用.

（四）直线与平面平行的性质的应用

问题 7

木工小罗处理如图 5 所示的一块木料，已知 $BC\parallel$ 平面 $A_1B_1C_1D_1$．他打算经过点 P 和 BC 将木料锯开，却不知如何画截面，你认为过 P 点所画的线有什么特殊意义，具有什么性质，具体应怎样画？这个问题的实质是什么？

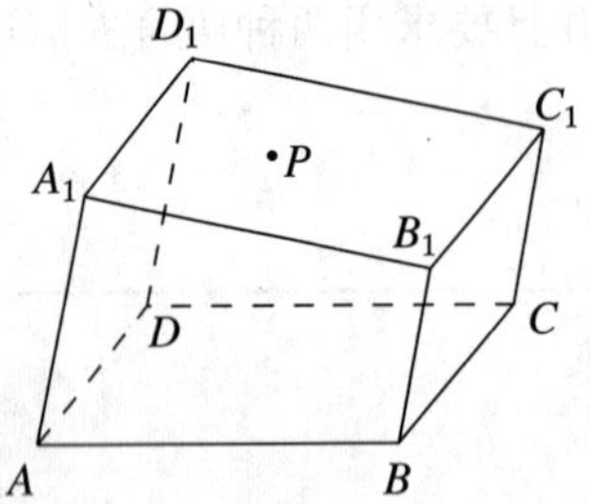

图 5

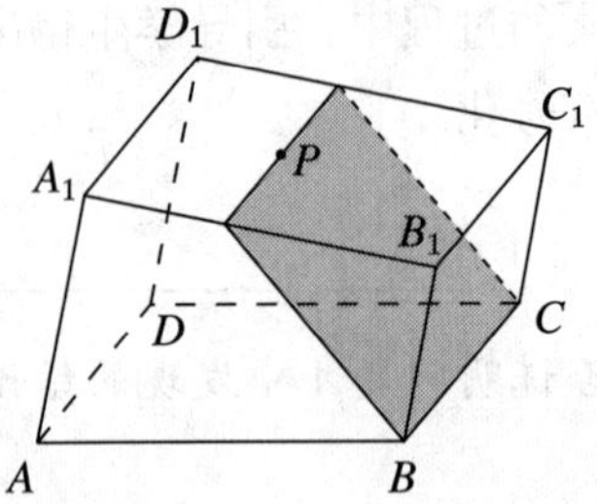

图 6

设计意图

用定理来解决实际问题（图 6），把知识应用到实践中去，不但能帮助学生巩固知识，更能帮助学生提高学习兴趣，提高思维的灵活性.

问题 8

如果平面外两条平行直线中的一条平行于这个平面，另一条是否也平行于这个平面？

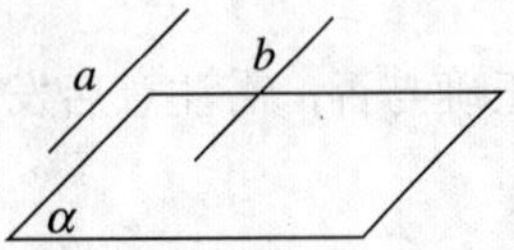

图 7

（1）如何用图形与符号语言表述问题 8?

如图 7，已知 $a//b$，$a//\alpha$，a，b 都在平面 α 外.

求证：$b//\alpha$.

（2）证明的关键是什么？

要证明 $b//\alpha$，只要在平面 α 内找一条直线与 b 平行.由已知得 $a//b$，根据公理 4，只要在面内找一条线与 a 平行即可．因为 $a//\alpha$，根据直线与平面平行的性质定理可知，只要过 a 作平面，以交线为桥梁，问题就可以解决.

（3）如何书写证明过程?

设计意图

让学生去实现文字语言、图形语言、符号语言的转换；让学生在证明中应用定理、应用辅助平面法；让学生在应用中发展思维能力，即不仅仅是简单的模仿，还需要思考.

问题 9

如果一条直线和两个相交平面平行，那么这条直线和它们的交线是什么位置关系？

设计意图

通过学生独立完成任务，更好地培养学生应用知识解决问题的能力.

（五）小结

问题 10

回顾本节所学知识，思考以下问题：

(1) 本节课学习的直线与平面平行的性质定理包含哪些条件？结论是什么，有什么用途？

(2) 比较判定定理和性质定理，你觉得在知识结构、思想方法层面有什么相同点和不同点？

设计意图

梳理本节课的知识要点，进一步体会辅助平面法中蕴含的转化的数学思想.

六、目标检测设计

1. 直线和平面平行，那么这条直线和这个平面内的（　　）.

(A) 一条直线不相交　　(B) 两条相交直线不相交

(C) 无数条直线不相交　　(D) 任意一条直线都不相交

2. 直线 $a//$ 平面 α，$P\in\alpha$，过点 P 平行于 α 的直线（　　）.

(A) 只有一条，不在平面 α 内　　(B) 有无数条，不一定在 α 内

(C) 只有一条，且在平面 α 内　　(D) 有无数条，一定在 α 内

3. 下列判断正确的是（　　）.

(A) $a//\alpha$，$b\subset\alpha$，则 $a//b$

(B) $a\cap\alpha=P$，$b\subset\alpha$，则 a 与 b 不平行

(C) $a\not\subset\alpha$，则 $a//\alpha$

(D) $a//\alpha$，$b//\alpha$，则 $a//b$

4. 空间四边形 $ABCD$ 中，平行于 AB 与 DC 的截面分别交 AD，BD，AC，BC 于 E，F，G，H. 求证：四边形 $EFGH$ 为平行四边形.

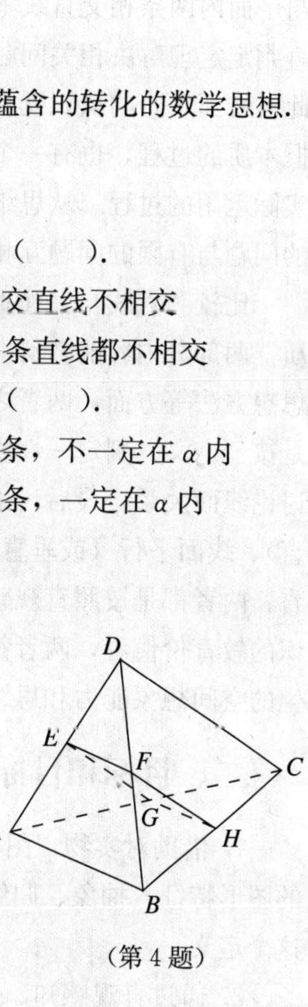

（第 4 题）

（浙江黄岩中学　陈群星）

教学案例 5

直线与平面垂直的判定

一、内容和内容解析

直线与平面垂直的判定是在学生学习了空间点、直线、平面之间的位置关系，直线与平面平行的判定及其性质的基础上进行的．它既是线线垂直的发展，又是面面垂直的基础．对线面垂直的认识可分为八个层次：一是对线面垂直的直观感知；二是认识到线面垂直时该直线与平面内过交点的所有直线都垂直；三是认识到线面垂直时该直线与平面内所有直线都垂直；四是认识到线面垂直的实质是该直线与平面内任意一条直线都垂直；五是认识到只要直线与平面内两条相交直线垂直，则该直线与平面垂直；六是认识到线面垂直判定定理的本质是该直线与平面内两条相交直线垂直，这是由平面是 2 维图形决定的；七是能运用线面垂直判定定理解决相关问题；八是能对线面垂直判定定理给出严格的逻辑证明．因此对线面垂直的认识既有一个如何由生活经验上升为数学概念、由直观感知到把握本质的过程，也有一个数学中从直观感知、操作确定到思辨论证或逻辑证明、实际运用的过程．从思维方式看，它蕴含着线线垂直与线面垂直互相转化、无限的问题与有限的问题互相转化、以简驭繁等．

比较“直线与平面垂直的判定及其性质”和“直线与平面平行的判定及其性质”两部分内容的教科书编写，会发现无论是知识的呈现方式，还是知识结构与思想方法等方面，两者之间都具有高度的相似性．从内容的呈现方式看，两者都是按“定义—判定—性质”展开；从知识结构看，两者都是先讨论线线关系，再讨论线面关系，最后讨论面面关系；从思想方法看，两者都强调线线平行（或垂直）、线面平行（或垂直）、面面平行（或垂直）之间的相互转化；从认知方式看，两者都是按照直观感知、操作确认、思辨论证、运用巩固的方式进行；从知识的教育价值看，两者都有助于学生更好地认识直线与平面的位置关系，发展学生的空间想象能力和思维能力．

二、目标和目标解析

1. 借助对实物、图片的观察，通过比较线面垂直、线面不垂直两种情况下的图形特征，抽象、归纳出直线与平面垂直的定义，进而能正确理解和简单运用这个定义．

2. 通过直观感知、操作确认、思辨论证，发现并确信直线与平面垂直的判定定理，并能运用这个定理证明一些简单的命题．

3. 能充分体验与感悟知识形成过程中蕴含的“以简驭繁”，“化无限为有限”“化空间问题为平面问题”，“化线面问题为线线问题”等思想方法；能认识到“直线与平面垂直的判定”与“直线与平面平行的判定”在知识结构、学习方法等方面的相似性.

教学重点：线面垂直定义的抽象与归纳，以及线面垂直判定定理的发现与验证.

三、教学问题诊断分析

虽然学生头脑中已经有线线垂直的数学概念和线面垂直的直观感知，但他们还未想过如何用精确的数学语言来刻画直线与平面垂直. 由于学生把空间问题转化为平面问题来解决的意识和能力还不强，因此他们对借助线线垂直来刻画线面垂直还会遇到困难. 考虑到学生已有用“任意一个”来代替所有对象的数学经验，如“所有实数的平方都是非负数”与“任意一个实数的平方都是非负数”，教学时可在教师的提示下由学生自己得到线面垂直的定义.

对于线面垂直的判定定理，学生通过探究和动手实践，会初步认识到当直线与平面内两条相交直线垂直时，直线与这个平面垂直. 但在缺少逻辑证明的情况下，如果马上把猜想作为定理来对待，那么学生可能会怀疑结论的正确性. 因此教学时需要每个学生通过亲身的反复验证并结合线面垂直的定义进行思辨论证来解决以上问题. 由于学习立体几何时间不长，加上部分学生逻辑思维水平不高，因此对运用线面垂直判定定理进行证明，尤其是通过构造相互垂直的直线来证明线面垂直，基础较差的学生会有一定的难度. 另外由于学生对把无限问题转化为有限问题来解决还处于无意识状态，因此，无论是线面垂直定义的得出还是线面垂直判定定理的探究，都需要强化和突出“化无限为有限”的思想.

教学难点：发现并操作验证直线与平面垂直的判定定理及其初步运用.

四、教学支持条件分析

为了有效地突破学生的思维难点，教学一方面要基于学生已有的知识与经验；另一方面要充分地借助实物、图片和学生自身的动手实践. 为此，课前要准备好2个直角三角板和铅笔（用来表示直线）.

五、教学过程设计

（一）探究、建构直线与平面垂直的定义

——问题1

生活中处处遇到直线与平面垂直的问题，如旗杆与地面的位置关系（图1）、大桥的桥柱与水面的位置关系（图2）. 那么我们怎样判断直线与平面是否垂直

呢？能否把直观的感觉数学化？能否用准确的数学语言分别刻画直线与平面垂直（图 3）、直线与平面不垂直（图 4）？

图 1

图 2

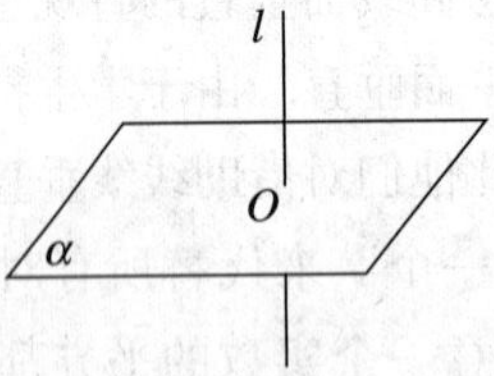

图 3

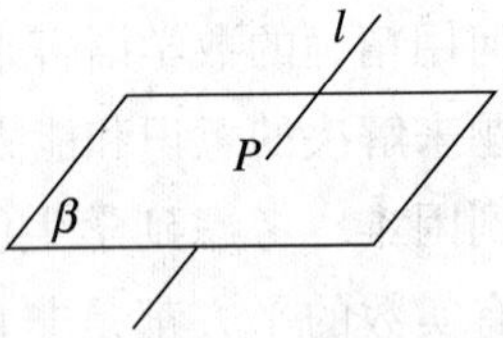

图 4

设计意图

开门见山引入思维含量高的问题，既激发学生的学习兴趣，又引导学生通过观察、对比与思考，把直观、模糊的感知抽象化、精确化，初步认识直线与平面垂直的本质.

——问题 2

当直线与平面垂直时，它是否与平面内所有的直线都垂直（图 5）？当直线与平面不垂直时，它是否与平面内所有的直线都不垂直（图 6）？

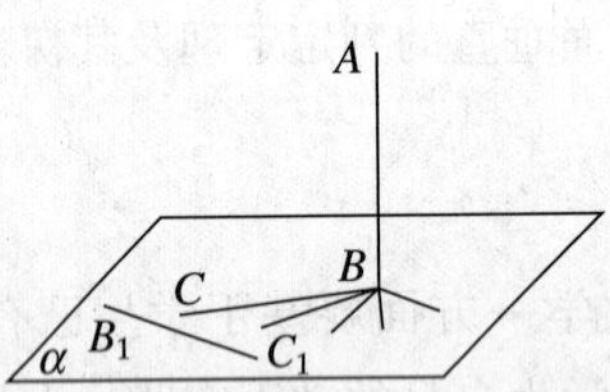

图 5

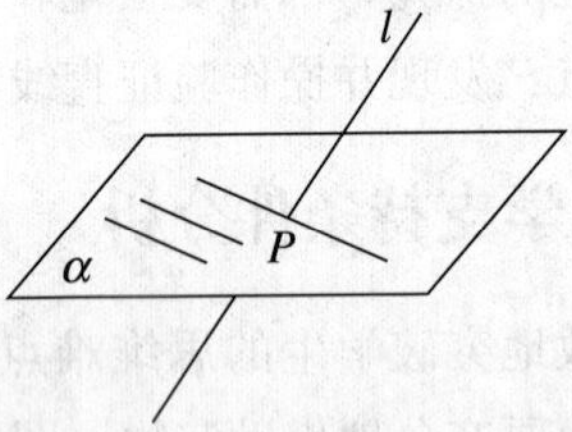

图 6

设计意图

“顺势紧逼”，通过正反两方面情况的辨析，让学生认识线面垂直时直线与平面内所有直线都垂直；反之，平面内至少存在一条直线与之不垂直.

——问题 3

你能否用简洁的语言给出直线与平面垂直的定义吗？

设计意图

与学生头脑中已有的任意一个数、任意一个人等类比，得到直线与平面垂直的定义. 同时使学生明确：(1)“任意一条直线”与“所有直线”是等价的，与“无数条”是不等价的；(2)把无限的问题转化为有限的问题加以解决是非常有用的方法；(3)直线与平面垂直的定义既是判定又是性质，体会线线垂直与线面垂直的相互转化.

——**问题4**——

在得到直线与平面垂直的定义后，为了表述与研究的方便，你觉得还有哪些辅助性的概念需要建立？

设计意图

让学生理解或掌握数学学习与研究的“基本套路”，同时建立平面的垂线、直线的垂面、垂足、平面的斜线等相关概念，知道线面垂直的符号表示.

（二）探究、发现、验证直线与平面垂直的判定定理

——**问题5**——

上面虽然得到了直线与平面垂直的概念，但还存在明显的不足. 因为通常我们难以逐一验证直线与平面内所有的直线是否都垂直. 能否找到判定直线与平面垂直的简单方法呢？

设计意图

引导学生有条理地进行探究. 由问题2可知，与平面内一条、两条甚至无数条平行的直线都垂直，还不足以判定直线与平面垂直. 同时通过直观感知和实践操作，获得猜想：如果一条直线与平面内两条相交直线都垂直，那么该直线与平面垂直.

——**问题6**——

通过实践操作，你能确认上述猜想一定成立吗？请把2个直角三角板的一组直角边重合，另一组直角边紧贴桌面，观察重合的一组直角边是否一定与桌面垂直？

设计意图

让每个学生通过自己的实践操作得出结论，加深理解.

问题 7

你能验证重合在一起的直角边与平面内所有的直线都垂直吗？

师生讨论得出直线与平面垂直的判定定理，同时明确三点：一是线线垂直与线面垂直是相互转化的；二是“直线相交”是不可忽视的条件；三是由于证明难度较大，教科书没有给出证明，但这并不是说不要证明，有兴趣的学生可以在课外进一步探讨并给出证明.

设计意图

引导学生 2 人一组合作，用第 3 个直角三角板的一条直角边与前面重合在一起的直角边再重合，三角板的另一直角边紧贴桌面旋转，感知重合的直角边与桌面内任意直线都垂直（同时说明“异面垂直”可转化为“相交垂直”），以此确信结论成立，避免因缺少逻辑证明而造成心理上的困惑.

问题 8

当直线与平面不垂直时，你能否在平面内找到一组平行线与它垂直？能否找到两组呢？

设计意图

从正反两方面认识直线与平面垂直的判定定理，加深学生对判定定理的理解.

问题 9

为什么直线与平面内两条相交直线垂直就能得出直线与平面垂直，而不是“一条直线”或“两条平行直线”或“三条两两相交直线”呢？

设计意图

让学生更好地认识线面垂直与平面是 2 维图形的本质，认识到事物背后存在深刻的联系.

问题 10

试分别用图形语言和符号语言表示直线与平面垂直的判定定理，并举例说明它在日常生活中的应用.

设计意图

实现图形语言、符号语言、文字语言之间的转换是让学生进一步理解判定定理的需要，也是发展学生逻辑思维的需要. 而举例说明它的运用则有助于学生更

好地理解判定定理的来源与价值. （教师可举出图 7、图 8 等例子）

图 7

图 8

（三）运用线面垂直定义与判定定理解决问题

问题 11

求证：与三角形的两条边同时垂直的直线必与第三条边垂直.

设计意图

低起点，重在让学生掌握线面垂直的定义与判定定理，同时充分感受、领悟线线垂直与线面垂直之间的相互转化.

问题 12

如图 9，已知 $a /\!/ b$，$a \perp \alpha$，求证：$b \perp \alpha$.

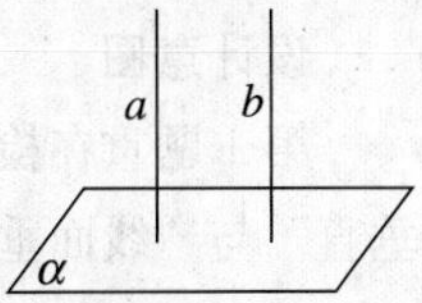

图 9

设计意图

(1) 指导学生如何寻找思维的出发点，即从线面垂直的定义或判定定理出发进行证明；(2) 让学生自己通过独立思考或相互讨论解决；(3) 为了运用定义或定理，自然需要在平面 α 内任作一条直线或两条相交直线.

（四）小结

问题 13

(1) 本节课你学到哪些知识？这些知识来自哪里？又是用怎样的方法得到的？

(2) 请对本节课的学习情况做一个简单的自我评价，并寻找学习中存在的问题与不足.

(3) 直线与平面垂直的定义与判定和前面学过的直线与平面平行的定义与判

定在知识结构、思想方法等方面有哪些共同点和不同点？

学生围绕问题13进行自我回顾、梳理与小结，然后教师作画龙点睛式的小结.

设计意图

培养学生反思的意识和习惯，让学生在掌握知识的同时掌握方法，真正做到“授人以渔”和“教是为了不教”；同时帮助学生在更大的范围内把所学的知识系统化、结构化.

六、目标检测设计

1. 如图10，在三棱锥 $V\text{-}ABC$ 中，$VA=VC$，$AB=BC$，K 是 AC 的中点. 求证：$AC\perp$平面 VKB.

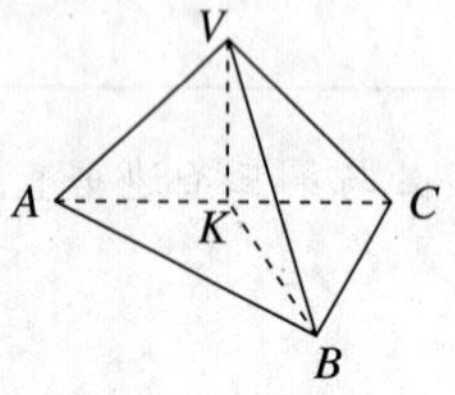

图10

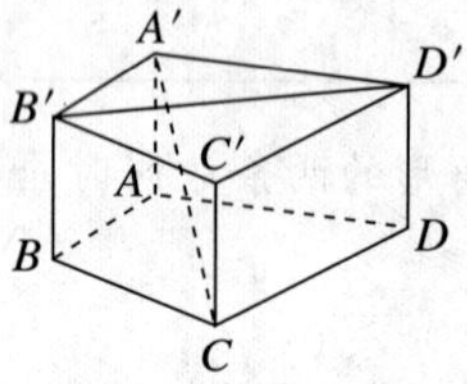

图11

2. 如图11，直四棱柱 $A'B'C'D'\text{-}ABCD$（侧棱与底面垂直的棱柱称为直棱柱）中，底面四边形满足什么条件时，$A'C\perp B'D'$？

3. 已知$\angle BAC$在平面α内，P不属于α，$\angle PAB=\angle PAC$. 求证：点P在平面α上的射影在$\angle BAC$的角平分线或其反向延长线上.

设计意图

第1题重在检测直接运用线面垂直判定定理的能力；第2题重在检测“线线垂直”与“线面垂直”相互转化的能力；第3题重在检测灵活运用线面垂直定义与判定定理的能力、空间想象能力和分析与解决问题的能力，可供学有余力的学生使用.

（浙江省台州市教育局教研室　李昌官）

第三章 “直线与方程”概述

平面解析几何的教学，其核心是一种数学思想方法的教学．以坐标系为桥梁，把几何问题转化成代数问题，通过代数运算研究几何图形性质的方法，是解析几何中最基本的研究方法，充分体现了数形结合的数学思想．教学中应始终围绕这一思想进行研究和探索．

本章是在平面直角坐标系中，剖析直线的几何特征，建立直线方程，然后通过方程研究直线的有关性质，如平行、垂直、两条直线的交点、点到直线的距离等，让学生初步体会到解析几何的基本思想．

直线是最简单的“曲线”，直线的倾斜角是反映直线倾斜程度的重要几何特征，而斜率则是在直角坐标系的基础上对直线倾斜程度的代数刻画，过两点的直线斜率公式则又是对斜率的进一步代数化表示，充分体现了几何特征代数化的思想．而利用直线的斜率研究直线的平行与垂直，则体现了解析几何通过代数运算研究几何图形性质的基本方法．由此可见作为起始课的“直线的倾斜角和斜率”，在知识和方法上，都对后面的学习有着重要的意义．

直线方程是直线的代数化表示，对直线方程的“纯粹性”和“完备性”的论述，为以后进一步学习“曲线与方程”作准备，对曲线与方程关系的理解有着重要的启迪作用．

而两直线交点和点到直线距离的研究则是直线方程的应用．作为基本的解析成果，点到直线的距离公式是研究点与直线的位置关系、直线与直线的位置关系、直线与一般曲线的位置关系的重要工具．在公式推导的过程中，充分体现了解析几何用代数运算灵活处理几何问题的方法和策略，对今后的学习有着十分重要的作用．

本章知识框图如下页所示：

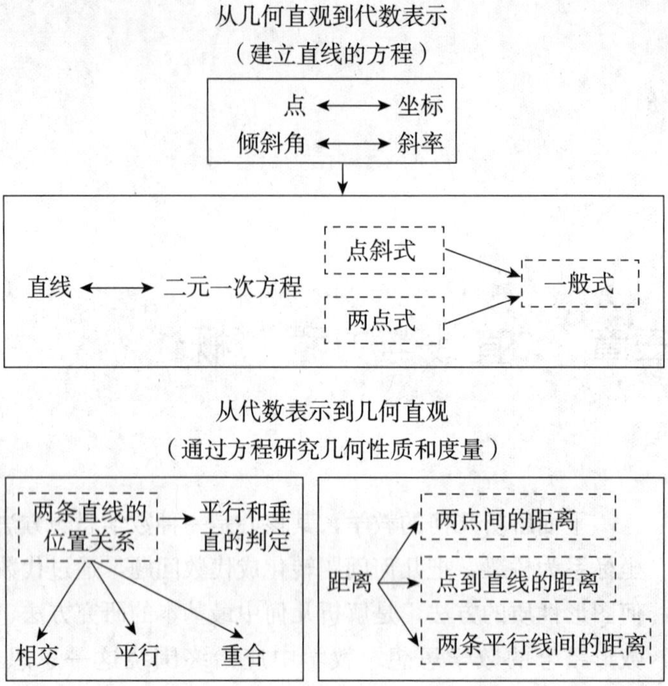

教学案例 6

直线的倾斜角与斜率

一、内容和内容解析

本课是解析几何的起始课，主要内容是直线的倾斜角、斜率的概念及斜率公式.

解析几何的核心思想是将几何问题代数化并用代数方法来研究几何问题. 首先是在直角坐标系下用坐标 (x, y) 表示点，接着用方程 $f(x, y)=0$ 表示曲线，从而最终实现用坐标和方程等代数的运算来研究曲线的性质.

直线是曲线中最简单的图形，直线的倾斜角是确定直线位置的一个几何要素，它侧重于从几何直观的角度描述直线的倾斜程度. 教科书借用向量夹角的概念来定义，即以 x 轴的正方向和直线向上方向所成的夹角来定义倾斜角，并对直线与 x 轴平行或重合的情况作补充定义，使得每一条直线的倾斜程度都存在唯一确定的角可以表示，体现了知识形成的合理性、联系性和严谨性.

当倾斜角不为 90°时，直线的斜率是直线倾斜角的正切值. 所谓"率"，即两个相关的量之间的比值，是一个纯粹的数. 斜率是直线倾斜程度的代数化表示. 在解析几何思想引领下，斜率是对直线倾斜程度进行坐标化表示的自然结果：两点确定一直线，直线定，倾斜角也定；在直角坐标系中，点可以用坐标表示，直线的倾斜角自然也可以由两点的坐标来确定，即 $\tan\theta=\dfrac{y_2-y_1}{x_2-x_1}$；引进斜率这一概念很好地沟通了两者的联系，使得几何量有了代数化的表示.

向量是现代数学的一个重要内容，它也是沟通数与形的重要工具. 直线的斜率本质上反映了直线的方向，而方向向量也是描述直线方向的一个重要的量，在直角坐标系下，直线的斜率 k 与直线的方向向量（1，k）两者之间有着密切的联系.

斜率是本课的核心概念，它的产生过程，充分体现了解析几何的基本思想方法. 也是进一步用代数方法研究直线位置关系和学习直线方程的基础. 斜率的概念，使直线的代数表示形式 $y=kx+b$ 中的 k 有了更明确的几何意义. 也是进一步研究函数变化率与导数的基础.

二、目标和目标解析

1. 在平面直角坐标系中，结合具体图形，探索确定直线位置的几何要素；理解直线倾斜角的概念.

2. 理解直线的斜率的概念，经历用代数方法刻画直线斜率的过程，会用几何方法求过具体两点的直线斜率，会根据给定的两点坐标推导出直线的斜率公式.

3. 了解解析几何的基本思想方法，初步学会借助于直角坐标系用代数的方法刻画几何元素或几何特征.

由于本课是解析几何的起始课，因此渗透解析几何的基本思想方法，并在其指导下提出问题、研究问题，是教学的一个重点. 在这一高度下，经历直线的斜率的形成过程，就是让学生体会将几何问题代数化并通过代数运算研究几何问题的过程.

三、教学问题诊断分析

1. 直线的倾斜角和斜率是在直角坐标系的基础上研究直线时所派生出的概念. 虽然学生通过直角坐标系已经研究过函数及其图象，具有了数形结合的初步意识，但侧重于将代数问题几何化，对直角坐标系的作用，认识毕竟还是肤浅的、片面的. 作为解析几何的起始课，教学中有必要通过活动，加深学生对直角坐标系的认识，同时侧重于将几何问题代数化.

2. 学生对角的概念并不陌生，问题在于对直线倾斜角的定义的合理性比较含糊．倾斜角定义的合理性主要有几点：一是存在性，即每一条直线是否都定义了一个确定的倾斜角；二是唯一性，即倾斜程度相同的直线，其定义的倾斜角是否一定相同，不同倾斜程度的直线定义的倾斜角是否不同．

教学中可通过信息技术动态展示直线的多种情况，让学生直观感知、提出质疑、适当调整，并最终形成直线倾斜角的概念．

3. 斜率是本节课的核心概念，因为它很好地体现了解析几何的基本思想．对于斜率引进的合理性和必要性的认识是本课教学的难点．

为什么有了倾斜角，还要引入斜率来描述直线的倾斜程度呢？问题的提出源于解析几何的基本思想：将几何问题代数化，用代数运算研究几何问题．两点决定直线，直线定，则直线的倾斜角也定，从代数化的角度分析，就是如何由直线上两点的坐标确定直线的倾斜角，进而表示出直线的倾斜程度．

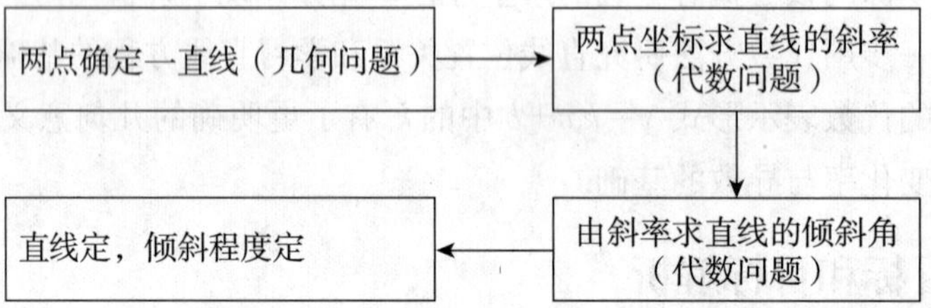

教科书中类比生活中坡角和坡度的概念，引出斜率概念．虽然这是一种较为合理的突破难点的手段，但它与坐标化的思想方法缺乏联系．

倾斜角与斜率的关系中有两个难点：一是所有的直线都有倾斜角，但并不是所有直线都有斜率；二是并非倾斜角越大，斜率也越大．产生这两个难点的根本原因在于：一是学生缺乏对倾斜角范围的认识，二是分类讨论的思想意识淡薄，三是由式子 $k=\tan\alpha$ 联系到函数及其图象的能力不足．因此教学中有必要分步设置台阶，通过问题让学生思考讨论，以突破难点．但考虑到课时的限制，为突出主题，需避免过分展开．

四、教学支持条件分析

本节课中有大量运动变化的过程，需要借助信息技术来呈现．如通过过定点的直线运动，展示直线倾斜程度的不同；通过直线的运动，展现倾斜角的图形及其大小与其相应斜率值的多元联系变化；通过定直线上点的运动变化，展示直线斜率的不变性．

五、教学过程设计

（一）活动激趣

引语 1：几何是数学研究的核心内容之一，几何学的目的是研究图形的几何性质，包括其形状、大小和位置关系. 曾经，代数与几何一直是数学中两门独立的分支，直到有一位数学家创造了解析几何. 解析几何将数与形统一起来，将几何问题代数化，通过代数的运算来解决几何中的问题. 这位数学家就是法国数学家笛卡尔.

请大家先通过一个活动体验并思考如何能沟通代数与几何？

活动设置：在方格纸上有一个四边形 $ABCD$（图 1），观察图形，并用合适的语言指示其他同学，以保证他能准确地作出这一图形.（给每位同学一张方格纸）

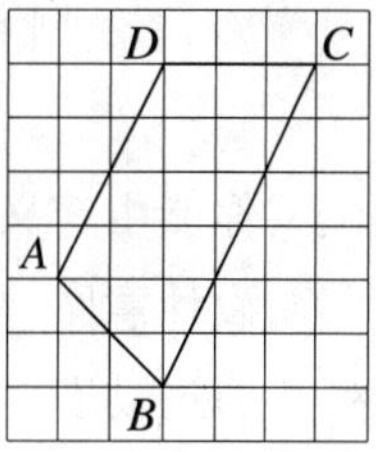

图 1

师生活动预设：由一同学表达指令，其他同学画，随后加以展示，质疑其可能的不足之处并加以改进.

设计意图

能用合适的数学语言表述数学对象，是数学学习的重要方面. 通过活动，让学生初步体会到坐标法的思想和意义，即借助坐标系，将点用坐标表示，将坐标还原成点，使代数定量分析的精确性在几何中得以应用，突显借助于坐标进行代数化的优势.

（二）生成倾斜角的概念

引语 2：在直角坐标系中，点可以用坐标表示，图 1 中四点 A，B，C，D 的坐标也就完全确定了四边形 $ABCD$ 的形状和大小. 只要抓住关键点的坐标，通过坐标的运算就可以研究图形的几何性质. 像这样，借助直角坐标系，用代数运算研究几何问题的方法，就是解析几何基本的思想方法. 我们的研究先从最简单的几何图形——直线开始.

问题 1

在直角坐标系下，要确定一条直线，需要哪些几何要素？

师生活动预设：教师可根据学生的回答情况引导学生关注倾斜角这一概念. 如学生回答两点确定一直线后，教师可以追问：

一点能确定一直线吗？

过一点运动的一系列直线有什么区别吗？（用《几何画板》演示这一运动）

用什么能较准确地刻画直线相对于 x 轴的倾斜程度呢？

你能为下列图形中的三条直线标上相应的角吗（图 2）？

直线与 x 轴相交形成四个角，习惯上选用如图所示的角来表示直线相对于 x 轴的倾斜程度（图 2）. 你能给这个角一个定义吗？

这个定义能描述过 P 点的所有直线的倾斜程度吗？

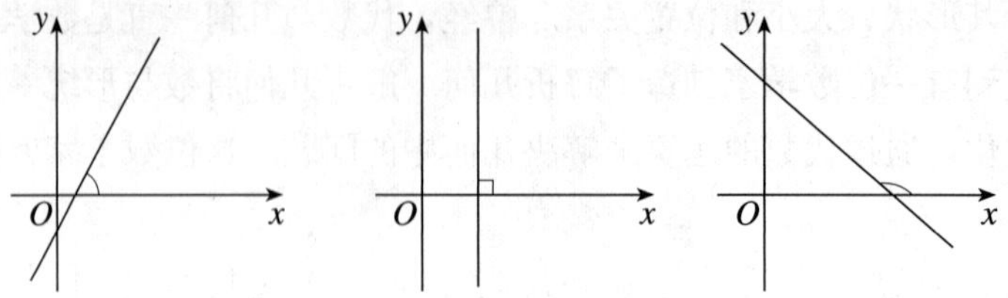

图 2

你能由定义得出直线倾斜角的取值范围吗？

设计意图

通过动态的、静态的方式呈现过同一点的直线的不同位置，使学生直观感受到直线的倾斜程度这一特征．并结合图形，学会用准确的语言表述数学概念，提高抽象概括和反思的能力．教学过程应通过问题串的形式进行组织，首先有个起“先行组织”作用的大问题，再根据学生的思考情况，在每个关键点处设置一些小问题及时引导，从而让学生体会到概念生成的合理性．

（三）自主探究，形成斜率的概念

问题 2

在直角坐标系中，可以用坐标表示点，那你能否根据给定的两点的坐标，确定过这两点直线的倾斜角呢？试一试，看看你有什么发现．

（1）如图 3，已知点 $A(1,\ 3)$，$B(3,\ 1)$，$C(6,\ 7)$，$D(3,\ 7)$，试求直线 AB，BC，DC，AD 的倾斜角．

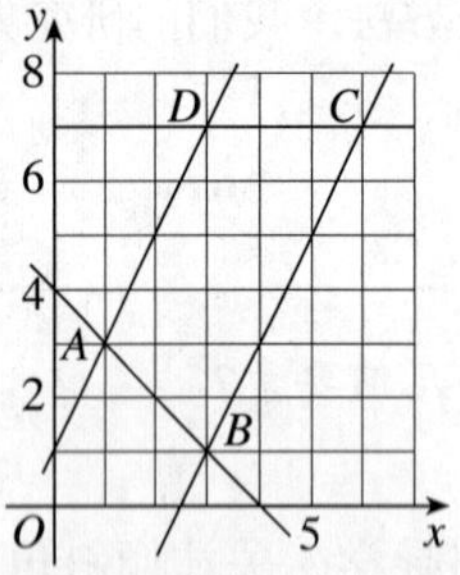

图 3

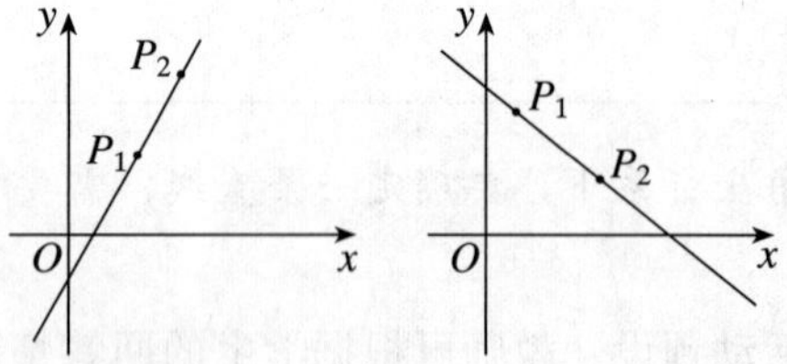

图 4

（2）如图 4，已知点 $P_1(x_1,\ y_1)$，$P_2(x_2,\ y_2)$，如何确定直线 P_1P_2 的倾斜角呢？

师生活动预设：学生自主探究后，对所得的结论，教师可以追问以下问题：

（1）如果直线 P_1P_2 平行于 x 轴，或与 x 轴重合时，上述结论还适用吗？为什么？

（2）如果直线 P_1P_2 平行于 y 轴，或与 y 轴重合时，上述结论还适用吗？为什么？

(3) 如果某倾斜角为60°的直线 l 上有任意两点 $A(x_1, y_1)$，$B(x_2, y_2)$，式子 $\frac{y_2-y_1}{x_2-x_1}$ 是定值吗？为什么？

(4) 一般地，对于一条确定的直线 l 上的任意两点 $A(x_1, y_1)$，$B(x_2, y_2)$，其中 $x_1 \neq x_2$，式子 $\frac{y_2-y_1}{x_2-x_1}$ 是定值吗？它与倾斜角之间是否具有一一对应的关系呢？

设计意图

在解析几何基本思想的指引下，用坐标来确定直线的倾斜角是一个很自然的问题. 学生有了三角和平面几何的知识，有能力从特殊到一般地进行自主探究. 在实践中基于简便的原则，可以很自然地通过倾斜角的正切找到与两点坐标的联系：$\tan\theta=\frac{y_2-y_1}{x_2-x_1}$. 发现倾斜角 θ 与代数式 $\frac{y_2-y_1}{x_2-x_1}$ 的值之间的一一对应关系，$\frac{y_2-y_1}{x_2-x_1}$ 的值定量地反映了直线倾斜程度这一本质特征.

如此，将 $\frac{y_2-y_1}{x_2-x_1}$ 记为 k，$k=\tan\theta$，明确斜率的定义，获得斜率的概率就是顺理成章的事了！

问题3

如图5，生活中也有一些反映直线倾斜程度的量，如反映一个斜坡倾斜程度的量——坡度，你知道它是怎样定义的吗？它与直线的斜率之间有什么区别和联系呢？

图5

设计意图

将直线斜率的概念与生活中的坡度相比较，更有利于准确而全面地理解概念.

(四) 反馈评价

例1 根据斜率与倾斜角的关系，你能填出下表吗？

倾斜角	0°	30°			90°	120°		150°
斜率			1	$\sqrt{3}$			-1	

设计意图

加深对斜率与倾斜角关系的认识.

例2 已知 $A(3, 2)$，$B(-4, 1)$，$C(0, -1)$. 求直线 AB，BC，CA 的斜率，并判断这些直线的倾斜角是钝角还是锐角.

师生活动预设：学生先通过斜率公式计算出结果，再由斜率的符号断定直线的倾斜角的性质．教师注意引导学生通过画图观察验证．

设计意图

本题的重点是让学生体会通过代数运算可以研究几何图形的性质．

例 3 已知过原点的直线 l_1，l_2，l_3 的斜率分别为 2，1，-1．试在直角坐标系中画出这三条直线．

设计意图

考查学生对直线倾斜角概念的理解以及对倾斜角和斜率、直线上两点坐标与斜率之间关系的认识．通过做题，使学生进一步体会数与形之间的相互联系与转化．

（五）反思提升

问题

本课学习了哪些概念？你体会到了哪些思想方法？你对开始学习的“解析几何”有何感想？

设计意图

通过回顾、反思、交流，促进学生的知识的内化和情感的共鸣，激发学生对学习解析几何的信心和兴趣．

六、目标检测设计

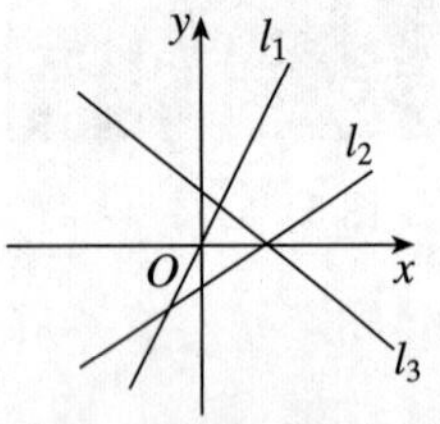

（第 1 题）

1. 如图，直线 l_1，l_2，l_3 的斜率分别为 k_1，k_2，k_3，则下列不等式成立的是（　　）．

(A) $k_1>k_2>k_3$

(B) $k_2>k_1>k_3$

(C) $k_3>k_2>k_1$

(D) $k_3>k_1>k_2$

2. 教科书第 86 页练习，第 1，2，3，4 题．

3. 教科书第 89 页习题，第 1，2，3，4 题．

设计意图

主要考查对倾斜角和斜率概念的理解程度，以及对斜率定义和两点斜率公式的应用．

（浙江省黄岩中学　李柏青）

教学案例7

直线的点斜式方程

一、内容和内容解析

本节课是“直线的方程”的第1课时，主要内容是直线的点斜式方程、直线的斜截式方程及其应用. 这是继上节分析了直角坐标系内确定一条直线的几何要素——直线上的一个定点和直线的倾斜角、直线上的两个定点，引进了斜率的概念，导出了过两点的斜率公式，学习了两条直线平行与垂直的判定后，对直线所做的进一步研究. 这对后续的曲线与方程、圆的方程以及圆锥曲线方程的学习，有着重要的启迪作用.

本节特别指出：

1°过点 $P_0(x_0, y_0)$，斜率为 k 的直线 l 上的每一点的坐标都满足方程

$$y-y_0=k(x-x_0). \quad ①$$

2°以方程①的解为坐标的点 $P(x, y)$ 都在直线 l 上.

1°表明，直线 l 上所有的点都满足方程①而毫无例外，此所谓“纯粹性”；2°表明，坐标满足方程①的点都在直线 l 上而毫无遗漏，此所谓“完备性”. 当然，“纯粹性”、“完备性”的说法不必向学生介绍，学生只要认识到“直线上的点”与“方程的解”相比较，恰好“不多不少”，就可以了.

求“直线的方程”是“求曲线的方程”的一个“样板”. 其主要内容包括“直线的点斜式方程”（“直线的斜截式方程”作为其特例）的导出和初步应用. 后继的“直线的两点式方程”则可由“直线的点斜式方程”和“直线的斜率公式”直接导出，“直线的截距式方程”又是“直线的两点式方程”的特例，“直线的一般式方程”则是从方程式角度，对直线的点斜式方程（包括斜截式方程）、两点式方程（包括截距式方程）共同特点的归纳概括，因此本节课起着承上启下的作用.

此外，直线与 x 轴有平行（重合）、斜交、垂直这三种位置关系. 学生已经知道，垂直于 x 轴的直线没有斜率，因此垂直于 x 轴的直线不能用点斜式方程表示，有斜率的直线才可以用点斜式方程表示，对此学生在理解上应该不存在多大困难. 问题在于在以后的学习中，不少学生常常会遗漏直线垂直于 x 轴的情况，而这点恰好可以作为教师培养学生缜密思维习惯的一个良好素材.

本节课的重点是推导直线的点斜式方程和根据已知条件求直线方程，难点除了推导直线的点斜式方程外，还有对1°，2°，即对“纯粹性”和“完备性”的理解.

二、目标和目标解析

1. 经历推导直线的点斜式方程和斜截式方程的过程，掌握推导的方法，并能根据条件，熟练求出直线的点斜式方程和斜截式方程，会根据直线的斜截式方程，得出两直线平行与垂直的条件.

2. 理解截距的概念，会将直线的点斜式方程化为斜截式方程，在此基础上，会建立直线的斜截式方程和一次函数之间的联系，以深化对一次函数 $y=kx+b$ 中一次项系数 k 和常数项 b 的几何意义的理解.

3. 会将坐标平面上的直线进行恰当分类，从而进一步认识到垂直于 x 轴的直线不能用点斜式和斜截式方程表示，并会导出其方程.

4. 理解“直线的方程”的含义，即直线与其方程之间的关系，渗透解析几何的基本思想，为进一步学习曲线与方程打好基础，并经历化归的过程，感受数形结合的思想，培养缜密的思维习惯和分析问题、解决问题的能力.

这节课涉及两个问题：

（1）根据条件求直线的方程；

（2）根据方程，讨论两直线平行与垂直的条件.

要掌握直线的点斜式方程和斜截式方程的推导方法，关键在于理解所谓“求直线的方程”，就是“求直线上任意一点 P 的坐标 (x, y) 满足的关系式”，这一点，不仅是突破“推导直线方程”这一难点的关键，也对今后学习“曲线与方程”有重要的启迪作用. 直线的“斜截式方程”的推导过程，其实就是“直线的点斜式方程”的应用过程，即将“直线的点斜式方程”作为“公式”，推导直线的“斜截式方程”，这是培养学生化归能力的一个支点.

通过讨论，把平面直角坐标系中与 x 轴斜交、垂直、平行及重合的直线都用方程表示出来，既可以培养学生缜密的思维习惯，还可以培养学生数形结合和分类讨论的思想，利用方程讨论两直线平行与垂直的条件，则是直线方程的直接应用，可以培养学生分析问题、解决问题的能力.

三、教学问题诊断分析

对于如何利用已知条件“直线 l 过点 $P_0(x_0, y_0)$，斜率为 k”，求直线 l 的方程，不少学生会感到茫然，因为这是学生第一次“根据条件求曲线的方程”. 对于为什么 1° 和 2° 都满足后，才能说方程是直线的方程、直线是方程的直线，因为涉及“一一对应”，学生在理解上会出现困难，会出现“似懂非懂”的现象. 对此可通过具体例子说明，让学生体验和领悟. 虽然学生已经学过一次函数 $y=kx+b$，但对于系数 k 和 b 的几何意义缺乏理解，对“数”与“形”的联系还比较模糊.

四、教学支持条件分析

直线作为最简单的几何图形，无论教师在黑板上绘制，还是学生自行绘制，

以观察相对于 x 轴的各种位置关系，从而分情况写出直线方程，不会有什么困难. 若教师适时用《几何画板》作动态演示，则更有利于帮助学生理解，加深印象. 问题串用PPT呈现，也可节约板书时间.

五、教学过程设计

（一）导出直线的点斜式方程

问题1

在坐标平面内，已知哪些条件，就可以确定一条直线？确定一条直线需要几个条件？

设计意图

从学生已有的知识经验切入，引导学生回顾和思考确定一条直线的条件，得出：已知直线上的一个点和直线的倾斜角（斜率）可以确定一条直线，已知两点也可以确定一条直线，确定一条直线需要两个独立的条件.

问题2

如图1，已知直线 l 过点 $P_0(x_0, y_0)$，斜率为 k，如何求直线 l 的方程？

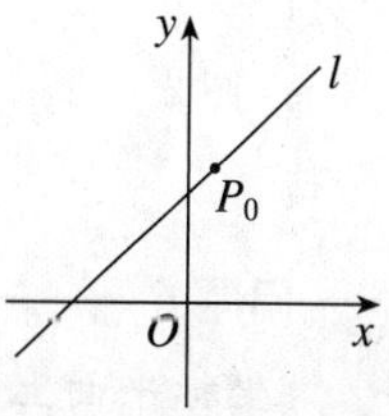

图1

设计意图

引导学生探究本节课的重点内容——求直线 l 的点斜式方程. 当学生感到无从下手时，教师还可以通过进一步启发点拨，使学生意识到，所谓“求直线 l 的方程”，就是“求直线 l 上任意点的坐标所满足的关系式”，从而想到“设 $P(x, y)$ 是直线 l 上的任意一点”，然后由斜率公式得：当 $x\neq x_0$ 时，有

$$k=\frac{y-y_0}{x-x_0} \quad ②$$

进而从求简的角度，将方程②化为方程①.

问题3

方程②能不能表示直线 l 上所有的点？方程①呢？

设计意图

引导学生思考两个方程是否同解，进而意识到“方程的解”与“直线上的点”之间是“一一对应”的，直线上点既不能比方程的解“多”，也不能“少”，为后面 1°和 2°的教学作铺垫.

问题 4

怎么说明根据斜率所得到的方程②就是所求的直线方程?

设计意图

引导学生思考如何验证 1°和 2°，进而引出“直线的点斜式方程”的概念. 教师还可通过进一步追问“方程①为什么可以称为直线的点斜式方程”以加深对概念的理解.

问题 5

(1) 如图 2，过原点、斜率为 1 的直线 l 上每一点的坐标是否都满足方程 $y=x$?

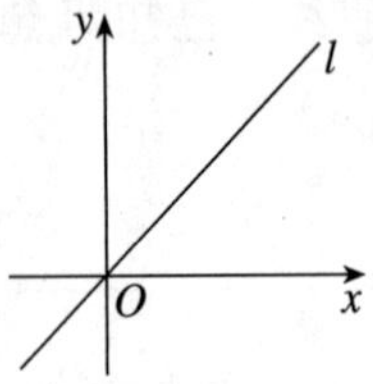

图 2

(2) 坐标满足方程 $y=x$ 的点是否都在直线 l 上?

(3) 能否说过原点斜率为 1 的直线 l 的方程是 $y=x$?

设计意图

进一步引导学生加深对 1°和 2°的理解，以利于“曲线与方程”的学习.

问题 6

坐标平面上所有的直线是否都可以用点斜式方程表示? 为什么?

设计意图

引导学生考虑斜率不存在的情况.

问题 7

如图 3，过点 $P_0(x_0, y_0)$的直线 l 的斜率不存在（即倾斜角是直角），它的方程怎么求? 倾斜角为 0°呢（图 4）?

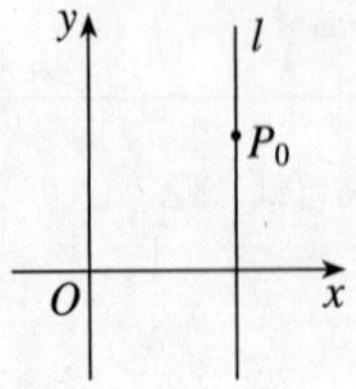

图 3

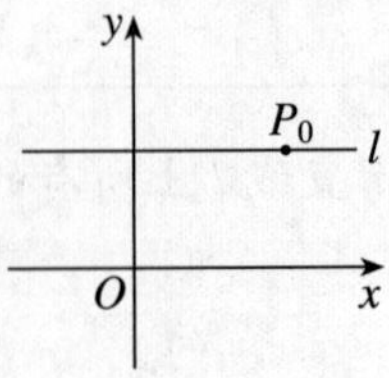

图 4

设计意图

引导学生得出过点 $P_0(x_0, y_0)$ 且垂直于 x 轴的直线 l 的方程：

$$x=x_0;$$

得出过点 $P_0(x_0, y_0)$ 垂直于 y 轴的直线 l 的方程：

$$y=y_0.$$

并借此通过进一步的追问，引导学生得出 x 轴所在直线的方程：

$$y=0;$$

得出 y 轴所在直线的方程：

$$x=0.$$

问题 8

请同学们回顾、总结前面所学的知识，说出点斜式方程的适用范围及例外情况.

设计意图

引导学生归纳概括点斜式方程的推导过程、适用范围及结构特征，为以后解决直线过定点问题的学习打好基础.

问题 9

已知直线 l 过点 $P_0(-2, 3)$，且倾斜角 $\alpha=45°$，求直线 l 的点斜式方程，并画出直线 l.

教师引导：画图前可追问学生：用什么方法画出满足条件的直线 l？引出两种画图方法：一是直接利用已知点 P_0 和倾斜角 α；二是由直线的点斜式方程 $y-3=x+2$，找出直线上的另一点，例如 $P_1(-1, 4)$，过 P_0，P_1 两点的直线即为直线 l（图 5）. 在找直线上另一点时，选直线与 x 轴的交点 $A(-5, 0)$，或直线与 y 轴的交点 $B(0, 5)$，画图将更为方便. 借此还可以让学生在学习“截距”概念之前，对“截距”有个感性认识，并为下节学习“直线的截距式方程”埋下伏笔.

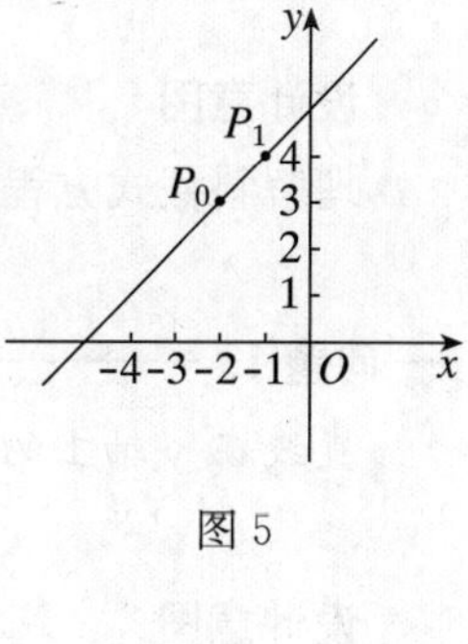

图 5

设计意图

先让学生自己独立尝试，必要时教师适当点拨，利用斜率的定义求出斜率 $k=1$，再直接利用“公式”写出直线的点斜式方程：$y-3=x+2$. 以此复习巩固斜率的定义，并熟悉直线的点斜式方程.

（二）导出直线的斜截式方程

——问题 10

如果直线 l 的斜率为 k，且与 y 轴的交点为 $(0, b)$，请用直线方程的点斜式，求出直线 l 的方程.

设计意图

首先是为了引导学生导出“直线的斜截式方程”，引出“直线在 y 轴上的截距”的概念，同时又作为点斜式方程的应用，让学生进一步熟悉直线方程的点斜式.

——问题 11

我们刚刚学习了“直线在 y 轴上的截距”的概念，“直线在 x 轴上的截距”又如何定义？

设计意图

一是加深对“直线在 y 轴上的截距”概念的理解，二是引出“直线在 x 轴上的截距”的概念.

——问题 12

(1) 观察方程 $y=kx+b$，它的形式具有什么特点？k 和 b 分别有什么含义？你以前看到过这个方程吗？

(2) 从直线方程的角度，请你说出一次函数 $y=2x-1$，$y=3x$ 及 $y=-x+3$ 的图象的特点.

设计意图

理解斜截式方程的结构特征、系数的几何意义以及与一次函数的联系.

——问题 13

直线在 y 轴上的截距是直线与 y 轴的交点到原点的距离吗？

设计意图

“截距”与“距离”是相似概念，学生容易混淆，需要通过对比进行辨析，以促进学生的理解.

——问题 14

坐标平面上所有的直线是否都可以用斜截式方程表示？为什么？

设计意图

引导学生考虑斜率（或纵截距）不存在的情况.

（三）利用斜截式方程讨论两直线平行、垂直的条件

问题 15

已知直线 l_1：$y=k_1x+b_1$，l_2：$y=k_2x+b_2$. 试讨论：(1) $l_1 /\!/ l_2$ 的条件是什么？(2) $l_1 \perp l_2$ 的条件是什么？

设计意图

引导学生回顾 3.1.2 中用斜率判断两条直线平行、垂直的结论，探究两直线平行、垂直的代数表示，作为“用方程研究曲线的性质”的初步尝试.

问题 16

(1) 在问题 15 中，我们考察的是 l_1，l_2 都有斜率的情形，若 l_1，l_2 中至少有一条没有斜率，则 l_1，l_2 平行、垂直的条件又是什么？

(2) 在问题 15 的条件下，l_1，l_2 相交的条件是什么？l_1，l_2 重合的条件又是什么？

设计意图

(1) 引导学生注意特殊情况，譬如斜率不存在或斜率为 0 的情况，培养严谨的思维习惯；(2) 引导学生对坐标平面上两条直线的位置关系进行合理的分类，有一个总体的把握.

（四）小结

问题 17

这节课我们主要学习了什么内容？试用图式或文字进行梳理和总结.

设计意图

引导学生对本节课的内容进行归纳整理.

六、目标检测设计

1. 写出下列直线的点斜式方程：

(1) 经过点 $A(3,-1)$，斜率是 2；(2) 经过点 $B(1,2)$，倾斜角是 120°；

(3) 经过点 $C(0,3)$，倾斜角是 0°；

2. 根据下列直线方程，分别说出直线的斜率、倾斜角以及 x 轴和 y 轴上的截距：

（1）$y-2=x-1$；（2）$y-2=0$；（3）$x-2=0$.

3. 直线 l：$y=2x-1$ 经过点 $P_0(x_0,\ y_0)$，其中 $x_0=1+t$，则 y_0 可用 t 表示为 $y_0=$__________.

4.（1）过原点 O 向直线 l 作垂线，垂足为 $H(-2,\ 1)$，则直线 l 的点斜式方程是________________，斜截式方程是____________________；

（2）过原点 O 作直线 l：$y=2x-1$ 的平行线 m，则直线 m 的点斜式方程是________.

5. 直线 $y=ax-\dfrac{1}{a}$ 的图象可能是（　　）.

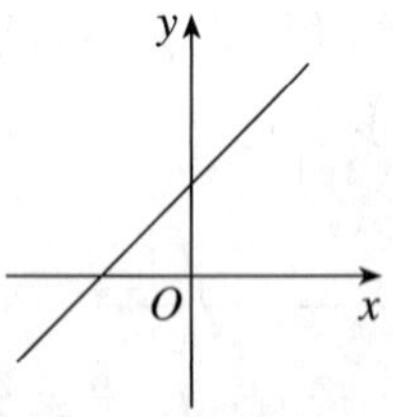

（A）

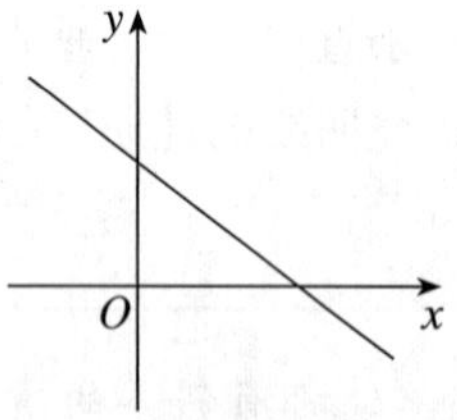

（B）

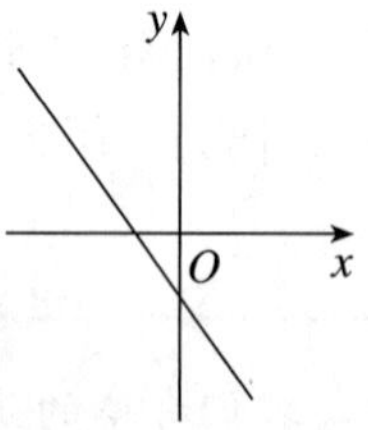

（C）

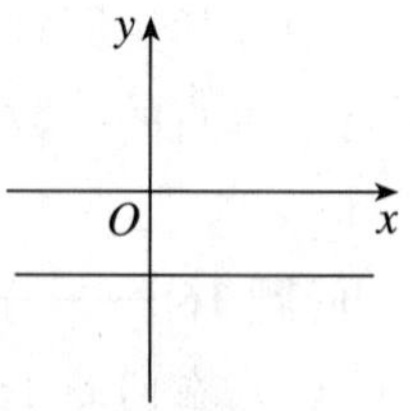

（D）

设计意图

第 1 题旨在检测对点斜式方程掌握的程度；第 2 题旨在检测对方程中系数和常数的几何意义的理解程度；第 3 题旨在检测对“直线”与“方程”的关系的理解程度；第 4 题旨在检测对两条直线平行、垂直的判定条件的理解程度；第 5 题旨在检测观察图形、灵活运用直线的斜截式方程的能力. 检测题把握一个原则，就是循序渐进，既不降低要求，也不过分拔高. 通过练习、检测，巩固本节课所学知识，检测学生掌握的情况，以便在下一节课的教学中，“对没有被击倒的敌人再放一枪”.

（浙江省黄岩中学　杨学才）

教学案例 8

点到直线的距离公式

一、内容和内容解析

点到直线的距离公式是高中解析几何课程中最重要的公式之一，它是解决点线、线线、线面、面面距离的基础，也是研究直线与圆位置关系的重要工具，同时为后面学习圆锥曲线作准备. 教科书试图让学生通过学习，探究点到直线的距离公式，领会蕴含于其中的数学思想和方法，逐步学会利用数形结合，函数等数学思想方法解决数学问题.

点到直线距离的计算方法很多，如何选择一种具有可操作性、普适性的方法是本节课的难点. 公式的探究过程较为自然，但其中所涉及到的含字母的有关运算会成为学生的普遍障碍. 当然这也是解析几何中学生存在的通性问题，即懂（法）而不会，会（代公式）而不明（原理）.

二、目标和目标解析

1. 选择适当的点到直线距离公式的计算方法.

2. 公式推导的方法及对公式的简单应用.

3. 培养学生数形结合，综合应用知识解决问题的能力；培养学生类比，由特殊到一般的思维习惯.

三、教学问题诊断分析

虽然学生已对“距离”概念有一定认识，但计算点到直线距离公式的方法很多，而怎样引导学生数形结合，利用平面几何知识得到教科书上给出的方法是本节课的难点. 突破难点的方法是构造典型的、具有启发性的图形启发学生逐层深入地思考问题. 另一方面，学生大量的自主探究，会使教师控制课堂教学过程较为困难.

四、教学过程设计

问题的提出：已知点 $P(x_0, y_0)$ 和直线 l：$Ax+By+C=0$（$AB\neq 0$），点的坐标和直线的方程确定后，它们的位置也就确定了，点到直线的距离也是确定的，怎样求点 P 到直线 l 的距离 d 呢？这一节，我们将研究怎样由点的坐标和直线的方程推导点 P 到直线 l 的距离公式.

设计意图

开门见山地提出问题，明确本节课的主旨，引起认知冲突，从而以退为进.

（一）构造特殊的点到特殊直线的距离，由学生自行解决

问题 1

求点 $P(2, 0)$ 到直线 l：$x-y=0$ 的距离.

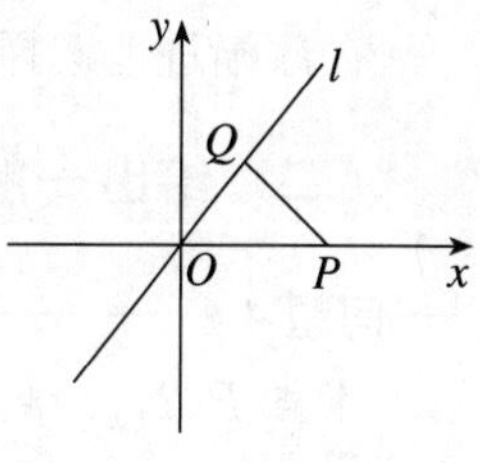

图 1

学生可能寻求到下面四种解法：

方法 1 如图 1，过点 P 作 $PQ\perp l$ 于 Q，则直线 PQ 的方程为 $x+y-2=0$. 解方程组 $\begin{cases}x-y=0,\\x+y-2=0\end{cases}$ 得 $Q(1, 1)$. 所

以$|PQ|=\sqrt{2}$.

方法2 设$Q(x,y)$是l：$x-y=0$上任意一点，则$|PQ|=\sqrt{(x-2)^2+x^2}=\sqrt{2(x-1)^2+2}$.

当$x=1$时，$|PQ|$有最小值$\sqrt{2}$，这个值就是点P到直线l的距离.

方法3 过点P作$PQ\perp l$于Q. 直线l：$x-y=0$的倾角为$45°$，在$\text{Rt}\triangle OPQ$中，$|PQ|=|OP|\cdot\sin 45°=\sqrt{2}$.

方法4 （化斜为直） 过点P作x轴的垂线交l于S，作$PQ\perp l$于Q. 因为$|OP|\cdot|PS|=|OS|\cdot|PQ|$，所以$|PQ|=\dfrac{|OP|\cdot|PS|}{|OS|}=\dfrac{2\times2}{2\sqrt{2}}=\sqrt{2}$.

设计意图

从特殊到一般，便于学生操作，拓宽学生的解题思路. 比较4种解法，以第3种或4种解法为最佳，那么第3、4种解法是否可以向一般情况推广呢？各种方法的推广性如何？

问题2

求点$P(2,0)$到直线l：$2x-y=0$的距离.

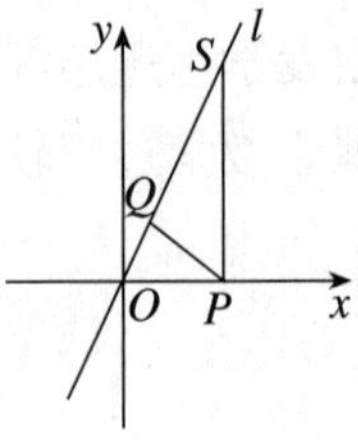

图2

如图2，可以构造直角三角形斜边上的高求得

$$d=\frac{2\times4}{2\sqrt{5}}=\frac{4}{5}\sqrt{5}.$$

此时，若用方法3，因为要用三角函数所以计算会较为复杂. 若点、线更一般化就更不便于操作.

设计意图

从操作中认识方法的可行性和通用性. 因为转化为和坐标轴平行的线，其交点坐标是相对容易表示的，也是容易计算的，因此化斜为直可能更具一般性.

问题3

求点$P(1,1)$到直线l：$2x-y+2=0$的距离.

设计意图

循序渐进地选择方法.

（二）给出一般点到一般线的距离

问题4

求点$P(2,1)$到直线l：$2x-y+2=0$的距离.

如图 3，用方法 4，过点 P 作 x 轴的垂线交 l 于 S，过点 P 作 y 轴的垂线交 l 于 R，过点 P 作 l 的垂线交于 Q.

因为 $$|PR|\cdot|PS|=|RS|\cdot|d|,$$

所以 $$|d|=\frac{|PR|\cdot|PS|}{|RS|}=\sqrt{5}.$$

此法在计算量上大为简洁. 比方法 3 更具操作性、普适性.

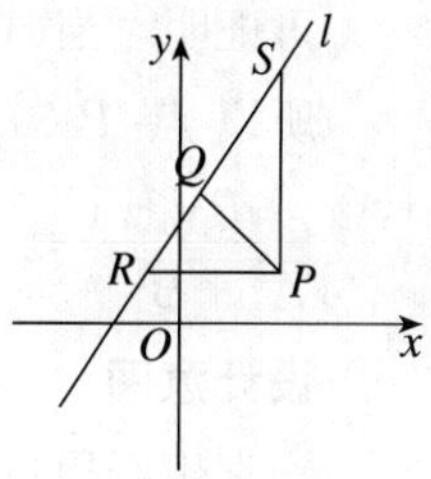

图 3

（三）点到直线的距离公式推导

问题 5

在平面直角坐标系中，如果已知某点的坐标为 $P(x_0, y_0)$，直线 l：$Ax+By+C=0$ $(AB\neq 0)$. 怎样用点的坐标和直线的方程直接求点 P 到直线 l 的距离呢？

学生可自由讨论.

学生已有了以上经验作为基础，会实现从特殊到一般的升华，把一个新问题转化为一个自己熟悉的问题. 画出图形（如图 4），分析任务，理清思路，解决问题.

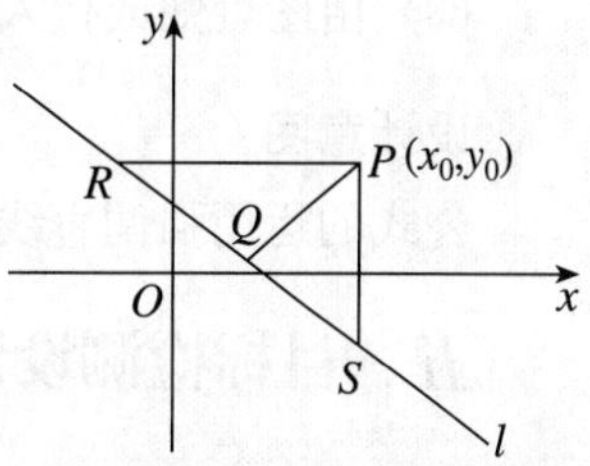

图 4

方案 1 过点 P 作直线 l 的垂线，垂足为 Q. 由 $PQ\perp l$ 可知，直线 PQ 的斜率为 $\frac{B}{A}(A\neq 0)$，根据点斜式写出直线 PQ 的方程，并由直线 l 与直线 PQ 的方程求出点 Q 的坐标；再根据两点距离公式求出 $|PQ|$，得到点 P 到直线 l 的距离 d.

此方法虽思路自然，但运算较繁，特别是如此大量的字母运算是学生难以完成的.

方案 2 （方法 4 的一般化）设 $A\neq 0$，$B\neq 0$，这时 l 与 x 轴、y 轴都相交. 过点 P 作 x 轴的平行线，交 l 于点 $R(x_1, y_0)$；作 y 轴的平行线，交 l 于点 $S(x_0, y_2)$. 由点 R，S 在直线 l 上，得 $Ax_1+By_0+C=0$，$x_1=-\frac{By_0+C}{A}$；同理 $y_2=-\frac{Ax_0+C}{B}$.

所以 $$|PR|=|x_0-x_1|=\left|\frac{Ax_0+By_0+C}{A}\right|,\ |PS|=|y_0-y_2|=\left|\frac{Ax_0+By_0+C}{B}\right|.$$

$$|RS|=\sqrt{|PR|^2+|PS|^2}=\frac{\sqrt{A^2+B^2}}{|A\cdot B|}\cdot|Ax_0+By_0+C|.$$

由三角形面积公式可知：$|d|\cdot|RS|=|PR|\cdot|PS|$，所以 $|d|=\frac{|Ax_0+By_0+C|}{\sqrt{A^2+B^2}}$.

可证明，当 $A=0$ 时仍适用.

所以点 $P(x_0, y_0)$ 到直线 l：$Ax+By+C=0$ 的距离公式为 $d=\frac{|Ax_0+By_0+C|}{\sqrt{A^2+B^2}}$.

设计意图

让学生经历自然的推导过程，在比较中提高学生运用解析几何的能力.

（四）公式的运用

例 求点 $P(-1, 2)$ 到直线的距离 d：

（1）$2x+y-10=0$；（2）$y=\frac{1}{2}x+1$；（3）$3x=2$.

解：（1）根据点到直线的距离公式，得 $d=\frac{|2\times(-1)+2-10|}{\sqrt{2^2+1^2}}=2\sqrt{5}$.

（2）直线化为 $x-2y+2=0$，得 $d=\frac{|-1-2\times2+2|}{\sqrt{1^2+(-2)^2}}=\frac{3}{5}\sqrt{5}$.

（3）由图可知或代入公式，得 $d=\frac{5}{3}$.

设计意图

公式的运用强调直线方程的一般式，注意直线的形式，公式的准确代入.

五、目标检测设计

1. 已知点 $A(a, 6)$ 到直线 $3x-4y=2$ 的距离 $d=4$，求实数 a 的值.

2. 已知点 $A(1, 2)$ 到直线 $y=kx+1$ 的距离为 $\sqrt{2}$，求实数 k 的值.

3. 已知点 $A(1, 3)$，$B(3, 1)$，$C(-1, 0)$，求 $\triangle ABC$ 的面积.

设计意图

公式的运用在于用活，不能仅停留在简单的操作和计算. 学生掌握点到直线的距离公式，先得确定相应的直线方程，然后达到对各方面知识的综合应用.

（浙江省黄岩中学　胡建军）

第四章 “圆与方程”概述

在上一章“直线与方程”学习的基础上，本章重点是在直角坐标系中建立圆的方程，并通过圆的方程，研究直线与圆、圆与圆的位置关系. 本章还通过实例介绍了用坐标法解决平面几何问题的“三步曲”，使学习者进一步了解解析几何的思想方法和运用. 另外还要学习空间直角坐标系，它是用解析方法研究空间几何对象的基础.

圆是生活中常见的、可加以数学化定义的曲线，对它的研究为今后学习研究圆锥曲线打下了坚实的基础.

根据定义求圆的方程，使学生进一步了解求曲线方程的基本步骤，了解曲线方程的“纯粹性”和“完备性”，同时进一步丰富了学生对曲线形状与方程特点的认识，为今后明确提出曲线方程的概念作好铺垫. 而通过方程研究圆，使圆的几何特征得到定量化的描述，是“数形结合”思想的完美体现.

直线与圆的位置关系是本章的一个重要内容，不仅在生产、生活实践以及数学中有着广泛的应用，也较好地体现了解析几何的学科思想. 教学中应始终在“用代数的方法研究几何问题”的指导思想与行动策略下开展研究. 在本章的教学中也要重视信息技术在研究几何图形及其位置关系中的作用，以实现图形、方程、动点、坐标等动态变化、多元联系表示，以及利用工具进行猜想和验证，加深对问题的理解.

本章知识框图如下页所示：

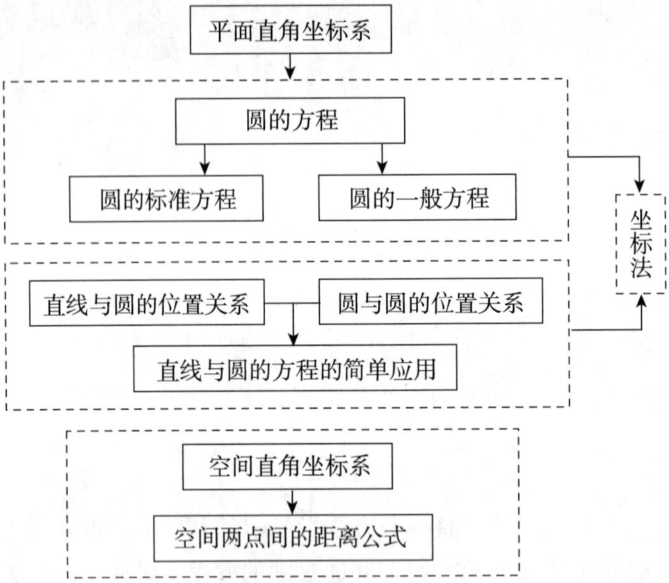

教学案例 9

圆的标准方程

一、内容和内容解析

圆的标准方程是人教 A 版《数学 2》第四章第一节“圆的方程”的第 1 课时. 在此之前，学生已经学习了“直线的方程”；在此之后，将进一步学习“圆锥曲线的方程”，所以本节课有着承上启下、渗透方法的作用. 通过建立圆的标准方程，学生可以进一步体验“在平面直角坐标系下用方程表示曲线，将几何问题代数化”这一解析几何的基本思想，加深对数形结合思想的认识，进一步促进数形结合思想的形成.

圆的标准方程是刻画圆的位置（圆心）和大小（半径）的代数表示，本节课紧扣直线方程的研究方法，结合初中圆的定义，确定圆就是要确定圆的圆心位置和半径，在此基础上类比求直线方程的方法去探求圆的标准方程. 对于圆的标准方程的学习经历五个层次：一是圆的几何认识，主要是初中平面几何中圆的定义：到定点（圆心）的距离等于定长（半径）的点的轨迹. 二是圆的定义中几何关系的代数化，类比求直线方程的方法求圆的标准方程，主要步骤如下：(1) 建立平面直角坐标系，设点（圆心坐标 $A(a, b)$ 和圆上的动点坐标 $P(x, y)$）. (2) 几何关系代数

化，根据圆的定义 $|PA|=r$，用坐标表示圆的方程 $\sqrt{(x-a)^2+(y-b)^2}=r$. (3) 化简方程为：$(x-a)^2+(y-b)^2=r^2$. (4) 必要性检验，说明以方程 $(x-a)^2+(y-b)^2=r^2$ 的解为坐标的点都在以 $A(a, b)$ 为圆心，半径为 r 的圆上. 三是认识圆的标准方程，坐标系内以 $A(a, b)$ 为圆心，半径为 r 的圆$\Leftrightarrow$圆的方程 $(x-a)^2+(y-b)^2=r^2$，知道圆心和半径可以写出圆的标准方程，反之，有了圆的标准方程就可以知道其圆心和半径. 四是利用圆的标准方程解决一些简单问题，求圆的标准方程和判断点与圆的位置关系. 五是通过圆的标准方程研究圆的性质.

圆的标准方程是后继内容展开的基础，无论是圆的一般方程，还是直线与圆、圆与圆的位置关系，都是通过圆的标准方程展开研究，所以正确理解和熟练掌握圆的标准方程是学好这一章的关键.

坐标法、类比及数形结合是本节课蕴含的核心思想，待定系数法是求圆标准方程的主要方法.

教学重点：坐标法求圆的标准方程，圆的标准方程结构的正确理解和认识，在给定条件下求圆的标准方程的一般方法.

二、目标和目标解析

1. 经历圆的标准方程的探求过程，通过观察、类比直线的方程推导出圆的标准方程，进一步了解用坐标法求曲线方程的方法.

2. 通过对圆的标准方程的认识掌握圆的标准方程的结构特点；学会判断点与圆的位置关系的方法；会用待定系数法求圆的标准方程；体验用坐标和方程描述圆的有关要素及其关系的方法；能充分体验与感悟知识形成过程中蕴含的坐标法、类比及数形结合思想，以及用待定系数法求曲线方程的方法.

3. 体会数学与生活的联系，树立数学源于生活又服务于生活的观念，逐渐养成用数学的眼光审视现实生活问题的意识，提高用数学知识解决实际问题的意识.

三、教学问题诊断分析

学生在初中已经学习了圆的定义和一些简单的几何性质，但是在坐标平面内通过方程表示圆对学生还是有一些困难. 上一章学习了“直线的方程”，再结合初中所学的一次函数，学生能初步认识直线上的点与以其方程的解为坐标的点之间的关系，但是对于圆的认识只是一些简单的几何性质，而对平面直角坐标系下圆的认识基本上一无所知. 因此，在教学中应从已有知识出发去建立圆的标准方程，可以先回顾直线的方程与直线上的点的关系，以及平面直角坐标系中两点距离的公式，从而引导学生类比求直线方程的方法推导圆的标准方程. 对于圆的标准方程，应从两个方面认识：一方面，圆可以看成是点的集合，点可以用平面直角坐标系内的坐标表示，横、纵坐标的关系可以表示成方程，因此圆可以用方程来表示；另一方面，二元方程的每一组解都可以看成一个点的坐标，一个点的坐标对应于坐标系内的一个点．圆的标准方程正是建立了圆上的点与其标准方程的解之间的一一对应关系，这样平面直角坐标系内每一个圆都有唯一的标准方程，每一个圆的标准方程都唯一对应坐标平面内的一个圆，所以可以用圆的标准方程表示圆．由于学生接触解析几何的内容不多，对圆的标准方程的理解还存在问题，因此推导圆的标准方程及认识圆的标准方程是本节课的一个难点．

对于坐标平面上的每一个确定的圆都有唯一确定的标准方程，要确定一个圆需要确定圆心（横坐标和纵坐标）和半径共三个量，而从方程的角度需要建立三个方程，因此，引导学生认识到利用待定系数法求圆的标准方程时要建立关于圆心和半径的三个方程．另一方面求圆的标准方程时，只要求出圆心和半径即可，这样也可以利用几何性质求圆的圆心和半径．一开始学生对标准方程的认识不足，也会为求圆的标准方程带来一些困难．

教学难点：圆的标准方程的建立和正确认识，在给定条件下求圆的标准方程的一般方法（待定系数法和几何法）．

四、教学支持条件分析

为了有效实现教学目标，考虑到学生的知识水平和理解能力，既可以借助计算机展示一些相关的图片激发学生的学习兴趣，也可以借助几何画板对计算的结果进行检验，从而强化学生对曲线与方程之间关系的认识．另外，让学生准备直尺和圆规，以培养良好的作图习惯．

五、教学过程设计

（一）开篇语

上一章，我们学习了直线与方程，知道在直角坐标系中，直线可以用方程表示，通过方程可以研究直线间的位置关系、直线与直线的交点等问题．本章在上一章的基础上，在直角坐标系中建立圆的方程，通过方程研究直线与圆、圆与圆的位置关系．在直角坐标系中，建立几何对象的方程，并通过方程研究几何对象，这是研究几何问题的重要方法．

设计意图

通过对已学知识和思想方法的回顾和要学知识的展望，激发学生探索新知的兴趣，明确将要研究的内容和方法．

（二）课题引入

圆是平面内到定点的距离等于定长的点的集合，定点就是圆心，定长就是半径. 在现实生活中也有很多圆的模型，河北省赵县的赵州桥，是世界上历史最悠久的圆形石拱桥. 赵州桥的跨度约为37.4 m，桥拱高约为7.2 m. 它是著名匠师李春在1 500年前建造的，它的建造应该说是中国古代数学、物理学、工程学的结晶，体现了中国古代劳动人民的智慧和力量. 在赞叹之余，我们能否利用上一章所学的解析几何的方法（坐标法）确定出桥拱所属圆的大小和圆心？

赵州桥

设计意图

情境引入，导入新课，让学生体会数学来源于生活，提高学习数学的兴趣，增强民族自豪感，同时引起学生对结论迫切追求的愿望，进一步激发学生的学习兴趣，并引入研究圆的方程的课题.

（三）探究新知

1. 圆的标准方程的探究

问题1

在研究直线与方程时，我们知道直线由位置（定点）与方向（倾斜角）确定，在坐标系中，直线上的点由坐标表示，由此推导出直线的方程. 如何确定一个圆？圆的定义是什么？圆的最基本的要素是什么？

设计意图

从已有的知识出发，引导学生回顾旧知，进而探索新知. 用坐标法求曲线方程，就是用坐标表示曲线上的点满足的条件. 圆上的点满足的条件是：到定点（圆心）的距离等于定长（半径）的点的集合.

问题2

直线的方程是如何建立的？类比推导直线方程的过程和方法，如何用方程表示圆？

设计意图

借助类比的思想，明确求圆的方程就是要求到圆心的距离等于半径的点的坐标满足的方程.

问题3

在直角坐标系中，设圆心为$A(a, b)$，半径为r，那么圆上的动点$M(x, y)$

满足什么样的关系式？

设计意图

解析几何研究的问题之一是根据已知条件求曲线的方程．引导学生从圆的定义出发，得出动点的横坐标 x 和纵坐标 y 满足关系 $\sqrt{(x-a)^2+(y-b)^2}=r$，化简得方程 $(x-a)^2+(y-b)^2=r^2$.

问题 4

圆心为 $A(a, b)$，半径为 r 的圆上的点都满足方程 $(x-a)^2+(y-b)^2=r^2$，那么以方程 $(x-a)^2+(y-b)^2=r^2$ 的每一组解为坐标的点都在圆心为 $A(a, b)$，半径为 r 的圆上吗？

设计意图

理解圆与其标准方程之间的关系，圆心为 $A(a, b)$，半径为 r 的圆上的点都满足方程 $(x-a)^2+(y-b)^2=r^2$，而且以方程 $(x-a)^2+(y-b)^2=r^2$ 的每一组解为坐标的点都在圆心为 $A(a, b)$，半径为 r 的圆上，这样才能说它是这个圆的方程.

问题 5

推导圆的方程经历了哪些步骤？

设计意图

明确推导圆的标准方程的步骤：(1) 建系设点；(2) 等量关系代数化；(3) 化简方程；(4) 必要性检验或证明.

问题 6

圆的标准方程 $(x-a)^2+(y-b)^2=r^2$ 从形式上看有什么特点？与直线方程对比有什么不同？当圆心在原点，半径为 r 时，圆的方程是什么？

设计意图

启发学生观察、认识圆的标准方程的结构特点：左边是两个变数（圆上任意两点的横、纵坐标）分别减去两个常数（圆心的横、纵坐标）所得两项的平方和，右边是一个常数（半径）的平方．使学生明确圆心坐标和半径分别确定了圆的位置和大小，从而确定了圆，只要 a，b，r 确定了，圆的方程就确定了；反之，从圆的标准方程可直接求出圆心和半径.

2. 圆的标准方程的应用

问题 7

1. 根据以下条件，求圆的标准方程：

(1) 圆心为 $A(2, -3)$，半径为 5；

(2) 圆心在点 $C(8, -3)$，并过点 $A(5, 1)$.

2. 说出下列方程表示的圆的圆心和半径：

(1) $(x+2)^2+(y-3)^2=5$；(2) $(x+m)^2+(y+n)^2=a^2$.

设计意图

巩固并掌握圆的标准方程，进一步加深对圆的标准方程的认识.

问题 8

点 $M(x_0, y_0)$ 在圆 $x^2+y^2=r^2$ 内的条件是什么？在圆 $x^2+y^2=r^2$ 外呢？

设计意图

学生探索点与圆的位置关系，学会判断点与圆的位置关系.

问题 9

已知 $\triangle ABC$ 顶点的坐标为 $A(5, 1)$，$B(7, -3)$，$C(2, -8)$，如何求 $\triangle ABC$ 外接圆的方程？

设计意图

通过对该问题的学习，总结出求任意三角形外接圆方程的两种基本方法：一是用待定系数法：设出方程，根据条件列出关于 a，b，r 的方程组，解方程组求出 a，b，r 的值，写出圆的标准方程. 二是利用几何性质直接求圆心坐标和圆的半径，写出圆的标准方程.

问题 10

如何解决本节课开始提出的问题：赵州桥的跨度约为 37.4 m，桥拱高约为 7.2 m，如何确定桥拱所属圆的大小和圆心？

师生活动：(1) 紧扣问题 5，学生按以下求轨迹方程的步骤求桥拱所在圆的方程：第一步，以桥拱所对弦所在的直线为 x 轴，弦的垂直平分线为 y 轴建立直角坐标系；第二步，根据圆的定义，设圆的方程为 $x^2+(y-b)^2=r^2$；第三步，根据 B，C 坐标求出 b，r，得到圆的方程. (2) 用待定系数法求圆的方程.

设计意图

解决本节课开始的问题，进一步激发学生的学习兴趣，体会数学来源于生活，又应用于生活.

（四）小结

问题 11

（1）圆的标准方程的推导过程是怎样的？

（2）圆的标准方程有哪些特点？点与圆的位置关系如何判断？

（3）本节课你学到了哪些知识和数学思想方法？

设计意图

培养反思的习惯，形成更加清晰的知识框架，发挥知识系统的整体优势，提高学生自主获取知识的能力及归纳概括的能力.

六、目标检测设计

1. 已知两点 $P_1(4，9)$，$P_2(6，3)$，求以线段 P_1P_2 为直径的圆的方程，并判断 $M(6，9)$，$N(3，3)$，$Q(5，3)$在圆上、圆内还是圆外.

2. 已知$\triangle AOB$ 的顶点分别是 $A(4，0)$，$B(0，3)$，$O(0，0)$，求$\triangle AOB$ 外接圆的方程.

设计意图

第 1 题重在检测对圆的标准方程的理解和点与圆的位置关系的判定；第 2 题重在检测圆的标准方程的求解方法和学生分析问题与解决问题的能力.

（浙江省黄岩中学　王诚）

教学案例 10

直线与圆的位置关系

一、内容和内容解析

本节课的教学内容是用两种方法（直线的方程与圆的方程组成的方程组的解的个数，比较圆心到直线的距离与半径的大小）判断直线与圆的位置关系；当直线与圆相交时，能求出直线与圆的交点、直线被圆所截得的弦长，以及解决与弦长相关的简单问题.

“直线与圆的位置关系”是人教 A 版《数学 2》中的内容，本课时是第四章“圆与方程”中第二节的内容，是解析几何初步的重要内容. 这是在学生学习了直线的方程、直线与直线的位置关系、圆的方程等内容的基础上进行的. 用解析法研究直线与圆的位置关系，是第一次定量研究直线与二次曲线的位置关系，既是对定量研究直线与直线位置关系的运用与发展，又是进一步学习解析几何的基础.

直线与圆是学生非常熟悉的，也是几何研究的两个重要对象，在平面几何中，学生已经对两者之间的位置关系进行了定性的研究，即按照它们公共点的个数来判定位置关系. 但经常会遇到当直线与圆有公共点时，确定其公共点的准确位置的问题，这类直线与圆的位置关系的定量刻画问题，是平面几何没有解决好的问题. 学习了坐标法后，可以通过建立平面直角坐标系，使得直线和圆用方程表示，从而将直线与圆的位置关系的研究转化为直线的方程与圆的方程之间的数量关系的研究. 当直线与圆有公共点时，其公共点的准确位置的确定就转化为求直线的方程与圆的方程的公共解. 这个过程体现了解析几何初步中解决问题的基本步骤：先将几何问题代数化，用代数的语言描述几何要素及其关系，进而将几何问题转化为代数问题；处理代数问题；分析代数结果的几何意义，最终解决几何问题.

教学重点：用解析法判断直线与圆的位置关系.

二、目标和目标解析

1. 理解直线与圆的三种位置关系和相应的二元二次方程组解之间的对应关系，掌握根据给定的直线方程与圆的方程判断其位置关系的两种方法.

2. 当直线与圆有公共点时，能通过联立方程解方程组得出直线与圆的公共点的坐标.

3. 当直线与圆相交时，会求圆的弦长，以及能解决涉及直线与圆的位置关系的简单综合题.

4. 通过直线与圆的位置关系的代数化处理，领会坐标系是联系“数”与“形”的桥梁，体会代数方法解决几何问题的普遍性，从而形成用坐标法解决平面几何问题的思维方式.

学生已在初中平面几何的学习中基本掌握了直线与圆的三种位置关系及其几何判断法，并在学习“直线与方程”后知道了如何用方程研究两条直线的位置关系. 因此，本节课就是要让学生在上述知识的基础上，亲身经历运用方程等手段研究直线和圆这两种非常熟悉且又相当重要的图形位置关系的过程，深刻理解几何问题代数化的重要性，在问题情境中感受“形”和“数”的对立统一，再次领悟用代数方法研究几何问题表现出的定量化、程序化和普适性，帮助学生不断体会“数形结合”、“几何问题代数化”，养成用“坐标法”解决平面几何问题的思维方式.

三、教学问题诊断分析

学生在初中平面几何中已经接触过直线与圆的位置关系，又学习了直线方程、圆的方程、两直线的位置关系以及点到直线的距离，已具备利用方程研究直线与圆的位置关系的基本能力.

为什么要对直线与圆的位置关系进行定量刻画？这是学生学习时可能遇到的一个障碍. 这个问题可以结合“台风问题”进行说明：我们如何刻画轮船开始受台风影响的位置？因为无法进行试验，所以需要事先用数据给出轮船是否会遭受台风的结论. 这是平面几何没有解决的问题，必须借助坐标系，才能精确刻画，从而体会引入“坐标法”的必要性.

利用直线的方程和圆的方程研究直线与圆的位置关系时，会求方程组的解，求圆心到直线的距离等大量的代数计算问题，容易出错，而且学生可能会更多地关注代数运算而忽略数学思想的提炼，需要教师有目的地进行引领.

教学难点：逐渐形成用坐标法解决问题的思维方式.

四、教学支持条件分析

直线与圆的位置关系可以由教师在黑板上绘制，也可由学生自行绘制，若能用《几何画板》作动态演示，会更有利于学生理解. 例题、问题串及小结等内容可用 PPT 呈现，从而使教学的脉络更为清晰，重点突出.

五、教学过程设计

（一）设置问题情境、揭示课题——直线与圆的位置关系

问题 1

一艘轮船在沿直线返回港口的途中，接到气象台的台风预报：台风中心位于轮船正西 80 km 处，受影响的范围是半径长为 50 km 的圆形区域. 已知港口位于台风中心正北 60 km 处，如果这艘轮船不改变航线，那么它是否会受到台风的影响？

教师引导：“怎么判断轮船受不受影响？”让学生讨论、交流、说出他们的想法：台风所在的圆与轮船航线所在的直线是否相交. 教师归纳：这本质上是直线与圆的位置关系问题. 并由此提出课题.

设计意图

让学生感受台风这个实际问题中所蕴含的直线与圆的位置关系，体会生活中的数学，明确试验的方法在此处不可取，思考解决问题的方案. 突出研究直线与

圆的位置关系的重要意义.

（二）直线与圆位置关系的判断

问题 2

问题 1 可以转化为直线与圆的位置关系问题. 直线与圆的位置关系有几种？在平面几何中，怎样判断直线与圆的位置关系？

学生活动：方法 1：利用圆心到直线的距离（即直角三角形斜边上的高）小于圆的半径来处理.

设计意图

引导学生回忆平面几何中如何判断直线与圆的位置关系，运用已有的知识储备，直观形象地解决问题.

直线与圆的位置关系	公共点个数	d 与 r 的关系	图形
相交	两个	$d<r$	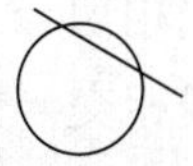
相切	一个	$d=r$	
相离	没有	$d>r$	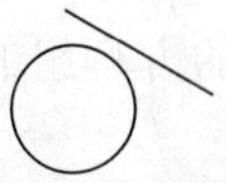

问题 3

问题 1 有没有其他判断方法？

教师引导：要求直线与圆的方程，首先要建立坐标系. 如何建立坐标系？建立坐标系，一般要求直线与圆的方程相对简单. 学生可能会有多种建系的方式，可选用其中一种，写出直线与圆的方程.

学生活动：方法 2：以台风中心为原点 O，以东西方向为 x 轴，建立直角坐标系，其中，取 10 km 为单位长度. 则台风影响的圆形区域所对应的圆的方程为 $x^2+y^2=25$，圆心 $O(0,\ 0)$，半径 5，轮船航线所在的直线 l 的方程为 $3x+4y=24$，$d=\frac{24}{5}<5$，直线与圆相交.

设计意图

引导学生用直线与圆的方程判断直线与圆的位置关系，体会坐标法的必要性.

问题 4

在判断两条直线位置关系时，可以利用两直线联立的方程组的解的个数来判断，这种方法对我们有没有启发？对于平面直角坐标系中的直线

$$l_1: A_1x+B_1y+C_1=0 \text{ 和 } l_2: A_2x+B_2y+C_2=0.$$

联立方程组$\begin{cases}A_1x+B_1y+C_1=0,\\A_2x+B_2y+C_2=0,\end{cases}$我们有如下一些结论：

①l_1 与 l_2 相交⇔方程组有唯一解；

②l_1 与 l_2 平行⇔方程组无解；

③l_1 与 l_2 重合⇔方程组有无穷组解.

你能说出上述结论所蕴含的思想方法吗？你能用类比的思想，研究直线与圆的位置关系吗？

教师引导：联立方程组$\begin{cases}Ax+By+C=0,\\(x-x_0)2+(y-y_0)2=r^2,\end{cases}$我们有如下一些结论：

①圆与直线相切⇔方程组有唯一解；

②圆与直线相交⇔方程组有两组解；

③圆与直线相离⇔方程组无解.

解析法思想：

判断直线与圆的位置关系⇔联立直线与圆的方程组（从几何到代数表示）.

直线与圆的方程组的解的情况⇔直线与圆的位置关系（从代数结果到几何结论）.

学生活动：方法 3：联立方程组$\begin{cases}x^2+y^2=25,\\3x+4y=24.\end{cases}$

消去 y，得 $25x^2-144x+176=0$，因为 $\Delta=144^2-4\times25\times176>0$. 所以，方程组有两组解，直线与圆相交.

设计意图

让学生通过对两条直线位置关系的研究，回顾坐标法思想的重要作用. 通过类比，使学生获得用坐标法研究直线与圆位置关系的想法与结论；抽象出判断直线与圆位置关系的思路与方法；体会解析法的思想，即几何关系用代数表示，由代数结果得到相应的几何结论.

问题 5

总结、比较以上判断直线与圆位置关系的三种方法的步骤、适用条件？

教师引导：方法 1 是平面几何方法，若港口、台风中心、轮船的位置没有构成特殊三角形，就很难实施此种方法. 特点：处理特殊位置，计算便捷.

方法 2 是解析几何方法，在没有坐标系时，需要建立适当的坐标系，写出直线与圆的方程，利用圆心到直线的距离与半径的大小关系得出结论，充分展现了圆特殊的几何性质，是几何方法的代数体现. 特点：能处理非特殊位置，对于直线与圆的位置关系的判定比较方便.

方法 3 是解析几何方法，在没有坐标系时，需要建立适当的坐标系，写出直线与圆的方程，利用直线与圆的方程组成的方程组的解的情况判断直线与圆的位置关系. 特点：能处理非特殊位置，也适用于直线与一般的二次曲线位置关系的判定，具有普适性，过程程序化，易掌握.

学生活动：用方法 2 判断直线与圆位置关系的一般步骤：

（1）建立平面直角坐标系.

（2）求出直线方程、圆心坐标与圆的半径 r.

（3）求出圆心到直线的距离 d.

（4）比较 d 与 r 的大小，确定直线与圆的位置关系：

①当 $d>r$ 时，直线 l 与圆 C 相离；

②当 $d=r$ 时，直线 l 与圆 C 相切；

③当 $d<r$ 时，直线 l 与圆 C 相交.

用方法 3 判断直线与圆位置关系的一般步骤：

（1）将直线方程与圆方程联立成方程组.

（2）通过消元，得到一个一元二次方程.

（3）求出其判别式 Δ 的值.

（4）判断 Δ 的符号：

①若 $\Delta>0$，则直线与圆相交；

②若 $\Delta=0$，则直线与圆相切；

③若 $\Delta<0$，则直线与圆相离.

设计意图

对知识进行梳理，让学生体验平面几何与解析几何的各自解法的特点；比较适用条件的不同，使学生在判断时选择最佳方法. 教学时应注意培养学生及时反思的习惯，提高归纳能力.

（三）例题

例 1 已知直线 l：$3x+y-6=0$ 和圆心为 C 的圆 $x^2+y^2-2y-4=0$.

（1）判断直线 l 与圆 C 的位置关系.

（2）如果相交，求它们交点的坐标；求直线 l 被圆所截得的弦 AB 的长.

解：（1）方法 1：圆心坐标 $C(0,\ 1)$，半径为$\sqrt{5}$，点 C 到直线 l 的距离 $d=\frac{5}{\sqrt{10}}<\sqrt{5}$，所以，直线 l 与圆相交，有两个公共点.

方法 2：由直线 l 与圆的方程得

$$\begin{cases}3x+y-6=0, & ①\\ x^2+y^2-2x-4=0. & ②\end{cases}$$

由①，②消去 y，得 $x^2-3x+2=0$.

因为 $\Delta=(-3)^2-4\times1\times2=1>0$，所以，直线 l 与圆相交，有两个公共点.

（2）①由 $x^2-3x+2=0$，解得 $x_1=2$，$x_2=1$.

把 $x_1=2$，$x_2=1$ 分别代入方程①，得 $y_1=0$，$y_2=3$.

所以，直线 l 与圆两个交点坐标分别是 $A(2,0)$，$B(1,3)$.

②方法 1：由（1）得 $AB=2\sqrt{r^2-d^2}=2\sqrt{5-\frac{25}{10}}=\sqrt{10}$；

方法 2：由（2）得 $AB=\sqrt{(x_1-x_2)^2+(y_1+y_2)^2}=\sqrt{10}$；

方法 3：根据 $x^2-3x+2=0$，

$$\begin{aligned}AB&=\sqrt{(x_1-x_2)^2+(y_1+y_2)^2}\\&=\sqrt{(x_1-x_2)^2+(6-3x_1-6+3x_2)^2}\\&=\sqrt{(1+3^2)(x_1-x_2)^2}\\&=\sqrt{10}\times\sqrt{(x_1+x_2)^2-4x_1x_2}\\&=\sqrt{10}\times\sqrt{9-8}=\sqrt{10}.\end{aligned}$$

设计意图

通过例题巩固判断直线与圆位置关系的方法，关注量与量之间的关系，使学生体验用坐标法研究直线与圆位置关系的步骤，了解平面几何方法可以进行定性研究，而解析几何方法可以进行定量分析.

问题 6

在判断直线与圆的位置关系、求弦长 AB 的不同方法中，你选择哪一种？

设计意图

体验两种方法各自的优点和其中蕴含的思想方法.

例 2　已知过点 $M(-3,-3)$ 的直线 l 被圆 $x^2+y^2+4y-21=0$ 所截得的弦长为 $4\sqrt{5}$，求直线 l 的方程.

解：圆的标准方程为：$x^2+(y+2)^2=25$，所以，圆心为（0，−2），半径 5.

因为直线被圆截得弦长为 $4\sqrt{5}$，所以，弦心距为 $\sqrt{5}$.

过点 M 的直线方程为：$y+3=k(x+3)$，即 $kx-y+3k-3=0$.

则有 $\frac{|0+2+3k-3|}{\sqrt{k^2+1}}=\sqrt{5}$，解得 $k=-\frac{1}{2}$ 或 2.

所以，所求直线方程为：$x+2y+9=0$，或 $2x-y+3=0$.

（四）小结

问题 7

画一个定圆和一条直线，当直线变化时，说明它们之间的位置关系.

设计意图

让学生亲身体验平行直线、过定点的直线与圆的位置关系以及定点在圆外、圆上、和圆内时的不同的特点.

问题 8

问题 7 是定圆与动直线的位置关系，你能否说明动圆与定直线的位置关系？

教师引导：坐标法解决问题的方式：把实际问题转化为数学问题，建立直角坐标系，将几何问题代数化，用代数语言描述几何要素及关系，进而将几何问题转化为代数问题；处理代数问题；分析代数结果的几何意义，最终解决几何问题.

设计意图

让学生亲身体验圆变化时，直线与圆的位置关系以及圆心变化和半径变化时不同的特点.

六、目标检测设计

1. 判断直线 $4x-3y=50$ 与圆 $x^2+y^2=100$ 的位置关系. 如果相交，求出交点坐标.

2. 求直线 l：$3x-y-6=0$ 被圆 C：$x^2+y^2-2x-4y=0$ 截得的弦 AB 的长.

3. 一艘轮船在沿直线返回港口的途中，接到气象台的台风预报：台风中心位于轮船正西 70 km 处，受影响的范围是半径长为 50 km 的圆形区域. 已知港口位于台风中心正北 70 km 处，如果这艘船不改变航线，那么它是否会受到台风的影响？

设计意图

第 1 题旨在检测对给定的直线与圆的方程判断其位置关系的掌握程度，以及是否具备通过联立方程解方程组得出直线与圆的公共点坐标的能力；第 2 题旨在检测直线与圆相交时，是否会求圆的弦长；第 3 题旨在检测对用坐标法解决几何问题的掌握程度.

（浙江省黄岩中学　黄瑶）

数 学 3

第一章 “算法初步”概述

算法是数学及其应用的重要组成部分，是计算科学的重要基础. 随着现代信息技术的飞速发展，算法在科学技术、社会发展中发挥着越来越大的作用，并日益融入社会生活的许多方面，算法思想也正在成为普通公民的常识，成为现代人应具备的一种基本数学素养.

算法是高中数学课程中的新增内容，其思想是非常重要的，但并不神秘. 例如，运用消元法解二元一次方程组、求最大公因数等过程就体现着算法. 在本章中，学生将学习算法的初步知识，并通过对具体算法案例的分析，体验算法在解决问题中的重要作用，培养算法基本思想，提高逻辑思维能力，发展有条理的思考与数学表达的能力.

本章知识框图如下所示：

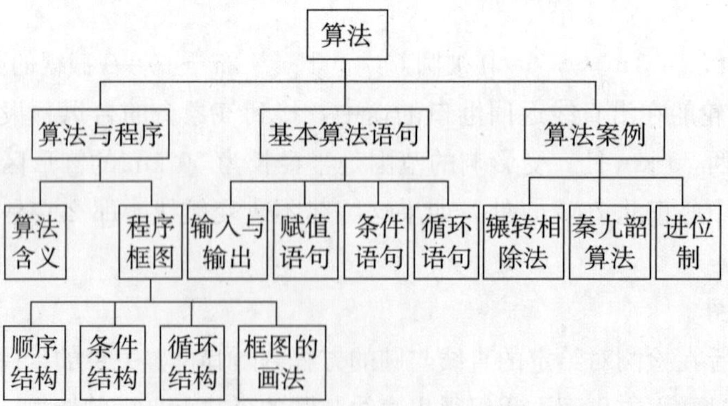

教学案例1

程序框图

一、内容和内容解析

程序框图是由表示算法基本逻辑结构的图形组成的，是算法的一种表现形式. 一个算法可以用算法步骤表示，也可以用程序框图表示. 通常是先写出算法步骤，再转化为对应的程序框图，这种转化是一个将算法“细化”、“精确化”的过程.

程序框图是连结算法与程序语句的桥梁. 计算机解决任何问题都要依赖于算法. 算法是解决问题的明确的、有限的步骤，它是对问题解决过程的一种描述，是计算机科学的核心. 用自然语言描述的算法步骤有明确的顺序性，但是对于在一定条件下才会被执行的算法步骤，以及在一定条件下才会被反复执行的步骤，自然语言的表示就显得不直观、不准确. 程序框图用图形的方式表达算法，使算法的结构更清楚，步骤更直观也更精确，为算法的“上机实现”提供了一个直观的过渡.

程序框图又称流程图，是一种用程序框、流程线及文字说明来表示算法的图形. 起止框、输入输出框、处理框、判断框及流程线是组成程序框图的基本图形，教科书以表格的形式揭示了它们各自的意义与作用，并通过用程序框图表示算法“判断整数 n（$n>2$）是否为质数”，使学生对程序框图有一个整体认识，同时为算法基本逻辑结构的学习构建一个平台.

程序框图的教学不要期望学生一开始就掌握每个细节，重点在于理解程序框图的基本概念、基本图形符号，在对已经熟悉的算法范例的程序框图进行模仿的基础上，初步了解程序框图的结构，画程序框图的规则及方法，进一步培养学生的有序性思维.

二、目标和目标解析

通过经历用自然语言、程序框图描述算法的过程，接触程序框图，认识程序框图，掌握组成程序框图的基本图形符号，初步了解程序框图的结构，画程序框图的规则及方法，并开始接触体会算法的三种基本逻辑结构，同时进一步体会算法的程序性、明确性、有限性等特征，发展有条理的思维和表达能力，提高逻辑判断能力. 为进一步学习算法的逻辑结构、算法的基本语言打下坚实的基础.

1. 让学生通过熟悉的算法案例，认识程序框图，接触并掌握较简单的程序框图及图形符号：起止框、输入输出框、处理框、判断框、流程线等，弄清各种图形符号的意义与作用，例如“起止框”只能出现在整个程序框图的首尾，它表示程序的开始或结束.

2. 通过自然语言与程序框图的对比，让学生认识到学习程序框图的必要性和重要性，即学习程序框图是我们学习算法的一个重要步骤，也是我们学习程序语言的必经之路.

3. 通过模仿画出简单算法的程序框图，了解画程序框图的基本要求，培养学生有条理的思维习惯，为后续内容的学习奠定坚实的基础.

4. 通过教科书中“判断整数 n（$n>2$）是否为质数”的程序框图，使学生对程序框图有一个整体认识，对算法的三种基本逻辑结构有初步的感悟.

三、教学问题诊断分析

学生在初中就接触过程序框图，并在《数学 1》中学习过“二分法求方程近似解”，教科书已经把求解过程用程序框图表示出来，因此程序框图的学习已经有了一定的感性认知基础. 但主要问题有：

（1）对算法概念理解的不深透，可能会给一些学生在画程序框图时造成一定的困难；

（2）初次接触算法图形符号，在运用时有可能造成混淆；

（3）要把算法概念中的几个算法实例由自然语言转化为框图语言，相当于一种对算法的自然语言的翻译，尤其是要突然把条件结构及循环结构通过框图反映出来，对学生来说有相当的难度.

因此，教学的难点在于利用组成程序框图的基本图形符号正确地画出程序框图.

鉴于以上分析，教学时应注意以下几点：

（1）结合具体实例，将算法的自然语言和框图语言进行对比，引发学生观察、思考：教科书的实例中展示的框图语言整体结构是怎样的？用到哪些特殊符号？为什么在框图中有“是与否”这样的文字？程序框图作为一个算法实现的流程图，与自然语言相比较，各自有哪些特点？等等. 让学生产生认知冲突、并在充分思考的基础上，教师加以点拨，进而突破难点.

（2）程序框图概念的形成并不难，难的是如何掌握算法程序框图设计的方法. 这是一个渐进的过程，是一个由简单到复杂，由具体到抽象，由感性到理性的过程. 教师应该充分认识到，学生知识结构的改变不仅是要教师讲、教师引导，还需要学生的亲身体验，亲自参与，与同伴交流.

（3）本节内容主要靠学生模仿来掌握. 要模仿就必须有范例，应该选择学生已经接触过的实例，将自然语言翻译成框图语言. “判断一个正整数是否为质数”的范例难度较大，在出示此例之前应有较为简单的算法实例作铺垫.

四、教学支持条件分析

条件许可的学校，可以借助计算机或者计算器绘制程序框图. 课堂教学中，可以通过多媒体演示，使得程序框图更加醒目、美观，富有动感. 同学们对电脑技术的兴趣和对计算机工作原理的神秘感可以大大调动学生学习程序框图的热情.

五、教学过程设计

（一）课题引入

问题 1

什么叫算法？算法的本质特征有哪些？

师生活动：教师给出问题，引导学生复习回顾.

设计意图

复习旧知，让学生进一步理解算法的含义，为框图学习做好铺垫. 程序框图是算法区别于自然语言的另一种表示形式，它的基石是算法概念，只有学生比较深刻地理解算法的概念，才能理解针对范例所绘制的程序框图，才能领悟程序框图表示算法的格式、特点及要领.

问题 2

通过上节课的学习，你能否列举一些数学中的算法案例？

师生活动：教师给出问题，学生举例，相互补充.

设计意图

回顾几个熟悉的算法实例，为程序框图的后续学习构建平台. 只有让学生切实掌握一些常见的算法实例，切实经历用自然语言描述算法的过程，熟练进行算法设计，才能顺利进行框图语言教学. 二元一次方程组的求解、判断一个正整数是否为质数、求自然数 1 到 100 的和等，为程序框图的设计提供了很好的范例.

问题 3

用二分法求方程的解、判断一个正整数是否为质数、求任意三个实数的最大值等算法范例中，你能用自然语言设计它们的算法吗？

师生活动：请学生对上一节课已经解决的二分法求方程的解、判断一个正整数是否为质数的算法步骤进行回顾，并在此基础上尝试写出“求任意三个实数的最大值”的算法步骤．教师巡视，发现问题予以纠正，最后请学生回答．

设计意图

为程序框图的设计提供素材．

问题 4

这些算法的自然语言有什么优点？有什么缺陷？

师生活动：在学生发言的基础上，教师总结：自然语言表示的算法质朴、亲切，有明确的顺序性，但各步骤逻辑关系不够清晰、不够直观，把自然语言表示的算法绘制成框图形式，可以更清晰、准确地表示各步骤之间的逻辑关系．

设计意图

发现算法自然语言描述的缺陷，让学生感受学习程序框图的必要性，激发学习新知的欲望．

（二）导入概念

问题 5

如图 1，阅读框图，该算法的功能是什么，具有哪些特点？

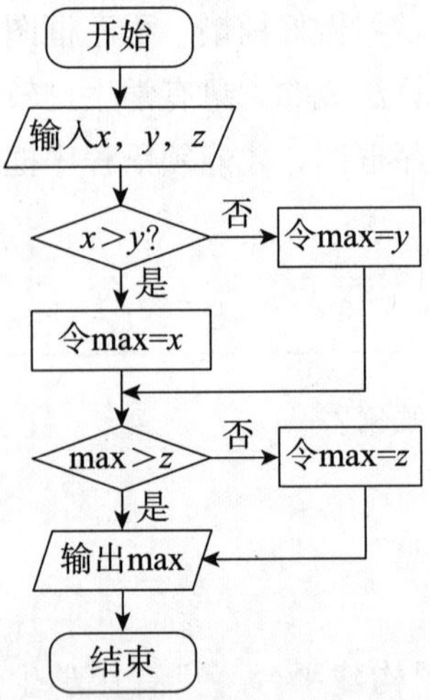

图 1

师生活动：让学生观察并思考下列问题：

这个图由哪些符号组成？对照算法的自然语言表述，该图是怎样反映这个算法的？（先小组讨论，然后各选代表交流）

教师介绍程序框图的概念，解释程序框图中的一些常用符号及其功能（如表 1）．

表 1

程序框	名称	功能
	终端框（起止框）	表示一个算法的起始和结束
	输入、输出框	表示一个算法输入和输出的信息
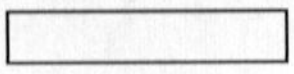	处理框（执行框）	赋值、计算

续表

程序框	名称	功能
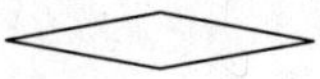	判断框	判断某一条件是否成立，成立时在出口处标明“是”或“Y”；不成立时标明“否”或“N”.

教师：程序框图又称流程图，是一种用程序框、流程线及文字说明来表示算法的图形.

设计意图

与问题 3 形成对比，让学生读图，在对程序框图的“解剖”中认识程序框图.

（三）理解概念

问题 6

观察教科书给出的“判断一个正整数是否为质数”的程序框图，并与问题 5 中的例子比较，在程序框图的构成上有哪些共同点？不同的图形符号有什么特点？

师生活动：学生相互讨论、分析，再由教师小结，并讲授画流程图的一些规则. 如：要使用标准的框图符号，任意两个程序框之间都存在流程线；除起止框外任意一个程序框都只有一条流程线“流进”；输入输出框、处理框都只有一条流程线“流出”；但判断框一定是两条流程线“流出”；开始符号只有一个退出点，结束符号只有一个进入点，判断符号允许有多个退出点.

设计意图

开始对框图进行理性的认识与分析，初步发现框图的逻辑结构.

问题 7

程序框图与上节介绍的算法自然语言相比有哪些不同？

师生活动：学生回答，教师补充小结.

设计意图

让学生在比较中体会程序框图在表达算法时具有简洁、直观、逻辑结构清晰的特点.

（四）概念应用

问题 8

设计算法，并画出程序框图：输入 x，y 的值，输出 $w=3x+4y$ 的值.

师生活动：学生动手练习，教师巡视，最后给出规范的解答，给学生起示范作用.

程序框如图 2 所示.

设计意图

让学生尝试画最简单的程序框图，给学生提供成功的机会.

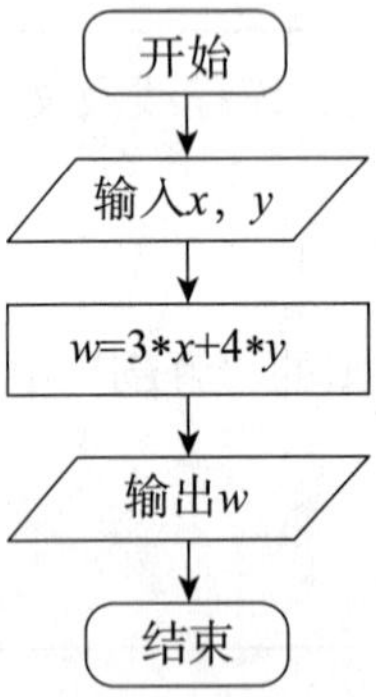

图 2

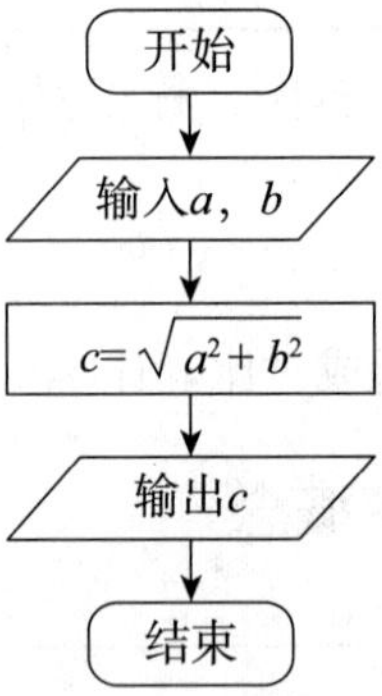

图 3

问题 9

画程序框图：已知直角三角形的两直角边 a，b，求斜边 c 的长.

师生活动：学生动手练习，教师巡视，展示学生成果. 程序框如图 3 所示.

设计意图

进一步体会用框图表示算法的过程.

（五）小结

问题 10

（1）为什么要学习程序框图？它作为算法的一种直观反映，与自然语言描述算法有什么联系和区别？

（2）程序框图中常涉及哪些图形符号？它们各自的意义与作用是什么？

（3）本节课所学的程序框图在表述过程上有什么不同？你认为一个程序框图可以由哪些"部件"构成？（引导观察，为下节课进一步学习算法的逻辑结构打"埋伏".）

师生活动：这些问题可以让学生小组交流，然后讨论发言，教师点拨.

设计意图

提升对概念的认识.

六、目标检测设计

1. 课堂检测

(1) 设计一个判断 13 是否为质数的程序框图.

(2) 教科书习题 1.1，A 组第 3 题.

设计意图

促进学生尝试、模仿画简单的程序框图.

2. 课后检测

(1) 教科书习题 1.1，A 组第 1 题.

设计意图

让所学知识与现实生活接轨，从生活中提炼问题，再数学地处理问题.

(2) 写出求 $A(x_1, y_1)$，$B(x_2, y_2)$ 两点间距离的一个算法，并画出程序框图.

设计意图

让学生模仿画程序框图，进一步把握画程序框图的要领与技巧.

(杭州二中教育集团 陈海玲)

教学案例 2

循环语句

一、内容和内容解析

循环语句是表示循环结构的算法语句，属于五种基本算法语句之一. 任何复杂的算法都可以用三种基本逻辑结构来实现，这三种基本逻辑结构是算法的基本构成要素. 循环结构是其中重要的一种逻辑结构，在重复操作的过程中，体现了计算机强大的数据处理能力. 循环语句用计算机能够理解的语言来描述循环结构，使得循环结构的功能得以在计算机上实现.

程序是算法的精确形式，是计算机可以理解的算法. 从算法步骤、程序框图到程序是算法逐步精确的过程. 用算法步骤和程序框图表示的算法是计算机不能理解的算法形式，计算机能够执行的算法必须是用计算机能够理解的语言进行描述的. 因此，学习用循环语句来表示循环结构的一个重要原因就是为了借助计算机执行含有循环结构的算法.

循环语句和程序框图中的循环结构存在一一对应关系：一般程序设计语言中都有直到型（UNTIL 型）和当型（WHILE 型）两种循环语句结构. 教科书借助前面接触过的问题，以学术的形态给出了与直到型、当型两种循环结构对应的 UNTIL 语句、WHILE 语句及用 UNTIL 语句和 WHILE 语句编写的计算机程序，通过对照，剖析原理，帮助学生理解循环语句的结构及其作用. 教科书对例题中的算法依次用算法步骤、程序框图和程序表达，体现了算法表示逐步精确的过程，完整呈现了程序编写的一般步骤，并再次利用“二分法”、“质数的判定”等典型案例，促进学生进一步体会算法的三种基本逻辑结构及其基本思想.

基本算法语句只是编写程序表示算法的工具，学习算法的真正目的不是学习程序语言，因此，本节课的教学重点在于通过实例，使学生理解两种循环语句的含义、结构和用法，能把含有循环结构的算法用程序表示，从而更加细致地刻画算法，进一步体会算法的基本思想. 通过本节课的学习，学生基本上掌握了五种基本算法语句，一方面把框图转化为程序语言，将循环结构在计算机上实现，为学生的进一步学习和发展奠定基础；另一方面，结合实例，编写程序，细致地刻画算法，使学生更全面地认识算法、理解算法.

二、目标和目标解析

能正确理解两种循环语句的含义、结构和用法，能把含有循环结构的算法用程序表示，从而更加细致地刻画算法，进一步体会算法的基本思想.

1. 通过与程序框图中的循环结构进行对照，加深对循环结构的认识，剖析原理，掌握直到型和当型两种循环语句的结构，理解两种循环语句的执行过程.

2. 通过当型循环语句和直到型循环语句相互转化，进一步理解两种循环语句的结构和用法.

3. 经历用算法步骤、程序框图和程序依次表达算法的过程，体会算法表示的逐步“精确化”、“细致化”，从而更加准确地理解算法及其思想.

4. 通过阅读含循环结构的简单程序，分析运行结果，促进对循环语句的认识与理解.

5. 通过“二分法”、“质数的判定”等实例，正确分析循环语句的循环体和循环条件，并在此基础上编写简单的程序，培养利用算法解决问题的意识，进一步体会算法的基本思想.

三、教学问题诊断分析

学生已经学习了算法的三种基本逻辑结构及其程序框图、输入输出语句、赋值语句和条件语句，具有一定的将程序框图转化为程序的能力，另外，教科书在引入算法的概念后，就介绍了“质数的判定”和“二分法求方程的近似解”的算法步骤，并进一步给出了这两个算法的程序框图，为本节课编写这两个算法的程序作好了铺垫，这些都是学习本节内容的知识基础. 由于顺序结构、条件结构均已在计算机上得以实现，学生必然会思考如何将循环结构的程序框图转化为程序语句在计算机上加以实现，这是循环语句学习的内在动力.

循环语句是程序设计中的重点也是难点. 学生对程序框图中循环结构的掌握情况直接决定了循环语句的学习，因此，教学过程中可能存在的问题是：

（1）如何正确理解当型循环语句和直到型循环语句的结构、执行过程及其用法.

（2）面对具体问题，合理分析循环体和循环条件，并在此基础上编写含有循环结构的程序.

由于这些内容对学生的逻辑思维能力要求较高，因此，教学中的难点会发生在：正确理解两种循环语句，并用循环语句编写相应的程序. 教学时，可以从分析循环结构出发，通过对比，引导学生掌握其语句格式，理解其执行过程，然后进行简单应用. 对于具体问题，可以先用算法步骤和程序框图表示算法，再翻译为相应的程序.

教科书直接给出了当型和直到型循环语句的一般格式，这是一种学术形态. 为符合学生认知规律，在教学时，从一个学生熟悉的问题“1＋2＋3＋…＋100”出发，从特殊到一般，由直观感知到理性剖析，将学术形态转化为教育形态.

四、教学支持条件分析

如果条件许可，可提供图形计算器，以便学生进行自主学习. 教师可利用投影仪展示某些教学环节，对用 QBASIC 语言编制的程序进行演示、操作验证，并把程序的使用方式介绍给学生.

五、教学过程设计

（一）导入概念

问题 1

我们已经学习了计算 1＋2＋3＋…＋100 的算法，请你画出它的程序框图，并说明直到型和当型两种循环结构有什么区别和联系？

师生活动：不同学生一般会得到两种程序框图，教师用幻灯片同时放映（也可利用学生的板书或投影）两种程序框图（如图 1、图 2），并在学生回答的基础上小结.

直到型：先执行循环体，然后再检查条件是否成立，如果不成立就重复执行循环体，直到条件成立退出循环.

当型：先判断指定的条件是否成立，若条件成立，执行循环体，直到条件不

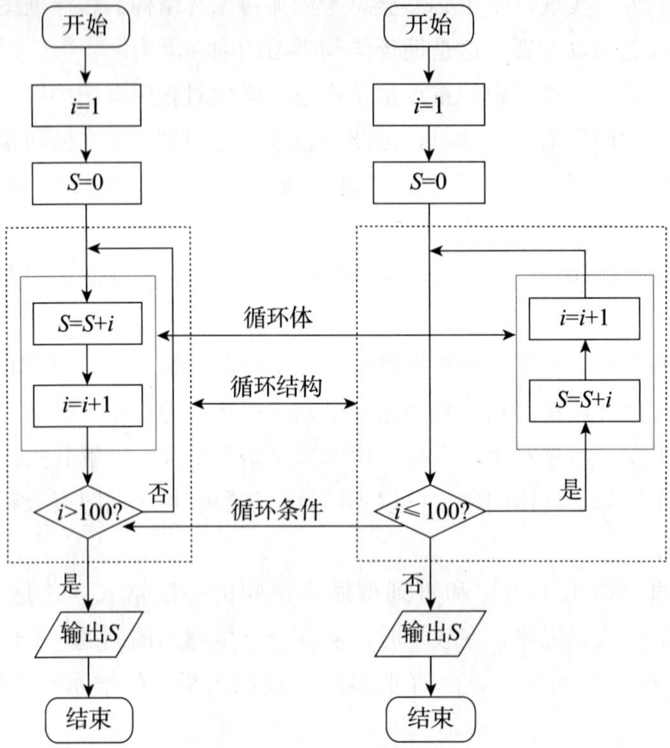

图 1　　　　图 2

成立时退出循环.

直到型与当型的循环体一致，循环条件恰好相反.

设计意图

从复习循环结构入手，有利于学生对循环语句的理解和掌握，同时，为引出循环语句的概念以及建立框图与程序的对应关系作好铺垫.

问题 2

算法中的循环结构是由循环语句来实现的. 为了在计算机上实现算法，将图 1 中的程序框图翻译为 QBASIC 程序（如图 3），你能从程序语句与程序框图的对应关系中归纳出直到型循环语句的基本格式吗？

师生活动：教师同时展示程序框图和程序（或在学生板演旁边添写程序）.

教学时，可以适时引导学生思考以下问题，同时利用连线形成对比（如图 3）.

（1）程序中哪些语句对应框图中的直到型循环结构？

（2）程序中哪些语句对应框图中循环结构的循环体？

（3）程序中哪些语句对应框图中的循环条件？

（4）你能归纳一下直到型（UNTIL 型）循环语句的基本格式吗？

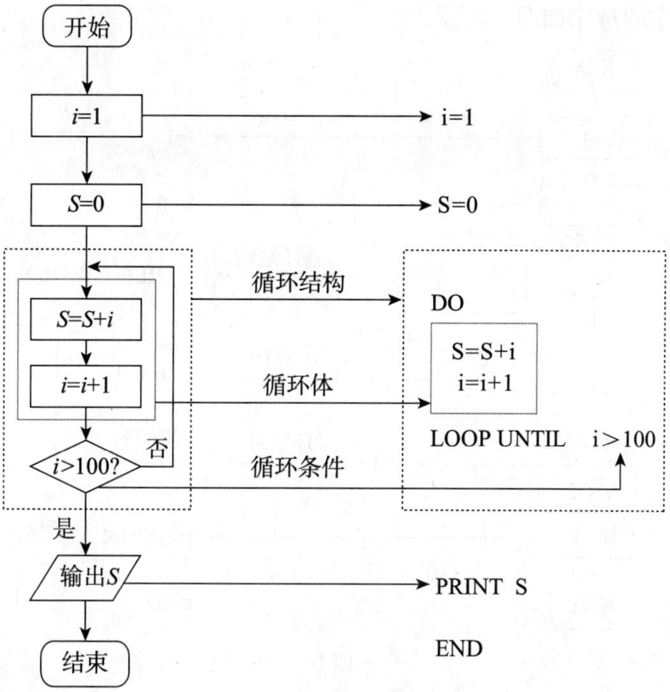

图 3

通过上述问题的解决，引导学生得到直到型（UNTIL 型）循环语句的一般格式：

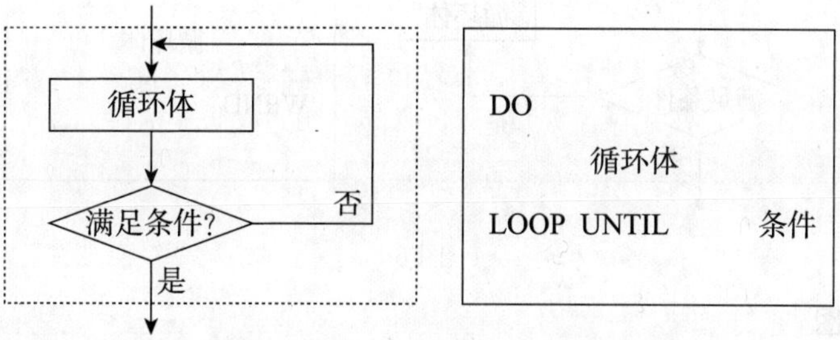

图 4

设计意图

通过具体程序与框图的对应，引发学生对问题的直观感知，由具体到抽象，从特殊到一般，关注学生的观察、对比、分析、抽象、概括等自我“获得知识”的能力.

——问题 3

类比直到型（UNTIL 型）循环语句，观察图 5 中的程序框图和程序，你能归纳出当型循环语句的基本格式吗？

师生活动：教学时视学生情况，可以对问题进行分解（类似于问题 2）. 程序框图与程序的对比如图 5 所示.

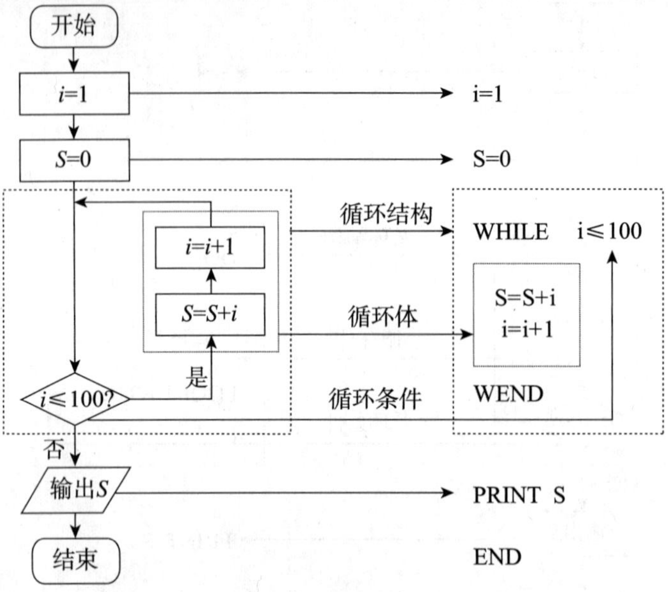

图 5

通过问题的解决，引导学生得到 WHILE 语句的一般格式：

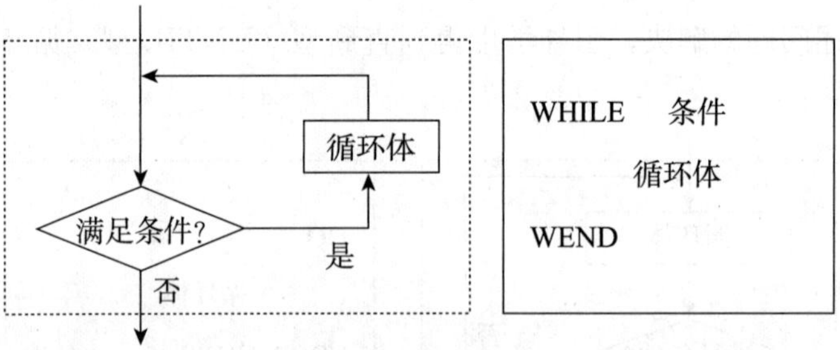

图 6

设计意图

通过问题 2 的解决，学习当型循环语句已是水到渠成. 通过类比，自主探究“概念”（当型循环语句），进一步培养学生观察、对比、分析、抽象、概括的能力.

（二）理解概念

问题 4

结合程序框图，你能说明计算机是按怎样的顺序执行直到型（UNTIL 型）循环语句的吗?

师生活动：先请学生描述，再由教师补充小结：当计算机执行上述语句时，先执行一次 DO 和 UNTIL 之间的循环体，然后进行条件的判断. 如果条件不满足，继续返回执行循环体，然后再进行条件的判断，这个过程反复进行，直到某一次条件满足时，不再执行循环体，跳到 LOOP UNTIL 语句后执行其他语句，是先执行循环体后进行条件判断的循环语句. 因此，直到型循环有时也称为“后测试型”循环.

设计意图

通过框图，理解“概念”（UNTIL 语句的结构、功能以及计算机的执行过程）.

问题 5

计算机又是按怎样的顺序执行当型（WHILE 型）循环语句的呢？你觉得 UNTIL 型语句与 WHILE 型语句之间有什么区别和联系？

师生活动：由学生归纳发言，教师补充：当计算机执行 WHILE 型语句时，先判断条件的真假，如果条件符合，就执行 WHILE 与 WEND 之间的循环体；然后再检查上述条件，如果条件仍符合，再次执行循环体，这个过程反复进行，直到某一次条件不符合为止. 这时，计算机将不执行循环体，直接跳到 WEND 语句后，执行其他语句，当型循环有时也称为“前测试型”循环. 在 UNTIL 语句中，是先执行循环体后进行条件判断，当条件不满足时继续执行循环体. UNTIL 型语句与 WHILE 型语句的循环体一致，循环条件恰好相反.

设计意图

通过框图，理解“概念”（WHILE 语句的结构、功能以及计算机的执行过程）. 并进一步通过对比，加深对“概念”（UNTIL 型语句与 WHILE 型语句）的认知.

问题 6

输入正整数 n，计算它的阶乘 $n!$（$n!=n\times(n-1)\times\cdots\times3\times2\times1$）. 请补齐右边的程序. 你能将它转化为直到型循环语句吗？

```
INPUT“n=”；n
  i=1
  f=1
  WHLIE ________
    ________
    ________
  WEND
  PRINT  f
  END
```

师生活动：先引导学生对 f 和 i 的作用以及循环体、循环条件进行分析，再由学生尝试填空. 要注意引导学生体会两种语句的区别和联系.

设计意图

本题只是要求学生填空，相对比较简单，又能帮助学生理解两种循环语句，为接下去语句的应用奠定基础. 同时检测学生能否对循环体与循环条件这两个要素进行合理的分析.

（三）概念应用

问题 7

修改以下程序，使连续输入自变量的 11 个取值，输出相应的函数值．要求写出算法步骤，画出相应的程序框图，编写程序．

```
INPUT"x=";x
y=x^3+3*x^2-24*x+30
PRINT"y=";y
END
```

师生活动：引导学生分析不同点，关键在于提供一个计数变量，使得原程序表达的算法重复操作 11 次再结束．师生共同讨论交流，引导学生先写出算法，再转化为框图和程序．将框图转化为程序时，教师可以先写出“DO 循环体 LOOP UNTIL 条件”的格式，再请学生补充循环体和循环条件等内容，完成程序．

教学时，教师可以引导学生思考以下问题，再由学生尝试写出算法步骤．

（1）循环体内容（需要重复的内容）是什么？

（2）控制进入和退出循环体的条件是什么？

（3）如何计算已经操作的次数？

设计意图

体会从自然语言到程序框图再到程序的过程是算法逐步精确的过程．通过与教科书上例 1 的比较，促进学生对循环语句的理解，并进行简单运用．学生第一次遇到将含有循环结构的程序框图转化为程序的问题，难度较大，教师要注意引导．通过问题的解决，教给学生分析此类问题和解决问题的方法．

问题 8

你能将图 7 中的程序框图转化为相应的程序吗？

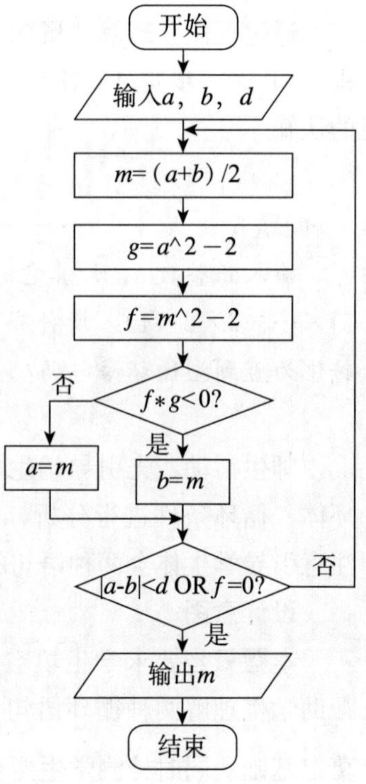

图 7

师生活动：教学时，可以采用以下三个步骤：

1．问题分解．

问题（1）它表达了一个怎样的算法，功能是什么？

问题（2）框图中包含了哪几种逻辑结构？

问题（3）框图中的循环结构和条件结构分别可以用怎样的算法语句加以实现？

问题（4）循环体的内容是什么？

2. 程序编写的框架式处理：师生交流，共同给出循环语句的格式框架图，如图 8，并进一步提出问题.

问题（5）循环体的内容如何转化为相应的程序语句？

问题（6）循环条件是什么？

教师根据学生的回答，填写在图 8 的相应位置，得到程序：

```
INPUT“a,b,d=”;a,b,d
DO
    循环体
LOOP UNTIL  循环条件
PRINT m
END
```

图 8

```
INPUT“a,b,d=”;a,b,d
DO
  m=(a+b)/2
  g=a^2-2
  f=m^2-2
  IF g*f<0 THEN
    b=m
  ELSE
    a=m
  END IF
LOOP UNTIL ABS(a-b)<d or f=0
PRINT m
END
```

3. 操作验证：调试程序.

设计意图

“问题”对教科书上的框图进行了一些修改，把调用函数的问题直接用赋值语句代替，避免向学生介绍更多的编程知识，侧重于对算法结构的理解.“问题”中包含了三种基本结构，一方面可以起到复习总结的目的，另一方面，与 1.1.1 算法的概念和 1.1.2 框图中的问题相呼应，帮助学生进一步理解二分法的思想. 同时，提供学生上机操作的机会，使学生能完整地认识算法.

（四）小结

问题 9

通过本节课学习，请你就循环语句的格式、作用等谈谈你的体会.

师生活动：请学生总结，其他同学补充，教师完善.

设计意图

通过对所学的知识小结、反思，有利于学生加深理解，同时提高学生的总结、归纳、语言表达能力.

六、目标检测设计

（一）课堂检测

1. 阅读程序（如图所示），说明程序运行的结果（　　）.

(A) 1　　(B) 3　　(C) 5　　(D) 1或5

```
j=1
n=0
WHILE j<=11
  j=j+1
  IF  j  MOD 4=0  THEN
    n=n+1
  END IF
WEND
PRINT  n
END
```

（第1题）

设计意图

本题中包含了顺序结构、条件结构和循环结构，能起到复习与巩固的作用. 通过本题检测学生能否阅读含多种逻辑结构的简单的程序，培养学生的阅读能力和逻辑思维能力.

2. 根据图中的程序框图编写程序，判断大于2的整数 n 是否为质数.

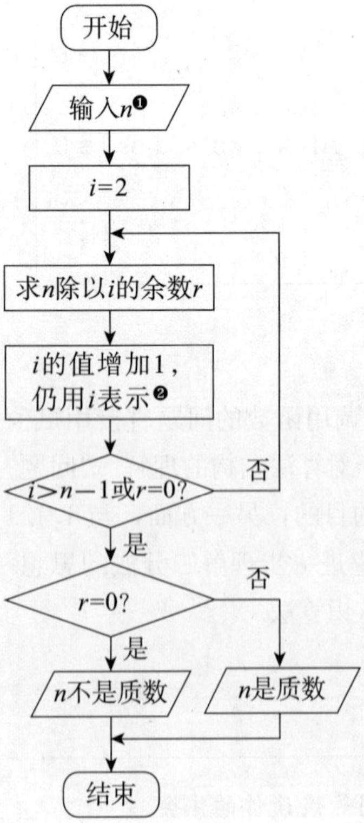

（第2题）

师生活动：教学时，可按“分一合一整”三步进行.

（1）分工：同桌合作，左边的同学编写“循环结构”部分的程序，右边的同学编写“条件结构”部分的程序.

（2）合作：同桌互相交流检验，形成解决问题的方案.

3. 整合：请同学将同桌合作形成的程序输入计算机，调试程序，进行全班层面的交流与整合.

设计意图

为学生提供一个合作学习与上机操作的机会，促使学生全面地认识算法，初步体会“合作”在程序编写中的重要性. 同时，检测学生对基本语句的学习与掌握情况，上机操作有助于发现问题.

（二）课后检测

1. 分别用 UNTIL 语句和 WHILE 语句编写一个程序，计算下面 $n(n\in\mathbf{N}^*)$ 个数的和.

$$2, \frac{3}{2}, \frac{4}{3}, \frac{5}{4}, \cdots, \frac{n+1}{n}.$$

设计意图

通过本题检测学生对循环语句的掌握和运用情况.

2. 试设计一个生活中的简单问题或是常见数学问题，分析算法，画出框图，并利用所学基本算法语句知识编写程序.（要求所设计问题利用循环语句）

设计意图

本题主要评价学生能否用数学的眼光去观察问题、提出问题、解决问题. 从算法的自然语言描述到框图表达，再到程序表示，使学生体验算法程序逐步形成、逐步精确的过程，了解学生对算法步骤、程序框图、和循环语句的掌握情况.

3.（选做）编写一个程序，计算 $s=a+aa+aaa+\cdots+aa\cdots a$（例如2＋22＋222＋2222＋22222，共有 5 个数相加）的值，其中 $a\in\mathbf{N}^*$，$a\leqslant 9$，要求输入数字 a 和相加的数的个数 n.

设计意图

本题是教科书 B 组第 4 题，涉及两个累加变量，难度较大. 作为弹性作业，拓展学生的思维.

（杭州师范大学附属中学　叶文建）

教学案例3

算法案例
——辗转相除法与更相减损术

一、内容和内容解析

辗转相除法与更相减损术都是求两个正整数的最大公约数的数学方法，是解决同一问题的，但从算法定义中“按照一定规则”的角度看，两者依据的规则有所不同，主要区别在于辗转相除法用的是除法运算，即辗转相除；更相减损术用的是减法运算，即辗转相减，但实质都是一个不断递归的过程，二者的算理是相似的.

辗转相除法与更相减损术两种算法中都存在条件结构和循环结构，算法较为复杂，但蕴含的算法思想更为深刻，也更能体现算法的重要性. 典型算法案例的学习，是在学生理解了表示算法的算法步骤、程序框图和程序三种不同方式以后，让学生经历设计算法解决问题的全过程，体验算法在解决问题中的重要作用，体会算法的基本思想，既是对所学算法知识的回顾总结，又是对学生思维的提升和发展.

对辗转相除法，教科书采用“从特殊到一般”的安排，即：借助解决特殊问题，得出问题的解法，在此基础上，运用所学的算法知识，分析解法中的基本逻辑结构，得出求任意两个正整数（一般问题）的最大公约数的算法，并依次把算法用算法步骤、程序框图和程序表达，使学生经历算法设计的完整过程. 而后，教科书给出更相减损术，与辗转相除法形成对比，给学生提供了一个模仿、尝试、独立操作，得出另一个算法的实践情境. 因此，教学中需要适时给学生提供独立思考的机会，充分发挥本节课的教学功能，实现教学目标.

辗转相除法与更相减损术分别是古希腊数学和中国古代数学留下的优秀成果，对两者的学习可以感受数学文化，认识算法悠久的历史，体会算法不可替代的作用. 对大部分学生来讲，辗转相除法和更相减损术可能首次接触，而教学的重点并不在于理解或掌握这两种方法，而是以案例为载体，使学生通过模仿、操作、探索，经历算法设计的全过程，进一步体会算法的基本思想，感受算法在解决实际问题中的重要作用.

二、目标和目标解析

结合辗转相除法与更相减损术两个算法案例，让学生经历设计算法解决问题的全过程，促进对算法基本知识的运用与理解，体会算法的基本思想，提高逻辑思维能力，发展有条理的思考与数学表达能力.

1. 了解辗转相除法的历史背景，通过和短除法的对比，感受其优越性.

2. 以辗转相除法为载体，从特殊到一般，让学生通过观察、归纳、提取算法中的基本逻辑结构，经历写算法步骤、画程序框图及编写程序的过程，体会算法的基本思想，提高逻辑思维能力，培养利用算法解决问题的意识.

3. 通过更相减损术的算法案例，与辗转相除法形成对比，让学生对递归思想有一个初步的认识，并在模仿、探索、操作的过程中，经历算法程序形成的过程，培养有条理的思考与数学表达能力.

4. 让学生通过对两种算法的比较，感受算法的悠久历史，体会中国古代数学对数学发展的贡献.

三、教学问题诊断分析

学生在小学时曾经学习过求两个正整数的最大公约数，进入中学后，在分数的约分时又有所接触，有一定的认知基础，但对大部分学生而言，用辗转相除法和更相减损术求最大公约数的方法是第一次碰到. 学生用这两种方法机械地求出最大公约数估计困难不大，但理解两种方法中的“算理”会有一定困难，这会影响挖掘其中的基本逻辑结构，因此，可能存在的问题有：

(1) 教科书对辗转相除算法的形成途径，仍采用“特殊到一般”的设计. 这种设计，学生在前面已经有多次接触，并不陌生，但由于辗转相除法是初次接触，因此，在关注特殊问题的解法转到关注一般问题算法的形成时，学生还会存在困难.

(2) 在理解两种方法的算理并挖掘出其中存在的基本逻辑结构，用程序框图表示算法的形成、转化过程中，学生会感到困难.

(3) 由框图编写程序时，需要调用语句“r＝m MOD n”，“r＝ABS(x)”等编程知识，学生可能会有困难.

由于算法较为复杂，对学生的思维能力要求较高，教学的难点在于帮助学生提炼出算法中的循环结构，并用程序框图和算法语句表示出来.

更相减损术与辗转相除法所依据的“规则”有所不同，但实质都是一个不断递归的过程，二者的算理是相似的. 教学时，应留有时间让学生模仿、实践，引导学生得出自己设计的算法步骤、程序框图和算法程序，而后再借助师生交流，解决问题，为学生设计算法、体会算法思想提供机会.

四、教学支持条件分析

如果条件允许，学生可借助图形计算器动手操作. 教师可借助大屏幕，展示QBASIC程序语言，并进行操作验证.

五、教学过程设计

（一）导入概念

问题 1

求 18 与 30 的最大公约数.

师生活动：由学生先做一下，教师板书“短除法”，小结最大公约数概念和小学所用方法.

设计意图

复习两个正整数的最大公约数概念及“短除法”，引出求最大公约数的方法：辗转相除法与更相减损术.

问题 2

观察下面等式，你有什么发现？

（1）30＝18×1＋12；

（2）30－18＝12.

师生活动：给学生思考时间，教师讲解.

设计意图

分解特殊到一般时可能会产生的难点，帮助学生认识到：求两数最大公约数可以转化为求更小两数最大公约数的特点.

问题 3

求 8 251 与 6 105 的最大公约数.

师生活动：由学生先试. 在此基础上，教师讲解：（1）当两个正整数变大时，“短除法”的运算量也会增大；（2）公元 300 年前，希腊数学家欧几里得已经提出了一种解法，称为“辗转相除法”. 下面，展示他的解法.

欧几里得面对此题会这样解：

8 251＝6 105×1＋2 146，

6 105＝2 146×2＋1 813，

2 146＝1 813×1＋333，

1 813＝333×5＋148，

333＝148×2＋37，

148＝37×4＋0.

最后他会说：8 251 与 6 105 的最大公约数是 37.

教师设问：你能说明上面解法的原理吗？

学生思考后，教师揭示：辗转相除法是通过有限次的等价转化，从而求得两个正整数的最大公约数，即：设 m，n 的最大公约数为 gcd(m，n)，则有 gcd(8 251，6 105)＝gcd(6 105，2 146)＝gcd(2 146，1 813)＝gcd(1 813，333)＝gcd(333，148)＝gcd(148，37)＝37.

设计意图

设置具体情境，让学生感到“短除法”的缺点，激发思考和探索更合理解法的意愿. 展示辗转相除法求公约数的过程，为学生提供有指向的观察、思考的情境，为认识欧几里得算法作准备.

（二）理解概念

问题 4

用辗转相除法求下列两组数的最大公约数：

(1) 225，135；　　(2) 98，196.

设计意图

使学生通过求解，熟悉辗转相除法，并在操作中把关注点转向挖掘解法中存在的基本逻辑结构. 为下一问题的解决作好铺垫.

问题 5

你能在问题 3 解法的基础上，得出求任意两个正整数最大公约数的算法吗？

师生活动：给学生较为充分的尝试探究、独立思考的时间，并给出下列问题引导学生的思考与操作：你能找出解法中存在的基本逻辑结构吗？即在解法中，序（步骤）是如何的（顺序结构）？重复操作的结构如何（循环结构）？如何控制才能使算法在有限步内完成（条件结构）？

在学生思考的同时，教师巡视，了解学生活动情况. 而后，展示学生的成果或教师讲解：在问题 3 的解法中，每一步都在重复着同一结构的运算，该结构是：$m=nq+r$ $(0\leqslant r<n)$. 并从第二步开始，每一步运算结构中的 m 是上一步的 n，而 n 是上一步的 r；重复执行该结构一直到 $r=0$，此时，相应的 m 就是所求的最大公约数. 即算法中循环结构的循环体是 $m=nq+r$，循环的终止条件是 $r=0$.

根据以上分析，师生共同总结用自然语言描述的算法步骤：

第一步：给定两个正整数 m 和 n.

第二步：计算 m 除以 n 所得的余数 r.

第三步：$m=n$，$n=r$.

第四步：若 $r=0$，则 m，n 的最大公约数等于 m；否则，返回第二步.

设计意图

使学生在运用辗转相除法，求得两个特殊正整数最大公约数的基础上，观察求解过程，运用已有的算法知识，提炼出算法中的循环结构，尝试写出算法步骤.

问题 6

根据上述算法步骤，画出程序框图，并转化成相应的算法程序.

师生活动：先由学生写，教师了解学生写时存在的问题，为讲解提供侧重点. 而后展示算法框图（图 1），并请学生将其转化为程序，如下：

程序框图：

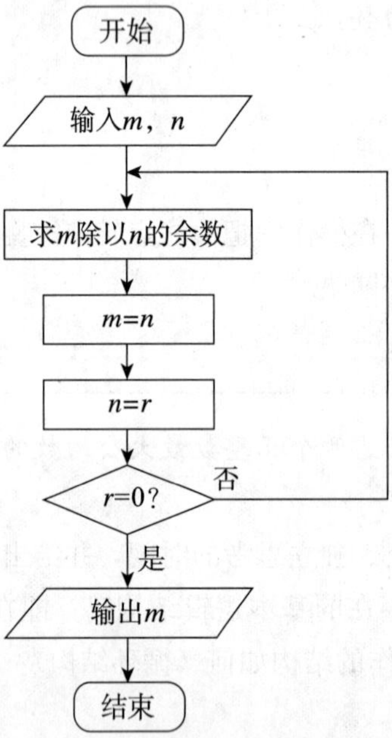

图 1

程序：

```
INPUT m,n
DO
    r=m MOD n
    m=n
    n=r
LOOP UNTIL r=0
PRINT m
END
```

设计意图

将“自然语言表示的算法步骤”转化到“程序框图”，进而转化成相应的算法程序，体验“程序框图”形成的过程，以及由“程序框图”写出“算法程序”转化的过程.

问题 7

能否用当型循环结构表示算法的程序框图，并编写出相应的程序.

设计意图

深入地认识循环结构. 若学生在先行尝试中，已经出现了循环结构的两种框图或程序，则可以在学生活动后，交流两种表示；若学生只给出一种，可尝试得出另一种. 学生尝试后的讲评，要扣住框图与程序的联系，突出两种框图与两种循环语句的对应.

问题 8

该算法又称欧几里得算法，回顾算法程序得到的过程，你有什么体会？

教师在学生思考、交流后作出点评，要注意以下几点：

（1）算法的定义及算法明确性、有序性和有限性的基本特征.

（2）算法基本逻辑结构. 较复杂的算法都可以分解为顺序结构、条件结构、循环结构这三种基本逻辑结构，并有相应的框图表示和语句表示.

（3）算法的三种表示方法及各自的特点与联系.

（三）操作应用

教师：与西方古代数学不谋而合，中国古代数学家对求任意两个正整数的最大公约数也提出了自己独特的算法，请打开教科书，阅读教科书第 36、37 页.

问题 9

请模仿欧几里得算法形成的过程，根据更相减损术，设计算法程序.

师生活动：给学生较充分的时间，让学生进行尝试、探究和操作.

提示：（1）为节约时间，可以先不提两个偶数的情况，直视算法形成.

（2）更相减损术中，重复执行的结构是：$r=m-n$，其中，r 或为正数，或为负数，为保证两数相减的差越来越小，只需：第二步开始，前一步中 n 赋给 m，$|r|$ 赋给 n，继续按上面结构“重复”执行到 $r=0$，相应的 m 即为所求.

（3）所得的一种算法的三种表示如下：

算法步骤：

第一步，输入正整数 m，n.

第二步，$r=m-n$.

第三步，$m=n$，$n=|r|$.

第四步，判断 $r=0$，若成立，则输出“m 与 n 的最大公约数是”m，否则，返回第二步.

（4）若有时间的话，可以展示学生所得的其他算法，或分析成败原因.

程序框图：

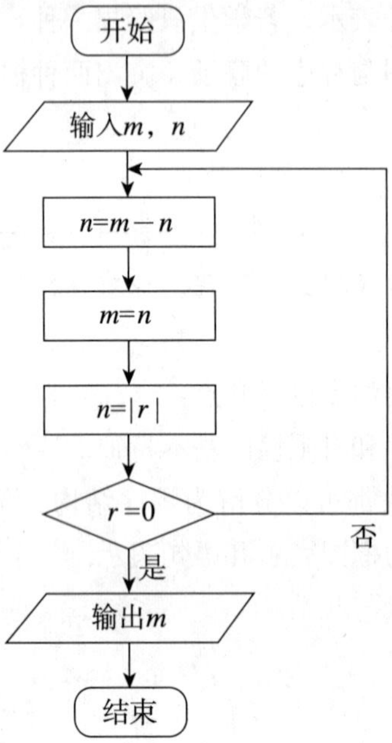

图 2

程序：

```
INPUT m,n
DO
    r=m-n
    m=n
    n=ABS(r)
LOOP UNTIL r=0
PRINT m
END
```

设计意图

留有时间让学生模仿、实践，引导学生得出自己设计的算法步骤、程序框图和算法程序，为学生设计算法、体会算法思想提供机会，培养分析与解决问题的能力.

（四）小结

将本节的主要内容以问题的形式呈现，让学生通过思考和回答问题，达到回顾和总结的目的.

问题 10

用辗转相除法求 153 与 119 的最大公约数，并用更相减损术检验其正确性.

师生活动：学生运算，教师点评.

设计意图

促进学生理解两种方法，借此表达算法历史及作用.

问题 11

比较欧几里得算法与更相减损术算法，你有什么发现？

师生活动：在学生回答的基础上，教师讲授要点：

（1）算法具有有序性、明确性、有限性的特征；

（2）规则不同，则算法也不同，但算理却是相似的，本质都是一个不断递归的过程；

（3）两者形成算法的方式，都是由“特殊到一般”，都是在理解了其中的基本逻辑结构后，形成算法的；

（4）前者含有除法，后者仅含减法，从而提出，计算机做乘除实际是化成加减的，计算机做乘除时，运算次数要比加减多得多.

设计意图

通过让学生思考回答，评价他们对算法特征：顺序性、明确性、有限性的领会情况，评价他们对算法基本结构的掌握情况，以及对两种算法形成过程的理解情况，并对两种算法进行比较，提高归纳、表达的能力.

问题 12

用更相减损术求 72 和 168 的最大公约数.

师生活动：小结.

方法 1：连续对两个数除以 2，直至两个偶数化为至少有一个为奇数时，更相减损得到所得的数相等为止，通过乘回前面所除的 2，除了几次就乘几个 2 得约数.

方法 2：直接运用更相减损术求得最大公约数，可得出结论：对任意两个任意正整数，更相减损术的算法都能运用.

若条件允许，可把两数代入更相减损术算法程序，用计算机演示验证结果.

设计意图

解决两个数均为偶数时，如何运用更相减损术求解问题. 估计课堂教学时间会不够，因此，提出问题后，作为学生课后作业.

六、目标检测设计

（一）课堂检测

1. 求两数 180，220 的最大公约数.

设计意图

促进学生理解两种方法，并评价学生对两种方法的掌握情况，感受算法悠久的历史.

2. 程序框图（如图）是根据什么方法得到的？你能由此编写出相应的程序吗？

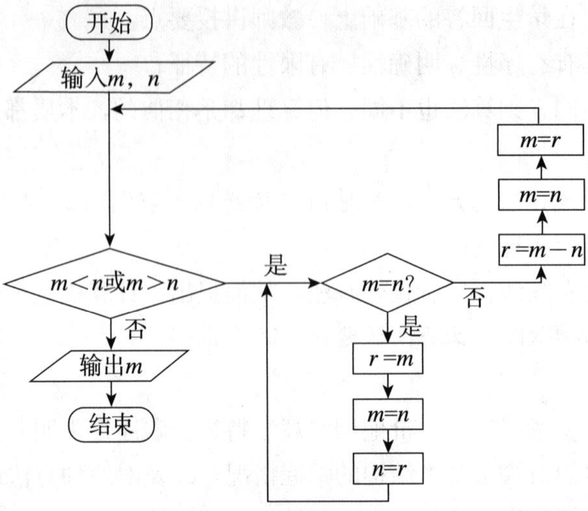

（第 2 题）

设计意图

阅读程序框图，体会中国古代数学的优秀成果，了解对算法的基本逻辑结构的不同理解，会得出不同的算法，检验本节课的学习效果.

（二）课后检测

1. 教科书第 48 页，习题 1.4，A 组第 1 题.

设计意图

促进对两种算法的理解，检查学生的掌握情况，促进对算法历史的认识.

2. 阅读下面的程序，并画出它的程序框图.

```
INPUT “n=”;n
i=6
x=1
s=6*SQR(3)/4
WHILE i<=n/2
    h=SQR(1-(x/2)^2)
    s=s+i*x*(1-h)/2
    x=SQR((x/2)^2+(1-h)^2)
    i=2*i
WEND
PRINT n,s
END
```

（第 2 题）

```
  INPUT m,n
  WHILE  m<n  or  m>n
     IF m>n THEN
        r=m-n
        m=n
        n=r
     ELSE
        r=m
        m=n
        n=r
     END IF
  WEND
  PRINT m
END
```

（第 2 题）

设计意图

学会阅读程序，说明程序框图的直观性、明确性特点，同时说明本题取自教科书第 47 页，让学生课后阅读与思考教科书第 45～47 页的“割圆术”，再次感受算法在解决实际问题中的重要作用，认识中国古代数学的优秀成果，体会算法的基本思想.

3. 教科书第 48 页，习题 1.4，B 组第 2 题.

设计意图

引导学生在收集资料的过程中，认识算法悠久的历史，感觉中国古代数学的特点及中国数学家在数学发展中的贡献.

（杭州市普通教育研究室　李学军）

第二章 “统计”概述

现代社会是信息化的社会，人们常常需要收集数据，根据所获得的数据提取有价值的信息，作出合理的决策. 统计是研究如何合理收集、整理和分析数据的学科，它可以为人们制定决策提供依据.

抽样所获得的数据受偶然因素的影响，具有随机性；数据分析整理是为了对总体所具有的规律作出推断. 因而统计的任务是研究如何用有用的方法收集和使用具有随机性的数据，以对所考察问题作出推断和预测，提供决策的依据和建议. 这是统计所体现的基本思想，它运用归纳的思维方式，渗透着随机思想.

本章学习内容是：学生在义务教育阶段学习统计与概率的基础上，通过实际问题情境，学习随机抽样、样本估计总体、线性回归的基本方法，体会用样本估计总体及其特征的思想；通过解决实际问题，较为系统地经历数据收集与处理的全过程，体会统计思维与确定性思维的差异.

本章知识框图如下所示：

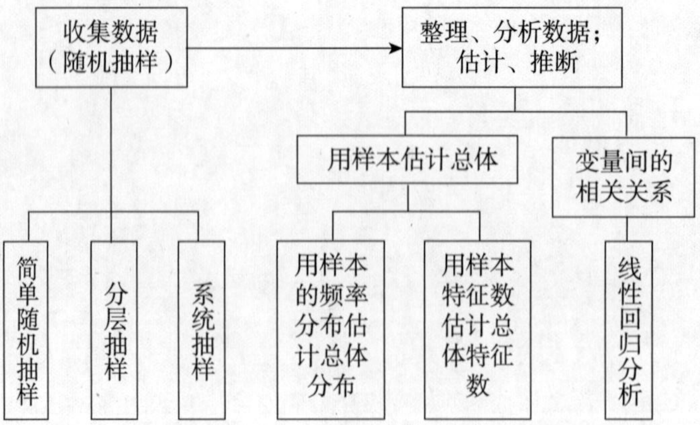

教学案例 4

随机抽样

一、内容和内容解析

本节课主要内容是：通过观察或试验取得观测资料，然后分析这些资料来认识现象；获取有代表性的观测资料并正确地加以分析是正确认识未知现象的基础，也是统计所研究的基本问题.

本节课是统计的第一节课，统计是研究如何合理收集、整理、分析数据的学科，它可以为人们制定决策提供依据．学生在义务教育阶段已学了收集、整理、描述和分析数据等处理数据的基本方法．高中的统计学习将逐步让学生体会确定性思维与统计思维的差异，了解统计结果的随机性特征，知道统计推断可能出错．统计有两种：一种是把所有个体的信息都收集起来，然后进行描述，这种统计方法称为描述性统计，例如人口普查．但在很多情况下我们无法采用描述性统计对所有个体进行调查，通常是在总体中抽取一定的样本为代表，从样本的信息来推断总体的特征，这称为推断性统计，例如有的产品数量非常大，或者质量检查具有破坏性.

抽样调查是收集数据的一种重要途径，是一种重要的、科学的非全面调查方法．它根据调查的目的和任务要求，按照随机原则，从若干单位组成的事物总体中，抽取部分样本单位来进行调查、观察，用样本数据来推断总体．其中蕴含了重要的统计思想——样本估计总体．而样本代表性的好坏直接影响统计结论的准确性，所以抽样过程中，考虑的最主要原则是保证样本能很好地代表总体．而随机抽样的出发点是使每个个体都有相同的机会被抽中，这是基于对样本数据代表性的考虑.

教学重点：能从现实生活或其他学科中提出具有一定价值的统计问题，理解随机抽样的必要性与重要性.

二、目标和目标解析

1. 通过具体案例的分析，逐步学会从现实生活中提出具有一定价值的统计问题.

2. 结合实际问题情境，理解随机抽样的必要性和重要性，深刻理解样本的代表性.

章引言列举了我国水资源缺乏问题、土地沙漠化问题等情境，提出了学习统计的意义．通过具体实例，引导学生从实际问题中发现并提出统计问题，以培养学生从现实生活或其他学科中发现问题、提出问题的能力，意识和习惯.

对某个问题的调查最简单的方法就是普查，但是这种方法的局限性很大. 出于费用和时间的考虑，有时一个精心设计的抽样方案，其实施效果甚至可以胜过普查. 教学中要通过一定实例让学生体会随机抽样的必要性和重要性. 为了使由样本到总体的推断有效，样本必须是总体的代表. 在对实例的分析过程中，探讨获取有代表性的样本的方法，得到随机样本的概念，逐步理解样本的代表性与统计推断结论可靠性之间的关系.

三、教学问题诊断分析

学生在初中已有对统计活动的认识，并学习了统计图表、收集数据的方法，但对设计合理的抽样方法，以使样本具有好的代表性的意识还不强. 在已有学习中，学习内容多以确定性数学为主；学生对全面调查，即普查有所了解，它在经验上更接近确定性数学；这里，我们通过具体问题，让学生体会统计的重要思想——用样本估计总体以及统计结果的不确定性. 因此，学生已有知识经验与本节课要达成的教学目标之间有较大差距. 主要的困难有：对样本估计总体的思想、对统计结果的“不确定性”感受不深. 教学中应通过具体实例的研究加以说明.

教学中，可以鼓励学生从自己的生活中提出统计问题，如每天完成家庭作业所需的时间，每天的体育锻炼时间，学生的近视率，一批灯泡的寿命等. 在学生提出这些问题后，要引导学生考虑问题中的总体是什么，要观测的变量是什么，如何获取样本等，这样可以培养学生提出统计问题的能力.

教学难点：理解怎样的抽样才是随机抽样，如何抽样才能使样本更好地代表总体.

四、教学支持条件分析

利用实物投影或多媒体设备辅助教学.

五、教学过程设计

（一）感悟数据，引入课题

问题 1

请同学们看章头图中有关沙漠化和缺水量的数据，你有什么感受？

师生活动：让学生充分思考和探讨，并逐步引导学生产生质疑：这些数据是怎么来的？

设计意图

通过一些数据让学生充分感受我们生活在一个数字化时代，要学会与数据打交道，养成对数据产生的背景进行思考的习惯.

问题 2

我们班级有很多同学都是戴眼镜的，我们班的近视率是多少？你是怎么知道的？（近视率$=\frac{近视人数}{总人数}\times 100\%$）

设计意图

通过与学生生活比较贴近的案例，让他们体会统计与日常生活的关系.

（二）操作实践，展开课题

问题 3

如果想了解我校所有高一学生的近视率，你打算怎么做呢？

师生活动：以 4 人小组为单位进行讨论，每个小组派一个代表汇报方案.

设计意图

从这个问题中引出抽样调查和样本的概念，使学生对于如何产生样本进行一定的思考，同时也使学生认识到样本选择的好坏对于用样本估计总体的精确度是有所不同的.

问题 4

你认为下列预测结果出错的原因是什么？

在 1936 年美国总统选举前，一份颇有名气的杂志（Literary Digest）的工作人员做了一次民意测验. 调查兰顿（A. Landon）（当时任堪萨斯州州长）和罗斯福（F. D. Roosevelt）（当时的总统）中谁将当选下一届总统. 为了了解公众意向，调查者通过电话簿和车量登记簿上的名单给一大批人发了调查表（注意在 1936 年电话和汽车只有少数富人拥有）. 通过分析收回的调查表，显示兰顿非常受欢迎，于是此杂志预测兰顿将在选举中获胜. 实际选举结果正好相反，最后罗斯福在选举中获胜，其数据如下：

候选人	预测结果％	选举结果％
Roosevelt	43	62
Landon	57	38

设计意图

通过案例让学生进一步体会到：在抽样调查中，样本的选择是至关重要的，样本能否代表总体，直接影响着统计结果的可靠性.

问题 5

如果要调查下面这几个问题，你认为应该作全面调查还是抽样调查？大家对普查和抽样调查是怎么看的？普查一定好吗？请举例.

（1）了解全班同学每周的体育锻炼时间；

（2）调查市场上某个品牌牛奶的含钙量；

（3）了解一批日光灯的使用寿命.

普查	抽样调查
需要大量的人力、物力和财力	节省人力、物力和财力
不能用于带有破坏性的检查	可以用于带有破坏性的检查
在操作正确的情况下，能得到准确结果	结果与实际情况之间有误差

设计意图

通过普查和抽样调查的比较，使学生感受抽样调查的必要性和重要性.

问题 6

如果我们想了解本市高一学生的近视率，你认为该怎么做呢？

师生活动：以 2 人小组为单位进行讨论，说出比较可行的抽样方案.

问题 7

是否可以用我市高一年级学生的近视率来估计我省高中生的近视率？为什么？

师生活动：教师继续让学生进行小组讨论，引导学生关注样本容量以及样本抽取需要考虑的要素，如学生的层次（高一、高二、高三），学生生活的环境（城市、县镇、农村）等. 教师对学生的回答进行归纳、整理，与学生一起讨论出比较可行的抽样方案.

设计意图

通过进一步的追问，加深学生对样本代表性的理解. 让学生进一步认识到：多背景下的抽样会产生偏差，样本的随机性与样本大小在产生有代表性的样本中的作用.

（三）总结拓展，提升思想

问题 8

请你说说自己在本节课的收获.

师生活动：引导学生从怎样学会提出统计问题，抽样调查与普查的优缺点，样本的代表性与统计推断结论之间的关系等方面进行总结和回顾. 教师结合章头图对这一章的框架（图1）进行简单的介绍，引导学生建构自己的知识体系.

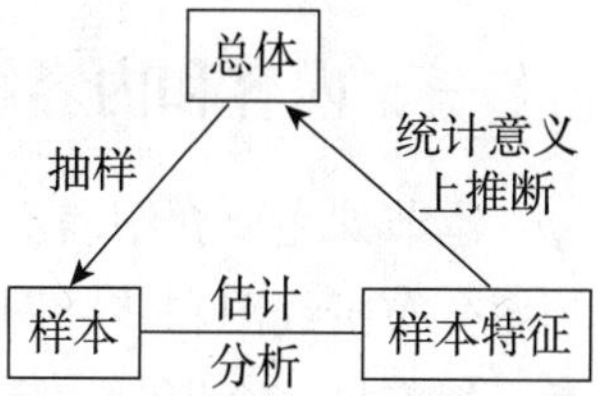

图1

设计意图

总结回顾，巩固课堂知识，初步概括统计思想.

六、目标检测设计

1. 某课外兴趣小组为了了解所在地区老年人的健康状况，分别作了四种不同的抽样调查. 你认为抽样比较合理的是（　　）.

（A）在公园调查了1 000名老年人的健康状况

（B）在医院调查了1 000名老年人的健康状况

（C）调查了10名老年邻居的健康状况

（D）利用派出所的户籍网随机调查了该地区10%的老年人的健康状况

设计意图

促进学生理解抽样的必要性和样本的代表性.

2. 为了了解全校240名学生的身高情况，从中抽取40名学生进行测量，下列说法正确的是（　　）.

（A）总体是240　　（B）个体是每一个学生

（C）样本是40名学生　　（D）样本容量是40

设计意图

回顾复习相关概念.

3. 为了了解全校学生的平均身高，王一调查了自己座位旁边的五位同学，把这五位同学身高的平均值作为全校学生平均身高的估计值.

（1）王一的调查是抽样调查吗？

（2）如果是抽样调查，指出调查的总体、个体、样本和样本容量.

（3）这个调查结果能较好地反映总体的情况吗？如果不能，请说明理由.

设计意图

回顾抽样调查的几个基本概念，强化抽样调查中样本的代表性.

（余杭高级中学　吴寅静　西湖高级中学　严兴光）

教学案例5

频率分布直方图

一、内容和内容解析

本节课主要介绍表示样本分布的方法. 包括频率分布表、频率分布直方图、频率分布折线图和茎叶图，并介绍了频率分布折线图与总体密度曲线之间的关系. 拟安排三个课时：第一课时，频率分布直方图的制作；第二课时，频率分布折线图和总体密度曲线；第三课时，茎叶图.

制作样本的频率分布直方图是为了应用样本频率直方图的分布来估计总体的分布. 它是用样本的信息分析总体信息的统计方法之一.（另一种是用样本数字特征估计总体数字特征）

用样本频率分布估计总体分布的思想是统计的重要思想之一，其理论基础是局部和整体之间的关系，当总体“搅拌”均匀时，可以用局部来刻画总体. 制作样本频率分布直观图包括如下步骤：（1）计算一组数据中最大值与最小值的差，即求极差；（2）决定组距与组数；（3）将数据分组；（4）列频率分布表；（5）画频率分布直方图. 根据样本的直方图可以清楚地看出数据分布的总体趋势，但从频率分布直方图得不出原始的数据内容，把数据表示成直方图后，原有的具体数据信息就被抹掉了.

根据样本的直方图可以清楚地看出数据分布的总体趋势，这是其优点. 把数据表示成直方图后，原有的具体数据信息就被遮盖掉了，这是其缺点.

教学重点：掌握制作直方图的操作过程，了解频率分布直方图的特点，体会统计的思想.

二、目标和目标解析

1. 通过解决问题，了解用样本频率分布估计总体分布的思想.

2. 通过具体操作，掌握制作频率分布直方图的方法和步骤.

3. 通过思考，理解选用恰当的组距的原因.

4. 通过活动，掌握分析频率分布直方图的特征的方法.

为了达成目标，需要理清教科书脉络，通过“居民生活用水管理问题”，逐步引入分布表、频率分布直方图的含义和作图方法. 由于统计图表的操作性强，所以教学中需要使学生在明确统计图表含义的前提下，让学生自己动手作图，包括求极差、确定组距和组数、将数字分组、列频率分布表、画频率分布直方图等五个步骤.

组距和组数的确定直接影响直方图的质量，这是统计结果与现实之间可能出现一些差异的原因之一，也是让学生体会统计思维和确定性思维的差异的好素材，教学时要特别注意.

三、教学问题诊断分析

学生在义务教育阶段学过频数与频率、直方图等内容，对利用样本数据绘制频率分布直方图困难不大，而用样本的频率分布直方图如何估计总体的分布可能存在一定困难. 对直方图的特征的归纳可以让学生尝试进行，教师适当补充. 在组距大小的决定上，可能一些同学认为组距越小越好，教师应设计相关的教学环节解决这一问题.

教学难点：组距的选取，体会频率分布直方图的随机性和规律性.

四、教学支持条件分析

由于问题的主体部分涉及大量简单的重复操作，可以在教学支持方面进行两个方面的设计或准备工作：一是将相关的数字分好组告知学生，以减少学生在此环节的操作时间；二是可以引入信息技术，例如计算机中 Excel 的功能进行图表的制作.

五、教学过程设计

（一）情境引入

我国是世界上严重缺水的国家之一，城市缺水问题较为突出. 某市政府为了节约生活用水，计划在本市试行居民生活用水定额管理，即确定一个居民月用水量标准 a，用水量不超过 a 的部分按平价收费，超过 a 的部分按议价收费.

问题 1

如果希望大部分居民的日常生活不受影响，那么标准 a 定为多少比较合理呢？你认为，为了较合理地确定这个标准，需要做哪些工作？

师生活动：教师设问，学生思考. 对于需要做哪些工作，由师生共同讨论，得出结论.

设计意图

本设问是为了引出本节课的教学内容，明确解决问题的方向.

（二）操作实践

通过抽样，我们获得了 100 位居民某年的月均用水量（单位：t），如下表：

表 1　100 位居民的月均用水量（单位：t）

3.1	2.5	2.0	2.0	1.5	1.0	1.6	1.8	1.9	1.6
3.4	2.6	2.2	2.2	1.5	1.2	0.2	0.4	0.3	0.4
3.2	2.7	2.3	2.1	1.6	1.2	3.7	1.5	0.5	3.8
3.3	2.8	2.3	2.2	1.7	1.3	3.6	1.7	0.6	4.1
3.2	2.9	2.4	2.3	1.8	1.4	3.5	1.9	0.8	4.3
3.0	2.9	2.4	2.4	1.9	1.3	1.4	1.8	0.7	2.0
2.5	2.8	2.3	2.3	1.8	1.3	1.3	1.6	0.9	2.3
2.6	2.7	2.4	2.1	1.7	1.4	1.2	1.5	0.5	2.4
2.5	2.6	2.3	2.1	1.6	1.0	1.0	1.7	0.8	2.4
2.8	2.5	2.2	2.0	1.5	1.0	1.2	1.8	0.6	2.2

问题 2

由上表，大家可以得到什么信息？

师生活动：学生阅读教科书，收集信息．可以看出最大值和最小值，其他信息很难看出来．教师指导学生阅读，引发学生思考，提示相关方法．

设计意图

从表格中难以获得有用的信息，这促使学生通过制作样本的频率分布直方图进行统计．

问题 3

初中学过哪些处理数据的方法？

师生活动：教师提出问题，学生回顾、回答、补充．

设计意图

回顾初中所学的相关知识，为后续的操作作准备．

问题 4

频率分布直方图的制作步骤是怎样的？

师生活动：学生操作，教师指导.

频率分布直方图的制作步骤（五步）：

（1）求极差；

（2）决定组距与组数（组数$=\frac{极差}{组距}$）；

（3）将数据分组，确定初始值；

（4）列频率分布表；

表2 100位居民月均用水量（单位：t）的频率分布表

分组	频数累计	频数	频率
[0，0.5)	正	4	0.04
[0.5，5)	正下	8	0.08
[1，1.5)	正正正	15	0.15
[1.5，2)	正正正正丅	22	0.22
[2，2.5)	正正正正正	25	0.25
[2.5，3)	正正	14	0.14
[3，3.5)	正一	6	0.06
[3.5，4)	正	4	0.04
[4，4.5)	丅	2	0.02
合计		100	1.00

（5）画频率分布直方图.

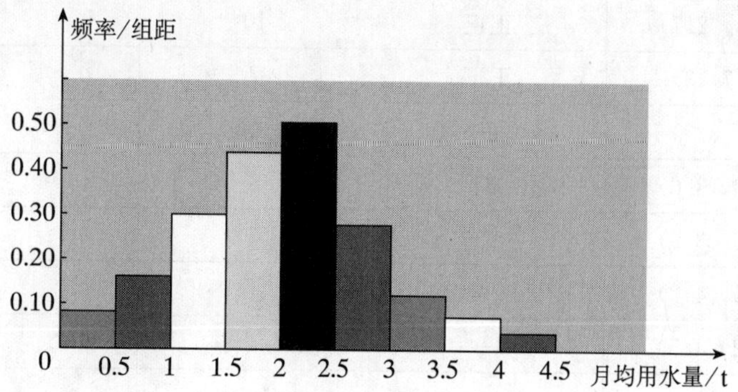

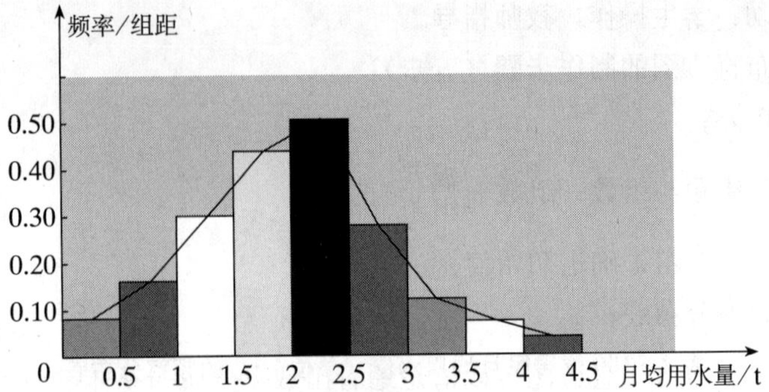

设计意图

通过问题引出本节课的主题，即频率分布直方图的画法.

问题 5

同样一组数据，如果组距不同，横轴、纵轴的单位不同，得到的直方图的形状也会不同．请以不同的组距重新作图，并加以比较．你认为怎样设置组距好？

师生活动：学生分 4 个小组，分别以 0.1，0.3，0.5 和 1 为组距重新作图，然后展示他们的作品，全班交流、体验．可以用《几何画板》作图演示.

分组	频数累计	频数	频率
[0，0.3)	一	1	
[0.3，0.6)	正	5	
[0.6，0.9)	正	5	
[0.9，1.2)	正	5	
[1.2，1.5)	正正一	11	
[1.5，1.8)	正正	10	
[1.8，2.1)	正正丅	12	
[2.1，2.4)	正正正	15	
[2.4，2.7)	正正	10	
[2.7，3)	正丅	7	
[3，3.3)	𠃊	4	
[3.3，3.6)	下	3	
[3.6，3.9)	下	3	
[3.9，4.2)	一	1	
[4.2，4.5)	一	1	
合计		100	1

设计意图

让学生体会直方图组距设定的合理性，体会直方图的随机性和规律性.

问题6

直方图的特点是什么？

师生活动：教师指导、引导；学生总结、交流.

优点：从频率分布直方图可以清楚地看出数据分布的总体趋势.

缺点：把数据表示成直方图后，原有的具体数据信息就被遮盖掉了.

设计意图

总结直方图的特点，得到直方图反映总体分布的趋势.

问题7

如果当地政府希望使85%以上的居民每月的用水量不超出标准，根据频率分布表和频率分布直方图，你能对制定月用水量标准提出建议吗？

师生活动：教师设问，学生思考. 对于需要做哪些工作，由师生共同讨论，得出结论.

由上面所作的图表可以看出，月用水量在3 t以上的居民所占的比例为6%+4%+2%=12%，即大约有12%的居民月用水量在3 t以上，88%的居民月用水量在3 t以下. 因此，居民月用水量标准定为3 t是一个可以考虑的标准.

设计意图

深入理解频率分布直方图表示的信息，并引出解决问题的步骤.

问题8

你认为3 t这个标准一定能够保证85%以上的居民用水不超标吗？如果不一定，那么哪些环节可能导致结论的差别？

师生活动：教师设问，学生思考. 对于需要做哪些工作，由师生共同讨论，得出结论.

样本和总体之间总是或多或少有差别的，在用样本数据解决总体问题的过程中，还需要结合实际问题，对解决问题的方案进行调整或修改.

设计意图

让学生体会统计思维与确定性思维的差异.

六、目标检测设计

1. 从一种零件中抽取了80件，尺寸（单位：cm）数据表示如下：

362.51×1	362.62×2	362.72×2	362.83×3
362.93×3	363.03×3	363.15×5	363.26×6
363.38×8	363.49×9	363.59×9	363.67×7
363.76×6	363.84×4	363.93×3	364.03×3
364.12×2	364.22×2	364.31×1	364.41×1

这里用 $x\times n$ 表示有 n 件尺寸为 x 的零件，如 362.51×1 表示有 1 件尺寸为 362.51 cm 的零件. 作出样本的频率分布表和频率分布直方图.

设计意图

通过解决本练习，让学生巩固熟悉样本频率分布直方图的绘制过程. 并体会确定组距的方法.

2. 为了了解高一学生的体能情况，某校抽取部分学生进行一分钟跳绳次数测试，将所得数据整理后，画出频率分布直方图（如图），图中从左到右各小长方形面积之比为 2∶4∶17∶15∶9∶3，第二小组频数为 12.

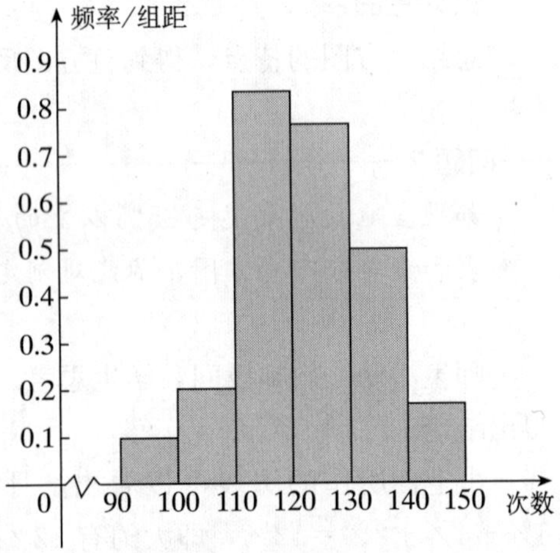

（第 2 题）

（1）第二小组的频率是多少？样本容量是多少？

（2）若次数在 110 以上（含 110 次）为达标，试估计该学校全体高一学生的达标率是多少？

（3）在这次测试中，学生跳绳次数的中位数落在哪个小组内？请说明理由.

设计意图

加深对频率分布直方图的理解.

（杭州二中　徐存旭　余杭教研室　陈朝阳）

教学案例 6

变量之间的相关关系

一、内容和内容解析

变量之间的关系常见的有两类，一类是函数关系，另一类是相关关系. 相关关系是一种非确定性关系．研究两个变量之间的相关关系是从总体变化趋势来看变量间存在的某种关系，但这种关系又不能用函数关系精确表达．

两个变量之间产生相关关系的原因是由许多不确定的随机因素造成的．研究相关关系的过程是从大量无组织的信息中找出事物之间的关联性的过程，这种过程蕴含着随机思想．

判断变量之间是否存在相关关系可以根据生活经验进行定性分析，因为“经验当中有规律”．然而只凭经验办事，常常会出错，因此就必须进行数据收集、处理，用数据说话，作散点图就是其方法之一．散点图可以直观地呈现两个变量间是否具有相关关系，也是下一节课求线性回归方程的基础，因而散点图在分析两个变量之间的关系时起着非常重要的作用．

正相关和负相关是针对具有线性相关的两个变量而言的．正（负）相关反映的是两个变量具有相同（反）的变化趋势，即从整体上看一个变量会随另一个变量变大而变大（小）．

教学重点：理解两个变量之间存在的相关关系，作散点图．

二、目标和目标解析

1. 了解变量之间除了函数关系之外，还有相关关系．

2. 通过具体的实例，理解两个变量之间产生相关关系的原因是由许多不确定的随机因素造成的．

3. 能够根据生活经验判断两个变量是否具有相关关系．

4. 能画出两个变量的散点图．

5. 理解正负相关的图象特征及其所反映的变量之间的变化趋势．

为了达成目标，需要充分利用已有的知识经验，特别是利用学过的函数关系．一方面，通过分析具体实例，发现变量之间的关系，有的很明确，有的比较模糊（不确定）；另一方面，通过类比函数关系理解相关关系，比如借助函数的单调性理解正负相关的概念．

两个变量之间产生相关关系的原因是由许多不确定的随机因素造成的，这需要结合学生的生活经验判断两个变量是否具有相关关系．可以从三个方面进行考虑：两者是否有关系？关系是否唯一？还有哪些影响因素？明确相关关系是从总体变化趋势来看变量间存在的某种关系，但这种关系又不能用函数关系精确表达．

三、教学问题诊断分析

两个变量之间的确定性关系（函数关系），学生是比较熟悉的，因为函数概念、函数的思想已在头脑里扎了根．变量间的不确定性关系（相关关系），在学统计之前，从来没有提及．但由于这种关系在日常生活中大量存在，此时提出来，学生不仅不会有接受障碍，而且会有“一语惊醒梦中人”的味道. 但由于两个变量之间产生相关关系的原因是由许多不确定的随机因素造成的，而且研究相关关系的过程是从大量无组织的信息中找出事物之间的关联性，这个过程蕴含着随机思想，而学生的生活经验，认知水平参差不齐，因此在具体问题的分析中不同的学生会有不同的认识.

教学难点：理解变量之间的相关关系.

四、教学支持条件分析

为了让学生经历统计数据的收集过程，可以就物理与数学成绩的好差设计调查问卷，让学生填写并统计结果.

为了提高学习效率，从散点图上直观认识变量是否有相关关系，可以准备方格纸，让学生自己作散点图. 有条件的学校应该使用 Excel 等软件.

五、教学过程设计

（一）情境引入

问题呈现：

① 匀速行驶的汽车，时间 t 和路程 s 的关系.

② 圆的面积 S 和半径 r 的关系.

③ 人的身高 h 和体重 m 的关系.

④ 商品销售收入与广告支出经费之间的关系.

⑤ 学生身高和学号的关系.

⑥ 高原含氧量与海拔高度的关系.

⑦ 吸烟有害健康，吸烟量与健康状况的关系.

⑧ 学生的数学成绩 x 和物理成绩 y 的关系.

问题 1

给出的问题中，都涉及到两个变量的关系，请你对它们之间的依赖关系进行分类.（分类的具体要求：(1) 分类标准自己定；(2) 分类要求不重不漏；(3) 给 4 min 时间；(4) 可以讨论. 尽你的可能，能得出的分类方法越多越好.）

师生活动：学生自主解决问题①此时教师不要指导，只需观察学生所做，找出学生的不同分类，请他们板书在黑板上. 为方便归纳、概括、整理，教师需事先在黑板上划分好区块，使学生能板书在指定的区块内.

追问：还有哪位同学的分类方法与黑板上展示的方法不同，也请板书在黑板上.

考虑到课时的限制，下面的“展示活动成果”只呈现了部分分类，供同行参考. 要明白：对基础较好的学生，教师课前要多准备些，即教师对问题①的分类量一定要超出学生；但对基础弱的学生，教师可先示范地写出其中 1～2 个，再让学生动手.

展示活动成果：（教师补充的也在内）

分类 1：分类标准——关系的有无

有关系：①，②，③，④，⑥，⑦，⑧.

没有关系：⑤.

分类 2：分类标准——关系的强弱

关系联系紧密：①，②，③，④，⑥，⑦，⑧.

关系联系不紧密：⑤.

分类 3：分类标准——是否有解析式

有解析式的：①，②.

没有解析式的：③，④，⑤，⑥，⑦，⑧.

分类 4：分类标准——根据关系是否为数学中的

数学问题中的关系：①，②.

生活问题中的关系：③，④，⑤，⑥，⑦，⑧.

分类 5：分类标准——是否是函数关系

函数关系：①，②.

非函数关系：③，④，⑤，⑥，⑦，⑧.

分类 6：分类标准——关系是否确定（明确）

存在确定性关系：①，②.

存在不确定性关系：③，④，⑤，⑥，⑦，⑧.

分类 7：分类标准——增减是否一致（学生可能说成“单调性”）

两个变量变化趋势一致：①，②，③，④，⑤，⑦，⑧.

两个变量变化趋势相反：⑥.

（这些分类各有各自的理由，我们暂不评价，先阅读教科书，然后再讨论.）

设计意图

让学生运用原有知识，通过对变量间各种关系的辨别、分类，初步认识两个变量间的相互关系.

（二）阅读教科书

问题 2

你如何评价上面这些分类？请先阅读教科书，然后说说你的看法.

师生活动：学生阅读教科书“2.3.1 变量之间的相关关系”.

学生阅读教科书后，对前面的各种分类简要评价如下：

分类 1：没有关系的两个变量研究起来没多少实际意义.

分类 2：关系紧密程度标准很难定（如何定？见阅读材料“相关系数”）.

分类 3：这种分类可以（没有解析式的，研究任务之一是寻找其解析式）.

分类 4：不够准确，比如纳税问题：超过纳税标准 0～500 元的税率为 5%，500～2 000 元的税率为 10%……这是生活问题还是数学问题？

分类 5，分类 6：这两种分类标准是一致的（同教科书分类）.

分类 7：从函数角度看有增减，从相关关系角度看有正相关和负相关.

小结（板书下表内容）：

表 1　变量间的关系

变量间的关系	函数关系	确定性关系——可以精确表示
	相关关系	不确定性关系——带有随机性

设计意图

阅读教科书后再评价上面分类，就比较有针对性，不会跑题. 带着问题阅读教科书，便于理解变量间的相关关系.

问题 3

如何判断变量之间是否存在相关关系？

师生活动：判断变量之间是否有相关关系的方法有：

方法 1：按照经验——因为经验之中有规律.

方法 2：收集数据、调查分析，用数据说话（散点图）.

设计意图

对教科书内容进行小结提炼，掌握判断变量之间是否有相关关系的方法.

（三）案例分析

问题 4

从经验上看，数学成绩对物理成绩有何影响，影响物理成绩的因素还有哪些？

师生活动：教师提出问题，让学生讨论. 从经验看，由于物理学习要用到比较多的数学知识和数学方法. 数学成绩的高低对物理成绩的高低是有一定影响的. 但绝非唯一因素，还有其他因素，如是否喜欢物理，用在物理学习上的时间等，如图 1 所示.

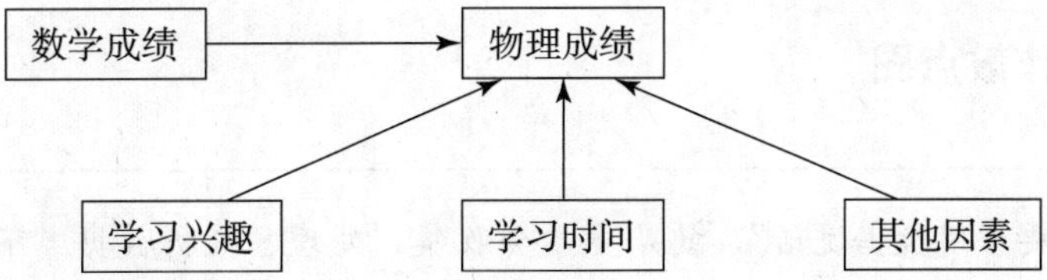

图 1

所以，数学成绩对物理成绩有影响，但不是唯一决定因素；产生变量间的相关关系的原因是许多不确定的随机因素.

设计意图

引导学生分析两个变量之间产生相关关系的原因是由许多不确定的随机因素造成的. 这个问题是带有引导性的，涉及到两个方面的含义：一是探索它们之间是否有关系；二是要指明这种关系带有许多随机因素.

问题 5

对具体的某个人来说，他的数学成绩好，物理成绩一定好吗？数学成绩差，物理成绩也差吗？

师生活动：可以就班上具体的学生举例. 说明：不能通过一个人的数学成绩来确定他的物理成绩，而是要从总体变化上考虑.

设计意图

让学生体会研究变量间的相关关系，不是针对个体，而是从总体变化趋势上考虑，是为了“用样本估计总体”.

问题 6

说说你对变量间的相关关系的理解？

师生活动：学生的理解可能有许多，表达也可能不到位. 教师在引导时应强调：

(1) 有关系、但不唯一，是一种不确定性关系；

(2) 产生变量间的相关关系的原因是许多不确定的随机因素；

(3) 两个变量之间的相关关系是从总体变化趋势来看变量间存在的某种关系，但这种关系又不能用函数关系精确表达.

设计意图

从具体实例中提炼出相关关系的概念，由于教科书并没有给出相关关系的定义，教学时应做适当的补充，这对学生理解两个变量之间的相关关系是有益处的.

（四）作散点图

——问题 7

统计中要“用数据说话”，就是要学会收集，处理、分析数据. 下面收集了某班 40 位同学高一上学期的物理、数学期中成绩. 你有哪些方法来处理这些数据?

表 2　某班 40 位同学高一上学期的物理、数学期中成绩

学号	数学	物理	学号	数学	物理	学号	数学	物理
1	93	85	15	70	65	29	56	54
2	92	93	16	78	82	30	46	51
3	94	91	17	63	72	31	80	88
4	91	85	18	76	66	32	56	43
5	80	80	19	62	52	33	64	50
6	72	65	20	74	78	34	74	69
7	82	86	21	62	47	35	60	60
8	68	71	22	68	65	36	48	26
9	90	80	23	72	73	37	74	49
10	84	82	24	70	63	38	64	69
11	78	79	25	64	44	39	60	62
12	96	91	26	70	71	40	28	22
13	66	79	27	60	48			
14	78	83	28	46	62			

师生活动：(1) 与学生一起回忆处理数据的一些方法，如统计表、直方图、散点图（数学 1 学习过）等. 但不必在此花费过多时间.

(2) 用 Excel 软件作图，如图 2.

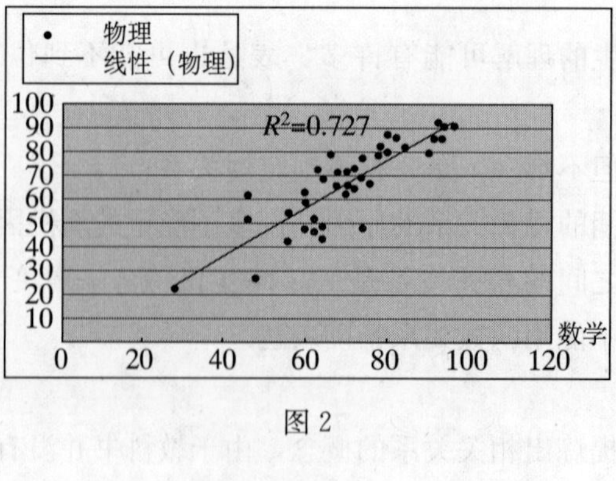

图 2

设计意图

回顾数据处理的方法，选择用散点图分析、处理数据.

问题 8

如何从这个散点图说明数学、物理成绩具有相关关系？

师生活动：学生思考、讨论.

从散点图上看，数学成绩越好，物理成绩也越好，图中点的趋势表明这两个变量确实存在一定关系.

设计意图

学会用散点图判断两个变量是否具有相关关系.

（五）正负相关

问题 9

从点的位置看，这个散点图（图 2）有什么特点？反映了两个相关变量的一种什么趋势？

师生活动：因为比较直观，学生基本能够回答：

（1）散点图中的点散布在从左下角到右上角的区域内——正相关.

（2）正相关反映了“一个变量随另一个变量增加而增加的趋势”.

设计意图

让学生由散点图归纳出正相关的概念.

问题 10

变量之间有正相关，也有负相关. 你能类比正相关来理解负相关吗？举例说明.

师生活动：学生讨论，并发表讨论结果：

（1）负相关反映了“一个变量随另一个变量增加而减少的趋势”.

（2）负相关散点图中的点散布在从左上角到右下角的区域内.

（备选负相关的例子：汽车的载重和汽车每消耗 1 L 汽油所行使的平均路程……）

设计意图

运用类比的方法，学习负相关的概念.

例 有一个同学家开了一个小卖部，他为了研究气温对热饮料销售的影响，经过统计，得到一个卖出热饮料杯数与当天气温的对比表（表 3）.

表 3 卖出热饮料杯数与当天气温的对比表

气温/ ℃	−5	0	4	7	12	15	19	23	27	31	36
热饮杯数	156	150	132	128	130	116	104	89	93	76	54

（1）画出卖出热饮料杯数与当天气温的散点图.

（2）气温与热饮杯数有相关关系吗？如果有，是正相关还是负相关？

师生活动：由于数据较少，可以事先准备方格纸，让学生动手画，然后教师用软件展示图 3.（不要一开始就展示，要让学生有一个动手体验的过程.）

解：（1）散点图，如图 3.

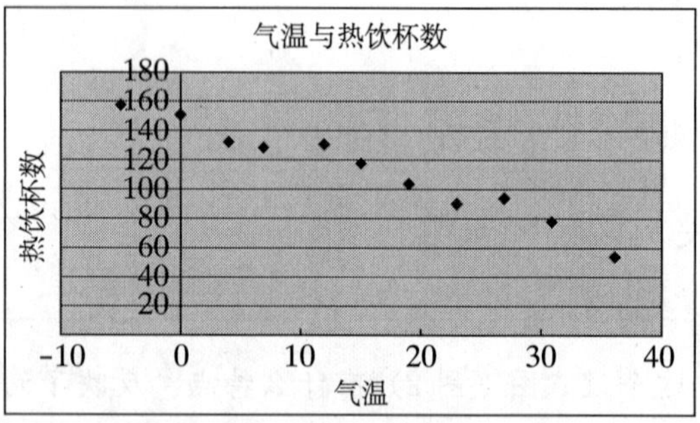

图 3

（2）从总体趋势看，气温升高而卖热饮料的杯数减少，它们之间有相关关系. 从点的分布特点看，它们呈负相关.

设计意图

巩固散点图的画法以及相关关系的含义.

问题 11

“名师出高徒”可以解释为教师的水平越高，学生的水平也越高. 教师的水平与学生的水平成正相关. 你还能举出一些具有正相关或负相关的成语或俗语吗？

师生活动：学生讨论，并发表讨论结果.（此处可以充分挖掘，调动学生积极性，可以形成一个学习高潮.）

备选：吸烟有害健康，水涨船高，一分耕耘一分收获……

设计意图

一是通过实例促进对相关关系的理解；二是感受现实生活中的相关关系，唤起学生对身边事物的思考和对生活的热爱.

（六）小结

问题 12

本节课学习了哪些内容？

师生活动：本节课主要内容有：

（1）两种关系：相关关系和函数关系（或者说“不确定关系”和“确定关系”）.

（2）两种方法（判断变量是否具有相关关系）：经验判断（经验之中有规律），数据分析（散点图）.

（3）两类相关：正相关、负相关.

设计意图

从整体上把握本节课所学内容，通过总结提炼，加深对相关关系的理解.

六、目标检测设计

1. 下列两个变量具有相关关系的是（　　）.

（A）圆的面积和半径　　（B）股票的价格与该上市公司的业绩

（C）学生的身高与他的数学成绩　　（D）物体自由落体时的速率与时间

设计意图

巩固相关关系的概念.

2. 两个变量成负相关的是______（把正确的答案都填上）.

①高原含氧量与海拔高度；

②学生成绩和他的学号；

③父母的身高和子女的身高.

设计意图

巩固正负相关的概念.

3. 一个工厂为了规定工时定额，需要确定加工零件所花费的时间，为此进行了10次调查，收集数据如下：

零件数	10	20	30	40	50	60	70	80	90	100
加工时间	62	68	75	81	89	95	102	108	115	122

（1）画出散点图.

（2）指出零件数与加工时间是正相关还是负相关.

（3）（开放题）请你根据《数学1》函数应用的有关知识，选择适当的函数模型来拟合这些数据.

设计意图

巩固散点图、正负相关等概念，为求回归方程作铺垫.

（浙江杭州市长征中学　朱成万）

教学案例7

实习作业

一、内容和内容解析

在学习本章所有内容后，通过本节实习作业，一方面可以让学生较为系统地经历数据收集与处理的全过程，进一步体会统计思维与确定性思维的差异；另一方面通过让学生在具体实际问题的背景中全方位体会本章知识内容，在知识点上进行一次复习巩固和查漏补缺.

“数据收集与处理的全过程”主要是指：

（1）收集数据：一般来说，数据的来源无非是试验和调查. 如何收集数据取决于我们所要研究的问题，因此，首先应该明确问题，这可以让我们有针对性地收集到“有用”的数据. 其次，收集到的数据还应该便于下一步进行数学处理，所以，在设计收集数据的方案时，也必须考虑这一点. 再者，在具体的研究中，收集数据的成本也是不得不考虑的因素. 至于收集数据的方法，当然只能局限于学生已经学过的三种随机抽样.

（2）整理数据：在对收集到的数据进行分析之前，一般要对数据进行必要的整理. 比如：将其按一定的格式输入电脑以便借助电脑进行分析计算；将调查问卷进行归类计数，统计各选项的个数；等等. 另外，对于一项问卷调查，有时在收集上来的调查问卷中可能会有些空着不填或者乱填一气，对于这样的数据，应该事先做一些处理才能进行下一步的统计分析，不然会对统计结果产生一些不良影响（这涉及比较近代的统计技术，教科书中没有涉及，教学中不必着墨过多）.

（3）分析数据：在众多分析数据的统计方法中，教科书只是介绍了一些最基本的，即通过计算“平均数”、“众数”、“中位数”、“标准差”等来刻画数据的特征. 可以让学生在完成实习作业过程中分别计算这些统计量，进行比较分析，体会这些统计量的意义.

（4）表述数据：分析结果还需要表述给别人看，就有一个“怎样才能让人容易理解分析结果”的问题. 除了本章学习的频率分布直方图，学生在初中已经学习了“折线图”、“直方图”、“饼图”等图示方法，这些都是很好的表述数据的形式，应该提醒学生使用.

（5）归纳结论：统计是用来说明问题的，这些统计数据最终说明了什么问题，我们必须有一个明确的结论.

“统计思维与确定性思维的差异”很难用较简洁的语言归纳清楚，而且抽象的语言描述对高中生而言也未必能理解. 但这应该是统计这一章的“核心概念”，教师还是应该有意识地引导学生在完成整个实习作业的过程进行体会.

教学重点：明确数据收集与处理的一般步骤，体会统计思维与确定性思维的差异.

二、目标和目标解析

1. 能够在教师的指导下，明确所要研究的问题，根据问题的性质制订收集数据的方案.

2. 能够在教师的指导下，根据研究的客观条件，选择适当的方式整理数据.

3. 能够在教师的指导下，选择适当的统计量分析数据.

4. 能够选择适当的方式表述数据.

5. 尝试根据对数据的分析推断问题的结论.

6. 在上述活动过程中，体会统计思维与确定性思维的差异，对相关知识点查漏补缺.

三、教学问题诊断分析

从学生的认知基础看，学生已经学习了《课标》要求的所有统计知识，但在此前具体知识的学习中，学生对统计思想未必有充分的体会和认识. 统计与其他数学知识的重要区别就是其不确定性，这也是学生最难理解的；再加上此前教学中教师容易把重心放在操作性较强的、较易检测到的学习目标上，而对较难检测的“统计思维与确定性思维的差异性的理解”不重视或者未关注到. 因此，这就自然成为本节课教学的一个难点.

“动手实践能力”是素质教育的关键问题之一，教科书对实习作业设置的根本目的就是鉴于这种考虑. 因此，本节课教学是否成功的一个最直接的标志就是学生能否顺利地完成实习任务. 无论采用哪一种模块次序教学，此前学生在其他章节已经做过一些实习作业，但由于应试的因素，学生未必会重视这些实习作业. 一方面，应该从学生所关心的实际问题激发学生对本节课的学习兴趣；另一方面，不能对学生完成实习作业的能力估计过高，认真做好各个环节的指导工作，也可让学生通过交流、合作消除完成实习作业过程中可能碰到的困难. 最后，教师要充分认识到本章内容的特殊性，以及统计思维体验的艰难性，这对能否进行有效指导也是至关重要的.

教学难点：理解统计思维与确定性思维的差异.

四、教学过程设计

例 1 本校学生每周使用计算机时间的调查.

设计意图

将教科书“在校中学生”改为“本校学生”，使作业的操作性更强一些. 通过以下问题串帮助学生对完成这个实习作业形成比较清晰的操作步骤.

——问题 1

为完成这个实习作业，我们需要获得哪些原始数据？（从以下选项中选择）

(A) 全校每一位学生每周使用计算机的平均时间

(B) 全校每一位学生上一周使用计算机的时间

(C) 经过抽样，样本内每一位学生每周使用计算机的平均时间

(D) 经过抽样，样本内每一位学生上一周使用计算机的时间

设计意图

帮助学生明确问题，把教科书中“要调查的问题是什么”改成这个更容易回答的问题作为台阶. 在例 2 中再将要求提高到由学生直接回答这个问题，使学生明确“使用计算机的时间”可以有两种理解，一种是抽样意义上的，如“上一周使用计算机的时间”，这是利用一周的数据（部分）推断全部，虽然也符合统计的思想方法，但由于样本太少（一周），所以结论的可信度较差. 如果增加样本（几周），则工作量大大增加. 另一种是平均意义上的，即“周使用计算机的平均时间”，这个平均值可以让被调查者自己进行估计. 在这个问题上，显然第二种理解不但易操作，而且更能揭示问题的本质，故选择 C.

——问题 2

你准备用哪一种抽样方法进行抽样？

设计意图

复习巩固学过的三种抽样方法.

——问题 3

怎样获取样本数据？

设计意图

具体操作指导. 让一些学生提出各个获取数据的办法，使得全班学生通过同伴提示的方式明确怎样进行调查.（可以是问卷调查，也可以电话询问，也可以在校门随机访谈调查，等等.）

——问题 4

怎样整理、分析所得的数据？

设计意图

复习巩固学过的描述数据的统计方法，确定用平均数、标准差、频率分布等统计量来描述数据，并用频率直方图进行直观描述（参阅教科书第89页实习报告）.

问题5

我们可以从哪些角度去寻找数据中的规律？

设计意图

具体操作指导．让一些学生提出各个寻找规律的角度，使得全班学生通过同伴提示的方式明确怎样寻找数据规律．（可以通过男女对比，年级比较，平均数比较，标准差比较等发现异同点.）

问题6

我们可以从哪些角度去向同学提出建议？

设计意图

帮助学生明确提建议的方向，如果学生认为这些数据不足以说明问题，也可以引导学生进一步获取更多的信息，比如细分使用计算机进行聊天、查资料、玩游戏、看新闻的时间等.

例2 本校中学生物理成绩与数学成绩之间的相关关系.

设计意图

在不影响实习作业教学目标的前提下，为增加操作性，将教科书中的“中学生”限制为“本校中学生”.

问题1

要研究的问题是什么？

设计意图

如果学生仍然不知道如何回答，可让学生参考例1的第一个问题．也可以通过指导学生分析问题中的关键词“本校中学生”、“物理成绩与数学成绩”、“相关关系”等角度明确问题．这也可以同时提高学生阅读的能力.

问题2

如何进行抽样？

设计意图

这个问题与例 1 基本类似，容易回答.

问题 3

实习报告中应包括哪些内容？

设计意图

通过设计实习报告的过程引导学生明确“分析数据”、“得出规律”、“给出建议”的任务. 以下实习报告供参考.

<table>
<tr><td>题目</td><td colspan="6">本校中学生物理成绩与数学成绩之间的相关关系</td></tr>
<tr><td>抽样方法</td><td colspan="6"></td></tr>
<tr><td rowspan="14">样本数据</td><td colspan="3">男生</td><td colspan="3">女生</td></tr>
<tr><td rowspan="2">序号</td><td colspan="2">成绩</td><td rowspan="2">序号</td><td colspan="2">成绩</td></tr>
<tr><td>数学 x</td><td>物理 y</td><td>数学 x</td><td>物理 y</td></tr>
<tr><td>1</td><td></td><td></td><td>11</td><td></td><td></td></tr>
<tr><td>2</td><td></td><td></td><td>12</td><td></td><td></td></tr>
<tr><td>3</td><td></td><td></td><td>13</td><td></td><td></td></tr>
<tr><td>4</td><td></td><td></td><td>14</td><td></td><td></td></tr>
<tr><td>5</td><td></td><td></td><td>15</td><td></td><td></td></tr>
<tr><td>6</td><td></td><td></td><td>16</td><td></td><td></td></tr>
<tr><td>7</td><td></td><td></td><td>17</td><td></td><td></td></tr>
<tr><td>8</td><td></td><td></td><td>18</td><td></td><td></td></tr>
<tr><td>9</td><td></td><td></td><td>19</td><td></td><td></td></tr>
<tr><td>10</td><td></td><td></td><td>20</td><td></td><td></td></tr>
<tr><td colspan="6">注：物理和数学的成绩均指近三次测验的平均分数，如果满分不是 100 分的要经过折算.</td></tr>
<tr><td>散点图</td><td colspan="6"></td></tr>
<tr><td>计算结果</td><td colspan="6">线性相关系数：$r=$
线性回归方程：</td></tr>
<tr><td>结果分析与建议</td><td colspan="6"></td></tr>
</table>

五、目标检测设计

用例 1、例 2 或者自行选择一个其他类似的研究课题做一个实习作业，完成实习报告，并用简短的两三句话谈谈完成这次实习作业中的若干体会.

（杭州九中　龚雷　任旭英　缪荷芳）

第三章 “概率”概述

概率是研究随机现象的理论工具．在本章，要使学生正确理解概率的含义，了解频率与概率的区别，理解古典概型及其概率计算公式，会用列举法计算一些随机事件的概率，了解几何概型的意义，了解随机数的意义，能运用模拟方法估计简单随机事件的概率．

本章知识框图如下所示：

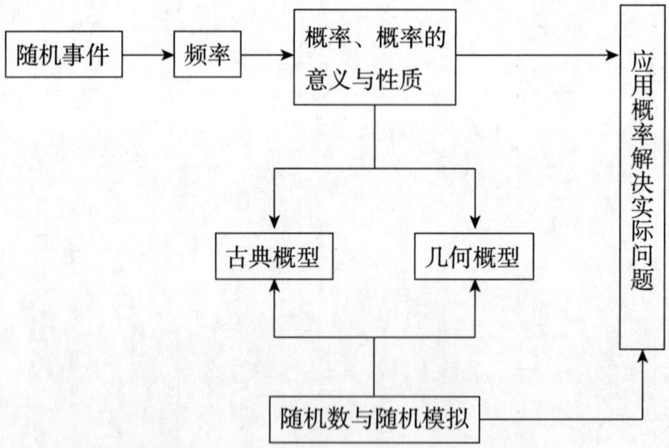

教学案例 8

随机事件的概率

一、内容和内容解析

学生在初中阶段已经学习了概率的初步知识，经历了随机试验（掷硬币试验），其主要目的是探索随机事件发生的规律性，帮助学生理解概率的统计定义．在高中数学《数学 3》中让学生再次通过亲手试验，除了探索随机事件的规律性外，还让学生通过感受频率的不确定性来体会随机思想．通过归纳概括概率的统计定义，正确认识概率与频率之间的区别与联系，并为学生学习后续的概率的性质以及两种概率模型奠定基础．

本节课的主要内容：事件的概念，概率的含义以及频率与概率的关系．

相比初中教科书，《数学 3》对事件概念的前缀作了改变，将“一定条件下”改为“在条件 S 下”．这一改变的原因有二：其一，高中《数学 1》中已经学过集合的相关知识（这里的条件 S 可以理解为一个条件集）；其二，这样的表述更为简洁、明确．

获得随机事件概率大小的基本方法是随机试验．对于随机试验，必须具备以下特征：(1) 试验应在相同条件 S 下重复进行；(2) 试验可能出现的结果至少有两个，而且能确知所有可能出现的结果是什么；(3) 每次试验前，无法肯定会出现什么结果，只知出现的是所有可能结果中的一种．

概率的统计定义为探求随机事件的概率提供了试验的方法，这种方法与概率的类型无关，适合于任何种类的随机试验．这个过程蕴含着实验、观察、探究、归纳的思想方法．

教学重点：了解随机事件发生的不确定性和频率的稳定性，了解概率的统计定义．

二、目标和目标解析

1. 通过实例，理解必然事件、不可能事件和随机事件的含义．

2. 通过学生动手试验，理解随机事件发生的随机性与规律性，体验随机思想．

3. 通过对试验结果的对比分析，了解概率的意义以及概率与频率的区别与联系．

4. 通过学生动手试验，体会实验、观察、探究、归纳的思想方法，体会在知识探索的历程中与他人合作的重要性，养成实事求是的科学态度．

5. 通过概率的生活来源以及概率在决策中的作用，感受概率学习的必要性.

三、教学问题诊断分析

用频率估计概率，既有随机性，又表现出规律性，这是学生理解的难点. 突破这一难点的有效途径是让学生亲自动手试验，使学生在实践过程中形成对随机事件的随机性以及随机性中表现出的规律性的直接感知. 因此，在教学中应重视学生的试验操作，教科书对抛硬币的试验分成五个步骤来执行，并在各个环节中让学生对试验结果进行横向、纵向的比较，其目的就是使学生在不断的结果对比中体会随机思想. 通过学生亲自试验、计算机模拟试验、展示历史上数学家的试验结果，让学生进行观察、归纳，体验概率意义的形成过程. 这个过程体现了试验、观察、归纳的思想方法.

对于概率的统计定义的描述，要注意防止这样的错误认识：随着试验次数 n 的增加，频率逐渐趋向于概率，即 $\lim\limits_{n\to+\infty} f_n(\mathrm{A})=P(\mathrm{A})$.

教学难点：理解概率与频率的关系，正确理解概率的含义.

四、教学支持条件分析

为了有效实现教学目标，可以借助图形计算器或者计算机模拟掷硬币试验，利用图形计算器或者计算机制作频率分布条形图. 为了顺利完成探究过程，突破难点，让学生亲自经历随机事件统计规律的归纳概括过程，可以组织学生分组进行随机试验.

五、教学过程设计

（一）课题引入

问题 1

章头图的背景展示了海上的台风现象，天气预报图，飞镖以及福利彩票的摇奖器. 这些事例有什么共同的特征?

设计意图

让学生初步感受生活中一些常见的随机现象，体会概率与科学、生活的联系及应用，激发学生学习概率的兴趣，同时借问题引出课题.

（二）随机事件的概念

问题 2

在日常生活中，你能否对下列问题作出确定的回答：(1) 随机掷一枚骰子，正面向上的点数是多少？(2) 7:20 在某公共汽车站候车的人有多少？(3) 你购买的本期福利彩票是否能中奖?

师生活动：先由学生思考、回答，教师引导学生回忆初中时学过的随机事件、不可能事件、必然事件的概念，并列举出上述三个例子中相应的前提条件(为随机事件、不可能事件或必然事件).

设计意图

唤醒学生对初中阶段所学的事件概念的回忆，体会事件概念的前缀（在一定条件下）的意义.

问题 3

阅读教科书第 108 页材料，提问：你是如何理解“偶然与必然之间往往有某种内在的联系”? 教科书所举事例“水稻种子发芽后的生长情况”，你是怎样体会“在一定的条件 S（温度、水分、土壤、阳光）下”这句话的意义的? 即这句话对事件的发生会有什么影响?

师生活动：先由学生阅读教科书第 108 页（城市学生对“水稻种子发芽后的生长情况”可能缺乏认识，教师需准备一些这方面的材料来向学生解释）；然后教师提问，组织学生讨论，讲出自己的想法；最后师生共同归纳随机事件、必然事件和不可能事件的概念. 教师追问：判断一个事件是否为随机事件的凭据是什么? 你能举出一些现实生活中的随机事件、必然事件、不可能事件的例子吗?

设计意图

使学生体会客观世界中偶然与必然的内在联系，引导学生对比初高中对事件概念定义的差异，让学生体会高中定义的简洁性与明确性.

（三）随机试验

1. 抛硬币试验

设计意图

通过学生亲自动手试验，认识随机事件发生的随机性以及在大量试验中频率呈现的稳定性. 通过对比、观察试验结果，让学生体验随机思想，突破教学难点. 在这个过程中，也体现了试验、观察、探究和归纳的思想方法.

师生活动：(1) 教师布置好试验分工（确定组长及任务分工）；组长下发教师事先准备好的实验数据采集图表；明确试验要求（确保试验结果的随机性).

(2) 试验过程

第一步　每个人各取一枚硬币，做 10 次掷硬币试验，记录正面向上的次数和比例，填在下表中：

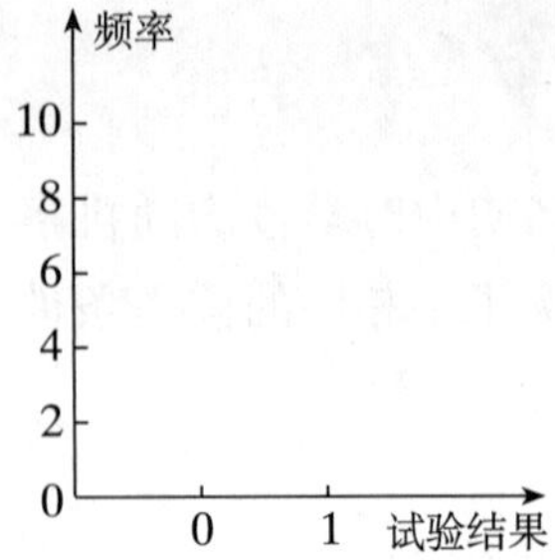

图 1

试验次数	正面朝上的次数	正面朝上的比例

根据试验结果在坐标系中画出条形图（图 1）：横轴为试验结果，仅取两个值：1（正面）和 0（反面），纵轴为试验结果出现的次数.

思考：与其他同学比较你的试验结果，结果一致吗？为什么会出现这样的情况？

第二步　由组长把本小组同学的试验结果统计一下，填入下表（每组人数最好一样）并制作好试验结果条形图（图 2）.

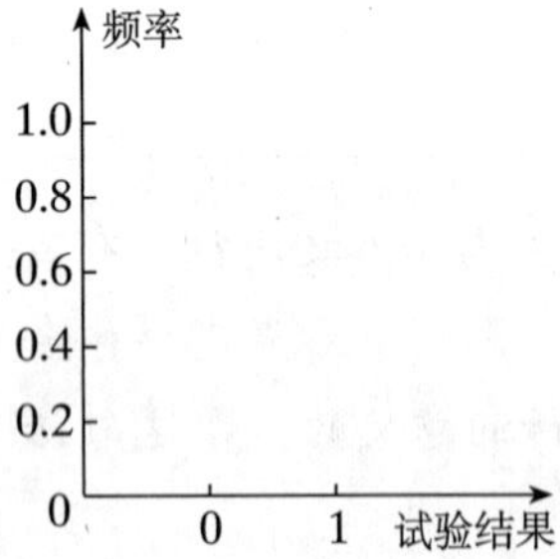

图 2

组次	试验总次数	正面朝上总次数	正面朝上的比例

思考：与其他小组试验结果比较，正面朝上的比例一致吗？为什么？

设计意图

通过动手试验、结果比较，让学生发现实验结果的随机性，同时，通过组间结果差距与个人间差距的对比，初步感受随着试验次数的增加，正面向上的比例相对更稳定.

第三步　请一位同学把全班同学的试验结果统计一下，填入下表并完成试验结果条形图.

班级	试验总次数	正面朝上总次数	正面朝上的比例

思考：观察统计表和条形图，能得到什么结论？

设计意图

让学生体会随着试验次数的进一步增加，正面向上的比例会稳定在 0.5 附近. 把试验结果用条形图表示，让学生形成直观感知.

第四步：把全班每个同学试验中正面朝上的次数收集起来，填入下表，并用条形图表示.

正面向上出现的次数占班级人数的比例分布表

正面向上的次数	0	1	2	3	4	5	6	7	8	9	10
人次											
所占全班人数比例											

填写说明：假设全班有 50 人，如果没有学生掷 10 次硬币出现 0 次正面朝上，则正面朝上的次数是 0 的比例为 0；如果仅有 1 个学生掷 10 次硬币出现 0 次正面朝上，则正面朝上的次数是 0 的比例为$\frac{1}{50}$；依次类推.

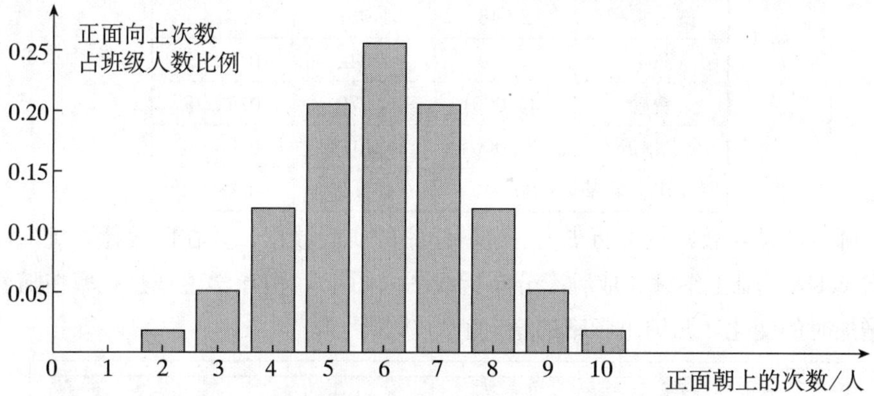

图 3

思考：观察这个条形图有什么特点?

设计意图

通过对条形图的制作，应用统计的知识解释试验结果的随机性与规律性之间的关系（把试验的结果看成一个样本）.

第五步：请同学们找出掷硬币时“正面朝上”这个事件发生的规律性.

思考：若全班同学再重复一次上面的实验，汇总结果还会和这次的汇总结果一致吗？如果不一致，你能说出原因吗?

设计意图

解释频数、频率的定义，引导学生体验大量重复试验后频率呈现的稳定性，同时通过讨论、解释“思考”，使学生理解频率的随机性.

2. 计算机随机模拟试验

试验次数	正面向上的频数	正面向上的频率
500		
1 000		
1 500		
2 000		

师生活动：向学生展示计算机模拟抛硬币试验，并在 Excel 软件中统计频率分布表，并绘制频率分布折线图，让学生比较两张图，验证“第五步”中思考问题的解释.

设计意图

借助计算机模拟掷硬币试验，可使试验次数大大增加. 同时，通过对数据动态的对比，让学生再次体会随机事件发生的随机性与规律性.

3. 历史材料（抛硬币试验）

实验者	抛掷次数 n	正面朝上次数 m	频率 m/n
德·摩根	2 048	1 061	0.518 1
蒲丰	4 040	2 048	0.506 9
费勒	10 000	4 979	0.497 9
皮尔逊	24 000	12 012	0.500 5
罗曼诺夫斯基	80 640	40 173	0.498 2

师生活动：教师投影历史上一些科学家的实验数据，并在前面计算机随机模拟 Excel 表基础上继续完成频率分布折线图（图 4），引导学生观察频率在随着次数增加时的变化，归纳出频率的稳定值为 0.5.

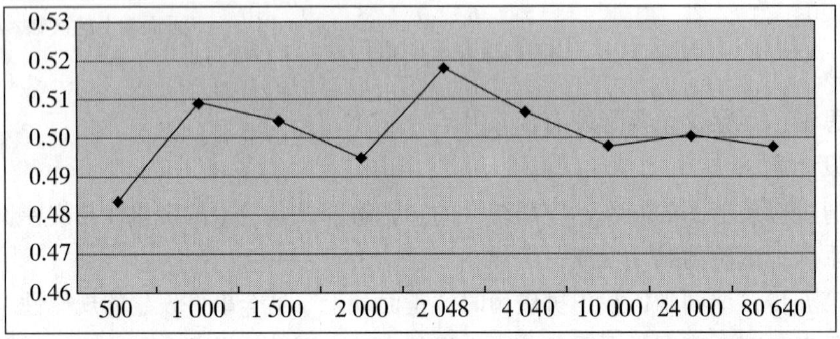

图 4

设计意图

让学生经历从动手试验、计算机随机模拟再到历史上一些数学家的试验数据的观察，体会随着试验次数的增加，随机事件 A 发生的频率 $\frac{m}{n}$ 越来越接近某个常数，以加深对概率概念实质的理解. 同时，培养学生一种严谨的科学研究的态度.

（四）概括定义

问题 4

对于一个随机事件 A，虽然在每次试验中是否发生不能预知，但是在大量重复试验中，随着试验次数的增加，你认为频率会有怎样的规律性？

师生活动：学生思考、讨论.

设计意图

从特殊事件转到一般事件，培养学生概括抽象的能力.

问题 5

你能解释这个常数的意义吗？

师生活动：教师提出问题，让学生参与讨论，回答这个问题会有一定的分歧和困难. 教师可以启发学生思考下面的问题：

(1) 这个常数是客观存在的，还是由试验次数决定的？

(2) 若概率接近于 1，反映了随机事件具有怎样的特征？同样地，若接近于 0 呢？

设计意图

使学生感悟概率的本质特征以及概率与频率的联系.

问题 6

你能给随机事件 A 发生的概率下一个定义吗？

师生活动：教师提出问题，学生思考、讨论，教师适当给予补充和评价，并追问：随机事件 A 发生的频率具有稳定性，会在某个常数附近摆动，这给我们什么启示？这个常数会有怎样的范围？它与试验次数有关吗？然后给出概念的定义.

概率定义：一般地，在相同的条件下，大量重复进行同一试验时，随机事件 A 发生的频率会在某个常数附近摆动，即随机事件 A 发生的频率具有稳定性. 这时就把这个常数叫做随机事件 A 的概率，记作 $P(A)$.

设计意图

培养学生概括抽象的能力，体会概率内涵.

（五）概念辨析

问题 7

对于概率，有以下一些看法：

观点 1：随机事件的概率是一个不确定的数，它是人们在重复试验中根据频率近似得到的，不同的试验频率会不同，因此随机事件的概率也发生变化.

观点 2：随着试验次数的增加，频率一般会越来越接近概率.

观点 3：若某随机事件的概率为 $\frac{m}{n}$，那么在 n 次重复试验中必有 m 次发生.

你认为上述观点正确吗？为什么？

师生活动：让学生充分讨论，并发表讨论结果. 对学生的回答教师不必马上作出点评，可让学生评论，然后师生共同归纳、整理概率与频率的区别与联系.

设计意图

使学生正确理解概率概念，体会概率与频率的区别与联系.

（六）概念应用

例 某篮球运动员，在同一条件下进行投篮练习，结果如下表如示.

投篮次数 n	15	78	176	380	482	862
进球次数 m	8	44	92	188	252	440
进球频率 $\frac{m}{n}$						

（1）计算运动员进球的频率；

（2）这位运动员投篮一次，进球的概率约为多少？

设计意图

以学生所熟悉的背景为题材，激发学生的学习兴趣；引导学生用频率估计概率，巩固对概率与频率之间关系的认识.

（七）小结

问题 8

对于某一随机事件，我们如何研究其发生概率的大小？谈谈你对随机事件概率含义的认识，以及概率与频率的关系.

设计意图

使学生对本节课的知识有一个系统的回顾.

六、目标检测设计

（一）课堂检测

1. 做同时掷两枚硬币的试验，观察试验结果.

（1）试验可能出现的结果有几种？分别把它们表示出来.

（2）做 100 次试验，每种结果出现的频数、频率各是多少？

与其他几名同学的试验结果汇总，你发现了什么？你能估计出现的频率吗？

设计意图

体验随机思想.

2. 请你分别举出一个概率很小和概率很大的随机事件的例子.

设计意图

体会概率的意义.

（二）课后检测

1. 某人捡到不规则形状的五面体石块，他在每个面上作了记号，投掷了 100 次，并且记录了每个面落在桌面上的次数（如下表）. 如果再投掷一次，请估计石块的第 4 面落在桌面上的概率是多少？

石块的面	1	2	3	4	5
频数	32	18	15	13	22

设计意图

检测学生对频率与概率之间关系的理解.

2. 统计全班同学的生日，将数据填入下表：

月份	频数	频率
一月		
二月		
三月		
四月		
五月		
六月		
七月		
八月		
九月		
十月		
十一月		
十二月		
合计		

（1）全班同学的生日在每个月的频数一样吗？

（2）收集全年级同学生日的数据，你能得到一个人在每个月出生是等可能的结论吗？

设计意图

让学生根据实际数据，运用频率估计概率来作出一些推断. 一般我们假定每个人的生日在 12 个月中哪一个月是等可能的，这个假定是否成立，引导学生通过收集到的数据作出初步的推断.

（余杭第二高级中学 郑敏杰 张红坚 余杭高级中学 吴寅静）

教学案例9

古典概型

一、内容和内容解析

本节课是人教A版《数学3》第三章“概率”的第二节“古典概型”的第1课时，是学生在初中阶段学习了概率初步，在高中阶段学习了随机事件的频率、概率之后，尚未学习计数原理（排列组合）的情况下进行教学的．古典概型是一种特殊的概率模型，它曾是概率论发展初期的主要研究对象，在概率论中占有相当重要的地位，它的引入避免了大量的重复试验，同时可解决一类随机事件的概率，得到此事件概率的精确值．古典概型的学习为其他概型的学习奠定了基础，有利于理解概率的概念，并能解释生活中的一些问题．

古典概型是概率的核心概念．要理解古典概型，首先要理解基本事件及它的两个特点：（1）任何两个基本事件是互斥的；（2）任何事件（除不可能事件）都可以表示成基本事件的和．其次，着重理解古典概型的特征：（1）试验中所有可能出现的基本事件只有有限个（有限性）；（2）每个基本事件出现的可能性相等（等可能性）．所以教学的重点不是如何计算概率值，而是通过举出大量的古典概型实例与数学模型使学生能甄别、理解、概括、深化古典概型的两个特征．

教学重点：理解古典概型的概念及古典概型计算公式的应用．

二、目标和目标解析

1．借助问题1的抛硬币、掷骰子、摸球的试验，以及问题2的具体问题，让学生用列举法写出所有可能的基本事件数，使学生初步理解基本事件的两个特征．通过比较、分析引导学生发现随机试验中出现的基本事件有等可能，也有不等可能的情形．

2．引导学生从具有等可能的基本事件的试验中概括古典概型的两个特征，并能正确理解古典概型及其概率计算公式．

3．借助问题4、问题6，通过思考和讨论，让学生不断体验和理解基本事件与古典概型的特征，充分认识它们在运用古典概型概率计算公式中的重要性，会判断是否为古典概型．

4．借助例1、例2、例3，变式练习，让学生学会把一些实际问题转化为古典概型，尝试用概率知识解决实际问题，培养实事求是的科学态度和锲而不舍的求学精神．

三、教学问题诊断分析

学生已有的认知基础是：学生在初中阶段学习了概率初步，了解掷硬币和掷骰子的试验、游戏的公平性、决策中的概率思想、天气预报的概率解释，体会到一些具体的事例中所含有的概率思想. 在高中阶段又学习了随机事件的概率，了解随机事件的不确定性和频率的相对稳定性，因此对继续通过大量重复的抛硬币、掷骰子等试验，获得随机事件的概率会不耐烦，从而急于寻找一种新的求解方案，这是学生学好本节课知识的一个有利的心理优势. 所以，通过问题1，问题2观察、分析这些试验，归纳出古典概型的两个特征不是问题.

学生学习本节的困难在于：(1) 学生刚学习概率，较难将实际问题模型（古典概型）化；(2) 学生在实际问题求解中容易忽视古典概型的两个特征，很少验证每个基本事件的出现是等可能的，故容易错用古典概型的公式求概率；(3) 不易分清具体问题中某随机事件包含的基本事件的个数和试验中基本事件的总数. 因此在教学中应结合问题2，3和例题进行深入讨论，加深对基本事件的理解，让学生真正体会到判断古典概型的重要性；同时应在教学中通过问题5、情境2、问题6引导学生体验公式得出的过程，特别是基本事件的等可能性. 概率是研究随机事件发生的可能性大小问题，这既有随机性，又有随机性中表现出的规律性，这是学生理解的难点，突破这个难点的最好办法就是给学生亲自动手操作的机会，使学生在实践过程中形成对随机事件的随机性以及随机性中表现出的规律性的直观感知.

教学难点：对试验结果有限性和等可能性的判断，分清在一个古典概型中某随机事件包含的基本事件的个数和试验中基本事件的总数.

四、教学支持条件分析

本节课的教学需要一些实物模型为教具，如硬币、骰子、乒乓球、转盘模型等. 教学中虽然学生对于概率的认识有了一定的基础，但是由于认识上还不够充分，所以在实际教学中要让学生进行动手操作，教师可以借助计算机Excel软件模拟（可以编制好程序）来验证随机试验的等可能性，以使学生相信模拟结果的真实性，为后续学习作准备.

五、教学过程设计

（一）探求改进方法，揭示课题

在前一节我们刚学完频率与概率的概念，通过试验和观察，得到一些随机事件的概率估计，但这种方法耗时、费力，而且得到的是概率的近似值.

思考：对于某些随机试验，能否根据这些随机事件的特性（如试验结果的对称性和互斥性）探求更好的方法求概率呢？

师生活动：教师引导，或让学生自己思考回答.

设计意图

培养学生发现问题的习惯，勇于探求解决问题的精神，并让学生了解学习本节内容的必要性.

（二）创设问题情境，引入概念

情境1 考察下列三个试验：

（1）抛一枚质地均匀的硬币；

（2）掷一枚质地均匀的骰子；

（3）口袋里装有红、白、黄、黑颜色不同其余完全相同的4个乒乓球，从中摸出一球.

问题1

（1）三个试验的结果分别有几个？你能写出所有的试验结果吗？

（2）你能归纳出这些试验结果有什么共同特点吗？

师生活动：问题1中（1）（2）先后出现，让学生思考、讨论，写出所有可能出现的结果，教师说明此随机事件称为基本事件，并引导学生发现基本事件的特点：相互之间是互斥，任何事件可以表示为它们的和.

基本事件：

（1）任何两个基本事件是互斥的；

（2）任何事件（除不可能事件）都可以表示成基本事件的和.

设计意图

通过抛硬币、掷骰子与摸球三个比较熟悉的试验的分析与讨论，激发学生的学习兴趣，引导学生观察、思考、讨论、分析，找出这些试验结果所具有的共性，为归纳古典概型提供丰富的实例背景.

（三）探讨实例共性，形成概念

问题2

（1）从字母 a，b，c，d 中任意取出两个不同字母的试验中，有哪些基本事件？共有多少个基本事件？

（2）单选题是标准化考试中常用的题型，一般是从A，B，C，D四个选项中选出一个正确答案，如果考生掌握了考查内容，他可以选择唯一正确的答案.假设考生不会做，他随机地选择一个答案的试验中，有哪些基本事件？一共有多少个？

(3) 对于掷骰子试验，随机试验“出现偶数点”可以由哪些基本事件组成，一共有多少个？

师生活动：教师引导学生列举时做到不重不漏，学生独立列举出基本事件.

设计意图

通过问题2的一组问题串，从学生已有的知识出发，学会用列举法（如画树状图）写出基本事件. 问题2（2）前一部分问题是不等可能背景，让学生了解基本事件有时是等可能的，有时是不等可能的，从而让学生加深对基本事件的理解，并为归纳古典概型作好铺垫.

问题3

类比前面三个试验和问题2的试验研究，你认为这几个试验结果有什么共同特点？

师生活动：教师引导学生找出这几个试验的共同特点，概括古典概型的定义.

古典概型的定义：

(1) 试验中所有可能出现的基本事件只有有限个（有限性）；

(2) 每个基本事件出现的可能性相等（等可能性）.

我们将具有这两个特点的概率模型称为古典概率模型，简称古典概型.

设计意图

通过具体试验中的基本事件，发现它们的共同特征，概括出古典概型的定义，让学生体验由特殊到一般的数学思想方法.

（四）辨析具体实例，理解概念

问题4

思考以下几个问题：

(1) 如图1，转动一个有6等份标记的转盘，出现“箭头指向6”的概率为 $\frac{1}{6}$. 你认为这是古典概型吗？

(2) 向一个方格随机地投一个石子，如果该石子落在方格内任意一点都是等可能的. 你认为这是古典概型吗？为什么？

(3) 高一军训进行打靶射击时，这一试验的结果只有有限个：命中10环、命中9环……命中1环和命中0环（即不命中）. 你认为这是古典概型吗？为什么？

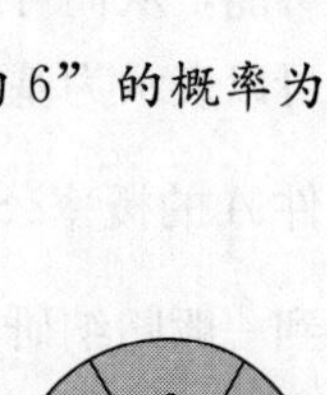

图1

(4) 单选题是标准化考试中常用的题型，一般是从 A，B，C，D 四个选项中选择一个正确答案. 如果考生掌握了考查的内容，他可以选择唯一正确的答案. 假设考生掌握了考查的内容或考生掌握了部分考查内容. 这是古典概型吗？为什么？

师生活动：问题（1）试验的结果只有 6 个，而且出现每一个数的可能性都相等，所以是古典概型. 虽然问题（2）中每一个试验结果是等可能的，但试验结果无限个，所以不是古典概型. 虽然问题（3）试验的结果是有限个，但每一个试验结果不是等可能的. 问题（4）与问题 2 中的（2）是同一题的不同条件，引导学生思考在什么情况下是古典概型.

设计意图

通过对问题 4 中 4 个具体实例的辨析，进一步加深对概念的理解，掌握古典概型的特征：试验结果的有限性和每个基本事件的等可能性.

（五）分析具体实例，归纳公式

问题 5

在古典概型下，随机事件发生的概率如何计算？

师生活动：教师提出问题，学生主动思考解决.

设计意图

理解古典概型的特征后，教师要引导学生探究古典概型的概率计算公式.

情境 2

(1) 抛均匀硬币试验中，出现“正面朝上”的概率和“反面朝上”的概率是多少？

(2) 掷骰子试验中，出现“偶数点”事件的概率是多少？

(3) 你能从这些试验中找出规律，总结出古典概型概率的计算公式吗？

师生活动：引导学生从一些特殊试验中发现任意两个基本事件都是互斥且等可能，从而可以得出任一基本事件的概率，又因为任何事件（包括必然事件）都可以表示为基本事件的和，利用概率的加法公式可以得出结果. 古典概型任何事件 A 的概率公式：$P(A)=\dfrac{A\text{包含的基本事件的个数}}{\text{基本事件的总数}}$. 从这个过程中体会从特殊到一般归纳研究问题的思想.

设计意图

让学生从特殊问题模型入手，归纳出古典概型概率的计算公式.

问题 6

(1) 上述问题 4 中的 (4) 问已知条件不变. 假设有 20 道单选题，如果有一个考生答对了 17 道题，他是随机选择的可能性大，还是他掌握了一定知识的可能性大？

(2) 在标准化的考试中既有单选题又有多选题，多选题是从 A，B，C，D 四个选项中选出所有正确的答案. 同学们可能有一种感觉，如果不知道正确答案，多选题更难猜对，这是为什么？

师生活动：教师引导学生进行逆向思维，学会用所学知识对现实生活中的一些随机现象作出解释. 采用反证法的思维方式，对于问题 6 (1)，引导学生思考：假设考生每道题都是随机选择答案的，可以用模拟的方法估计他答对 17 道题以上的概率是很小的；如果掌握了一定的知识，绝大多数题他是会做的，那么他答对 17 道题的概率会比较大，所以掌握了一定的知识答对的可能性大. 对于问题 6 (2)，引导学生思考讨论单选题与多选题的区别，让学生用列举法写出 15 个基本事件：(A) (B) (C) (D) (A，B) (A，C) (A，D) (B，C) (B，D) (C，D) (A，B，C) (A，B，D) (A，C，D) (B，C，D) (A，B，C，D). 假设考生不会做，在他随机地选择任何答案是等可能的情况下，答对的概率为 $\frac{1}{15}\approx 0.066\,7$，比单选题答对的概率 0.25 小得多，所以多选题更难答对.

设计意图

使学生通过相似问题背景的比较，进一步理解古典概型特征及其在解决实际问题中的思想方法，体现数学的应用价值.

（六）例题练习求解，巩固概念

例 1 同时掷两个骰子，计算：

(1) 一共有多少种不同的结果？

(2) 向上的点数之和是 5 的结果有多少种？

(3) 向上的点数之和是 5 的概率是多少？

师生活动：给学生发一颗骰子，同桌合作，教师注意观察小组讨论，及时评价. 首先，让学生列举所有不同的结果，可以预计学生的列举不一定是完整的 36 种结果；其次，让列举对的同学帮助列举不对的同学找出问题，解决问题；最后，让学生自己总结出解决这类问题应注意什么. 为了加深理解，教师可以引导学生验证该试验是否满足古典概型的两个条件，发现问题出在每个基本事件不是等可能上，同时可以让学生再回顾一下古典概型的概率公式的推导过程. 可以通过模拟和分析两种方式验证每个基本事件的等可能性，有条件的学校可以事先模拟程序. 若使用分析方法，可以使用下表.

	1	2	3	4	5	6
1	1+1=2	1+2=3	1+3=4	1+4=5	1+5=6	1+6=7
2	2+1=3	2+2=4	2+3=5	2+4=6	2+5=7	2+6=8
3	3+1=4	3+2=5	3+3=6	3+4=7	3+5=8	3+6=9
4	4+1=5	4+2=6	4+3=7	4+4=8	4+5=9	4+6=10
5	5+1=6	5+2=7	5+3=8	5+4=9	5+5=10	5+6=11
6	6+1=7	6+2=8	6+3=9	6+4=10	6+5=11	6+6=12

设计意图

学生通过动手操作，可以深入理解在使用古典概型的概率公式时，首先要正确认识试验中的基本事件，并判断该概率模型是否为古典概型，找出随机事件 A 包含的基本事件的个数和试验中基本事件的总数. 同时例 1 也是对古典概型判断的深化，让学生体会到不要一看到试验包含的基本事件是有限个就用古典概型的公式求概率，特别要验证“每个基本事件是等可能的”这个条件，否则计算出的概率是错误的.

追问：

(1) 为什么要把两个骰子标上记号？如果不标上记号会出现什么情况？你能解释其中的原因吗？

(2) 两个答案都是利用古典概型的概率计算公式得到的，为什么会出现不同结果呢？

师生活动：思考 (1) (2) 先后出现，然后教师引导，学生用列举法写出基本事件，如果不标上记号，类似于 (1，2) 和 (2，1) 的结果将没有区别，这时所有的可能结果将是：(1，1)，(1，2)，(1，3)，(1，4)，(1，5)，(1，6)，(2，2)，(2，3)，(2，4)，(2，5)，(2，6)，(3，3)，(3，4)；(3，5)，(3，6)，(4，4)，(4，5)，(4，6)，(5，5)，(5，6)，(6，6). 共有 21 种，和是 5 的结果有 2 个，它们是 (1，4) 和 (2，3)，所求的概率是 $P(A)=\frac{2}{21}$.

分析：为什么会出现两个不同的答案？引导学生去验证是否满足古典概型的要求，可以发现第一种解法给出的基本事件都是等可能发生的，但第二种解法中构造的 21 个基本事件不是等可能发生的，如 (1，1) 与 (1，2).

设计意图

学生出错主要是因为对古典概型的两个特征不是很理解，提出这样的思考问题是让学生真正懂得学会分析原因、矫正错误.

例 2　假设储蓄卡的密码由四个数字组成，每个数字可以是 0，1，2，…，9

这十个数字中的任意一个. 假设一个人完全忘记了自己的储蓄卡密码，问他到自动取款机上随机试一次密码就能取到钱的概率是多少.

师生活动：在例 1 的基础上，学生解此题比较容易，可以让学生自做自评. 师生共同分析：一个密码一个基本事件，总有 10 000 个基本事件，它们是 0000，0001，0002，…，9998，9999，随机地试一个密码，相当于试到任何一个密码都是相等的，故 $P(\text{试一次密码就能取到钱})=\frac{1}{10\ 000}$. 能得到以下结论：

(1) 密码的位数不能太少，位数越少，选择就越少，也就越不安全.

(2) 自动取款机不能无限制地让用户试密码，一般取款机仅允许试三次，无限制试下去，一定能取到钱，这样就太不安全了.

(3) 记住自己的密码，又不能让别人猜出自己的密码是很重要的. 我们经常看到人们在银行忘记密码的情形，如果自己的密码没有一定的规律，忘记密码后去试密码，试对的概率是比较小的.

设计意图

培养和提高学生把实际问题转化为古典概型的能力，了解到概率在日常生活中的广泛应用，体会建模和化归的思想.

例 3 某种饮料每箱装 6 听，如果其中有 2 听不合格. 质检人员从中随机抽出 2 听，检测出不合格产品的概率有多大？

师生活动：教师引导，学生思考讨论，引导学会建立概率模型来求解.

师生共同解答：把每听饮料标上号码，合格的 4 听分别记作：1，2，3，4. 不合格的 2 听分别记作 a，b. 只要检查的 2 听中有 1 听不合格，就表示查出了不合格产品.

依次不放回地从箱中取出 2 听饮料，得到的 2 个标记分别记为 x 和 y，则 $(x,\ y)$表示一次抽取的结果，即基本事件，由于是随机抽取，所以抽取到任何基本事件的概率相等. 用 A 表示“抽取两听饮料中有不合格产品”，A_1 表示“仅第一次抽出的是不合格产品”，A_2 表示“仅第二次抽出的是不合格产品”，A_{12} 表示“两次抽出都是不合格产品”，则 A_1，A_2，A_{12} 是互不相容事件，且 $A=A_1\cup A_2\cup A_{12}$，从而 $P(A)=P(A_1)+P(A_2)+P(A_{12})$. 因为 A_1 中的基本事件的个数是 8，A_2 中的基本事件的个数为 8，A_{12} 中的基本事件的个数为 2，全部基本事件的总数为 30，所以 $P(A)=\frac{8}{30}+\frac{8}{30}+\frac{2}{30}=0.6$.

设计意图

进一步培养和提高学生将实际问题模型化的能力，会用列举法得到实验的基本事件总数和所求事件的基本事件数，巩固理解古典概型的计算公式.

追问：随着检测听数的增加，查出不合格产品的概率怎样变化？为什么质检人员一般采用抽查的方法而不采用逐个检查的方法？

师生活动：教师提出问题，学生思考回答．列出表格如下．

检测听数	1	2	3	4	5	6
概率	0.333	0.6	0.8	0.933	1	1

设计意图

设计此问题主要是让学生与前面所学的知识相联系，进一步体会统计中抽样的必要性，对所学的数学知识有一个系统的了解．

变式练习 一次投掷两颗骰子，求出现的点数之和为奇数的概率．

师生活动：给学生充分的思考时间，尽可能让学生来分析和表达这个问题，最后由教师归纳、总结．

解法1：设A表示“出现点数之和为奇数”，用(i,j)记“第一颗骰子出现i点，第二颗骰子出现j点”，i，$j=1$，2，…，6．显然出现的36个基本事件组成等概率样本空间，其中A包含的基本事件个数为$k=3\times3+3\times3=18$，故$P(A)=\frac{1}{2}$．

解法2：若把一次试验的所有可能结果取为：（奇，奇），（奇，偶），（偶，奇），（偶，偶），则它们也组成等概率样本空间．基本事件总数$n=4$，事件A包含的基本事件个数$k=2$．

解法3：若把一次试验的所有可能结果取为：{点数和为奇数}，{点数和为偶数}，也组成等概率样本空间，基本事件总数$n=2$，A所含基本事件数为1．

设计意图

通过此变式练习让学生学会从不同的角度去考虑一个实际问题，可以将问题转化为不同的古典概型来解决，使所得到的古典概型的所有可能结果数越少，问题的解决就变得越简单．同时三种解法的讨论使学生对古典概型的理解会更深刻，体现了“理论来源于实践，并把理论应用于实践”的辨证思想，既巩固了概念又拓展了对概念理解的深度与广度．

（七）课堂归纳总结，提炼升华

问题7

（1）你能举例说明古典概型的两个特征吗？

（2）你认为求古典概型的概率需要注意哪些问题？

（3）学习了古典概型后，你觉得有哪些收获？

设计意图

以问题的形式，让学生回顾整理．通过问题（1）让学生举例，可以了解学生对古典概型的掌握情况，通过问题（2）（3）让学生反思，使知识系统化，对古典概型特征的认识上升到一个新的层次，同时提高学生总结、归纳、表达的能力.

六、目标检测设计

1. 在20瓶饮料中，有2瓶已过了保质期. 从中任取一瓶，取到已过保质期的饮料的概率是多少？

设计意图

理解古典概型的两个基本特征. 此题比较容易判断是否为古典概型，也能全部列举出全部事件的个数以及所包含的基本事件的个数. 让学生直接得到过保质期的这个事件的个数是2个，体会取任何一瓶都是等可能的.

2. 一枚均匀的硬币连续抛掷3次，出现“3次正面”、“3次反面”、“1次正面、2次反面”的可能性相同吗？共有几个基本事件？

3. 甲袋中有3个红球和2个白球，乙袋中有1个红球和2个白球. 现从每个袋子里各取一个球，求两球同色的概率.

设计意图

通过以上两题，让学生学会列举所有可能的基本事件，并会分析某个随机事件所包含的基本事件个数以及求解此事件的概率.

4. 下面有三个游戏规则，袋子中无放回地取球. 分别计算甲获胜的概率，哪个游戏是公平的？

游戏1	游戏2	游戏3
1个红球和1个白球	2个红球和2个白球	3个红球和1个白球
取1个球	取一个球，再取一个球	取一个球，再取一个球
取出的球是白球→甲胜	取出两个球同色→甲胜	取出的两个球同色→甲胜
取出的球是红球→乙胜	取出两个球不同色→乙胜	取出两个球不同色→乙胜

设计意图

让学生认识到不要一看到基本事件是有限个就用古典概型的公式求概率. 面对这三个游戏规则，让学生比较和验证“每个基本事件出现是等可能的”这个条件，真正懂得基本事件的等可能性.

5. 某班主任对全班50名学生进行了作业量多少的检查，数据如下表：

	认为作业多	认为作业不多	总数
喜欢电脑游戏	18	9	27
不喜欢电脑游戏	8	15	23
列总数	26	24	50

如果校长随机地问这个班的一名学生，下面事件发生的概率是多少？

(1) 认为作业多；

(2) 喜欢电脑游戏并认为作业不多.

设计意图

这是古典概率计算公式的基本运用. 从表格中去理解基本事件的个数，学会用古典概型的公式求解.

6. 小红、小芳和小丁是同班同学，假设她们三人早上到学校先后的可能性是相同的.

(1) 事件“小芳比小丁先到学校”的概率是多少？

(2) 事件“小芳比小丁先到学校，小丁又比小红先到学校”的概率是多少？

设计意图

让学生会从不同的角度建立不同的古典概型求解，会用画树状图法和列举法求解古典概型的概率题.

（余杭高级中学　吴寅静　童元意）

教学案例 10

几何概型

一、内容和内容解析

几何概型的学习是为了满足更广泛的随机模拟的需要，相对于古典概型，它的学习要求比较低. 几何概型是比较常见的一种概率模型，它的特点是试验结果在一个区域（长度、面积或体积）内均匀分布，并且试验结果的个数是无限的. 前者是几何概型计算公式的基础，它保证了随机事件的概率大小与随机事件所在区域的形状、位置无关，只与该区域的大小有关，而后者是几何概型和古典概型的区别.

几何概型的定义是：如果每个事件发生的概率只与构成该事件区域的长度（面积或体积）成比例，则称这样的概率模型为几何概率模型，简称几何概型.

在几何概型中，事件 A 的概率计算公式为：

$$P(A)=\frac{\text{构成事件 }A\text{ 的区域长度(面积或体积)}}{\text{试验的全部结果所构成的区域长度(面积或体积)}}.$$

对几何概型的探究，是后续连续性随机模拟的基础，也是本节课的重点.

二、目标和目标解析

能够通过实例初步体会几何概型的含义，并能对简单的几何概型进行概率计算.

1. 通过实例了解学习几何概型的必要性，在比较与分析中理解几何概型与古典概型的区别与联系，明确几何概型的概念特征.

2. 能从实例中概括出几何概型的特点并能够建立几何概型的模型进行分析和处理.

3. 能通过实例理解几何概型的概率计算公式.

4. 在几何概型的基础上，引入某个区间的均匀随机数，为后续学习作准备.

三、教学问题诊断分析

学生已具备的认知基础是：在初中，学生已接触过随机事件、不可能事件、必然事件的概念，也了解客观世界中“偶然”与“必然”的内在联系，已对概率及统计有一个初步的认识. 进入高中后，学生对于随机事件、频率、概率的意义和性质以及用概率解决实际问题等方面的理解能力都有较大的提高，同时对古典概型也有一定的认识，这为学习几何概型打下了一定的基础.

学生学习本节课的困难在于：(1) 几何概型与古典概型这两种特殊的概率模型，学生在学习过程中会混淆概念，解决这个困难的方法就是通过实例对这两种概率模型进行比较、分析，引导学生进行归纳体会；(2) 学生虽然已经学习了概率及古典概型，但是将实际问题抽象成概率模型的能力还不够，在本节课还需通过具体实例引导学生将实际问题转化为几何概型求概率；(3) 如何确定几何概型计算的几何量，即长度、面积或体积，需要根据具体的问题进行分析，这对学生的分析问题和解决问题的能力提出了较高的要求，这也是本节课的难点.

四、教学支持条件分析

本节课的教学需要一些实物模型作为教具，如转盘模型等. 可以让学生自己准备硬纸板制作圆盘. 在教学中应让学生进行实际的动手操作，以使学生感知模拟结果的真实性，为后续学习作准备.

五、教学过程设计

(一) 课题引入

情境 1 前面我们已经学习了古典概型，你能根据学过的知识来解决下列问题吗？

(1) 抛掷两颗骰子，求出现两个“4 点”的概率.

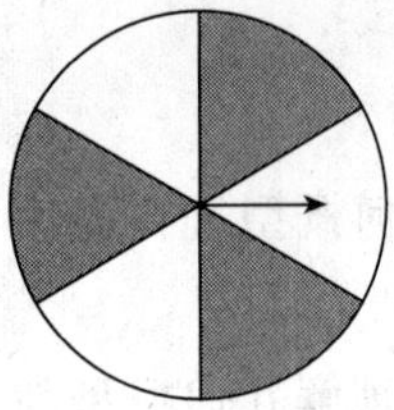

图 1

(2) 如图 1，转盘上有 6 个面积相等的扇形，转动转盘，求转盘停止转动时指针落在阴影部分的概率.

(3) 在一杯 1 L 的水中含有一小颗杂质，用一个小杯从这杯水中随机取出 0.1 L 水，求取出的小杯中含有这颗杂质的概率.

师生活动：学生独立思考、小组讨论，感知几何概型的初步概念及计算其概率的大致方法.

设计意图

从日常生活中的简单实例入手，在复习古典概型的基础上，营造认知冲突，进入几何概型的学习，激发学生的学习兴趣.

问题 1

以上这 3 个试验都是古典概型吗？

师生活动：问题 (1) 学生能比较容易地判断其为古典概型，而 (2)，(3) 则需要教师和学生一起讨论得到结论.

结论：(1) 抛掷两颗骰子，出现的可能结果有 $6\times6=36$ 种，且它们都是等可能的，因此属于古典概型；(2)，(3) 这两个试验也是等可能的但是结果个数无限，所以它们都不是古典概型.

从这三个例子我们发现：在现实生活中，有些试验的结果等可能，个数为有限的；但也有试验的结果等可能，但个数是无限的. 这时就不能用古典概型来计算事件发生的概率了.

设计意图

通过比较、分析，让学生对已学过的知识产生认知冲突，从而为几何概型的学习作一个铺垫. 古典概型具有基本事件个数的有限性和等可能性，而几何概型则是在试验中出现无限多个结果，且与事件的区域的大小有关.

问题 2

如何计算 (2)，(3) 这两个试验的概率？

师生活动：

分析 1：根据日常生活经验，不难理解事件 A（指针落在阴影部分）的概率可以用阴影部分面积与总面积之比来衡量，即 $P(A)=\frac{3}{6}=0.5$.

分析 2：由于取水样的随机性，所求事件 B（在取出的 0.1 升水样中含有一颗杂质）的概率等于水样的体积与被取水杯总的水的体积之比，即 $P(B)=$

$\frac{0.1}{1}=0.1$.

设计意图

初步体会几何概型的概率的计算方法．由于这两个问题比较直观，所以学生比较容易接受．

问题 3

你能说出问题（2），（3）中这两个试验的共同点吗？它们与问题（1）中的试验有什么区别？

师生活动：教师引导学生进行分析，学生以小组讨论的形式进行研究，得出结论．学生得到的结论可能不够完善，教师适当加以补充．

设计意图

使学生学会区别古典概型和几何概型的特征：古典概型具有有限性和等可能性；而几何概型则是在试验中出现等可能的但有无限多个结果的情况，且与事件的区域大小有关．通过（2），（3），使学生感受几何概型的含义，并初步了解求几何概型问题概率的基本方法．

（二）课题展开

情境 2 如图 2 和图 3 中的两个转盘，甲、乙两人玩转盘游戏，规定当指针指向 B 区域时，甲获胜，否则乙获胜．如果你是甲，你会选择哪种玩法？为什么？

师生活动：让学生自己进行操作确认，通过试验得到事件发生的概率．

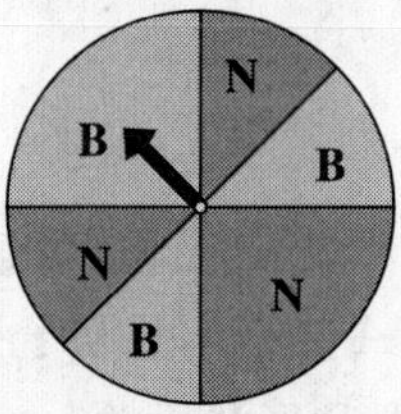

图 2

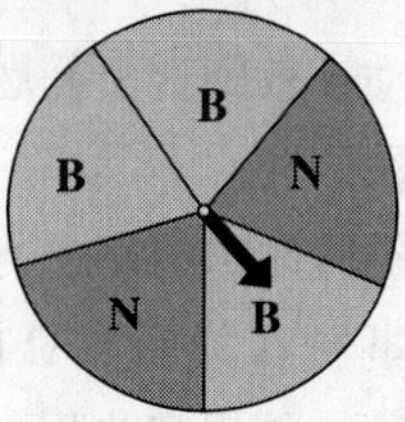

图 3

在实践过程中，让学生通过观察明确，以转盘（1）为游戏工具时，甲获胜的概率为$\frac{1}{2}$；以转盘（2）为游戏工具时，甲获胜的概率为$\frac{3}{5}$．

设计意图

此问题是让学生明确在几何概型的前提下，分别求上述两种情况下甲获胜的概率．让学生逐步体会计算几何概型的主要特点：每个随机事件发生的概率只与构成该事件区域的面积大小有关，与随机事件所在区域的形状和位置无关．

几何概率模型定义：如果每个事件发生的概率只与构成该事件区域的长度

（面积或体积）成比例，则称这样的概率模型为几何概率模型，简称为几何概型.

在几何概型中，事件 A 的概率的计算公式为：

$$P(A)=\frac{\text{构成事件 }A\text{ 的区域长度(面积或体积)}}{\text{试验的全部结果所构成的区域长度(面积或体积)}}.$$

情境 2 的概率计算：

把圆周的长度设为 1，则：

以转盘（1）为游戏工具时，$P(\text{“甲获胜”})=\frac{\frac{1}{2}}{1}=\frac{1}{2}$；

以转盘（2）为游戏工具时，$P(\text{“甲获胜”})=\frac{\frac{3}{5}}{1}=\frac{3}{5}$.

师生活动：概念和计算公式尽可能让学生自己归纳，教师进行补充说明和评价.

设计意图

通过对问题的解决，尝试让学生总结归纳几何概型的概念和计算公式，并学会利用几何概型的计算公式计算概率值.

问题 4

如果把 B 和 N 的位置改变，但所占比例不变，你会选择甲吗？

事实上，甲获胜的概率与字母 B 所在扇形区域的圆弧的长度有关，而与字母 B 所在区域的位置无关，只要字母 B 所在扇形区域的圆弧的长度不变，不管区域相邻，还是不相邻，甲获胜的概率不变.

师生活动：教师提出问题，学生讨论解决.

设计意图

回顾此类问题求概率的方法，进一步体会事件 A 的位置和形状对于计算概率无关. 即事件 A 为区域 Ω 的某一子区域 A，事件 A 的概率只与子区域 A 的几何度量（长度、面积和体积）成正比，而与 A 的位置和形状无关.

问题 5

（1）已知地铁列车每隔 10 min 一班，其中在车站停 1 min，求乘客到达站台立即乘上车的概率.

（2）在边长为 3 的正方形中随机撒一大把豆子，计算豆子落在正方形内切圆中的概率.

（3）取一根长为 6 m 的绳子，拉直后在任意位置剪断，求剪得两段的长都不小于 2 m 的概率.

师生活动：学生进行讨论解决，教师适当给予评价.

(1) 记“乘客到达站台立即乘上车”为事件 A，则所求事件 A 的概率为 $P(A)=\frac{1}{10}$.

(2) 记“豆子落在正方形内切圆中”为事件 B，则所求事件 B 的概率为 $P(B)=\frac{\pi\left(\frac{3}{2}\right)^2}{3\times 3}=\frac{\pi}{4}$.

(3) 记“剪得两段的长都大于 2 m”为事件 C，则所求事件 C 的概率为 $P(C)=\frac{6-4}{6}=\frac{1}{3}$.

设计意图

以上三个题目分别是与时间、面积和长度相关的几何概型. 这些例子都与我们的实际生活紧密相关，能够激发学生解决问题的兴趣. 要求教师在教学时和学生一起分析，让学生认识到求解几何概型题的关键是找到问题中涉及的几何度量，然后再考虑子区域 A 的几何度量占总的几何度量的比例.

（三）课题深入

例 某人午觉醒来，发现表停了，他打开收音机，想听电台整点报. 求他等待的时间不多于 10 min 的概率.

问题 6

你能用今天所学的知识来解决这一问题吗？

用几何概型解决实际问题的基本方式可以分解为以下几个步骤：

第一步 把问题抽象成几何概型. 如假设在 0～60 min 之间任何一点，打开收音机是等可能的，而在哪个时间段打开收音机的概率只与该时间段的长度有关，与该时间段的位置无关. 这符合几何概型的条件，可以看成几何概型.

第二步 找到等待的时间不多于 10 min 这个事件 A 所在的区域，即打开收音机的时刻恰好位于 [50，60] 这个时间段内，则等待的时间不多于 10 min.

第三步 根据几何概型计算概率的公式计算该事件的概率.

师生活动：先让学生充分讨论，自己思考解决的方案；然后教师引导学生思考这是否是几何概型，如何确定随机事件所在的区域以及如何通过几何概型概率的计算公式进行计算.

设计意图

使学生通过例题明确如何建立几何概型，巩固计算几何概型概率的公式.

问题 7

你能设计一个转盘来模拟例题中的这个试验，并得到结果吗？

师生活动：学生做一个带指针的转盘，把它 6 等分，最好与钟表的格子对应，可以用固定转盘不动旋转指针的方法，或固定指针不动旋转转盘的方法，得到打开收音机的时间，做 20 次试验可以得到该事件概率的估计值.

设计意图

通过随机模拟的方法得到随机事件发生的概率的近似值，即用模拟的方法得到概率的估计值，这是解决这个问题的第二种方法.

问题 8

如果你对这个模拟试验进行 30 次，50 次，100 次，会有怎样的结果呢？你有没有更好的方法？

师生活动：引导学生动手实践操作，使学生在不断的实践过程中体会频率的随机性和相对稳定性.

设计意图

前后呼应，帮助学生建立模型，让学生逐步体会用随机模拟的方法处理问题的思想. 这个具体的操作可以留到课后让学生进行，以便为下一节课作准备.

（四）课题延伸

在例题中，打开收音机的时刻 X 是随机的，可以是 0～60 之间的任何一刻，并且是等可能的. 我们称 X 服从 $[0, 60]$ 上的均匀分布，X 为 $[0, 60]$ 上的均匀随机数.

设计意图

均匀分布是一种常用的连续型分布，它来源于几何概型. 由于没有讲随机变量的定义，教科书中均匀分布的定义仅是描述性的，不是严格的数学定义. 只要求学生体会，如果 X 落到 $[0, 1]$ 区间内任何一点是等可能的，则称 X 为 $[0, 1]$ 区间上的均匀随机数.

（五）课题巩固

问题 9

请问几何概型有什么特征？它与古典概型有什么区别？

师生活动：教师如果发现学生的回答存在问题，可以引导他们回顾课堂一开始时的三个问题理解几何概型.

设计意图

初步认识几何概型，通过区别与比较，明确几何概型的特征.

——问题 10

你认为怎样的概率问题可以使用几何概型的概率计算公式进行计算？

师生活动：教师引导学生明确使用几何概型的概率计算公式时，一定要注意其适用条件：每个事件发生的概率只与构成该事件区域的长度成比例.

设计意图

进一步理解几何概型的特征，使学生在实际问题中能够依据特征进行区别和运用.

——问题 11

用几何概型解决实际问题的一般步骤有哪些？

师生活动：教师帮助学生总结解决问题的过程.

设计意图

通过回顾使学生了解从实际问题到建立几何概型的基本思路.

六、目标检测设计

（一）课堂检测

1. 你能通过几何概型的学习举出概率为 0 的事件不是不可能事件，概率为 1 的事件不是必然事件的例子吗？

设计意图

以提问的方式复习巩固这节课所学的内容，进一步理解几何概型的概念.

2. 如图，假设你在每个图形上随机撒一粒黄豆，分别计算它落到阴影部分的概率.

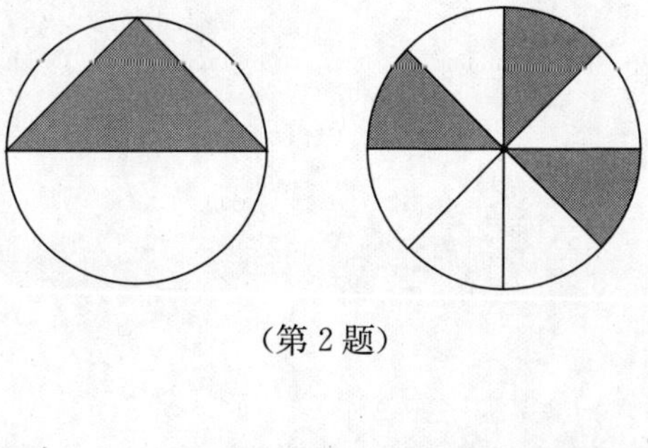

（第 2 题）

设计意图

通过本题评价学生能否结合实际背景，理解几何概型的意义及其计算方式.

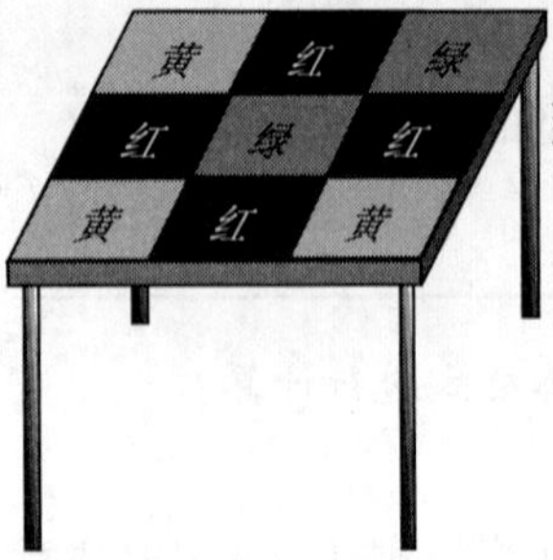

（第 3 题）

3. 一张方桌的图案如图所示，将一颗豆子随机地扔到桌面上，假设豆子不落在线上，求下列事件的概率：

（1）豆子落在红色区域；

（2）豆子落在黄色区域；

（3）豆子落在绿色区域；

（4）豆子落在红色或绿色区域；

（5）豆子落在黄色或绿色区域.

设计意图

通过本题评价学生在各种情况下处理几何概型的能力，并学会灵活应用面积的比计算概率.

（二）课后检测

1. 在平面直角坐标系中，设 D 是横坐标与纵坐标的绝对值均不大于 2 的点构成的区域，E 是到原点的距离不大于 1 的点构成的区域. 向 D 中随机投一点，则所投的点落在 E 中的概率是____________.

设计意图

明确用几何概型解决实际问题的基本步骤：（1）把问题抽象成几何概型；（2）确定事件 A 所在的区域（或长度、面积等）；（3）根据几何概型计算概率的公式计算该事件的概率.

2. 分别在区间［1，6］和［2，4］内任取一实数，依次记为 m 和 n，求 $m>n$ 的概率？请你用圆盘等设计一种方法模拟这个试验.

设计意图

通过本题评价学生对模拟试验的理解程度以及学生灵活应用圆盘等设计试验求概率的能力.

（杭州市余杭高级中学　吴寅静　杭州第二中学　徐存旭）

数学 4

第一章 “三角函数”概述

函数是刻画两个变量之间关系的数学模型．在初中，学习了正比例函数、反比例函数、一次函数、二次函数；在高中，学习了指数函数、对数函数等．

三角函数是一类特殊的周期函数．任意角的概念是任意角三角函数的基础，任意角的三角函数是研究三角函数的根本，三角函数的图象及其模型是数形结合的产物．因此，我们选择“任意角”、“任意角的三角函数”、“三角函数的诱导公式”、“正弦函数、余弦函数的图象”、“函数 $y=A\sin(\omega x+\varphi)$ 的图象”、“三角函数模型的简单应用”等六个方面的内容作为案例呈现，同时通过这些案例的呈现，揭示类比的思想、数形结合的思想、化归的思想和函数的思想等思想方法．

本章知识框图如下所示：

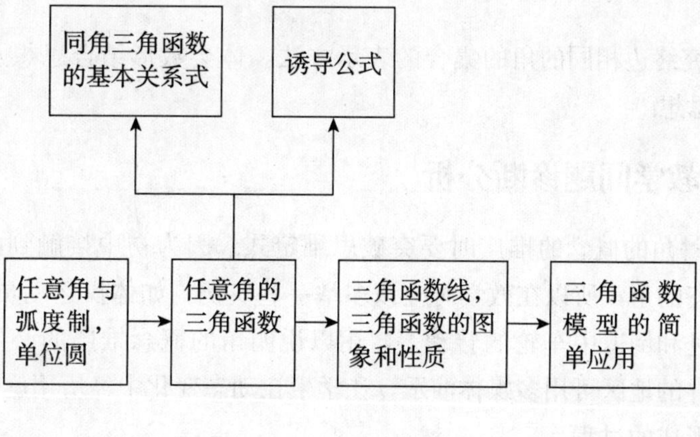

教学案例 1

任意角

一、内容和内容解析

通过对实际问题的直观感知，引入任意角的概念．通过与负数、正数和 0 的类比，引入负角、正角和零角的定义．学习象限角的概念、终边相同的角的表示方法．

通过对任意角的学习，培养学生的类比思想、数形结合的思想、从特殊到一般的归纳思想等．终边相同的角的集合的表示方法是学好三角函数的基础，因此，确定本节课的教学重点是任意角的概念，终边相同的角的集合的表示方法．

二、目标和目标解析

通过实例，使学生意识到仅用 $0^\circ\sim360^\circ$ 表示角是不够的，有必要扩展到任意角．建立负角、正角和零角的概念，并能在直角坐标系中研究象限角、讨论任意角．掌握象限角和终边相同的角的集合的表示方法．

1．从生活中的实例入手．如时针与分针、车轮的旋转、扳手固定螺丝等．让学生在运动的过程中理解负角、正角和零角的概念，体会“周而复始”的变化规律，并能与负数、正数和 0 进行类比学习．

2．探究角的研究方法．把角放入直角坐标系中，引出象限角和非象限角的概念．让学生体会在直角坐标系中研究角的优越性，以及数形结合思想方法的重要性．

3．探究终边相同的角的集合的表示方法，体会数形结合思想及从特殊到一般的归纳思想．

三、教学问题诊断分析

1．理解角的概念的推广时要突破思维定式．因为初中接触到的是 $0^\circ\sim360^\circ$ 之间的静态的角，所以在教学时应该多举一些实例．如体操运动员转体的圈数、汽车在前进和倒退中车轮的转动等，用以说明角的概念推广的必要性和实际意义．有条件的地区可用多媒体演示，让学生在动态变化中经历用旋转方向和旋转量刻画角形成的过程．

2．角的概念推广后，学生对“$0^\circ\sim90^\circ$的角”、“第一象限的角”、“锐角”、“小于90°的角”这些概念会产生混淆．在教学中，有必要在坐标系中利用动画进行演示，让学生直观感知.

3. 运用从特殊到一般的思想方法，使学生经历由具体数值到一般数值的抽象过程，让学生在实践活动中形成对终边相同的角相差整数倍的直观感知. 利用信息技术，在平面内建立适当的坐标系，画出任意角，并测出该角的大小，旋转角的终边，观察角的变化规律. 从而将数和形联系起来，使角的几何表示和集合表示相结合.

教学难点：任意角的概念、终边相同的角的集合的表示方法.

四、教学支持条件分析

根据教学的需要，类比负数、正数和 0，形成负角、正角和零角的概念，建立任意角的概念. 让学生从角的旋转中体会从特殊到一般的思维过程. 因此课堂教学需要电脑、投影仪、三角板、学生自备手表等条件的支持.

五、教学过程设计

（一）直观感知 形成新知

问题 1

0°～360°的角是怎样定义的？

师生双边活动（学生会有两种不同的回答）：

（1）从一点出发引出两条射线构成的几何图形；

（2）一条射线由原来的位置 OA，绕着它的端点 O 按逆时针方向旋转到另一位置 OB 就形成角 α.

设计意图

通过角的定义的复习，使学生明确角可以从静态和动态两个方面来定义，让学生明确静是相对的，动是绝对的. 在角的概念的推广过程中，培养学生的合情推理能力.

（二）创设情境 引入新知

问题 2

若你的手表快了 5 min，你是怎样将它校准的？

问题 3

假如你的手表慢了 5 min 或 1 h 5 min，你又是怎样将它校准的？当时间校准后，分针各转了多少度？

师生双边活动：（利用多媒体，制作一个手表模型. 假设现在是 9 点 15 分，让学生取出准备好的手表，或看手表模型）问题 2 学生能较好地回答，而对问题 3，让学生在实际操作过程中引发认知冲突，突破定势思维，说明角的概念推广的必要性.

设计意图

通过问题，引发认知冲突，体会角的概念推广的必要性.

（三）取材生活　建立新知

问题 4

根据角的旋转定义举例说明不在 $0°\sim360°$ 范围内的角？

师生双边活动：对于正角、负角和零角的概念的引入，结合实例，从逆时针旋转、顺时针旋转和不旋转三个方面进行分析，同时类比正数、负数和 0 的引入方式进行学习.

利用多媒体，思考正角、负角和零角与旋转方向的关系，进一步明确任意角的概念，加深对角的概念的理解.

回答问题 3，巩固任意角的概念（教师作适当点评）.

设计意图

通过举例，让学生直观感知角度的旋转量和方向都是刻画角度的必不可少的因素，直观感知正角、负角和零角，直观感知数学源自于生活.

（四）建立参照系，确定角的始边，定义象限角

问题 5

类比实数与数轴上的点的对应关系，建立象限角的概念.

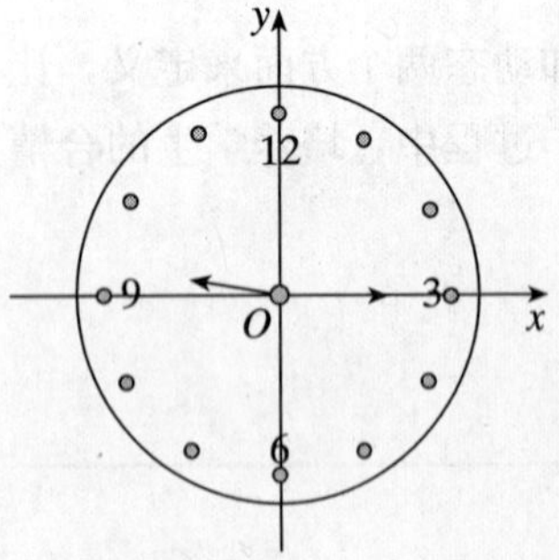

图 1

师生双边活动：在学生画图、讨论、探究的基础上，结合问题 3，把时钟在 9 点 15 分时的分针的位置作为 x 轴的正方向，建立如图 1 所示的平面直角坐标系，然后根据分针按不同的方向旋转得到不同的角，给出象限角和非象限角的概念（结合多媒体分析）. 让学生在操作确认的基础上直观感知象限角的概念.

设计意图

让学生在直观感知，操作确认的过程中理解象限角.

问题 6

回答下列问题：

(1) 30°，120°，−30°，−300°分别是第几象限的角？

(2) 锐角是第几象限的角？第一象限的角一定是锐角吗？再分别用钝角、直角和小于90°的角来回答这两个问题.

师生双边活动：第 (1) 问巩固象限角的概念. 第 (2) 问是让学生在概念的辨析过程中理解概念.

探究：将角按照上述方法放在直角坐标系中，给定一个角，是否就有唯一的一条终边与之对应？反之，对于直角坐标系内任意一条射线 OB，以它为终边的角是否唯一？如果不唯一，那么终边相同的角之间又有什么关系？

多媒体展示，把时钟 9 点 10 分放在以上建立的直角坐标系内（如图 2）. 回答：以 9 点 10 分的分针为终边的角有多少个？这些角之间的关系如何？

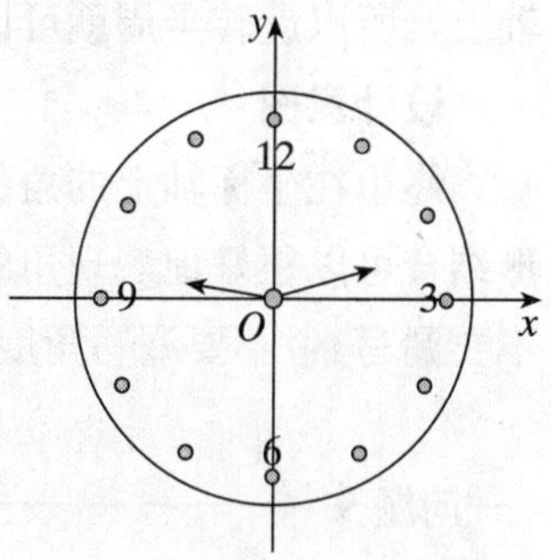

图 2

通过不停地摆弄手表：10 点 10 分，11 点 10 分，8 点 10 分，7 点 10 分等. 师生共同总结：任何一个与角 α 终边相同的角，连同角 α 在内，都可以看作终边绕原点旋转周角的整数倍后又回到了原来的位置. 用集合语言表示：与角 α 终边相同的角的集合可以表示为：$\{\beta \mid \beta = k \cdot 360° + \alpha,\ k \in \mathbf{Z}\}$.

设计意图

以学生熟知的钟表为背景，以时间的变化为切入点，探究终边相同的角之间的关系，体会从特殊到一般的合情推理的数学思想方法，培养学生观察、猜想和归纳的能力，为研究周期问题作铺垫.

（五）应用新知，深化提高

问题 7

在 0°～360°范围内，找出与 −1310°18′ 角终边相同的角，并判断它是第几象限角.

设计意图

巩固终边相同的角的概念，为学习诱导公式（大角化小角）作好准备.

问题 8

写出终边在 y 轴上的角的集合.

师生双边活动：可能出现的答案：(1) $\{\beta|\beta=k\cdot 360^\circ+90^\circ, k\in\mathbf{Z}\}$；(2) $\{\beta|\beta=k\cdot 360^\circ+90^\circ, k\in\mathbf{Z}\}$ 或 $\{\beta|\beta=k\cdot 360^\circ+270^\circ, k\in\mathbf{Z}\}$.

点评：答案（1）不完整（漏解）；答案（2）正确，但还可以化简. 答案（2）的化简是本节课的一个难点，有两种突破难点的方法. 方法 1（代数式化简的方法）：要想合二为一，关键是寻找 270° 与 90° 的联系，因为 270° 可以化为 $180^\circ+90^\circ$，所以 $\{\beta|\beta=k\cdot 360^\circ+270^\circ, k\in\mathbf{Z}\}$ 可以化为 $\{\beta|\beta=k\cdot 360^\circ+180^\circ+90^\circ, k\in\mathbf{Z}\}$，再根据"存同去异"的方法，把两个集合中的 360° 都化为 $2\times 180^\circ$，这样，两个集合就可以分别写成以下形式 $\{\beta|\beta=2k\cdot 180^\circ+90^\circ, k\in\mathbf{Z}\}$ 或 $\{\beta|\beta=(2k+1)\cdot 180^\circ+90^\circ, k\in\mathbf{Z}\}$，然后提问：当 $k\in\mathbf{Z}$ 时，$2k$ 和 $2k+1$ 分别表示什么？最后把结果统一化简为 $\{\beta|\beta=k\cdot 180^\circ+90^\circ, k\in\mathbf{Z}\}$. 方法 2（数形结合的思想）：因为角的终边落在 y 轴上，所以旋转半周就可以出现终边符合条件的情况，于是可以直接写出结果.

设计意图

终边在坐标轴上的角的表示方法不唯一，但一般选用最简单的表示形式. 数形结合可以很好地表现角的"周而复始"的变化规律. 同时提醒学生注意（两个不要漏写）：不要漏写角度单位，不要漏写 $k\in\mathbf{Z}$.

——问题 9

写出终边在直线 $y=-x$ 上的角的集合 S，并把 S 中适合不等式 $-720^\circ\leqslant\beta<360^\circ$ 的元素 β 写出来.

设计意图

进一步熟悉终边在某些特殊位置的角的集合的表示方法，学会在给定范围内求角的方法.

（六）总结提升，深化主题

——问题 10

等会儿你走出教室，有人问："在初中你已经学习了角的概念，今天又学习了任意角的概念，它们的异同点在哪里？"你怎么回答？还有其他收获吗？

主要从数学知识和数学思想方法两个方面进行小结. 数学知识方面：任意角的概念；与角 α 终边相同的角的集合的表示方法；象限角的概念；角的终边落在特殊位置的角的集合的表示方法等. 数学思想方法方面：类比的思想方法；数形结合的思想方法；化归的思想方法等.

设计意图

总结提升本节课的核心内容"任意角的概念，角的终边落在某些特殊位置的角的集合的表示方法”和本节课的核心数学思想方法.

六、目标检测设计

1. 判断 375°和−375°分别是第几象限角，并表示出与−375°角的终边相同的角的集合.

2. 在 0°～360°范围内，求出与下列各角终边相同的角，并指出它们是第几象限角：

(1) −414°12′；　　(2) 755°18′.

3. 写出与−585°终边相同的角的集合，并把集合中适合不等式 $-360°\leqslant\beta<720°$ 的元素 β 写出来.

4. 写出终边在 x 轴上的角的集合.

5. 写出终边在坐标轴上的角的集合.

（浙江省衢州高级中学　何豪明）

教学案例 2

任意角的三角函数

一、内容和内容解析

任意角三角函数的定义，正弦、余弦、正切函数的定义域及其对应函数值在各象限的符号，终边相同的角的同一三角函数的值相等（公式一）.

三角函数是一个重要的基本初等函数，它是描述周期现象的重要数学模型. 它的基础主要是几何中的相似形和圆，研究方法主要是代数中的图象分析和式子变形，三角函数的研究已经初步把几何与代数联系起来.

角的概念已经由锐角扩展到 0°～360°的角，再扩充到任意角，相应地，锐角三角函数概念也必须有所扩充. 任意角三角函数概念的出现是角的概念扩充的必然结果.

比较锐角三角函数与任意角三角函数这两个概念，其共同点是：它们都是“比值”. 不同点是：锐角三角函数是“线段长度的比值”，而任意角三角函数是直角坐标系中“坐标与长度的比值，或者是坐标的比值”. 由于“比值”与角的终边上所取点的位置无关，因此，可以用角的终边与单位圆的交点的坐标（或坐标的比值）表示任意角的三角函数.

从锐角三角函数到任意角三角函数的过程，类似于从自然数到整数扩充的过程，产生了“符号问题”．因此，学习任意角三角函数可以与锐角三角函数相类比，借助锐角三角函数的概念建立起任意角三角函数的概念．

在建立任意角三角函数定义的过程中，学生可以感受到数形结合，以及类比、运动变化、对应等数学思想方法．

三角函数的定义是本章内容的核心，其基础性和应用的广泛性决定了本节课的教学重点：任意角的正弦、余弦、正切的定义，三角函数值的符号．

二、目标和目标解析

理解任意角三角函数（正弦、余弦、正切）的定义，其中的关键是由锐角三角函数这个线段长度的比值扩展为点的坐标或坐标的比值．因此，对锐角三角函数理解得深刻与否，对理解任意角三角函数有决定性的意义，复习锐角三角函数，加深对锐角三角函数的理解是必要的．

对锐角三角函数定义的推广，引入任意角的三角函数，借助单位圆求任意角的三角函数值，让学生体会三角函数与实数的对应关系．对诱导公式一的理解与应用，让学生体会三角函数值的“周而复始”的变化规律．

三、教学问题诊断分析

学生学习直角三角形时研究过锐角三角函数，这对研究任意角三角函数在认识上会有一定的局限性，所以学生对用角的终边上点的坐标研究三角函数可能会有一定的困难．可以让学生在原有的对锐角三角函数认识的基础上，尝试用终边上点的坐标定义锐角三角函数，然后再定义任意角的三角函数．

教学难点：用角的终边上点的坐标刻画三角函数，三角函数符号表示．

四、教学支持条件分析

为有效实现教学目标，需要直尺、三角板、量角器、圆规、计算器、投影仪、多媒体等教学支持条件．

五、教学过程设计

（一）复习引入

回顾锐角三角函数定义．

在 Rt△ABC 中，角 C 是直角，设角 A，B，C 的对边分别为 a，b，c，定义角 B 的正弦、余弦、正切依次为 $\sin B=\frac{b}{c}$，$\cos B=\frac{a}{c}$，$\tan B=\frac{b}{a}$．

以点 B 为坐标原点，BC 所在方向为 x 轴正方向，点 A 在第一象限，建立直角坐标系.

(1) 设 $r=c$，$\alpha=B$，则 $\sin\alpha=\dfrac{b}{r}$，$\cos\alpha=\dfrac{a}{r}$，$\tan\alpha=\dfrac{b}{a}$.

(2) 以点 B 为圆心，1 为半径作单位圆，若单位圆与角 α 终边的交点为 $A(a, b)$，则 $\sin\alpha=b$，$\cos\alpha=a$，$\tan\alpha=\dfrac{b}{a}$.

角的概念推广后，自然地，三角函数需要重新定义.

设计意图

通过锐角三角函数的定义引入任意角的三角函数.

（二）新课讲解

在直角坐标系中，设 α 是一个任意角，它的终边与单位圆交于点 $P(x, y)$，那么：

(1) y 叫做角 α 的正弦，记作 $\sin\alpha$，即 $\sin\alpha=y$；

(2) x 叫做角 α 的余弦，记作 $\cos\alpha$，即 $\cos\alpha=x$；

(3) $\dfrac{y}{x}$叫做角 α 的正切，记作 $\tan\alpha$，即 $\tan\alpha=\dfrac{y}{x}(x\neq0)$.

设计意图

从学生已有的知识经验出发，把任意角三角函数“坐标化”，取任意角的终边与单位圆的交点 P，利用点 P 的坐标表示任意角的三角函数.

例 1 求$\dfrac{11\pi}{6}$的正弦、余弦和正切值.

设计意图

利用角的终边与单位圆的交点坐标求出各个三角函数值，熟悉对公式的运用与理解.

例 2 已知角 α 的终边经过点 $P(3, -4)$，求角 α 的正弦、余弦和正切值.

解法 1：求出角 α 与单位圆的交点，利用任意角三角函数的定义求解.

解法 2：根据相似三角形的特点，利用点 P 的坐标直接求解.

设计意图

通过例题及时巩固三角函数的定义，体验三角函数求值问题的基本解法，有利于对任意角三角函数定义的进一步理解.

三角函数值与点在角的终边上的位置有没有关系？利用相似三角形的特点，给出三角函数的一般定义.

在直角坐标系中，设 α 是一个任意角，点 $P(x,y)$为角 α 终边上任意一点，$r=|OP|=\sqrt{x^2+y^2}$，那么：

（1）$\frac{y}{r}$叫做角 α 的正弦，记作 $\sin\alpha$，即 $\sin\alpha=\frac{y}{r}$；

（2）$\frac{x}{r}$叫做角 α 的余弦，记作 $\cos\alpha$，即 $\cos\alpha=\frac{x}{r}$；

（3）$\frac{y}{x}$叫做角 α 的正切，记作 $\tan\alpha$，即 $\tan\alpha=\frac{y}{x}(x\neq 0)$.

设计意图

定义设计成阶梯上升，符合学生的认知心理特征，学生容易接受、理解. 这样设计既抓住了重点又突破了难点，而且还揭示了三角函数定义的本质特征.

思考：（1）角的同一三角函数值是否会因角终边上的点不同而变化？

（2）各个三角函数值在不同象限的符号？

（3）三角函数的定义域？

通过思考得出：终边相同的角的同一三角函数值相等，即：

$$\sin(\alpha+k\cdot 2\pi)=\sin\alpha,$$
$$\cos(\alpha+k\cdot 2\pi)=\cos\alpha,$$
$$\tan(\alpha+k\cdot 2\pi)=\tan\alpha,$$

其中 $k\in\mathbf{Z}$.

这就是诱导公式一，公式中的角 α 可以是任意角. 解题时，一般把它化为 $0\sim 2\pi$ 范围内的角.

师生互动：完成下列两个表格.

表 1　判断符号

	第一象限	第二象限	第三象限	第四象限
$\sin\alpha$				
$\cos\alpha$				
$\tan\alpha$				

表 2　三角函数的定义域

三角函数	定义域
$\sin\alpha$	
coa α	
$\tan\alpha$	

角的终边在 y 轴上时，根据定义可知角的正切函数没有意义.

设计意图

把“诱导公式、三角函数值的符号及三角函数的定义域”设计成探究性问题，目的是培养学生的研究性学习能力和自主探究的能力.

例 3 求证：当不等式组 $\begin{cases}\sin\theta<0,\\ \tan\theta<0\end{cases}$ 成立时，角 θ 为第四象限角，反之也对.

练习 教科书第 15 页练习的第 2 题和第 5 题.

例 4 确定下列三角函数值的符号，然后用计算器验证：

(1) $\cos 260°$； (2) $\sin\left(-\frac{\pi}{3}\right)$； (3) $\tan(-345°)$； (4) $\tan 5\pi$.

例 5 求下列三角函数的值：

(1) $\sin 1\,140°$； (2) $\cos\frac{17\pi}{4}$； (3) $\tan\left(-\frac{23\pi}{6}\right)$.

（三）小结

从本节课的数学知识、数学思想方法和学生常见错误三个方面进行小结.

六、目标检测设计

1. $\alpha=\frac{5\pi}{4}$，写出 α 的终边与单位圆交点的横坐标，并写出 $\tan\alpha$ 的值.

2. 求下列三角函数的值：$\cos\left(-\frac{23\pi}{6}\right)$，$\tan\left(-\frac{23\pi}{4}\right)$.

3. 已知角 α 的终边经过点 $P_0(-3,4)$，求角 α 的正弦、余弦和正切值.

4. 已知 $\cos\alpha=-\frac{\sqrt{3}}{2}$ 且角 α 的终边经过点 $P(x,2)$，角 α 是第几象限的角？

5. 已知点 $P(x,4)$ 在角 α 的终边上，且 $\sin\alpha=\frac{4}{5}$，求 $\tan\alpha$ 的值.

6. 已知 $|\cos\theta|=-\cos\theta$，且 $\tan\theta<0$，判断 $\frac{\sin(\cos\theta)}{\cos(\sin\theta)}$ 的符号.

（浙江省衢州高级中学 何豪明）

教学案例3

三角函数的诱导公式

一、内容和内容解析

本节课教学内容是三角函数诱导公式的第1课时.

三角函数是刻画周期性变化规律的数学模型. 下面要研究的问题是：三角函数是如何刻画周期性现象的？刻画周期性现象的三角函数具有怎样的性质？同角三角函数的基本关系，三角函数诱导公式，三角函数的图象与性质及第三章“三角恒等变换”都是研究三角函数具有的性质. 三角函数诱导公式是从终边具有特殊对称关系的角的三角函数值之间的关系这一角度体现三角函数周期性的，其研究的结果会在后面三角函数的图象与性质中反映出来. 诱导公式学习既是任意角三角函数定义的深化理解与运用，也是研究三角函数图象与性质、三角恒等变换的基础.

与以往教科书不同，教科书研究诱导公式的基本方法是：借助单位圆，将角之间的关系（数）反映在角的终边的对称关系（形）上，并具体落实在角的终边与单位圆交点坐标（数）之间的关系上，进而得到它们的三角函数值之间的关系（诱导公式），这也是三角函数诱导公式学习展开的主线. 因此，平面几何中基本图形（直线和圆）的轴对称和中心对称、三角形全等、三角函数线以及任意角三角函数的定义是三角函数诱导公式学习的基础.

基于人们认识客观世界的需要，角的概念已由锐角扩展到$0°\sim360°$的角，再扩展到任意角. 而在解决实际问题中，遇到求任意角三角函数的求值、化简等问题时，我们自然会逆向思考，能否用锐角三角函数值表示任意角的三角函数值呢？这需要借助诱导公式逐步建立起任意角与相应锐角三角函数值之间的关系.

三角函数诱导公式教学的重点是用联系的观点，发现并证明诱导公式，体会把未知问题化归为已解决问题的思想方法. 解决这一问题的关键是让学生自主发现终边具有轴对称和中心对称的角的三角函数之间的关系，使得诱导公式（数）与单位圆（形）紧密结合，成为一个整体，这不仅大大简化了诱导公式的推导过程，而且有利于学生对公式的记忆，减轻学生的记忆负担.

在推导三角函数诱导公式的过程中，学生可以感受到发现、探究、解决问题的一般方法，体验数形结合、化归等数学思想.

二、目标和目标解析

1. 借助单位圆推导诱导公式二、三、四，在探究过程中体验数形结合的数学思想.

2. 能理解并应用诱导公式求任意角的三角函数，在解题过程中明确每一组诱导公式的作用.

3. 归纳把任意角三角函数转化为锐角三角函数的基本步骤，渗透化归与转化的数学思想.

学生在前面已经学习了诱导公式一，知道了终边相同的角的同一三角函数值相等，这是诱导公式二、三、四学习的知识生长点. 因此，对诱导公式一进行复习与强化是非常必要的. 要实现教学目标，莫过于让学生亲身经历诱导公式的探究过程. 除终边相同外，终边具有其他特殊关系的两个角之间有何关系呢？它们的三角函数值之间又有什么关系呢？在师生共同探究、归纳、提升的过程中，学生必然会实现对诱导公式的正确理解与应用.

三、教学问题诊断分析

诱导公式二、三、四教学的一个难点是，如何说明角 α 与 $\pi-\alpha$ 的终边关于 y 轴对称，教学中可先验证 $\alpha\in[0, 2\pi)$ 时结论成立. 当 $\alpha\in[0, \pi)$ 时，学生结合图形能直观地理解，而当 $\alpha\in[\pi, 2\pi)$ 时，可将 α 表示为 $\pi+\theta(\theta\in[0, \pi))$ 的形式，而 $\pi-\alpha$ 为 $-\theta$，下面可考虑 α 与 $-\theta$ 的终边的对称关系. 对任意角 α，学生也自然会明白. 当然，也可在用终边对称关系解释诱导公式二、三、四之间的相互关系后予以解释与提升.

学生在学习中会遇到两个难点：一是将诱导公式中的 α 当作锐角. 在教学中要抓住诱导公式的本质是终边具有某种对称性的两个角的三角函数的关系，只需终边具有对称性即可，与角所在象限无关，因此 α 可以是任意角. 二是多组诱导公式放在一起综合应用时，学生会产生不知选用哪组公式和公式用错的情况. 教学中可依据如下操作予以纠正与提升：(1) 在公式理解和应用时，通过符号语言、文字语言与图形语言的转化强化学生对诱导公式实质性的理解而非形式化的记忆；(2) 明晰每组诱导公式的作用；(3) 规范解题格式，把角写成某个公式左边角的形式，每步用一个公式，尽量不跳步；(4) 精选例题，采用一题多解，在比较中领悟不同公式使用顺序对解题的影响；(5) 将解题分步完成，即对较复杂的问题，可将其解题过程分解在每组诱导公式讲完后逐步进行，最后将所有步骤串联起来.

四、教学支持条件分析

借助《几何画板》，以精确、直观的演示展示角的终边的对称性，使学生更好地发现数学规律.

五、教学过程设计

（一）复习引入

（1）三角函数定义：设 α 为一个任意角，它的终边与单位圆交于点 $P(x, y)$，则 $\sin\alpha=$______，$\cos\alpha=$______，$\tan\alpha=$______.

（2）诱导公式一：终边相同的角的同一三角函数值相等，即__________.

（3）将下列角的三角函数值化为 $[0, 2\pi)$ 内的角的同名三角函数值：

①$\cos 585°=$______；②$\sin\dfrac{10\pi}{3}=$______；③$\sin\dfrac{11\pi}{3}=$______；

④$\sin-\dfrac{16\pi}{3}=$______；⑤$\cos(-2\,040°)=$______.

设计意图

（1）任意角三角函数定义将角的终边与单位圆联系在一起，是诱导公式的基础，有必要回顾.（2）诱导公式一的复习与应用，既深化了对诱导公式一的理解，又分散了综合应用多组诱导公式解题时公式选择的难点.（3）化为 $[0, 2\pi)$ 内角的三角函数值后，学生必然会思考：能否进一步缩小角的范围，最终求出三角函数值.

（二）诱导公式二、三、四的形成

问题 1

（多媒体演示）在直角坐标系中，角 α 的终边绕原点逆时针旋转的过程中，终边重合的现象会周而复始地出现. 结合任意角三角函数的定义，我们得到了诱导公式一. 那么，两个角 α，β 的终边除重合之外，是否还有其他特殊的位置关系呢？（可让学生思考片刻，提出自己的想法.）

（多媒体演示）角 α 的终边绕原点逆时针旋转半圈到角 β 的终边.

问题 2

角 β 与角 α 有什么数量关系？角 β 与角 α 的终边之间有什么几何性质？

$\beta=\pi+\alpha$，角 β 与角 α 的终边关于原点对称.

问题 3

角 β 的终边与单位圆的交点和角 α 的终边与单位圆交点坐标之间有什么关系？角 β 与角 α 的三角函数值之间有什么关系？

如图 1，若 $P(x, y)$，则 $P_1(-x, -y)$. $\sin\alpha=y$，$\sin\beta=-y\Rightarrow\sin\beta=-\sin\alpha\Rightarrow\sin(\pi+\alpha)=-\sin\alpha$……

从而导出诱导公式二：$\sin(\pi+\alpha)=-\sin\alpha$，

$\cos(\pi+\alpha)=-\cos\alpha$，$\tan(\pi+\alpha)=\tan\alpha$.

设计意图

逐步提问铺垫，让学生形成探究诱导公式的正确思路，为后面学生独立探求公式三、四打下基础.

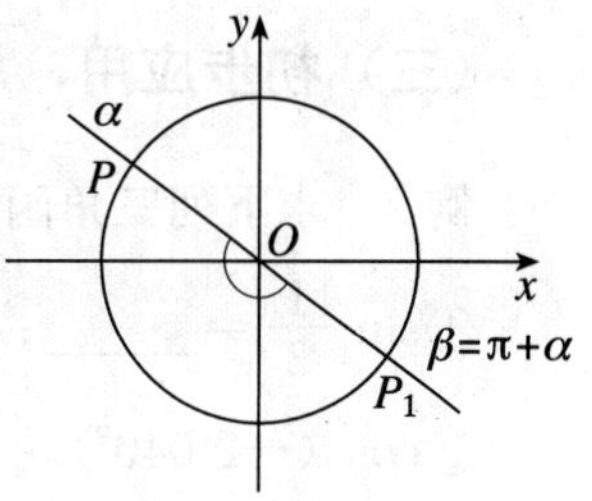

图 1

例 1 求下列三角函数值：①$\cos 585°=$________；②$\sin\frac{10\pi}{3}=$________.

问题 4

转半圈的实质是角的终边关于原点对称. 那么是否存在终边具有其他对称关系时，角的三角函数值具有周而复始的性质呢？

学生研讨后回答：终边关于 x 轴对称，终边关于 y 轴对称，两角终边关于直线 $y=x$ 对称，两角终边互相垂直等.

问题 5

终边分别关于 x 轴、y 轴对称的两个角 α，β 的三角函数有什么关系？你能用刚才的方法进行探讨吗？

学生分组讨论，合作交流.

设计意图

将诱导公式三、四的推导“倒”过来设问，是因为学生可以按照诱导公式二的推导过程自主地探究，得到结论. 在这个过程中，学生不仅对知识进行了思考，同时也对自己的思维过程或操作过程进行再思考. 这样的思维训练无疑是高价值的.

问题 6

你能从角终边的对称关系的角度用语言叙述诱导公式一、二、三、四吗？

设计意图

用语言正确叙述诱导公式三、四，是对推导方法的进一步提炼. 在叙述四组公式的过程中进行比较与辨析，有助于学生正确记忆公式，为下一步的应用公式作铺垫.

（三）初步应用，总结规律

例 2 求下列三角函数值：

①$\sin\frac{11\pi}{3}=$______；　②$\sin\left(-\frac{16\pi}{3}\right)=$______；

③$\cos(-2\ 040°)=$______.

设计意图

（1）让学生体会到解决问题时由于诱导公式使用的顺序不同而产生不同的解法.（2）在解题过程中分析每一步所用公式及其作用，以帮助学生分析与归纳.

问题 7

在应用公式解题的过程中，四组诱导公式的作用分别是什么？

诱导公式一：将绝对值大于 2π 的角的三角函数转化为 $[0,2\pi)$ 内的角的三角函数.

诱导公式三：将负角的三角函数转化为正角的三角函数.

诱导公式二：在诱导公式一、三的基础上，将 $[\pi,2\pi)$ 内的角的三角函数转化为 $[0,\pi)$ 内的角的三角函数求值.

诱导公式四：在诱导公式一、二、三的基础上，将 $\left[\frac{\pi}{2},\pi\right)$ 内的角的三角函数转化为 $\left(0,\frac{\pi}{2}\right]$ 内的角的三角函数.

设计意图

明晰每组诱导公式的作用，有利于正确选择与运用公式.

问题 8

你能自己归纳一下把任意角的三角函数转化为锐角三角函数的步骤吗？

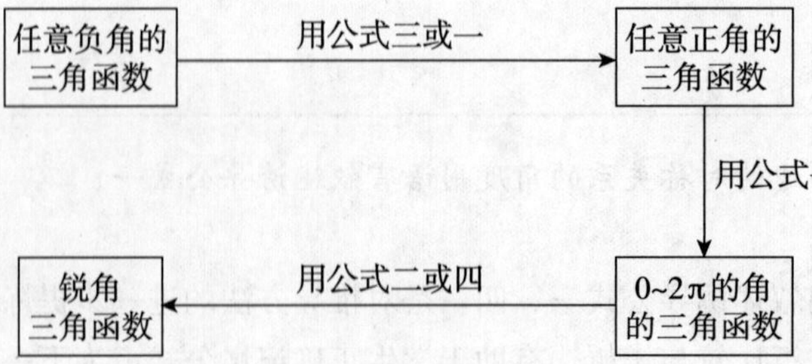

设计意图

将四组诱导公式的作用进一步串联，形成化任意角三角函数为锐角三角函数的程序化操作步骤，也是算法思想的体现.

例 3 化简$\frac{\cos(180°+\alpha)\cdot\sin(\alpha+360°)}{\sin(-\alpha-180°)\cdot\cos(-180°-\alpha)}$.

变式：$\frac{\sin(-\alpha+k\pi)\cdot\cos(\alpha+k\pi)}{\sin[\alpha+(k+1)\pi]\cdot\cos[-\alpha+(k-1)\pi]}$ $(k\in\mathbf{Z})$.

设计意图

(1) 化简三角函数式是诱导公式基本应用之一. (2) 利用诱导公式先把三角函数式化为不含终边在坐标轴上的角的形式. 帮助学生形成先逐个化简再整体化简，降低难度减少失误的良好解题习惯. (3) 在含有 $k(k\in\mathbf{Z})$ 的三角函数式中，体现分类讨论思想.

(四) 寻找联系，概括提升

问题 9

由公式二、三，你能推导出公式四吗？由公式二、三、四中的任意两组公式，你能推导出另一组公式吗？

由二、三推导四，以正弦诱导公式为例，即由$\begin{cases}\sin(\pi+\alpha)=-\sin\alpha,\\ \sin(-\alpha)=-\sin\alpha\end{cases}\Rightarrow$ $\sin(\pi-\alpha)=\sin[\pi+(-\alpha)]=-\sin(-\alpha)=\sin\alpha$.

设计意图

公式互推的难点在于角的变换，而角的变换过程可由角的终边作对称变换逆推而来. 因此，通过数形结合，便可找到角的变换规律. 如图 2，①P 与 P_2 关于 x 轴对称；②P_1 与 P 关于原点对称；③P_1 与 P_2 关于 y 轴对称. 用几何方法或坐标方法便可得到：上述三个对称，只要已知其中任意两个，则第三个必然成立. 从而可知：三组公式中由任意两组必能推出另一组.

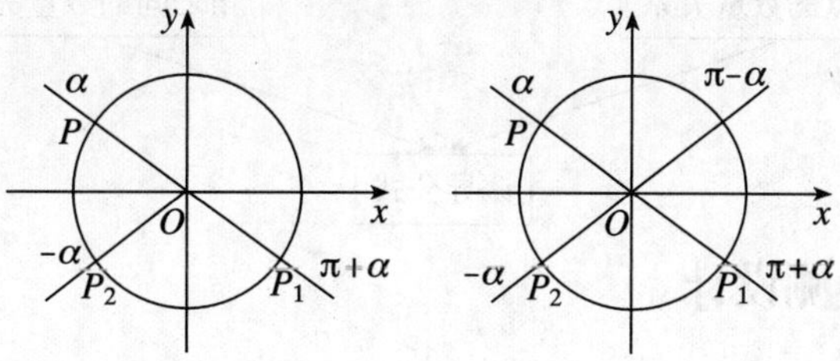

图 2

用终边对称关系解释诱导公式的互推，既是对诱导公式推导的加深理解，也是对知识内容、形式、结构等简单化的追求，是思想方法层次上的提升. 同时也为后面用角的变换推导公式五作好方法上的准备.

（五）巩固练习

（1）将下列三角函数转化为锐角三角函数，并填在题中的横线上：

$\cos\dfrac{13\pi}{9}=$________；$\sin(1+\pi)=$________；$\sin\left(-\dfrac{\pi}{5}\right)=$________；

$\cos(-305^\circ6')=$________；$\tan324^\circ32'=$________；$\tan\left(-\dfrac{31\pi}{36}\right)=$________.

（2）利用诱导公式求下列三角函数值：

$\cos(-420^\circ)$；$\sin\left(-\dfrac{7\pi}{3}\right)$；$\cos1\ 305^\circ$；$\tan\left(-\dfrac{7\pi}{6}\right)$.

（3）化简：

①$\sin(\alpha+180^\circ)\cdot\cos(-\alpha)\cdot\sin(-\alpha-180^\circ)$；

②$\sin3(-\alpha)\cdot\cos(2\pi+\alpha)\cdot\tan(-\alpha-\pi)$.

（4）填表：

α	$-\dfrac{4\pi}{3}$	$-\dfrac{5\pi}{4}$	$-\dfrac{5\pi}{3}$	$-\dfrac{7\pi}{4}$	$-\dfrac{8\pi}{3}$	$-\dfrac{11\pi}{4}$
$\sin\alpha$						
$\cos\alpha$						
$\tan\alpha$						

（六）小结

今天我们学习了诱导公式二、三、四，如果有人问你：“你是如何得到诱导公式二、三、四的?”你能画个框图给他解释一下吗？

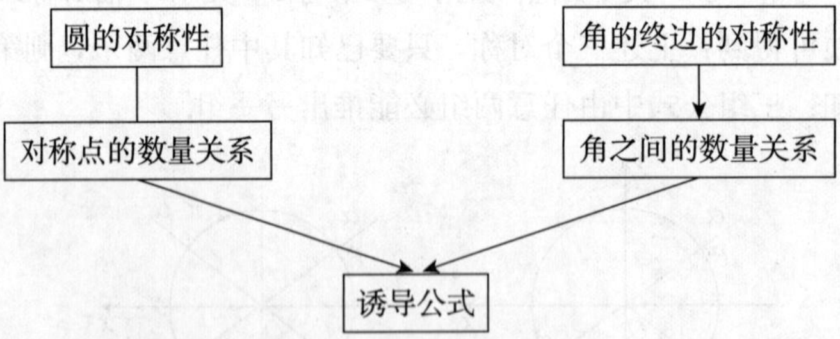

六、目标检测设计

1. 习题 1.3A 组第 1～3 题.

2. 化简：$\dfrac{\sin[(k+1)\pi+\theta]\cdot\cos[(k+1)\pi-\theta]}{\sin(k\pi-\theta)\cdot\cos(k\pi+\theta)}$ $(k\in\mathbf{Z})$；

3. 若 $\sin(3\pi+\theta)=\dfrac{1}{4}$，求值：

$$\frac{\cos(\pi+\theta)}{\cos\theta\cdot[\cos(\pi+\theta)-1]}+\frac{\cos(\theta-2\pi)}{\cos(\theta+2\pi)\cdot\cos(\pi+\theta)+\cos(-\theta)}.$$

（浙江省龙游中学 叶秋平）

教学案例 4

正弦函数、余弦函数的图象

一、内容和内容解析

引进了弧度制后，角的集合就与实数集建立了一一对应的关系. 用角的终边与单位圆交点坐标定义三角函数后，三角函数的模型就建立起来了，接着就需要研究它们的性质. 函数图象是函数最直观的表示，函数的性质可以鲜明地反映在它们的图象上，因此，正弦函数、余弦函数图象是研究正弦函数、余弦函数性质的基础. 正弦函数、余弦函数图象与三角函数线一样，从形的角度反映了正弦函数、余弦函数周期性的变化规律. 作正弦函数、余弦函数图象也是正弦线、余弦线、诱导公式等知识的应用.

正弦函数、余弦函数图象的基本作法——“五点（作图）法”是本节课的主要内容. 描点作图是画函数图象的一般方法，由于三角函数的特殊性，必须借助三角函数线才能较为精确地描点，从而作出函数图象. 而利用余弦线作余弦函数的图象比较复杂，教科书在作出正弦函数图象的基础上，利用诱导公式六，通过图象变换得到余弦函数图象，这也是化归与转化思想的体现. 得到正弦曲线、余弦曲线，对图象有了基本的认识之后，进一步归纳出作正弦函数、余弦函数图象的一般方法——“五点（作图）法”. 得到余弦曲线以及五点法的基础是正弦函数的图象，正弦函数图象的画法是教学的重点. 解决这一问题的关键是让学生亲身经历作图的过程，在发现、分析和解决困惑中促进学生理解：为什么要用和怎样用正弦线作正弦函数的图象.

在正弦函数和余弦函数图象的学习中，蕴含着数形结合思想和模型思想. 利用诱导公式六在正弦曲线基础上，通过图象变换得到余弦曲线的过程蕴含着数形结合思想. 借助物理学中简谐振动的图象给出正弦曲线（余弦曲线），体现了正弦（余弦）函数是刻画现实生活中周期性变化规律的基本模型. 而正弦（余弦）曲线也是作形如 $y=A\sin(\omega x+\varphi)+B$ 型函数图象的基础.

二、目标与目标解析

1. 通过对简谐振动的观察，了解正弦曲线（或余弦曲线）的基本形态.

2. 在具体的作图操作中，了解利用正弦线作正弦曲线的方法.

3. 在分析正弦函数、余弦函数相互关系的基础上，作出余弦曲线.

4. 在观察正弦曲线、余弦曲线共同特征的基础上，归纳出五点作图法，并灵活运用五点法作图.

在作图之前，通过单摆这一简谐运动将物体位移与时间的函数关系直观地展示出来，对学生认识正弦（余弦）函数的图象是很有帮助的. 函数图象是函数最直观的模型，要对三角函数有深入的了解，必须先作出它的图象. 通过正弦函数、余弦函数的关系作余弦函数的图象，既加强了正弦函数、余弦函数之间的联系，也丰富了作三角函数图象的方法. 五点作图法是对正弦函数、余弦函数图象和性质的高度概括，也是作正弦（余弦）函数图象的通法，必须要求学生重点掌握.

三、教学问题诊断分析

为什么要用正弦线作正弦函数图象是教学的一个难点. 教学中应让学生动手操作，在操作中明白：由于正弦函数的特殊性（自变量为 1，2，3 等特殊值对应的函数值为无理数，就是大家熟知的某些特殊角的三角函数值$\left(如 \sin\frac{\pi}{4}，\sin\frac{\pi}{3}\right)$也是无理数，难以精确地度量），常规的描点作图，难以实现准确作图，而用正弦线就能比较精确（从理论上说）地作出正弦函数图象. 有了用正弦线作正弦函数图象的基本认识之后，学生会有用余弦线作余弦函数的图象的想法，但实际操作较困难，所以教学的另一个难点是寻找联系，在作出正弦函数图象基础上作出余弦函数的图象. 实现正弦、余弦互化的诱导公式有多个，对应着不同的图象变换，寻求最简单的变换是关键.

四、教学支持条件分析

在初次作三角函数图象时，教师与学生一起描点、作图，并及时给予指导和纠正是非常必要的. 通过信息技术将正弦曲线、余弦曲线精确、优美地展示出来，有助于学生从宏观、微观上把握函数图象的某些性质.

五、教学过程设计

（一）复习导入

我们知道，弧度制的角与实数之间可以建立一一对应关系，而一个确定的角又对应着唯一确定的正弦（余弦）值. 这样，任意给定一个实数 x，有唯一确定的值 $\sin x$（或 $\cos x$）与之对应. 由这个对应法则所确定的函数 $y=\sin x$（或 $y=\cos x$）叫做正弦函数（或余弦函数），其定义域为 $\mathbf{R}$.

设计意图

在任意角三角函数中，已经用角的终边与单位圆交点坐标定义了三角函数，并指出三角函数可以看成是自变量为实数 α 的函数. 但函数的自变量用角 α 表示，与习惯上函数的自变量常用 x 表示不一致，为便于后续研究，有必要用函数的一般形式重新定义三角函数.

——问题 1

给出一个新的函数，非常自然的想法是画出它的图象，再根据图象研究它的性质. 我们主要研究函数的哪些性质？它们在函数图象上如何体现出来？

设计意图

回顾研究函数性质的方法（借助函数图象研究函数性质），研究函数的哪些性质，这些性质在函数图象上如何反映. 让学生充分认识学习三角函数图象的必要性.

（二）正弦函数的图象

1. 演示实验：简谐运动的图象

教师说明：如图 1，取纸板短边所在直线为纵轴，纸板中间画一条与纵轴垂直的直线为横轴，则曲线就表示了漏斗对平衡位置的位移 s（纵坐标）随时间 t（横坐标）变化的情况. 物理中把单摆运动、波的传播等简谐运动的图象叫做正弦曲线或余弦曲线.

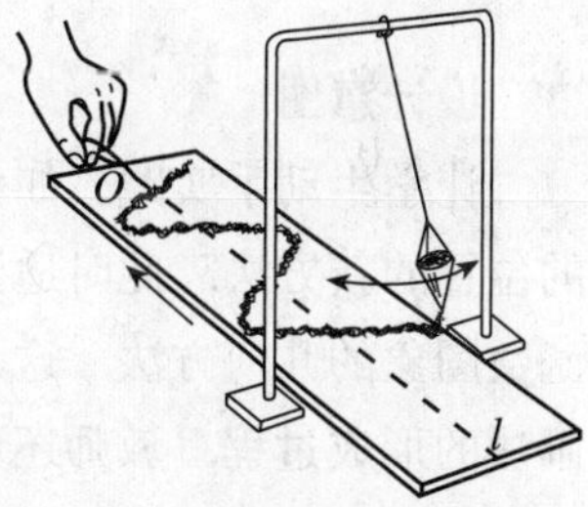

图 1

设计意图

尽管已经定义了三角函数，知道了三角函数具有周期性，但正弦（余弦）函数的图象大致如何？周期性变化怎样体现？学生对这些问题的认识还是很模糊的. 通过演示，使学生对正弦（余弦）函数的图象有个直观的印象.

2. 正弦函数的图象

——问题 2

作函数图象的基本方法是什么？如何利用这种方法画出正弦函数的图象？

列表—描点—连线（作图）.

师生分别在黑板和草稿本上画出 $y=\sin x$ 在 $[0, 2\pi]$ 上的图象，边提问边作图.

问题 3

如何选取自变量 x 的值描点？$\left(学生一般可能取\frac{\pi}{6}，\frac{\pi}{4}，\frac{\pi}{3}等值\right)$

问题 4

为什么自变量 x 不取 1，2，3 等值？x 能否取 $\frac{\pi}{6}$，$\frac{\pi}{4}$，$\frac{\pi}{3}$ 等值？

问题 5

如何描出正弦函数图象上点的准确位置？

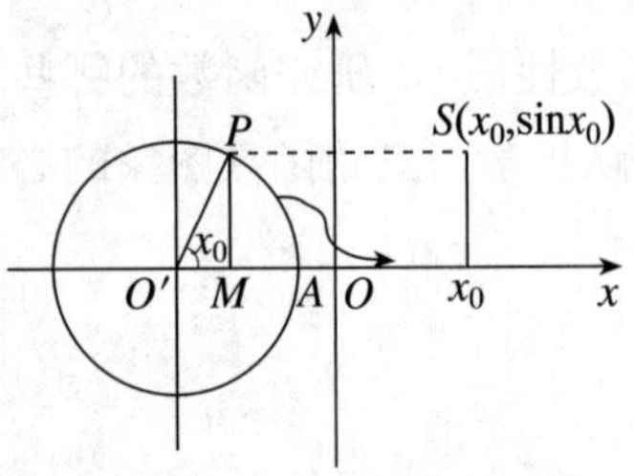

图 2

一般地，我们来作坐标为 $(x_0, \sin x_0)$ 的点 S，不妨设 $x_0>0$. 如图 2，在单位圆中弧 $\overset{\frown}{AP}$ 的长为 x_0（即 $\angle AO'P=x_0$），过 P 作 x 轴的垂线，垂足为 M，则 $MP=\sin x_0$，所以点 $S(x_0, \sin x_0)$ 是以 $\overset{\frown}{AP}$ 的长为横坐标，正弦线 MP 的长为纵坐标的点. 知道如何作出函数 $y=\sin x$ 图象上的一个点，就可以作出一系列的点.

设计意图

让学生动手实践. 如何精确描点？学会会感到困惑，于是会主动思考确定点的位置的新方法. 此时适当地回顾三角函数线的知识，不难得出用正弦线画正弦函数图象的几何方法. 这不仅符合学生的认知发展规律，而且向学生展示了几何画法的形成过程. 教师还可将作图中的关键之处及注意点重点强调以规范学生的作图习惯.

问题 6

根据 $y=\sin x$，$x\in[0, 2\pi]$ 的图象上一般点 $S(x_0, \sin x_0)$ 的描点方法，我们如何选取特殊点，作出函数 $y=\sin x$，$x\in[0, 2\pi)$ 的图象？

如图 3，在直角坐标系 x 轴上取一点 O_1，以 O_1 为圆心，单位长为半径作圆 O_1，圆 O_1 与 x 轴的交点 A 作为第一个分点，把圆 O_1 分成 12 等份（可以任意等分，但所分的份数宜取 4 的倍数，份数越多，画的图象越精确）. 过圆 O_1 上各分点作 x 轴的垂线，得到对应于 0，$\frac{\pi}{6}$，$\frac{\pi}{3}$，$\frac{\pi}{2}$，…，π 等角的正弦线. 相应地，再把 x 轴上从 0 到 2π 这一段分成 12 等份．把角 x 的正弦线向右平移，使它的起点与 x 轴上的点重合，再把这些正弦线的终点用光滑的曲线连接起来，就得到函数 $y=\sin x$，$x\in[0,\ 2\pi]$ 的图象．

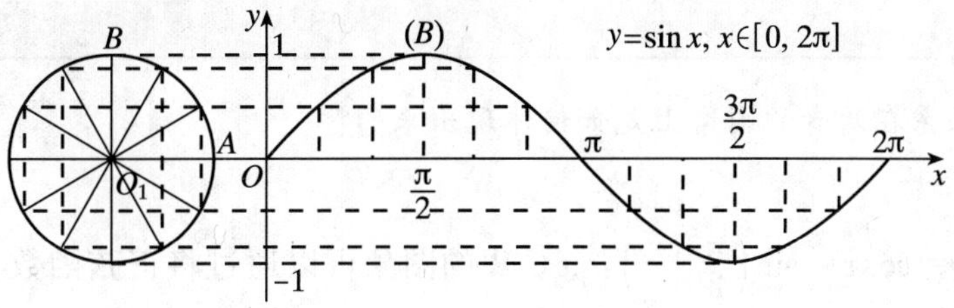

图 3

问题 7

如何才能得到 $y=\sin x$，$x\in\mathbf{R}$ 的图象？

因为终边相同的角的同名三角函数值相等，所以函数 $y=\sin x$，$x\in[2k\pi,\ 2(k+1)\pi)$，$k\in\mathbf{Z}$ 且 $k\neq 0$ 的图象，与函数 $y=\sin x$，$x\in[0,\ 2\pi)$的图象的形状完全一致．于是只要将函数 $y=\sin x$，$x\in[0,\ 2\pi)$的图象向左、右平行移动（每次移动 2π 个单位长度）就可以得到正弦函数 $y=\sin x$，$x\in\mathbf{R}$ 的图象．

3. 余弦函数的图象

问题 8

我们已经能够作出正弦函数的图象，你能作余弦函数的图象吗？

设计意图

学习了一种新的描点方法作出正弦函数的图象后，学生会比较兴奋，必然会跃跃欲试尝试解决新的问题：用余弦线去描余弦函数图象上的点，进而作出余弦函数的图象．

与正弦线相比，余弦线横在 x 轴上，这是用余弦线描点的困难之处．可提出问题：如何让余弦线竖起来？并顺势引导学生思考以下问题．

问题 9

能否利用已有的正弦函数的图象得到余弦函数的图象呢？你能找到这两个函数之间的联系吗？(或你能根据诱导公式，以正弦函数的图象为基础，通过适当的图形变换得到余弦函数的图象吗?)

学生容易想到的是 $y=\cos x=\sin\left(\dfrac{\pi}{2}-x\right)$，教师要分析以此进行函数图象变

换的困难，并引导学生由 $y=\cos x=\cos(-x)=\sin\left[\frac{\pi}{2}-(-x)\right]=\sin\left(x+\frac{\pi}{2}\right)$，即由诱导公式六建立两个函数之间的联系.

问题 10

这种联系在两者的图象上是如何体现出来的？

函数 $y=\cos x=\sin\left(\frac{\pi}{2}+x\right)$，$x\in\mathbf{R}$ 的图象可以通过将正弦函数 $y=\sin x$，$x\in\mathbf{R}$的图象向左平移$\frac{\pi}{2}$个单位长度而得到.

（三）五点作图法

问题 11

（可先让学生观察教科书图 1.4-4）我们对正弦函数、余弦函数的图象以及相互之间的联系都有了直观的印象，在进一步的学习和解决问题中，我们往往只是要它们的大致图象，也就是不必这么细致地、复杂地去画出图象，可通过图象上几个关键点勾勒出函数的图象. 那么，请你观察正弦函数在 $[0, 2\pi]$ 内的图象，思考在作出正弦函数图象时，应抓住哪些关键点？关键点附近的图象有何特征？

问题 12

类似正弦函数图象的五个关键点，你能找出余弦函数的五个关键点吗？

（四）例题与练习

例 画出下列函数的简图：

（1）$y=1+\sin x$，$x\in[0, 2\pi]$；（2）$y=-\cos x$，$x\in[0, 2\pi]$；

（3）$y=2\sin x$，$x\in[0, 2\pi]$.

思考：你能否从函数图象变换的角度出发，利用函数 $y=\sin x$，$x\in[0, 2\pi]$ 的图象得到 $y=1+\sin x$，$x\in[0, 2\pi]$和 $y=2\sin x$，$x\in[0, 2\pi]$的图象？同样，能否从函数 $y=\cos x$，$x\in[0, 2\pi]$的图象得到函数 $y=-\cos x$，$x\in[0, 2\pi]$的图象？

设计意图

巩固五点作图法并在此基础上深化理解函数图象变换，为后面通过图象变换得到 $y=A\sin(\omega x+\varphi)$的图象打好基础.

练习

（1）用多种方法在同一直角坐标系内，画出函数 $y=\sin x$，$x\in[0, 2\pi]$，

$y=\cos x$，$x\in\left[-\frac{\pi}{2},\ \frac{3\pi}{2}\right]$的图象．通过观察两条曲线，说出它们的异同．

（2）函数 $y=\sin\left(x-\frac{3\pi}{2}\right)$和 $y=\cos x$ 的图象有何关系？在同一直角坐标系中，画出它们的简图．

（五）小结

（1）如何作出正弦曲线、余弦曲线？

（2）如何用“五点法”作正弦函数、余弦函数的简图？

（3）作函数图象有哪些基本方法？

六、目标检测设计

1．画出下列函数的简图：

（1）$y=1-\sin x$，$x\in[0,\ 2\pi]$；（2）$y=3\cos x+1$，$x\in[0,\ 2\pi]$．

2．画出下列函数的简图：

（1）$y=\sin(-x)$，$x\in[-2\pi,\ 2\pi]$；（2）$y=\sqrt{1-\cos^2 x}$，$x\in[-\pi,\ \pi]$．

3．（1）从函数 $y=\sin x$，$x\in[0,\ 2\pi]$ 的图象观察，对应于 $\sin x=\frac{1}{2}$的 x 有______个，分别为________________；

（2）函数 $y=1+\cos x$，$x\in[0,\ 2\pi]$ 图象与直线 $y=\frac{3}{2}$的交点个数为____________．

（浙江省龙游中学　叶秋平）

教学案例 5

函数 $y=A\sin(\omega x+\varphi)$ 的图象

一、内容和内容解析

这是函数 $y=A\sin(\omega x+\varphi)$ 图象的第 1 课时．为了画出函数 $y=A\sin(\omega x+\varphi)$ 的图象，需要弄清参数 φ，ω，A 对其图象的影响．本节内容从物理问题引入，根据从具体到抽象的原则，通过参数赋值，从对简单函数图象的讨论开始，把从函数 $y=\sin x$ 的图象到函数 $y=A\sin(\omega x+\varphi)$ 的图象的变换过程，分解为分

别考察参数 φ，ω，A 对函数 $y=A\sin(\omega x+\varphi)$ 图象的影响，然后再对 $y=A\sin(\omega x+\varphi)$ 图象的整体进行考察.

本节知识是初等函数图象变换的基础，是历年高考的热点和难点，也是易错点之一.

二、目标和目标解析

1. 本节课要求学生能借助计算机画出函数 $y=A\sin(\omega x+\varphi)$ 的图象，并观察参数 φ，ω，A 对函数图象变化的影响.

2. 能够掌握两个函数图象间的具体变换过程.

3. 运用“五点法”作出函数简图.

三、教学问题诊断分析

学生已有的知识基础是：刚学过三个三角函数的图象与性质，对三角函数图象的形状特点有了初步认识，鉴于作函数 $y=A\sin(\omega x+\varphi)$ 的图象有一定的复杂性，可通过计算机动态地演示参数 φ，ω，A 对函数 $y=A\sin(\omega x+\varphi)$ 的图象的影响，有利于学生认识函数 $y=A\sin(\omega x+\varphi)$ 的图象特点.

教学重点是将考察参数 φ，ω，A 对函数 $y=A\sin(\omega x+\varphi)$ 图象影响的问题进行分解，从而学习如何将一个复杂问题分解为若干简单问题的方法. 教学难点是 ω 对 $y=A\sin(\omega x+\varphi)$ 图象影响规律的概括. 教学中，首先分别对 φ，ω，A 赋于具体值，再讨论一般的情况，最后整合在一起. 这是一个由特殊到一般，由具体到抽象的过程.

四、教学支持条件分析

学生已学习了正弦函数、余弦函数、正切函数的作图方法，了解函数 $y=A\sin(\omega x+\varphi)$ 的周期性和函数 $y=\sin x$，$x\in[0,2\pi]$ 作图的五个关键点，初步掌握用《几何画板》画函数图象的方法.

五、教学过程设计

（一）问题链设计

问题设计的目的大体从三个层次上展开. 首先观察具体图象，分别描述变化规律，从直观角度加以认识；然后得出一般规律；最后将三种变换进行整合，逐步实现用精确的数学语言刻画函数变换的过程.

问题链的设计由具体到抽象，由特殊到一般.

问题 1

弹簧振子运动时，点对平衡位置的位移的图象与学过的哪个函数图象形状类似？

问题 2

交流电的电流 y 与时间 x 的关系是形如 $y=A\sin(\omega x+\varphi)$ 的函数，函数 $y=A\sin(\omega x+\varphi)$ 与函数 $y=\sin x$ 有什么关系呢？

设计意图

创设问题情境，通过实例引入课题.

问题 3

（讨论 1）你认为可以怎样讨论参数 φ，ω，A 对 $y=A\sin(\omega x+\varphi)$ 图象的影响？

设计意图

使学生明白有多个参数时一般分类讨论，采取先“各个击破”，然后“归纳整合”的方法.

探索 1 φ 对 $y=\sin(x+\varphi)$ 图象的影响.

问题 4

φ 是个变量，如何探索？

设计意图

从具体到一般，让参数“动起来”.

问题 5

分别在 $y=\sin\left(x+\frac{\pi}{3}\right)$ 和 $y=\sin x$ 的图象上各恰当地选取一个纵坐标相同的点，沿两条曲线同时移动这两点并观察其横坐标的变化，你能否发现 φ 对图象有怎样的影响？

设计意图

引导学生观察 $y=\sin\left(x+\frac{\pi}{3}\right)$ 图象上点的坐标和 $y=\sin x$ 图象上点的坐标的关系，获得 φ 对 $y=\sin(x+\varphi)$ 图象的影响的具体认识.

问题 6

对 φ 任取不同的值，作出 $y=\sin(x+\varphi)$ 的图象，看看与 $y=\sin x$ 的图象是否有类似的关系？（建议：可用《几何画板》进行演示）

设计意图

引导学生通过自己的观察认识 φ 对 $y=\sin(x+\varphi)$ 图象的影响.

问题 7

请概括一下如何从 $y=\sin x$ 出发，经过图象变换得到 $y=\sin(x+\varphi)$ 的图象.

设计意图

引导学生通过自己的概括认识 φ 对 $y=\sin(\omega x+\varphi)$ 图象的影响.

探索 2 $\omega(\omega>0)$ 对 $y=\sin(\omega x+\varphi)$ 图象的影响.

问题 8

你能用上述研究方法，讨论一下参数 ω 对 $y=\sin\left(\omega x+\frac{\pi}{3}\right)$ 图象的影响吗？

设计意图

让学生根据经验研究 ω 对 $y=\sin\left(\omega x+\frac{\pi}{3}\right)$ 图象的影响，熟悉研究方法.

步骤 1：分别在 $y=\sin\left(x+\frac{\pi}{3}\right)$ 和 $y=\sin\left(2x+\frac{\pi}{3}\right)$ 的图象上各恰当地选取一个纵坐标相同的点，沿两条曲线同时移动这两点，你能发现它们横坐标的关系吗？

设计意图

获得 ω 对 $y=\sin(\omega x+\varphi)$ 图象的影响的深刻认识，进一步熟悉研究方法.

步骤 2：对 ω 任取不同的值，作出 $y=\sin\left(wx+\frac{\pi}{3}\right)$ 的图象，观察与 $y=\sin\left(x+\frac{\pi}{3}\right)$ 的图象是否有类似的关系？

设计意图

引导学生获得更多的关于 ω 对 $y=\sin\left(\omega x+\frac{\pi}{3}\right)$ 图象的影响的经验.

步骤 3：整理一下如何从 $y=\sin(x+\varphi)$ 出发，经过图象变换得到 $y=\sin(\omega x+\varphi)$ 的图象.

设计意图

突破难点，熟悉 ω 对图象变换的影响.

探索3 $A(A>0)$ 对 $y=A\sin(\omega x+\varphi)$ 图象的影响.

问题9

类似地，你能讨论一下参数 A 对 $y=A\sin\left(2x+\frac{\pi}{3}\right)$ 图象的影响吗？

设计意图

巩固已有经验，认识参数 A 对 $y=A\sin\left(2x+\frac{\pi}{3}\right)$ 图象的影响.

问题10

具体概括 A 对 $y=A\sin(\omega x+\varphi)$ 的影响.

设计意图

进一步深化参数 A 对图象影响的规律.

问题11

（讨论2）如何整合？φ，ω，A 对 $y=A\sin(\omega x+\varphi)$ 图象变化的影响情况如何？由 $y=\sin x$ 经过怎样的变换得到 $y=A\sin(\omega x+\varphi)$ 的图象？

设计意图

加深 A，ω，φ 对图象影响的一般认识，培养综合归纳能力.

问题12

（讨论3）除了上述图象变换外，从函数 $y=\sin x$ 的图象得到函数 $y=A\sin(\omega x+\varphi)$ 的图象，还有别的方法吗？

设计意图

进一步认识由 $y=\sin x$ 经图象变换得到 $y=A\sin(\omega x+\varphi)$ 的方法，并体会由简单到复杂，特殊到一般的化归思想.

问题13

怎样由 $y=\sin x$ 的图象得到 $y=2\sin\left(\frac{1}{2}x-\frac{\pi}{4}\right)$ 的图象？

设计意图

通过具体函数变换的运用进一步认识变换规律.

问题 14

除了变换，还有没有方法可快速画出 $y=2\sin\left(\frac{1}{2}x-\frac{\pi}{4}\right)$ 的简图？如何找点？

设计意图

一题多解，掌握“五点法”作 $y=A\sin(\omega x+\varphi)$ 的简图.

（二）练习

教科书第 55 页，第 1，2 题.

设计意图

巩固“五点法”作 $y=A\sin(\omega x+\varphi)$ 的简图和参数 φ，ω，A 对函数 $y=A\sin(\omega x+\varphi)$ 图象的影响.

（三）小结

问题 15

你能归纳一下本节课讨论问题的思想方法吗？

设计意图

引导学生反思学习过程，概括研究函数 $y=A\sin(\omega x+\varphi)$ 图象的思想方法.

六、目标检测设计

1. 教科书第 57 页，习题 1.5A 组第 1，2 题.

2. 函数 $y=\sin 2x$ 的图象向右平移 $\frac{5\pi}{12}$ 个单位，所得图象的函数解析式为 $y=$________.

3. 怎样由 $y=\sin x$ 的图象变换得到 $y=3\sin\left(\frac{1}{3}x+\frac{\pi}{6}\right)$ 的图象？

（江山中学学校　徐飞雄）

第二章 “平面向量”概述

向量是近代数学中重要和基本的数学概念之一，有深刻的几何与物理学背景，是解决几何问题的有力工具．向量概念引入后，全等和平行（平移）、相似、垂直、勾股定理就可转化为向量的加（减）法、数乘、数量积等运算（运算律），从而把图形的基本性质转化为向量的运算．

本章包含5节内容：平面向量的实际背景及基本概念、向量的线性运算、平面向量的基本定理及坐标表示、平面向量的数量积、向量的应用．

“平面向量的实际背景及基本概念”包括向量的物理背景与概念、向量的几何表示、相等向量与共线向量等基本概念．

“向量的线性运算”包括向量的加法运算及其几何意义、向量的减法运算及其几何意义、向量的数乘运算及其几何意义．

“平面向量的基本定理及坐标表示”包括平面向量基本定理、平面向量的正交分解及坐标表示、平面向量的坐标运算、平面向量共线的坐标表示．

“平面向量的数量积”包括平面向量数量积的物理背景及其含义、平面向量数量积的坐标表示、模、夹角．

“向量的应用”包括平面几何中的向量方法、向量在物理中的应用．

以上内容又可以概括为三部分：向量概念、向量运算（包括坐标运算）、向量应用．向量概念由物理中的“力”、“位移”等矢量抽象形成；向量的线性运算也可与物理中“力的合成与分解”进行类比；向量的数量积运算虽然可由物理中“功”的概念引出，但其在几何中应用广泛（如夹角、垂直等），而在物理中没有相应内容；向量的坐标运算为通过“数”的运算解决“形”的问题搭建了一座桥梁.

综合上述分析，本章的核心概念有：向量的概念、向量的线性运算、向量的数量积、向量的坐标（及运算）. 其中最为核心的是：向量的概念、向量的数量积.

本章知识框图如下所示：

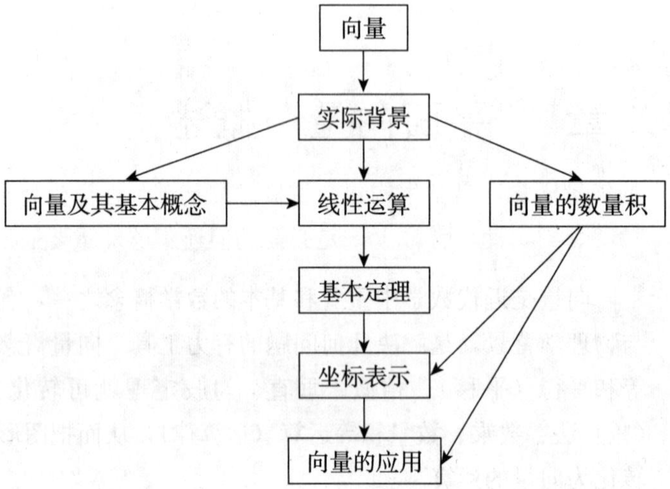

教学案例 6

平面向量的概念

一、内容和内容解析

向量是近代数学重要的基本概念之一，是沟通代数、几何与三角函数的工具. 向量由物理学和工程技术中有关概念抽象形成，而向量的理论和方法，又成为物理学和工程技术的重要工具，所以向量有丰富的实际背景和广泛的应用.

物理学中的矢量概念，是向量概念的原型，力、速度、加速度、位移等学生熟悉的概念，是学生学习向量极好的背景知识.

用有向线段表示向量，不仅可以表示“大小”（长度），还可表示“方向”，赋予了向量一定的几何意义，也与物理学中“力”的表示相一致. 向量的几何表示为用向量方法处理几何问题打下基础，而用字母表示向量则有利于向量运算.

相等向量和共线向量：将“长度相等，方向相同的向量”规定为相等向量，将“方向相同或相反的向量”规定为共线向量. 由于平行向量可以移动到同一直线上，所以向量的共线和平行等价，这与几何中直线的共线和平行是有区别的.

二、目标和目标解析

1. 通过实例，了解向量概念及其产生的实际背景.

2. 理解平面向量和相等向量的一些基本概念.

3. 掌握向量的几何表示.

4. 了解向量长度、零向量、单位向量、共线向量等概念.

5. 让学生感受向量的概念、方法源于现实世界，激发学生数学学习的兴趣.

物理学中的矢量概念，是学生构建向量概念的基础. 让学生列举物理学中的一些实例，如位移、力、速度等概念，是必需的但还不够，重要的是引导学生总结这些量的共同特征：既有大小又有方向. 这样才能自然地引入向量概念，进而在学习向量的表示时，就不仅要表示大小，而且还要表示方向. 向量相等也包括大小与方向相等.

三、教学问题诊断分析

平行向量与共线向量的教学中，学生由于受到直线平行或共线关系的干扰，可能对“向量平行就是共线”感到难以理解，为此有必要说明向量的自由性：与表示向量的有向线段的起点无关. 还可举例：作用在不同物体上的大小相等、方向相同的两个力（向量平行），虽然作用的点不同，但这两个力是相等的（向量相等）.

本课内容杂、头绪多，有必要帮助学生理清知识结构.

1. 构建向量概念时，要让学生经历由具体到抽象的思维过程，即要从具体的力、位移、速度等概念，抽象出向量概念. 学生只有理解了向量概念的内涵——既有大小又有方向，才能完成概念的构建.

2. 用有向线段表示向量，是概念构建的延伸，也是概念内涵的自然需求. 向量既然是既有大小又有方向的量，自然就可用有向线段表示，因为有向线段包含了方向与长度（大小）. 至此，向量的模、零向量、单位向量的概念构建也就顺理成章.

3. 相等向量、平行（共线）向量的学习，是向量概念的进一步深入. 由于向量包含大小与方向两个方面，故只有两方面都相同时，两个向量才是相等的，否则不能比较大小. 若只比较一个方面如方向，则可引进向量平行（共线）关系.

四、教学支持条件分析

学生掌握的相关物理学概念是向量学习的知识基础，抽象概括的方法是能力基础，教师恰当的引导分析是学习成功的关键，信息技术的合理使用则起到锦上添花的作用.

五、教学过程设计

问题 1

两车分别以 $v_1=80$ km/h，$v_2=90$ km/h 的速度行驶．若它们同时开始向北行驶，2 h 后，两车相距 20 km；若它们同时开始，一辆车向北行驶，另一辆车向南行驶，2 h 后，两车相距 340 km．行驶速度没有变化，为什么结果相差这么大？

设计意图

向量概念的核心是具有方向．以速度引入课题，使学生体会到方向在一个物理量中的重要意义，为向量的学习作好准备.

问题 2

物理学中有很多"量"，如速度、质量等，你能举出一些吗？

质量、温度、速度、加速度、位移、路程、密度、力、压强、功、冲量、电流、电压等.

追问 1：你能将这些物理量分组吗？

分组方法不唯一，结合前一问题，引导学生根据是否与方向有关分成两类.

追问 2：你能总结出这两类物理量的特点吗？

总结后，给出向量及数量的概念.

设计意图

通过对物理量分类抽象出向量的概念，并且与数量概念对比，学生对向量的内涵（既有大小又有方向）会有较深刻的认识.

问题 3

怎样将我们所列举的向量表示出来呢？

引导学生寻找数学中既能表示大小又能表示方向的符号——有向线段.

追问：有向线段是怎么表示向量的大小与方向的？

线段长度表示向量的大小即向量的模，箭头的指向表示向量的方向，简单介绍用字母表示向量，注意强调 $\overrightarrow{AB}$ 上方的箭头不可不写.

请自己完成例 1.

设计意图

有向线段能同时表示大小与方向，符合表示向量的需要．让学生进一步体会向量的内涵．

问题4

你认为在所有的向量中，有哪些向量是特殊的或者是具有特殊关系的？比方说，从向量模的角度看，有哪些特殊向量？从向量方向的角度看，又有哪些特殊关系？

从向量模的角度看：有模为0的零向量和模为1的单位向量，还有模相等的向量；从向量方向的角度看，有方向相同或相反的向量；综合两方面看，有大小相等、方向相同的相等向量，有大小相等、方向相反的相反向量．

追问：任意两个向量能比较大小吗？

设计意图

从大小与方向两个维度，给出两个特殊向量：零向量、单位向量．几种特殊关系：相等向量、相反向量、平行（共线）向量．帮助学生理清逻辑关系，有利于更好地掌握向量概念．

问题5

教科书中说，平行向量也叫共线向量，你是如何理解的？

关键在于向量的自由性，即只和相应有向线段的长度及方向有关，而与有向线段的起点无关，从而向量是可以平移的．

设计意图

平行即共线，与平面几何中直线的平行和共线不一致，有必要帮助学生正确理解．

问题6

规定零向量平行于任一向量，你认为这样合理吗？

可以认为零向量的方向是任意的，即和任意向量同方向．

设计意图

数学中的规定都有其合理性，有些与运算性质有关，如 $0!=1$，有些则与概念的形成拓展有关．适当地让学生进行讨论，能使学生认识到数学的严密性与科学性．

问题 7

观察图 1 中的正六边形 $ABCDEF$，给图中的线段加上箭头表示向量，并说出你所标出的向量间的关系.

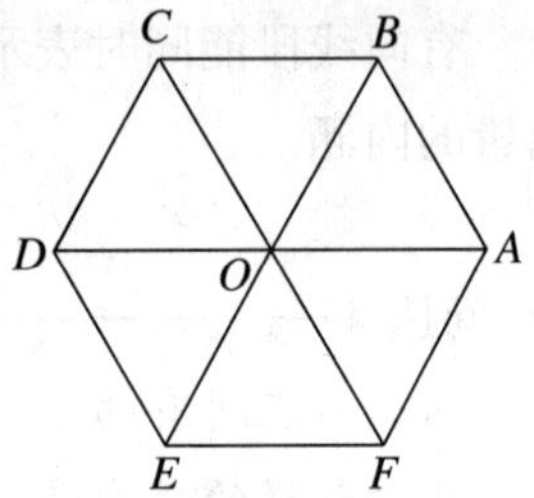

图 1

设计意图

巩固向量相等、相反、平行（共线）等概念.

最后总结本节知识结构如下：

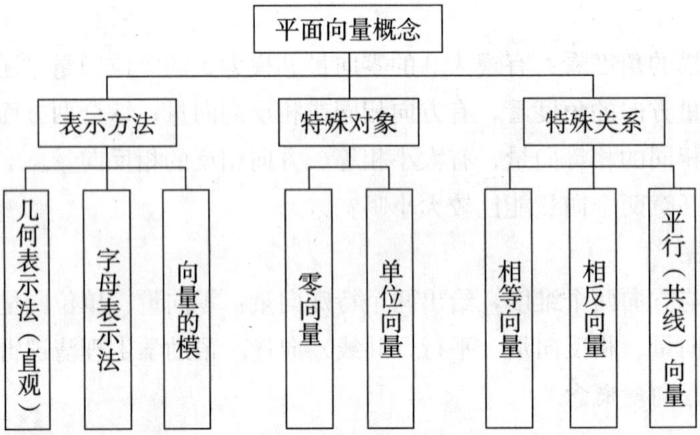

六、目标检测设计

教科书第 77 页，习题 2.1A 组第 3，4，5 题.

（浙江省衢州二中　刘宗良）

教学案例 7

平面向量的数量积

一、内容和内容解析

平面向量数量积是以物体受力做功为背景而引进的概念，功是一个标量，它用力和位移两个向量来定义，在数学上就是向量的数量积.

向量的数量积是一种新的向量运算，与向量的加法、减法、数乘运算一样，它也有明显的物理意义和几何意义. 但与向量的线性运算不同的是，它的运算结果不是向量而是数量.

引进向量的数量积后，探索这种运算的运算律：交换律、结合律及分配律. 完成三个运算律的证明. 利用向量的数量积证明两向量垂直，求两向量的夹角以及向量的模.

本节课的主要学习任务是通过物理中“功”的实例抽象出平面向量数量积的概念，在此基础上探究数量积的性质与运算律，使学生体会类比的思想方法，进一步培养学生的抽象概括和推理论证的能力. 其中数量积的概念既是对物理背景的抽象，又是研究性质和运算律的基础. 同时也因为在这个概念中，既有长度又有角度，既有形又有数，是代数、几何与三角的最佳结合点，不仅应用广泛，而且很好地体现了数形结合的数学思想，使得数量积的概念成为本节课的核心概念，自然也是本节课教学的重点.

二、目标和目标解析

1. 以物理中“功”等实例，理解平面向量数量积的含义及其物理意义，体会平面向量的数量积与向量投影的关系.

2. 体会平面向量的数量积与向量投影的关系，掌握数量积的性质和运算律，并能运用性质和运算律进行相关的判断和运算，能用数量积表示两个向量的夹角，会用数量积判断两个平面向量的垂直关系.

3. 体会类比的数学思想和方法，进一步培养学生抽象概括、推理论证的能力.

在学生已经学习了向量的概念及向量的线性运算的基础上，引入一种新的向量运算——向量数量积. 教科书以物体受力做功为背景引入向量数量积的概念，既使向量数量积运算与学生已有知识建立联系，又使学生看到向量数量积与向量模的大小及夹角有关，同时与前面的向量运算不同，其计算结果不是向量而是数量.

三、教学问题诊断分析

学生在学习本节内容之前，已熟知了实数的运算体系，掌握了向量的概念及其线性运算，具备了功等物理知识，并且初步体会了研究向量运算的一般方法：先由特殊模型（主要是物理模型）抽象出概念，然后再从概念出发，在与实数运算类比的基础上研究性质和运算律. 这为学生学习数量积作了很好的铺垫，使学生倍感亲切. 但也正是这些干扰了学生对数量积概念的理解，一方面，相对于线性运算而言，数量积的结果发生了本质的变化，两个有形有数的向量经过数量积运算后，形却消失了，学生对这一点是很难接受的；另一方面，由于受实数乘法运算的影响，也会造成学生对数量积理解上的偏差，特别是对性质和运算律的理解. 因而本节课教学的难点是数量积的概念.

为了突破这一难点，首先无论是概念的引入还是应用，物理中“功”的实例都需发挥重要作用．其次，作为数量积概念延伸的性质和运算律，不仅能够使学生更加全面深刻地理解概念，同时也是进行相关计算和判断的理论依据．最后，无论是数量积的性质还是运算律，都希望学生在类比的基础上，通过主动探究来发现，这对培养学生的抽象概括能力、推理论证能力和类比思想都是有益的．

向量的数量积是一种新的乘法，与数的乘法既有区别又有联系，教学中需对这两种乘法进行对比，使学生明确以下几点：

1. 当 $\boldsymbol{a}\neq\boldsymbol{0}$ 时，由 $\boldsymbol{a}\cdot\boldsymbol{b}=0$ 不能推出 $\boldsymbol{b}$ 一定是零向量．

2. 已知实数 a，b，c，$(a\cdot b)c=a(b\cdot c)$，但对向量的数量积，$(\boldsymbol{a}\cdot\boldsymbol{b})\boldsymbol{c}=\boldsymbol{a}(\boldsymbol{b}\cdot\boldsymbol{c})$ 未必成立．

3. 已知实数 a，b，c（b 不等于 0），由 $ab=bc$ 推出 $a=c$．但对向量的数量积，该推理不正确，即 $\boldsymbol{a}\cdot\boldsymbol{b}=\boldsymbol{b}\cdot\boldsymbol{c}$ 推不出 $\boldsymbol{a}=\boldsymbol{c}$．

四、教学支持条件分析

为了使学生更好地理解向量数量积的几何意义，达到有效的教学效果，条件许可，可以借助计算机进行辅助教学．

五、教学过程设计

活动 1　创设问题情境，激发学习兴趣．

问题 1

我们已经研究了向量的哪些运算？这些运算的结果是什么？

设计意图

正如教科书主编寄语所言，数学是自然的，而不是强加于人的．平面向量的数量积这一重要概念，和向量的线性运算一样，也有其数学背景和物理背景．该问题的设计在于使学生了解数量积的数学背景，让学生明白本节课所要研究的数量积与向量的加法、减法及数乘一样，都是向量的运算，但与向量的线性运算相比，数量积运算又有其特殊性，那就是其结果发生了本质的变化．

问题 2

我们是怎么引入向量的加法运算的？又是按照怎样的顺序研究了这种运算？

设计意图

使学生在与向量加法类比的基础上明了本节课的研究方法和顺序，为教学活动指明方向．

问题3

如图1所示，一物体在力 F 的作用下产生位移 s.

(1) 力 F 所做的功 $W=$________.

(2) 请同学们分析这个公式的特点：

W（功）是________量，

F（力）是________量，

s（位移）是______量，

α 是____________.

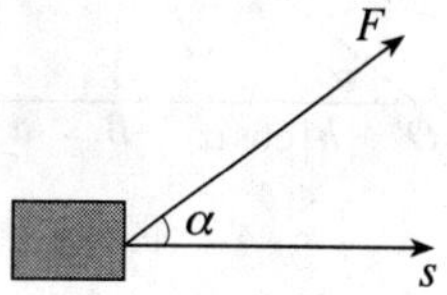

图1

设计意图

使学生了解数量积的物理背景，让学生知道，我们研究数量积绝不仅仅是为了数学自身的完善，而是有其客观背景和现实意义的，从而产生了进一步研究这种新运算的愿望. 同时，也为抽象数量积的概念作好铺垫.

活动2 探究数量积的概念.

1. 概念的抽象

在分析“功”计算公式的基础上提出问题4.

问题4

你能用文字语言表述功的计算公式吗？如果我们将公式中的力与位移推广到一般向量，其结果又该如何表述？

设计意图

使学生在数量积概念文字表述的基础上，进一步明晰数量积的概念.

2. 概念的明晰

已知两个非零向量 $\boldsymbol{a}$ 与 $\boldsymbol{b}$，它们的夹角为 α，我们把数量 $|a||b|\cos\alpha$ 叫做 $\boldsymbol{a}$ 与 $\boldsymbol{b}$ 的数量积（或内积），记作：$\boldsymbol{a}\cdot\boldsymbol{b}$，即 $\boldsymbol{a}\cdot\boldsymbol{b}=|\boldsymbol{a}||\boldsymbol{b}|\cos\alpha$.（在强调记法和“规定”后，为了让学生进一步认识这一概念，提出问题5.）

问题5

向量的数量积运算与线性运算的结果有什么不同？影响数量积大小的因素有哪些？完成下表.

角 α 的范围	$0°\leqslant\alpha<90°$	$\alpha=90°$	$90°<\alpha\leqslant180°$
$\boldsymbol{a}\cdot\boldsymbol{b}$ 的符号			

设计意图

通过此环节不仅使学生认识到数量积的结果与线性运算的结果有着本质的不

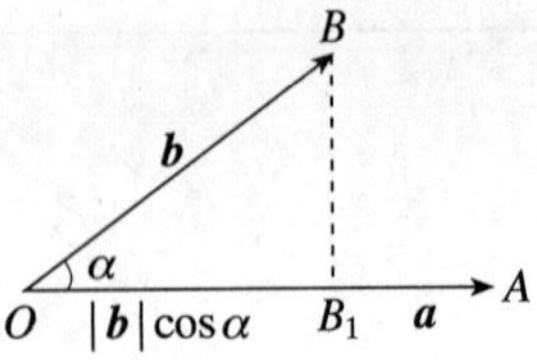

图 2

同，而且认识到向量的夹角是决定数量积结果的重要因素，为下面更好地理解数量积的性质和运算律作好铺垫.

3. 探究数量积的几何意义

如图 2，我们把 $|\boldsymbol{b}|\cos\alpha$（$|\boldsymbol{a}|\cos\alpha$）叫做向量 $\boldsymbol{b}$ 在 $\boldsymbol{a}$ 方向上（$\boldsymbol{a}$ 在 $\boldsymbol{b}$ 方向上）的投影.

问题 6

数量积的几何意义是什么？

设计意图

首先给出向量投影的概念，然后提出问题 6. 这样做不仅让学生从“形”的角度重新认识数量积的概念，从中体会数量积与向量投影的关系.

4. 研究数量积的物理意义

问题 7

(1) 请同学们用一句话概括功的数学本质：功是力与位移的数量积.

(2) 尝试练习：一物体质量是 10 kg，分别做以下运动，求重力做的功.

①在水平面上位移为 10 m；

②竖直下降 10 m；

③竖直向上提升 10 m；

④沿倾角为 30°度的斜面向上运动 10 m.

设计意图

数量积的概念是由物理中功的概念引出的，学习了数量积的概念后，学生就会明白功的数学本质就是力与位移的数量积. 为此，设计上述问题，一方面使学生尝试计算数量积，另一方面使学生理解数量积的物理意义，同时也为数量积的性质埋下伏笔.

活动 3　探究数量积的运算性质.

1. 性质的发现

问题 8

(1) 将尝试练习中①②③的结论推广到一般向量，你能得到哪些结论？

(2) 比较 $|\boldsymbol{a}\cdot\boldsymbol{b}|$ 与 $|\boldsymbol{a}|\cdot|\boldsymbol{b}|$ 的大小，你有什么结论？

设计意图

教科书中关于数量积的三条性质是以探究的形式出现的，为了很好地完成这一探究活动，在学生讨论交流的基础上，教师进一步明晰数量积的性质，然后再由学生利用数量积的定义给予证明，完成探究活动.

2. 明晰数量积的性质

数量积的性质

设 $\boldsymbol{a}$ 和 $\boldsymbol{b}$ 都是非零向量，则：

①$\boldsymbol{a}\perp\boldsymbol{b}\Leftrightarrow\boldsymbol{a}\cdot\boldsymbol{b}=0$.

②当 $\boldsymbol{a}$ 与 $\boldsymbol{b}$ 同向时，$|\boldsymbol{a}\cdot\boldsymbol{b}|=|\boldsymbol{a}|\cdot|\boldsymbol{b}|$；当 $\boldsymbol{a}$ 与 $\boldsymbol{b}$ 反向时，$|\boldsymbol{a}\cdot\boldsymbol{b}|=-|\boldsymbol{a}|\cdot|\boldsymbol{b}|$.

特别地，$\boldsymbol{a}\cdot\boldsymbol{a}=|\boldsymbol{a}|^2$ 或 $|\boldsymbol{a}|=\sqrt{\boldsymbol{a}\cdot\boldsymbol{a}}$.

③$|\boldsymbol{a}\cdot\boldsymbol{b}|\leqslant|\boldsymbol{a}|\cdot|\boldsymbol{b}|$.

活动 4　探究数量积的运算律.

1. 运算律的发现

问题 9

我们学过了实数乘法的哪些运算律？这些运算律对向量是否也适用？

设计意图

通过此问题主要是想让学生在类比的基础上，猜想数量积的运算律.

学生可能会提出以下猜想：

①$\boldsymbol{a}\cdot\boldsymbol{b}=\boldsymbol{b}\cdot\boldsymbol{a}$；

②$(\boldsymbol{a}\cdot\boldsymbol{b})\boldsymbol{c}=\boldsymbol{a}(\boldsymbol{b}\cdot\boldsymbol{c})$；

③$(\boldsymbol{a}+\boldsymbol{b})\cdot\boldsymbol{c}=\boldsymbol{a}\cdot\boldsymbol{c}+\boldsymbol{b}\cdot\boldsymbol{c}$.

猜想①的正确性是显而易见的. 关于猜想②的正确性，建议提示学生思考下面的问题：猜想②的左右两边的结果各是什么？它们一定相等吗？

学生通过讨论不难发现，猜测②是不正确的. 这时教师在肯定猜想③的基础上明晰数量积的运算律.

2. 明晰数量积的运算律

数量积的运算律

已知向量 $\boldsymbol{a}$，$\boldsymbol{b}$，$\boldsymbol{c}$ 和实数 λ，则：

① $\boldsymbol{a}\cdot\boldsymbol{b}=\boldsymbol{b}\cdot\boldsymbol{a}$；

②$(\lambda\boldsymbol{a})\cdot\boldsymbol{b}=\lambda(\boldsymbol{a}\cdot\boldsymbol{b})=\boldsymbol{a}\cdot(\lambda\boldsymbol{b})$；

③$(\boldsymbol{a}+\boldsymbol{b})\cdot\boldsymbol{c}=\boldsymbol{a}\cdot\boldsymbol{c}+\boldsymbol{b}\cdot\boldsymbol{c}$.

3. 证明运算律

学生独立证明运算律②. 在证明时，学生可能只考虑到 $\lambda>0$ 的情况，为了帮助学生完善证明，提出以下问题：

当 $\lambda<0$ 时，向量 $\boldsymbol{a}$ 与 $\lambda\boldsymbol{a}$，$\boldsymbol{b}$ 与 $\lambda\boldsymbol{b}$ 方向的关系如何？此时，向量 $\lambda\boldsymbol{a}$ 与 $\boldsymbol{b}$，$\boldsymbol{a}$ 与 $\lambda\boldsymbol{b}$ 的夹角与向量 $\boldsymbol{a}$ 与 $\boldsymbol{b}$ 夹角相等吗？

师生共同证明运算律③. 运算律③的证明对学生来说是比较困难的，为了节约课时，这个证明由师生共同完成，这也是教科书的本意.

设计意图

在这个环节中，首先为学生创设情境，让学生在类比的基础上进行猜想归纳，然后教师明晰结论，最后再完成证明. 这样不仅培养了学生推理论证的能力，同时也增强了学生类比创新的能力，将知识的获得和能力的培养有机地结合在一起.

活动 5　应用与提高.

例 1　对任意向量 $\boldsymbol{a}$，$\boldsymbol{b}$ 是否有以下结论？

(1) $(\boldsymbol{a}+\boldsymbol{b})^2=\boldsymbol{a}^2+2\boldsymbol{a}\cdot\boldsymbol{b}+\boldsymbol{b}^2$；

(2) $(\boldsymbol{a}+\boldsymbol{b})\cdot(\boldsymbol{a}-\boldsymbol{b})=\boldsymbol{a}^2-\boldsymbol{b}^2$.

例 2　已知 $|\boldsymbol{a}|=6$，$|\boldsymbol{b}|=4$，$\boldsymbol{a}$ 与 $\boldsymbol{b}$ 的夹角为 $60°$，求 $(\boldsymbol{a}+2\boldsymbol{b})\cdot(\boldsymbol{a}-3\boldsymbol{b})$ 的值. 并思考此运算过程类似于哪种运算.

练习　下列两个命题正确吗？为什么？

①若 $\boldsymbol{a}\neq 0$，则对任一非零向量 $\boldsymbol{b}$，有 $\boldsymbol{a}\cdot\boldsymbol{b}\neq 0$；

②若 $\boldsymbol{a}\neq 0$，$\boldsymbol{a}\cdot\boldsymbol{b}=\boldsymbol{a}\cdot\boldsymbol{c}$，则 $\boldsymbol{b}=\boldsymbol{c}$.

例 3　已知 $|\boldsymbol{a}|=3$，$|\boldsymbol{b}|=4$，且 $\boldsymbol{a}$ 与 $\boldsymbol{b}$ 不共线，k 为何值时，向量 $\boldsymbol{a}+k\boldsymbol{b}$ 与 $\boldsymbol{a}-k\boldsymbol{b}$ 互相垂直？通过本题你有什么收获？

练习　已知 $\triangle ABC$ 中，$\overrightarrow{AB}=\boldsymbol{a}$，$\overrightarrow{AC}=\boldsymbol{b}$，当 $\boldsymbol{a}\cdot\boldsymbol{b}<0$ 时，试判断 $\triangle ABC$ 的形状.

设计意图

例 1 给出的两个公式，由学生独立完成证明，可以培养学生通过类比达到创新的目的. 例 2 是数量积的性质和运算律的综合应用，教学时，重点从对运算原理的分析和运算过程的规范书写两个方面加强示范. 完成计算后，进一步提出问题：此运算过程类似于哪种运算？目的是想让学生在类比多项式乘法的基础上自己猜测. 例 3 的主要作用是，在继续巩固性质和运算律的同时，教给学生如何利用数量积来判断两个向量的垂直，是平面向量数量积的基本应用之一，教学时重点给学生分析数与形的转化原理. 安排两个练习的主要目的是在与实数乘法比较的基础上全面认识数量积这一重要运算，进一步感受数量积的应用价值.

活动6 小结提升.

1. 本节课的主要内容是什么？

2. 平面向量数量积的两个基本应用是什么？

3. 归纳概念和探究性质的思路是怎样的？在运算律的探究过程中，渗透了哪些数学思想？

4. 类比向量的线性运算，怎样研究向量的数量积？

设计意图

通过上述问题，使学生不仅对本节课的知识、技能及方法有了更加全面深刻的认识，同时也为下一节作好铺垫，继续激发学生的求知欲.

六、目标检测设计

1. 教科书第108页，习题2.4A组第1，2，3题.

2. 拓展与提高：

已知$\boldsymbol{a}$与$\boldsymbol{b}$都是非零向量，且$\boldsymbol{a}+3\boldsymbol{b}$与$7\boldsymbol{a}-5\boldsymbol{b}$垂直，$\boldsymbol{a}-4\boldsymbol{b}$与$7\boldsymbol{a}-2\boldsymbol{b}$垂直，求$\boldsymbol{a}$与$\boldsymbol{b}$的夹角.

设计意图

考查全体学生是否都达到了《课标》的基本要求，因此安排了一组教科书中的习题，目的是让所有的学生继续加深对数量积概念的理解和应用，为后续学习打好基础. 其次，为了能让不同的学生得到不同的发展，安排了一道有一定难度的问题供学有余力的学生选做.

（浙江省衢州二中 杨樟松）

教学案例8

平面向量数量积的坐标表示

一、内容和内容解析

向量具有几何形式与代数形式的“双重身份”以及它的一套优良的运算系统使它成为沟通向量与几何的“重要工具”和“桥梁”；向量是近代数学中最重要的概念之一.

平面向量数量积的坐标表示就是运用坐标这一量化工具表达向量的数量积运算，为研究平面中的距离、垂直、角度等问题提供了全新的手段. 它把向量的数量积与坐标运算两个知识点紧密联系起来，是全章重点之一，也是向量运算的一个重要内容．在此之前学生已学习了平面向量的坐标表示和平面向量数量积两个概念运算，但数量积是用长度和夹角这两个概念来表示的，应用起来不太方便，如何用坐标这一最基本、最常用的工具表示数量积，使之应用更方便，就是摆在学生面前的一个亟待解决的问题．因此，本节内容的学习既是必要的，又是十分自然的，是学生认知发展和知识构建的一个合情、合理的生长点．

二、目标和目标解析

1. 经历根据平面数量积的意义探究其坐标表示的过程，体验在此基础上探索发现向量的模、夹角等重要的度量公式的成功乐趣，培养学生数学探究能力、创新精神．

2. 理解掌握平面向量数量积的坐标表达式，会进行数量积的运算．

3. 理解掌握向量的模、夹角等公式，能根据公式解决两个向量的夹角、垂直等问题．

有了平面向量的坐标表示以及坐标运算的经验，在引进平面向量的数量积后，自然要考虑它的坐标表示问题．另一方面，由于平面向量数量积涉及了向量的模、夹角，因此在实现向量数量积的坐标表示后，向量的模、夹角也都可以与向量的坐标联系起来．

三、教学问题诊断分析

学生已有的知识结构是平面向量坐标表示；平面向量加减、数乘的坐标运算；数量积的定义、性质和四则运算．方法上，学生已经有研究过向量加减法坐标运算的推理过程的经验．这些都是在平面向量数量积的坐标表示教学时值得关注的，是建立平面向量数量积坐标表示的生长点．

本节学生学习的困难在于，难以主动探索数量积的坐标表达式，难以主动重组整合所学的知识，如综合运用平面向量的正交分解及坐标表示、线性运算、平面向量数量积的意义、运算律等知识去推导数量积的坐标形式．基于以上认识，确定教学重点是：探究公式，应用公式解决问题；教学难点是：探究发现公式．

本节课以问题串引导学生探究公式，不但能激发学生的学习兴趣，还能全面提高学生的求知欲和积极性，让学生把学习的对象转化为研究的对象，在主动探究和实践知识的过程中，去有效地获取知识技能、掌握思想方法并扩展思维，从而使学生产生思维共振，易于学生的理解与掌握．

四、教学支持条件分析

为了方便学生理解向量的坐标表示及夹角的意义，有效实现教学目标，若条件许可，可以借助计算机进行辅助教学．

五、教学过程设计

（一）课题引入设计

1. 提出问题

问题 1

已知两个向量 $\boldsymbol{a}=(3,1)$，$\boldsymbol{b}=(2,4)$. 你能设计出哪些运算问题？

问题 2

若一个向量坐标确定，则哪些量定能确定？（对应地，从原点出发的向量确定；向量的两个要素，模、方向随之确定.）

问题 3

已知两个向量的坐标，能否求出这两个向量的模和夹角？

设计意图

通过学生自创自编题引入课题，激发学生学习新知识的热情，并渗透数形结合思想，突出向量的两个要素.

2. 复习回顾

(1) 数量积的定义：两个非零向量 $\boldsymbol{a}$ 与 $\boldsymbol{b}$，θ 是 $\boldsymbol{a}$ 与 $\boldsymbol{b}$ 的夹角，则 $\boldsymbol{a}\cdot\boldsymbol{b}=|\boldsymbol{a}|\cdot|\boldsymbol{b}|\cos\theta$.

(2) 几何意义：数量积 $\boldsymbol{a}\cdot\boldsymbol{b}$ 等于 $\boldsymbol{a}$ 的长度 $|\boldsymbol{a}|$ 与 $\boldsymbol{b}$ 在 $\boldsymbol{a}$ 的方向上的投影 $|\boldsymbol{b}|\cos\theta$ 的乘积.

(3) 数量积的性质：

①$\boldsymbol{a}\cdot\boldsymbol{a}=\boldsymbol{a}^2=|\boldsymbol{a}|^2$；②$\boldsymbol{a}\perp\boldsymbol{b}\Leftrightarrow\boldsymbol{a}\cdot\boldsymbol{b}=0$；③$\cos\theta=\dfrac{\boldsymbol{a}\cdot\boldsymbol{b}}{|\boldsymbol{a}||\boldsymbol{b}|}$.

(4) 运算律：

①$\boldsymbol{a}\cdot\boldsymbol{b}=\boldsymbol{b}\cdot\boldsymbol{a}$（交换律）；

②$(\lambda\boldsymbol{a})\cdot\boldsymbol{b}=\lambda(\boldsymbol{a}\cdot\boldsymbol{b})=\boldsymbol{a}\cdot(\lambda\boldsymbol{b})$（与实数的结合律）；

③$(\boldsymbol{a}+\boldsymbol{b})\cdot\boldsymbol{c}=\boldsymbol{a}\cdot\boldsymbol{c}+\boldsymbol{b}\cdot\boldsymbol{c}$（分配律）.

设计意图

复习数量积的相关知识，从而为公式论证，以及向量模、夹角的坐标表示作铺垫. 要解决问题 3，只需求这两个向量的夹角的余弦值，关键是如何用坐标表示 $\boldsymbol{a}\cdot\boldsymbol{b}$.

（二）教学过程设计

已知两个非零向量 $\boldsymbol{a}=(x_1,y_1)$，$\boldsymbol{b}=(x_2,y_2)$，怎样用 $\boldsymbol{a}$ 和 $\boldsymbol{b}$ 的坐标表示

$\boldsymbol{a}\cdot\boldsymbol{b}$ 呢？

问题 4

两个向量的数量积是“向量”还是“数量”？运算过程与向量坐标有何关系？

问题 5

同学们猜测 $\boldsymbol{a}\cdot\boldsymbol{b}$ 用 $\boldsymbol{a}$ 和 $\boldsymbol{b}$ 的坐标表示的结果是什么呢？

（猜一猜）可能的结果：

① $\boldsymbol{a}\cdot\boldsymbol{b}=x_1x_2+y_1y_2$（或 $x_1x_2-y_1y_2$ 或 $x_1x_2\cdot y_1y_2$ 等）；

② $\boldsymbol{a}\cdot\boldsymbol{b}=(x_1,\ y_1)\cdot(x_2,\ y_2)=x_1x_2+x_1y_2+x_2y_1+y_1y_2$.

（算一算）$\boldsymbol{a}\cdot\boldsymbol{b}=(x_1,\ y_1)\cdot(x_2,\ y_2)$，发现坐标乘积运算没有学习过，转化为向量运算.

设计意图

问题 4，5 的设置能培养学生的猜想、发现的能力，并激发起学生的论证热情.

问题 6

已知 $\boldsymbol{a}=(x_1,\ y_1)$，$\boldsymbol{b}=(x_2,\ y_2)$ 的坐标表示，那它们相应的向量形式是什么呢？

若 $\boldsymbol{i}$，$\boldsymbol{j}$ 是两个分别与 x 轴、y 轴方向相同的单位向量，则 $\boldsymbol{a}=x_1\boldsymbol{i}+y_1\boldsymbol{j}$，$\boldsymbol{b}=x_2\boldsymbol{i}+y_2\boldsymbol{j}$.

问题 7

$\boldsymbol{i}\cdot\boldsymbol{i}=$？$\boldsymbol{j}\cdot\boldsymbol{j}=$？$\boldsymbol{i}\cdot\boldsymbol{j}=\boldsymbol{j}\cdot\boldsymbol{i}=$？

下面请同学们独立推导数量积的坐标表达式. 结果是：$\boldsymbol{a}\cdot\boldsymbol{b}=x_1x_2+y_1y_2$.

问题 8

我们给出的结果是符号语言，那么你能用文字语言表达此结论吗？

两个向量的数量积等于它们对应坐标的乘积的和.

设计意图

培养学生语言转化能力，由数学语言转化成文字语言，突出“对应”两字，帮助学生对公式的记忆.

师生共同归纳：

(1) 向量数量积的坐标表示是由向量的运算法则推导而得；(2) 运算结果是数量. 由此可以解决相关问题（探究发现向量的模、夹角等度量的坐标表达）.

①设 $\boldsymbol{a}=(x,\ y)$，则 $|\boldsymbol{a}|=$__________；

如果 $\boldsymbol{a}=\overrightarrow{AB}$ 且 $A=(x_1,\ y_1)$，$B=(x_2,\ y_2)$，那么 $|\boldsymbol{a}|=|\overrightarrow{AB}|=$__________.

②设 $\boldsymbol{a}=(x_1,\ y_1)$，$\boldsymbol{b}=(x_2,\ y_2)$，则 $\boldsymbol{a}\perp\boldsymbol{b}\Leftrightarrow$__________.

③设 $\boldsymbol{a}=(x_1,\ y_1)$，$\boldsymbol{b}=(x_2,\ y_2)$，它们的夹角为 θ，则 $\cos\theta=$__________.

注意与已有公式的联系：

联系转化

①向量模公式：$|\boldsymbol{a}|=\sqrt{x^2+y^2}$——$|\boldsymbol{a}|=\sqrt{\boldsymbol{a}\cdot\boldsymbol{a}}$.

②$|\overrightarrow{AB}|=\sqrt{(x_1-x_2)^2+(y_1-y_2)^2}$——$|\overrightarrow{AB}|=|\boldsymbol{a}-\boldsymbol{b}|$.

③$\cos\theta=\dfrac{x_1x_2+y_1y_2}{\sqrt{x_1^2+y_1^2}\cdot\sqrt{x_2^2+y_2^2}}$——$\cos\theta=\dfrac{\boldsymbol{a}\cdot\boldsymbol{b}}{|\boldsymbol{a}||\boldsymbol{b}|}$.

④$\boldsymbol{a}\perp\boldsymbol{b}\Leftrightarrow x_1x_2+y_1y_2=0$——$\boldsymbol{a}\perp\boldsymbol{b}\Leftrightarrow\boldsymbol{a}\cdot\boldsymbol{b}=0$.

设计意图

在上一问的基础上，引导学生独立推导向量的两种不同形式，这里需要突出对比的数学思想. 使学生对向量的两种不同运算表达式系统化.

（三）平面向量数量积的坐标表示、模、夹角公式的应用

例1 已知 $\boldsymbol{a}=(5,\ -7)$、$\boldsymbol{b}=(-6,\ -4)$，求：

①$\boldsymbol{a}\cdot\boldsymbol{b}$； ②$\boldsymbol{a}$，$\boldsymbol{b}$ 间的夹角 θ； ③$|\boldsymbol{a}|^2-\boldsymbol{a}\cdot\boldsymbol{b}$.

变式：若将向量 $\boldsymbol{a}=(2,\ 1)$ 绕原点按逆时针方向旋转 $\dfrac{\pi}{4}$，得到向量 $\boldsymbol{b}$，求向量 $\boldsymbol{b}$ 的坐标.

设计意图

通过几个简单题目使学生加深对向量数量积、模、夹角公式的坐标表示公式的记忆和理解.

例2 已知 $A(1,\ 2)$，$B(2,\ 3)$，$C(-2,\ 5)$，试判断 $\triangle ABC$ 的形状，并证明你的结论.

问题9

怎样初步判断三角形的形状呢？怎么样证明 $\triangle ABC$ 为直角三角形呢？有其他的方法吗？

设计意图

根据图 1 可以初步判定$\triangle ABC$为直角三角形，其中 A 是直角. 这体现出数形结合的重要数学思想. 证明垂直的方法最初是勾股定理逆定理，现在可以用两个非零向量的数量积为 0 得以证明. 通过方法比较体会向量方法的优势.

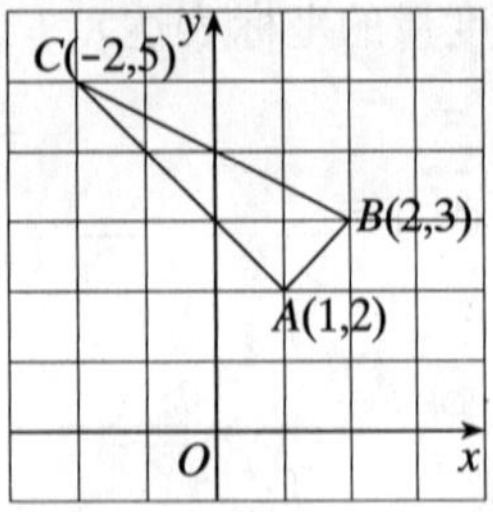

图 1

变式：在$\triangle ABC$中，$\overrightarrow{AB}=(2,3)$，$\overrightarrow{AC}=(1,k)$，且$\triangle ABC$的一个内角为直角，求 k 的值.

设计意图

通过变式使学生进一步掌握向量垂直的充要条件的应用，加深分类讨论的数学思想的理解，培养学生的严谨数学思维能力.

例 3 在平面直角坐标系中，向量$\overrightarrow{OP}=(2,1)$，$\overrightarrow{OA}=(1,7)$，$\overrightarrow{OB}=(5,1)$，$Z$ 是直线 OP 上的一个动点.

(1) 当$\overrightarrow{ZA}\cdot\overrightarrow{ZB}$取最小值时，求$\overrightarrow{OZ}$；

(2) 当 Z 满足 (1) 时，求$\overrightarrow{ZA}$与$\overrightarrow{ZB}$的夹角的余弦值.

设计意图

通过向量中最值问题的求解，培养学生的综合应用能力.

（四）提高练习

已知向量 $\boldsymbol{a}=\left(2\cos^2\frac{\alpha}{2},\ 2\sin^2\frac{\alpha}{2}\cos\frac{\alpha}{2}\right)$，$\boldsymbol{b}=\left(2\sin^2\frac{\beta}{2},\ 2\sin\frac{\beta}{2}\cos\frac{\beta}{2}\right)$. $\boldsymbol{c}=(1,0)$，$\alpha\in(0,\pi)$，$\beta\in(\pi,2\pi)$，$\boldsymbol{a}$ 与 $\boldsymbol{c}$ 的夹角为 θ_1，$\boldsymbol{b}$ 与 $\boldsymbol{c}$ 的夹角为 θ_2. 若 $\theta_1-\theta_2=\frac{\pi}{3}$，求 $\sin\frac{\alpha-\beta}{2}$的值.

设计意图

对于学生不同的认知水平增加提高练习，有助于培养学生的探索能力，并分层教学.

（五）小结与作业布置

1. 本节课的主要内容是什么？

可以让学生完成下表：

	数量积 $\boldsymbol{a}\cdot\boldsymbol{b}$	模 $\|\boldsymbol{a}\|$	$\cos\theta$（$\boldsymbol{a}$，$\boldsymbol{b}$ 的夹角）	垂直 $\boldsymbol{a}\perp\boldsymbol{b}$	平行 $\boldsymbol{a}/\!/\boldsymbol{b}$
向量形式					
坐标形式					

2. 本节课你在数学思想方法上有什么收获？

3. 对本节课你还有什么疑惑？

设计意图

发展学生对知识的组织、整合、诠释的能力.

六、目标检测设计

1. 教科书第 108 页，习题 2.4A 组第 7～11 题；B 组第 2～4 题.

2. 拓展与提高：

平面内有向量$\overrightarrow{OA}=(1, 7)$，$\overrightarrow{OB}=(5, 1)$，$\overrightarrow{OP}=(2, 1)$，点 M 为直线 OP 上的一个动点，当$\overrightarrow{MA}\cdot\overrightarrow{MB}$取最小值时，求$\overrightarrow{OM}$的坐标和$\angle AMB$ 的余弦值.

设计意图

安排一组教科书中的习题是让所有的学生继续加深对所学知识的巩固，检测全体学生是否达到《课标》的基本要求．拓展与提高能使不同层次的学生在数学方面得到不同的发展.

（浙江省衢州二中　杨樟松）

第三章 “三角恒等变换”概述

本章是在学生学习了第一章“三角函数”和第二章“平面向量”的基础上继续学习的内容，它包括两角和与差的正弦、余弦和正切公式，以及这些公式在简单的三角恒等变换中的应用．由于两角和与差的正弦、余弦和正切公式（包括二倍角公式）之间存在紧密的内在联系，其中两角差的余弦公式是核心，以此作为基础公式，再利用这种联系性，用逻辑推理的方法就可以得到其他公式．因此，我们选择两角差的余弦公式作为本章的核心概念进行教学设计．利用上述公式进行简单的恒等变换时，以推导半角公式、积化和差、和差化积公式作为基本训练，培养学生的转化化归能力，从中体验换元的思想，方程的思想等在三角恒等变换中的运用．因此，我们选择简单的三角恒等变换（1）作为本章的另一个核心概念进行教学设计．在教学设计中，我们恰时恰点地提出问题，从而引导学生应用类比、联系、化归等思想方法去分析问题、处理问题，体验三角恒等变换的本质是“角的变换（统一）和函数的变换（统一）”．基于以上分析，我们选择“两角差的余弦公式”和“简单的三角恒等变换（1）”作为案例呈现．

本章知识框图如下所示：

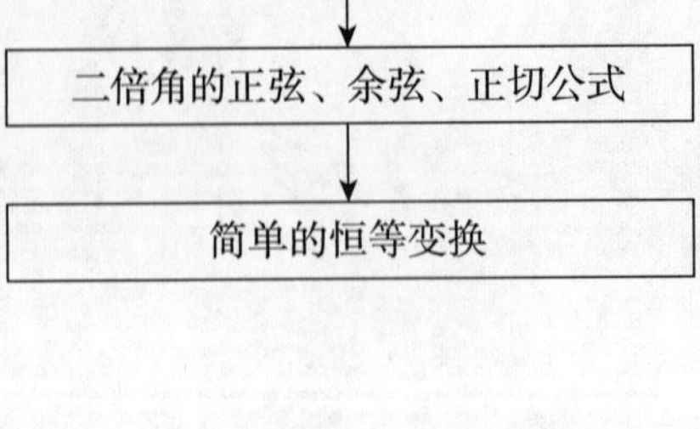

教学案例 9

两角差的余弦公式

一、内容和内容解析

变换是数学的重要工具，其中的三角变换是本章学习的主要内容.

两角差的余弦公式是三角变换的基础，其公式推导一般分为三个层次：一是直觉猜想，特殊验证；二是通过锐角 α，$\beta(\alpha<\beta)$ 的特殊情况进行研究；三是对一般情形进行探究. 这样做使学生在不断猜想、不断修正、从特殊到一般的思维过程中逐渐认识两角差的余弦公式. 在探究过程中培养学生“大胆猜想、小心求证”的数学思维能力.

教学重点：两角差的余弦公式的探究过程及公式的应用.

二、目标和目标解析

理解并掌握两角差的余弦公式及其推导过程，并会进行简单的应用.

三、教学问题诊断分析

在《数学 4》第一章学习同角三角函数式变换的基础上，学生对于一些特殊角的求值已经掌握，将未知角转化为已知角的能力已经具备. 学生学习的困难在于，如何推导证明两角差的余弦公式.

关键是如何通过问题串设计，把学生的思路引导到三角函数线及平面向量的知识上，再利用数形结合的思想，推导出两角差的余弦公式.

在课堂教学中，用三角函数线法推证是本节课中最难的地方，具有一定的挑战性. 向量法推证比三角函数线法要容易一些，因此重点应放在转化到向量法的思维过程的设计上.

教学难点：探索过程的组织和引导，两角差的余弦公式探究思路的发现和证明.

四、教学支持条件分析

教学过程中，借助信息技术（如几何画板、投影仪等），展示推导过程，形象直观，效果较好.

五、教学过程设计

（一）实例引入

问题 1

解直角三角形，电视发射塔的高度表示为 $CD=\frac{30\tan(45^\circ+\alpha)}{\tan\alpha}-30$，能不能由 $\sin\alpha=\frac{30}{67}$ 求得电视发射塔的高度 CD？

师生双边活动：利用三角函数中常用的“切化弦”的思想方法，把问题转化为求 $\sin(45^\circ+\alpha)$ 和 $\cos(45^\circ+\alpha)$ 的值，而这些值该如何求得，正是本节课要研究的问题.

设计意图

教科书中的背景材料虽然与本节课的主题有一定的距离，但只要教师作好一定的铺垫，不但可以较自然地引入本节课的内容，而且还能激发学生的学习兴趣.

（二）引入主题

问题 2

从问题 1 可知，当已知两个角 α，β 的三角函数值时，如何求这两个角的和或差的三角函数值？

为了方便起见，先探究：如何用角 α，β 的正、余弦函数值表示 $\cos(\alpha-\beta)$？

设计意图

由于教科书中的引例与本节课的主题有一定的距离，所以教师需要作一些铺垫.

问题 3

等式 $\cos(\alpha-\beta)=\cos\alpha-\cos\beta$ 成立吗？

设计意图

一方面复习否定一个命题的常用方法（特殊值法），另一方面为本节课的教学内容作铺垫. 可能结果：因为 $\cos(60^\circ-30^\circ)\neq\cos 60^\circ-\cos 30^\circ$，所以等式 $\cos(\alpha-\beta)=\cos\alpha-\cos\beta$ 不一定成立.

问题 4

$\cos(60°-30°)$ 又该如何用 60°和 30°正弦或余弦的三角函数值表示？

若学生自行不能完成，教师可以再设问，等式 $\cos(60°-30°)=\cos 60°\cos 30°+\sin 60°\sin 30°$ 成立吗？若成立，你还能写出几个类似的等式吗？由此可以得到什么样的猜想？

设计意图

从 $\cos(60°-30°)=\cos 60°\cos 30°+\sin 60°\sin 30°$，$\cos(60°-45°)=\cos 60°\cos 45°+\sin 60°\sin 45°$ 等成立，猜想一般等式：$\cos(\alpha-\beta)=\cos\alpha\cos\beta+\sin\alpha\sin\beta$ 成立（培养合情推理能力）.

问题 5

如何证明对任意角 α，β，$\cos(\alpha-\beta)=\cos\alpha\cos\beta+\sin\alpha\sin\beta$ 都成立呢？

师生双边活动（思考）：

（1）一个角的三角函数值如何用几何图形表示？

（2）以上等式的右边与前面所学的内容（平面向量）中哪个公式的某一边相类似？

思考、讨论，学生代表回答.

设计意图

为用单位圆中的三角函数线证明以上等式或用向量的数量积公式证明此等式作知识准备.

（3）求证：$\cos(\alpha-\beta)=\cos\alpha\cos\beta+\sin\alpha\sin\beta$.

方法 1（利用三角函数线）

因为在作三角函数线时要考虑角 α，β 的大小关系，所以先设计以下问题.

问题 6

当 $\alpha=\beta$ 时，等式 $\cos(\alpha-\beta)=\cos\alpha\cos\beta+\sin\alpha\sin\beta$ 成立吗？

设计意图

先解决某些特殊情况，为后面利用三角函数线证明扫清一些障碍.

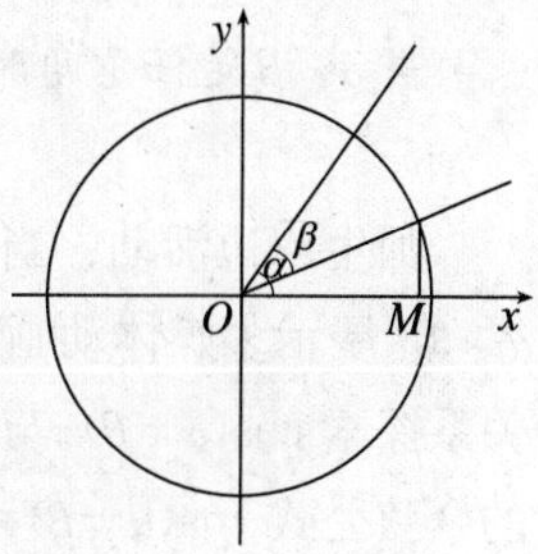

图 1

问题 7

当 $\alpha\neq\beta$ 时，为便于作图，不妨设 α，β 均为锐角且 $\alpha>\beta$，你能作出 $\alpha-\beta$ 的余弦线吗？（如图 1，有向线段

$OM=\cos(\alpha-\beta)$.）

问题 8

在所作图形的基础上，如何作出表示 $\cos\beta$，$\sin\beta$ 的线段？

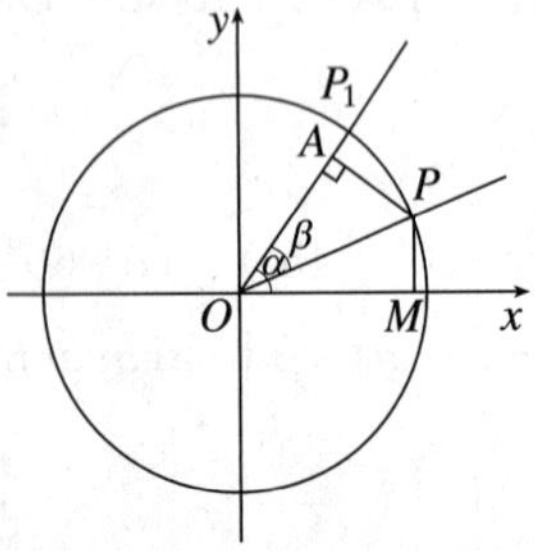

图 2

此问题也是比较难的，因为 β 角的始边不与 x 轴重合，但学生中可能会有作出如图 2 的，也有可能过 P_1 作 OP 的垂线.

问题 9

若过点 P 作 OP_1 的垂线交 OP_1 于 A（图 2），能否在图中找出表示 $\cos\beta$，$\sin\beta$ 的线段？（$OA=\cos\beta$，$AP=\sin\beta$.）

问题 10

由以上问题的解决可知，等式右边可转化为 $OA\cos\alpha+AP\sin\alpha$. 在图 2 中又如何作出能表示 $OA\cos\alpha$ 和 $AP\sin\alpha$ 的线段？

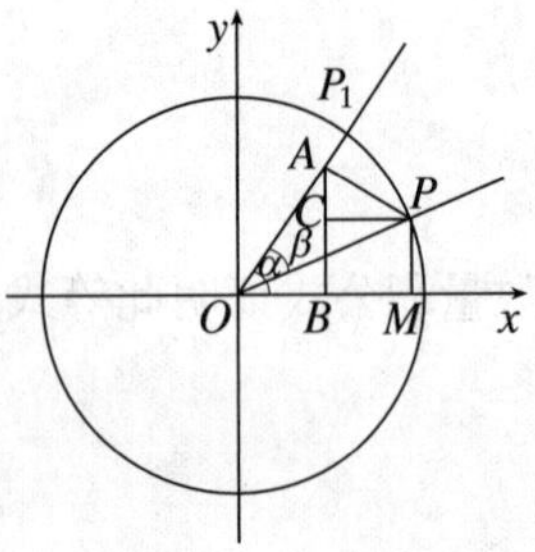

图 3

过点 A 作 x 轴的垂线交 x 轴于点 B，则 $OB=OA\cos\alpha$，过点 P 作 AB 的垂线交 AB 于 C，就有 $PC=AP\sin\alpha$（如图 3）. 又因为 $PC=BM$，所以由有向线段和等式 $OM=OB+BM$ 就可以得到证明，即 $\cos(\alpha-\beta)=\cos\alpha\cos\beta+\sin\alpha\sin\beta$.

设计意图

让学生边思考、边动手操作、边探索，利用“化整为零”的方法分散难点，从而突破利用三角函数线证明等式 $\cos(\alpha-\beta)=\cos\alpha\cos\beta+\sin\alpha\sin\beta$ 的难点.

若有学生过 P_1 作 OP 的垂线，可让学生课后去探究.

问题 11

当 α，β 是任意角时，如何证明 $\cos(\alpha-\beta)=\cos\alpha\cos\beta+\sin\alpha\sin\beta$?

师生双边活动：当 α，β 是任意角时，因为 $\cos(\alpha-\beta)=\cos(\beta-\alpha)$，不妨设 $\alpha>\beta$，展示多媒体动画课件（《几何画板》），通过正、余弦线及它们之间的几何关系探索 $\cos(\alpha-\beta)$ 与 $\cos\alpha$，$\cos\beta$，$\sin\alpha$，$\sin\beta$ 之间的关系，由此得到两角差的余弦公式 $\cos(\alpha-\beta)=\cos\alpha\cos\beta+\sin\alpha\sin\beta$.

方法 2（向量方法）

问题 12

根据 $(\cos\alpha, \sin\alpha)\cdot(\cos\beta, \sin\beta)=\cos\alpha\cos\beta+\sin\alpha\sin\beta$，需要作出向量 $(\cos\alpha, \sin\alpha)$ 和 $(\cos\beta, \sin\beta)$. 那么在单位圆中如何作出向量 $(\cos\alpha, \sin\alpha)$ 和 $(\cos\beta, \sin\beta)$（不妨设 $\alpha\neq\beta$）?

学生作图：图 4 或图 5，则 $\overrightarrow{OA}=(\cos\alpha, \sin\alpha)$，$\overrightarrow{OB}=(\cos\beta, \sin\beta)$，所以 $\overrightarrow{OA}\cdot\overrightarrow{OB}=\cos\alpha\cos\beta+\sin\alpha\sin\beta$.

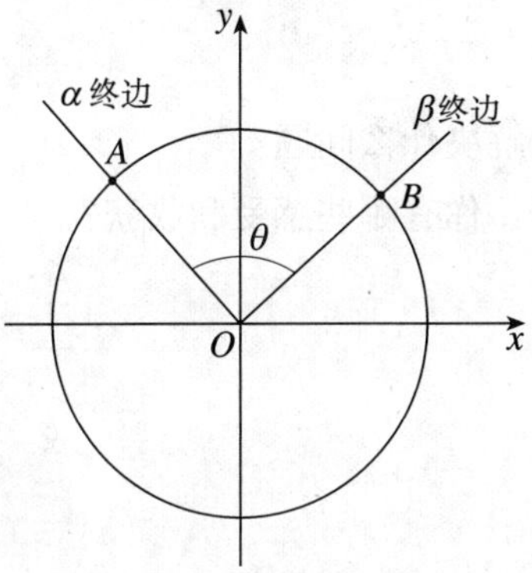

图 4

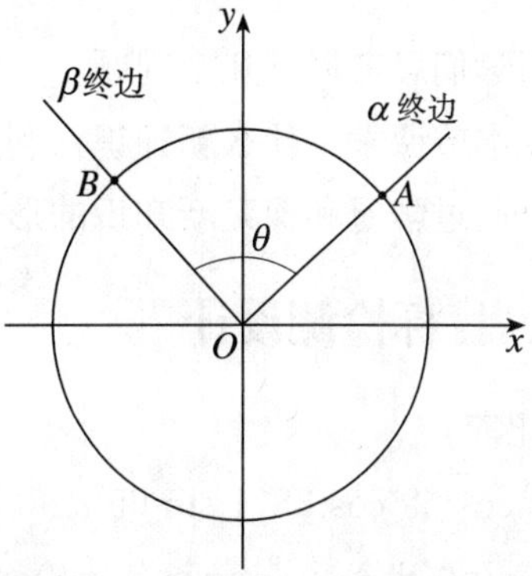

图 5

问题 13

比较 $\overrightarrow{OA}\cdot\overrightarrow{OB}=\cos\alpha\cos\beta+\sin\alpha\sin\beta$ 与 $\cos(\alpha-\beta)=\cos\alpha\cos\beta+\sin\alpha\sin\beta$，再结合上图，是否能够证明 $\cos(\alpha-\beta)=\cos\alpha\cos\beta+\sin\alpha\sin\beta$?

关键证明 $\cos\theta=\cos(\alpha-\beta)$，结合图 4、图 5，再利用诱导公式和公式 $\overrightarrow{OA}\cdot\overrightarrow{OB}=|\overrightarrow{OA}||\overrightarrow{OB}|\cos\theta$，不难证明.

设计意图

培养学生“执果索因”地分析问题的思想方法.

课堂反思：比较用三角函数线和向量方法解决问题的异同点，体会向量方法的作用与便利之处.

（三）给出课题

两角差的余弦公式 $C_{\alpha-\beta}$：$\cos(\alpha-\beta)=\cos\alpha\cos\beta+\sin\alpha\sin\beta$.

（四）知识应用

问题 14

求 $\cos 75^\circ$，$\cos 15^\circ$ 的值.

小结：先把所求的角分解为两个特殊角的差，再用公式 $C_{\alpha-\beta}$ 求解.

问题 15

已知 $\sin\alpha=\frac{4}{5}$，$\alpha\in\left(\frac{\pi}{2},\ \pi\right)$，$\cos\beta=-\frac{5}{13}$，$\beta$ 是第三象限角，求 $\cos(\alpha-\beta)$ 的值.

（五）小结

请同学们思考以下几个问题：

（1）本节课学了什么新知识？利用它能解决什么问题？

（2）通过学习和探究新知识的形成过程，你有哪些感受和收获？

六、目标检测设计

1. 化简：

（1）$\cos 65^\circ\cos 35^\circ+\sin 65^\circ\sin 35^\circ$；

（2）$\sin(\alpha+\beta)\sin\alpha+\cos(\alpha+\beta)\cos\alpha$.

2. 已知 $\sin\alpha\sin\beta=1$，则 $\cos(\alpha-\beta)=$________.

3. 计算 $\frac{1}{2}\cos 15^\circ+\frac{\sqrt{3}}{2}\sin 15^\circ$.

4. 若 α，β 均为锐角，且 $\sin\alpha=\frac{4\sqrt{3}}{7}$，$\cos(\alpha+\beta)=-\frac{11}{14}$，求 $\cos\beta$.

（浙江省衢州高级中学　应水平）

教学案例 10

简单的三角恒等变换

一、内容和内容解析

“简单的三角恒等变换”是《数学 4》第三章第二单元的内容，本单元的内容与“大纲版”教科书的内容相比，在难度要求上有所降低，所以教学时也要注意控制难度，只要让学生学会常用的三角变换方法和技能就行. 本节课主要内容是利用所学知识，进行某些简单的三角变换，掌握一些常用的变形方法和技巧，领会转化的数学思想在三角变换中的应用，为后续学习奠定基础.

教学重点：引导学生以已有的公式为依据，以推导积化和差、和差化积、半角公式为基本训练，学习三角变换的内容、思路和方法，在与代数变换相比较中，体会三角变换的特点，提高推理能力和运算能力.

二、目标和目标解析

1. 通过对二倍角的余弦、正弦和正切公式的复习，进一步理解公式的本质特征，为灵活选用公式以及对公式的正用、逆用或变用作好充分准备.

2. 理解三角变换与代数变换的差异，以便掌握三角变换中所用到的方法与技巧.

3. 能够灵活运用公式进行某些简单的三角变换，对较复杂的三角函数式进行化简、求值或证明，即要求学生能反向运用公式解决问题，培养逆向思维能力.

三、教学问题诊断分析

学生已经会利用两角和与差的正弦、余弦、正切公式和二倍角的正弦、余弦、正切公式进行一些简单的求值、化简或证明，本节课的主要任务就是在原有基础上进一步提高学生的应用公式的能力.

解题时的困惑：如何选用公式？如何使用公式？在恒等式证明中该从哪里入手？如何利用换元、等价变换、方程的思想等进行变换？

教学难点：认识三角变换的特点，并能运用数学思想方法指导变换过程的设计，不断提高从整体上把握变换过程的能力.

四、教学支持条件分析

几何画板、投影仪.

五、教学过程设计

（一）新课引入

问题 1

α 与 $\frac{\alpha}{2}$ 有什么关系？

设计意图

使学生进一步理解角的倍半关系，为三角变换作好必要的准备.

问题 2

试以 $\cos\alpha$ 表示 $\sin^2\dfrac{\alpha}{2}$，$\cos^2\dfrac{\alpha}{2}$，$\tan^2\dfrac{\alpha}{2}$.

（1）$\cos\alpha$ 与 $\sin^2\dfrac{\alpha}{2}$，$\cos^2\dfrac{\alpha}{2}$，$\tan^2\dfrac{\alpha}{2}$ 之间有什么关系？

（2）根据角的关系，我们可以考虑选用什么公式进行变形？

设计意图

在熟练掌握倍角公式的基础上，理解角的倍半间的相对性，提高学生的公式变换能力，培养学生运用方程思想、换元思想解决数学问题的能力，这种“只变其形，不变其质”的变换，我们把它叫做三角恒等变换.

（二）问题引申

问题 3

代数式变换与三角变换有什么不同？

师生双边活动：教师首先引导学生从具体的代数式变换和三角变换去探究，然后总结得出：代数式变换仅着眼于式子结构形式的变换；对于三角变换，由于不同的三角函数式不仅会有结构形式方面的差异，而且还会有所包含的角以及这些角的三角函数种类方面的差异，因此，三角恒等变换必须根据式子中所包含的各个角之间的联系，选择适当的公式，这是三角恒等变换的特征.

问题 4

用 $\cos\alpha$ 表示 $\sin\dfrac{\alpha}{2}$，$\cos\dfrac{\alpha}{2}$，$\tan\dfrac{\alpha}{2}$.

设计意图

在解决问题 3 的基础上，引入求半角的三角函数值的方法.

问题 5

求证：$\tan\dfrac{\alpha}{2}=\dfrac{\sin\alpha}{1+\cos\alpha}=\dfrac{1-\cos\alpha}{\sin\alpha}$.

设计意图

给出 $\tan\dfrac{\alpha}{2}=\pm\sqrt{\dfrac{1-\cos\alpha}{1+\cos\alpha}}$ 的另一种表达式，体现三角恒等变换的多样化. 从形式上看，还充分体现了数学的对称美.

问题 6

求证：（1）$\sin\alpha\cos\beta=\frac{1}{2}[\sin(\alpha+\beta)+\sin(\alpha-\beta)]$；

（2）$\sin\theta+\sin\varphi=2\sin\frac{\theta+\varphi}{2}\cos\frac{\theta-\varphi}{2}$.

师生双边活动：第（1）等式的证明从哪边入手较容易？你从等式中可以联想到什么三角函数公式？（根据由繁到简、存同去异的思路：从右边证到左边较容易，因为我们可以联想到两角和与差的正弦公式．接着可以让学生自行完成证明.）

对于等式（2）的证明思路分析：可以先让学生按第（1）个等式的“由繁到简、存同去异”的证明思路：从右边入手，应用两角和与差的正弦公式进行证明.

反思：从（2）式与（1）式的比较中你能发现什么？（把（1）式的两边同乘2，再左右交换就与（2）式左结构上相同.）根据以上特点采取什么方法就能解决？（利用换元法就能解决．令 $\theta=\alpha+\beta$，$\varphi=\alpha-\beta$，易证得（2）式.）

设计意图

通过问题6的证明和思考，可以逐步提高学生的三角恒等变形的能力，掌握证明三角恒等式的“由繁到简，存同去异”的基本思路，并且让学生学会通过观察、对比，从形的类似中挖掘出质的相同的探究过程．这个过程体现了数学上的对应转换即映射反演的思想方法.

问题 7

除以上证明方法，还有其他证明方法吗？

师生双边活动：如果把等式右边中 $\sin\frac{\theta+\varphi}{2}\cos\frac{\theta-\varphi}{2}$ 的角 $\frac{\theta+\varphi}{2}$ 和 $\frac{\theta-\varphi}{2}$ 看成一个整体，那么在什么公式中含有这种形式呢？（在 $\sin(\alpha+\beta)=\sin\alpha\cos\beta+\cos\alpha\sin\beta$ 中含有这种形式）若令 $\sin\frac{\theta+\varphi}{2}\cos\frac{\theta-\varphi}{2}=x$，$\cos\frac{\theta+\varphi}{2}\sin\frac{\theta-\varphi}{2}=y$，则 $x+y=$________，$x-y=$________．从中再解关于 x，y 的方程组，作适当的变形可以得到什么结果？

设计意图

从困境中寻找对解题有的用线索，让学生进一步体会方程思想在解题中的妙用.

问题 8

等式 $\sin\theta+\sin\varphi=2\sin\dfrac{\theta+\varphi}{2}\cos\dfrac{\theta-\varphi}{2}$ 的证明还有其他方法吗？

证明：左边 $=\sin\left(\dfrac{\theta+\varphi}{2}+\dfrac{\theta-\varphi}{2}\right)+\sin\left(\dfrac{\theta+\varphi}{2}-\dfrac{\theta-\varphi}{2}\right)=\cdots\cdots$

设计意图

让学生充分体验角的变换的多样性、灵活性和重要性，选择不同的变换就有不同的解法，但是万变不离其宗，一定要根据左右两边的特征（或条件与结论的关系）进行有效的变换，遵循“存同去异”的数学思想方法.

问题 9

已知：$\sin\theta+\cos\theta=2\sin\alpha$，$\sin\theta\cos\theta=\sin^2\beta$.

求证：$2\cos 2\alpha=\cos 2\beta$.

师生双边活动：学生自主探究，教师根据学生练习情况指定具有典型思路的学生板演（或采用投影仪把学生的解答过程展示给同学），师生共同点评，总结解题方法.

方法 1　左边→与已知条件有关的式子→代入条件→右边.

方法 2　消元法.

设计意图

进一步熟练三角公式，掌握运用三角公式进行恒等变形的常用方法，特别是给出条件等式的恒等变形问题，如何通过转化的数学思想，找到一条沟通条件与结论的有效途径是解此类问题的方法.

（三）小结

问题 10

本节课涉及的解题思路和方法有哪些？

（1）倍角公式的灵活应用，弄清倍角、半角关系的相对性.

（2）解题中要注意应用常用的数学思想方法：等价转化，换元，方程的思想，对应转化，即映射反演的思想方法.

（3）解题时要注意“化繁为简，存同去异，化复角函数为单角函数”的思想方法的应用.

六、目标检测设计

1. 求证：$\tan x-\dfrac{1}{\tan x}=-\dfrac{2}{\tan 2x}$.

2. 求证：$\dfrac{1+\sin x-\cos x}{1+\sin x+\cos x}=\dfrac{\sin x}{1+\cos x}$.

3. 求证：$\cos x-\cos y=2\sin\dfrac{x+y}{2}\sin\dfrac{y-x}{2}$.

4. 已知 $\sin x=-\dfrac{3}{5}$，$\pi<x<\dfrac{3\pi}{2}$，求 $\cos\dfrac{x}{2}$ 的值.

5. 若 $\alpha\in\left(\dfrac{3\pi}{2},\ 2\pi\right)$，化简 $\sqrt{\dfrac{1}{2}+\dfrac{1}{2}\sqrt{\dfrac{1}{2}+\dfrac{1}{2}\cos 2\alpha}}$.

（浙江省衢州高级中学　应水平）

数学 5

第一章 “解三角形”概述

本章是学生在学习三角函数、平面向量等知识的基础上，通过对任意三角形边角关系的探究，发现并掌握三角形中的边长与角度之间的数量关系，认识到运用它们可以解决一些与测量和几何计算有关的实际问题.

在初中，学生已经学习了相关边角关系的知识，即“在任意三角形中有大边对大角，小边对小角”，“如果已知两个三角形的两条对应边及其所夹的角相等，那么这两个三角形全等”，对于这两个问题的定量研究就是，“在一个三角形中，如果已知三边的长度，它们分别会对应多大的角”“在一个三角形中，如果已知两边及其所夹的角，怎样求出三角形其余的边和角的大小”. 本章就研究如何进一步从量的层面揭示三角形边与角之间的关系，并将其广泛应用于生产和生活中. 这是学习有关三角形知识的继续和发展.

本章的主要内容是正弦定理和余弦定理，以及这两个定理在解三角形中的应用. 正弦定理和余弦定理揭示了一般三角形中的边角关系，是解三角形的两个重要定理. 解三角形的问题，要突出几何背景，运用数形结合思想及函数与方程思想. 因而，数形结合思想和函数与方程思想是本章的主要思想方法.

本章学习目标主要有：(1) 通过对任意三角形边长和角度关系的探索，掌握正弦定理、余弦定理，并能解决一些简单的三角形度量问题；(2) 能够运用正弦定理、余弦定理等知识和方法解决一些与测量和几何计算有关的实际问题，发展应用数学的意识和数学实践能力.

本章的重点是，通过对三角形的边角的探究，证明正弦定理和余弦定理，并运用两个定理解决一些有关的实际问题；难点是通过对于三角形的边角关系的探究，证明正弦定理和余弦定理，并在正弦定理和余弦定理的证明过程中让学生经历运用向量工具解决三角形度量问题的过程，从而为运用向量解决几何度量问题奠定基础.

本章知识框图如下所示：

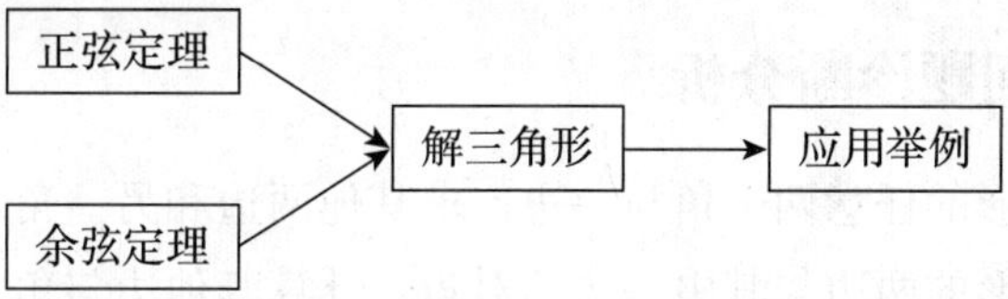

教学案例 1

余 弦 定 理

一、内容和内容解析

余弦定理是继正弦定理后的又一个关于三角形边角关系的重要数学结论. 在初中，学生已经学习了相关边角关系，如“在任意三角形中大边对大角，小边对小角”，“如果已知两个三角形的两条对应边及其所夹的角相等，那么这两个三角形全等”. 余弦定理则是对于此类问题进一步的研究，即对问题“在一个三角形中，如果已知两边及其所夹的角，怎样求出三角形其余的边和角的大小”，“在一个三角形中，如果已知三边，则三条分别会对应多大的角”的研究就发展成本节的余弦定理.

余弦定理指出了三角形的三条边与其中的一个角之间的关系，它体现的是量化的数学思想. 本节课重在“寻找”直观的表达式来揭示这种量化的数学思想，即如何选用三角形中的元素来表示三角形任一条边长或任一个角. 同时，能从方程思想的层面来理解余弦定理，即会求解余弦定理中涉及的知三求一类的问题.

教学重点：通过对三角形边角关系的探索，证明余弦定理及其推论，并能应用它们解三角形.

二、目标和目标解析

进一步探索三角形边角关系，证明和应用余弦定理.

1. 通过对三角形边角关系的探索，了解可以从向量、解析和三角等多种途径证明余弦定理.

2. 能够从余弦定理得到它的推论，并能初步运用定理及推论求解三角形边角问题.

3. 了解余弦定理与勾股定理之间的联系，知道解三角形问题的几种情形及其基本解法.

三、教学问题诊断分析

1. 已知三角形的任意两个角与一边，求其他两边和另一角.

2. 已知三角形的两边与其中一边的对角，计算其他边与角.

解决这两类问题需用正弦定理，这是学生已有的认知基础. 此外，学生还熟知直角三角形中勾股定理及其他边角之间的关系等. 这对本节课的学习产生积极意义.

学生学习的困难在于难以从正弦定理的发现、证明过程中“提炼”出数学方法：作三角形的高（构造直角三角形）. 并把这一思想迁移到对余弦定理的发现中. 另外，用向量法证明余弦定理的思路，学生也会有一定的困难.

教学难点：余弦定理的发现和证明.

四、教学过程设计

（一）“发现”余弦定理

问题 1

在一个三角形中，如果已知两条边及其中一条边的对角，那么如何求第三条边？

例如，在$\triangle ABC$中，$a=15$ cm，$b=10$ cm，$A=60°$，如何求c？

设计意图

本题选自教科书第 10 页习题 1.1A 组第 2 题（2），学生稍作分析即可用正弦定理正确求解，设计此题旨在通过问题复习正弦定理，同时以此题为背景孕育新问题（即下述（2）的“变式”）. 教师在学生用正弦定理求解后，可追问正弦定理的推导过程，并指出三角证法的关键点（作高线）及其重要意义：把解斜三角形问题转化为解直角三角形问题. 这是一种化归思想. 同时指出是否应用正弦定理很重要的一点是看能否从题设中很快知道一组比值$\left(\dfrac{a}{\sin A}或\dfrac{b}{\sin B}或\dfrac{c}{\sin C}\right)$.

问题 2

在一个三角形中，如果已知两条边及第三边的对角，则如何求第三条边？

例如，在$\triangle ABC$中，已知$c=15$ cm，$b=10$ cm，$A=60°$，如何求a？

设计意图

基于问题 1 的改变．在原题的基础上交换 a 与 c 的地位，演变成新的问题抛给学生思考，学生很难再利用正弦定理求解．对学生来说此问题极富挑战性，此问题的设置给学生创设了很大的思维空间．在学生处于“愤”、“悱”状态时，教师指出用你学过的知识必定可以求解此题，以坚定学生求解的信心，同时告诉学生求解一个问题，一种很重要的思想方法就是想方设法对这个问题进行不断地转化，转化为已经会解决的问题（这就是所谓的恰时恰点的引导）．学生在教师的启发下，逐渐领悟求解过程：作高线（如图 1，作 $CD\perp AB$ 于 D），先在直角三角形 ACD 中求得 AD 与 CD 的长，然后得到 BD 长，进而用勾股定理得出 BC 长，即 a 值．教师引导学生回顾求解过程，让学生再次感受“化归”的神奇魅力．

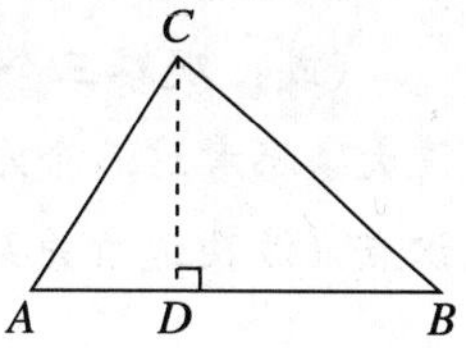

图 1

问题 3

对于问题 2，你能给出一般的表达式吗？

例如，在$\triangle ABC$ 中，已知 c，b，A，如何表示 a？

师生共同分析此表达式的特征：三角形一边的平方等于其他两边平方的和减去这两边与它们夹角的余弦的积的两倍．

设计意图

此问题是（2）变式的一般化，有了前面的求解，学生不难表示 a．

作 $CD\perp AB$ 于 D，在直角三角形 ACD 中，$AD=b\cos A$，$CD=b\sin A$．故 $DB=c-b\cos A$，由 $BC^2=CD^2+DB^2$，得 $a^2=(b\sin A)^2+(c-b\cos A)^2$．化简，得 $a^2=b^2+c^2-2bc\cos A$．

问题 4

如果在$\triangle ABC$ 中，已知 c，a，A，则如何表示 b？已知 b，a，A，则如何表示 c？

学生利用刚才分析出的表达式的特征，不难得到：

$$b^2=a^2+c^2-2ac\cos B;\ c^2=a^2+b^2-2ab\cos C.$$

至此，余弦定理“浮出”水面．

用三角方法“发现”余弦定理并不是唯一的方法，也不是最佳方法．事实上，用向量知识“得出”余弦定理更便捷，也能让学生在得出此定理的过程中深刻体会向量的工具作用，因而在用三角方法发现余弦定理以后，教师可引导学生用向量方法推导余弦定理.

（二）向量法佐证余弦定理

问题 5

由于余弦定理涉及的角是以余弦形式出现，那么可以与哪些向量知识产生联系呢？三角形中有哪些向量等式？

（或：观察三个等式右边第三项，如 $c^2=a^2+b^2-2ab\cos C$ 中的“$ab\cos C$”，请大家思考这三个元素 a，b，$\cos C$（C 为 a 与 b 的夹角）与以前学过的哪个知识点（涉及边角关系）联系紧密?）

问题 6

如何构造含 a，b，$\cos C$（C 为 a 与 b 的夹角）的向量运算？

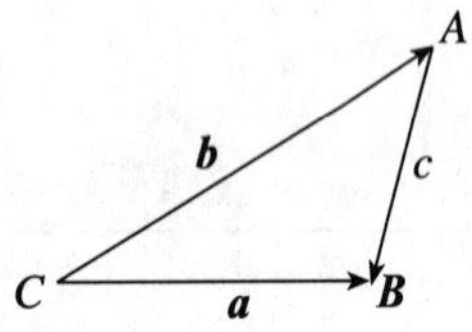

图 2

用向量法证明余弦定理过程：

如图 2，设 $\overrightarrow{CB}=\boldsymbol{a}$，$\overrightarrow{CA}=\boldsymbol{b}$，$\overrightarrow{AB}=\boldsymbol{c}$，那么 $\boldsymbol{c}=\boldsymbol{a}-\boldsymbol{b}$，所以，$\boldsymbol{c}^2=(\boldsymbol{a}-\boldsymbol{b})^2=\boldsymbol{a}^2-2\cdot\boldsymbol{a}\cdot\boldsymbol{b}+\boldsymbol{b}^2=\boldsymbol{a}^2-2|\boldsymbol{a}||\boldsymbol{b}|\cos C+\boldsymbol{b}^2$，即 $c^2=a^2+b^2-2ab\cos C$.

设计意图

从三角方法的“发现”到向量方法的“验证”，符合学生认知心理与思维规律. 本设计通过让学生“观察”余弦定理的表达式，从“观察”中“觅得”向量方法的验证思路. 设计着眼于细微处，让学生深切地感受到了向量方法的“从无到有”. 这种设计一个明显的特点是充分关注了“两个过程”，即关注了数学知识的发生发展过程（逻辑的）和学生认识数学知识的思维过程（思维的）.

（三）余弦定理的推论

问题 7

在一个三角形中，如果已知三条边，你会求角吗？

例如，在△ABC 中，已知 $c=15$ cm，$b=10$ cm，$a=5\sqrt{7}$，如何求 A?

设计意图

以问题的形成推导余弦定理的推论，在解决问题的同时，让学生体会余弦定理的选用原则（“依角写式”），如涉及 A，宜选用 $a^2=b^2+c^2-2bc\cos A$，或 $\cos A=\dfrac{b^2+c^2-a^2}{2bc}$，后者称余弦定理的推论.

（四）引导学生发现余弦定理与勾股定理的关系，发现通过三边判断三角形形状的方法

问题 8

观察余弦定理 $c^2=a^2+b^2-2ab\cos C$ 与勾股定理 $c^2=a^2+b^2$，两者之间有怎样的内在联系？如果满足 $a^2+b^2>c^2$，你能判断这是个什么三角形吗？如果满足 $a^2+b^2<c^2$ 呢？

设计意图

问题的设计旨在使学生意识到余弦定理、勾股定理与三角形的形状密切相关，进而使学生建立起新旧知识的联系，同时使学生学会如何根据三角形三边之间的关系（或最大角的余弦值的符号）判断三角形的形状，进一步深化对余弦定理的认识.

（五）应用举例

例 1 在$\triangle ABC$中，已知 $b=8$，$c=3$，$A=60°$，求 a.

变式：在$\triangle ABC$中，已知 $A=60°$，$a=7$，$b=5$，求 c.

设计意图

本例重在引导学生灵活运用余弦定理，掌握“依角写式”的方法. 在用余弦定理解决该例后，教师设问：用正弦定理能否求解？从而以此引导学生对应用两个定理的差异进行思考和探究.

例 2 在$\triangle ABC$中，已知 $a=134.6$ cm，$b=87.8$ cm，$c=161.7$ cm，解三角形（角度精确到 $1'$）.

设计意图

此例为余弦定理推论的应用，通过求解让学生明白从不同角度使用公式在数学学习中是非常重要的.

（六）小结

问题 9

（1）你是如何发现余弦定理的？（或余弦定理的推导方法是什么？）

（2）余弦定理的公式形式及变形是什么？（用自己的语言组织）

（3）余弦定理可以解决哪类解三角形问题？

（4）余弦定理与勾股定理的关系怎样？

（5）你会利用余弦定理判断三角形的形状吗？

设计意图

以问题讨论的方式进行小结，培养学生反思的习惯，鼓励学生运用自己的语言对问题进行质疑和概括.

五、目标检测设计

1. 在$\triangle ABC$中，

(1) 已知$A=60^\circ$，$b=4$，$c=7$，求a；

(2) 已知$a=7$，$b=5$，$c=3$，求A.

2. 在$\triangle ABC$中，求证：$a^2+b^2+c^2=2(bc\cos A+ca\cos B+ab\cos C)$.

3. 在$\triangle ABC$中，已知$(a+b+c)(b+c-a)=3bc$，求A.

4. 在$\triangle ABC$中，已知$c=2a\cos B$，试判断$\triangle ABC$的形状.

设计意图

第1题（1），直接运用余弦定理求解；第1题（2）运用余弦定理的推论求解. 这一小题主要运用余弦定理及推论求解三角形边角问题. 第2题与第3题检测对该定理及推论的运用能力，第4小题检测学生简单推理、分析和综合运用知识的能力.

（浙江省绍兴市高级中学　陈柏良）

教学案例2

正、余弦定理应用举例

一、内容和内容解析

这是“正、余弦定理应用举例”的第1课时.

正、余弦定理主要应用于与测量有关的问题，而距离问题又是最基本的测量问题. 在实际测距问题中，常常存在着各种可供选择的方案. 比如，既可以应用全等三角形的方法，也可以应用相似三角形的方法，还可以转化为解直角三角形，等等. 但在实际中，某些方法并不能实施. 比如，因为没有足够的空间，不能用全等三角形的方法来测量. 因此很多时候需要应用正、余弦定理的方法.

涉及的“测距问题”可分成两类：一是从一个可到达的点到一个不可到达的点之间的距离问题；二是测量两个不可到达的点之间的距离. 前者的实质是，已知三角形的两个角和一边解三角形的问题，可用正弦定理解决；后者是把不可到达的两点间的距离转化为利用余弦定理求三角形边长的问题.

二、目标和目标解析

能够运用正弦定理和余弦定理等知识，解决不可到达点的距离测量的问题. 在加深对正弦定理与余弦定理理解的同时，培养学生用数学方法去解决实际问题的能力.

1. 了解不可到达点的距离测量问题的实际背景，并能设计相应的测量方案.

2. 会把待求的距离转化到求某个三角形的边长，并能分析出用哪个定理解决.

3. 对于一个具体的测距问题，能按下列步骤来解决：把欲求的距离归结到求某个三角形的边长，在该三角形中已知和未知各是什么，是解哪类三角形的问题，然后选择用正弦定理或余弦定理解决.

教学重点：通过一系列实际问题的解决，让学生逐步掌握将实际生活中的测距问题转化成解三角形的问题.

三、教学问题诊断分析

学生初中学习过运用全等三角形、相似三角形和解直角三角形的知识测量距离，即已掌握了一些测量距离的方法；本节课之前又学习了揭示三角形边角关系的正弦和余弦两个重要定理，并已初步掌握了如何选择这两个定理解各种类型的三角形. 这些都是在应用举例教学时值得关注的，是知识发生的有效生长点.

学生学习的困难在于，难以把实际问题中的距离测量转化成三角形问题来解决，即如何完成数学建模.

教学中，教师可进行如下操作：

1. 先创设问题情境，如我们离月球有多远？你能用哪些方法解决实际生活中的距离测量问题？激发学生学习的兴趣.

2. 复习过去测量距离的方法，并结合实际问题说明原有方法的局限性.

3. 研究可采用的测量方案，把所求的距离转化到解三角形.

四、教学支持条件分析

利用正弦和余弦定理解决测距问题有两层意义：一是受实际条件的限制，能合理确定相应的测量方案；二是让学生通过合作交流完成实际问题的数学建模，并明确是解哪类三角形的问题. 这需要以下两个方面条件的支持才能较好地完成.

1. 学生方面：学生是教学的主体，解决教学中的重点问题，需要教师创设恰当的情境，适时提出恰当的问题引导.

2. 媒体方面：可借助计算器进行较复杂数据的处理与计算，利用多媒体展示学生感兴趣的实际问题的背景.

五、教学过程设计

（一）课题引入设计

我们知道，对于未知的距离、高度等，存在着许多可供选择的测量方案，比如可以应用全等三角形、相似三角形的方法，或借助解直角三角形等. 那么，在实际测量问题的真实背景下，上述方法是否都管用？

在我国古代就有嫦娥奔月的神话故事. 明月高悬，我们仰望天空，会有无限遐想，不禁会问，遥不可及的月亮离地球究竟有多远呢？（播放幻灯片，并配上古诗“但愿人长久，千里共婵娟”.）

早在1671年，两个法国数学家就测出了地球与月球之间的距离大约为385 400 km. 他们是怎样测出两者之间距离的呢？

设计意图

增强学生的求知欲望，从经典的问题出发，使学生感到数学的用处，达到激发学生兴趣，调动学生学习探究欲望的目的.

（二）问题链设计

问题1

在1671年，两位法国数学家用下列方法测出了地球与月球之间的距离：利用几乎位于同一子午线的柏林与好望角，测量计算出α，β的大小和两地之间的距离AB（如图1），从而算出了地球与月球之间的距离约为385 400 km. 请说出数学家是怎么计算的？用了什么数学知识？

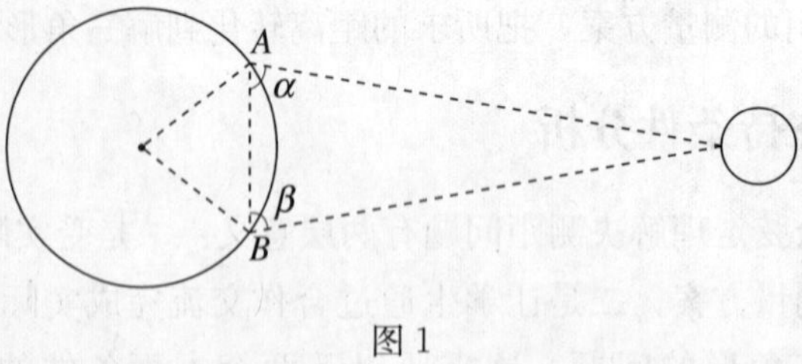

图1

设计意图

体会正、余定理应用的重要性.

问题 2

如图 2，设 A，B 两点在河的两岸，现要测量这两点之间的距离，提供的测量工具是测角仪、皮尺等，请你给出具体的测量方案.

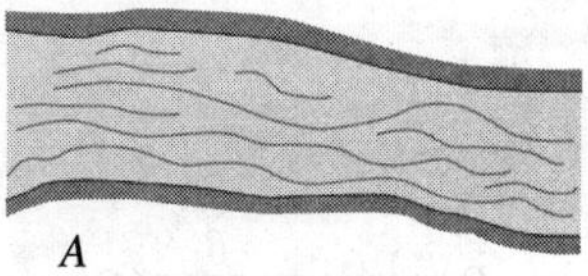

图 2

设计意图

让学生充分展开讨论，根据已有的生活经验，提出不同的方案，并从可操作性与便利的角度，引导学生获得较佳的方案.

问题 3

假设测量者提供了下列方案：在与点 A 同侧的河岸边，选定一点 C，然后利用测角仪和皮尺获得如下数据：$AC=55$ m，$\angle BAC=51^\circ$，$\angle ACB=75^\circ$. 那么，如何求 A，B 两点间的距离呢？（精确到 0.1 m）

所求的边 AB 的对角是已知的，又已知三角形的一边 AC，根据三角形内角和定理可计算出边 AC 的对角，再根据正弦定理，可计算出边 AB. 由 $\frac{AB}{\sin\angle ACB}=\frac{AC}{\sin\angle ABC}$，得 $AB=\frac{AC\sin\angle ACB}{\sin\angle ABC}=\frac{55\sin 75^\circ}{\sin 54^\circ}\approx 65.7$（m）.

设计意图

对测得的数据进行合理的处理，能分析出待求的量可转化成解哪类三角形，并正确选择所用的定理.

变式：两灯塔 A，B 与海洋观察站 C 的距离都等于 a km，灯塔 A 在观察站 C 的北偏东 30°，灯塔 B 在观察站 C 南偏东 60°，则 A，B 之间的距离为多少？

设计意图

了解有关方位角的概念，会正确画出示意图，并把问题化归成解斜三角形.

问题 4

根据前面的距离测量问题的解决，请大家交流、讨论，从中归纳出解斜三角形应用题的方法与步骤.

①理解题意，分清已知与未知，画出示意图；②根据已知条件与求解目标，把已知量与求解量集中在有关的三角形中，建立一个解斜三角形的数学模型；③利用正弦定理或余弦定理解三角形；④检验上述所求的解是否符合实际意义，从而得出实际问题的解.

设计意图

让学生自己能表达、归纳出实际距离测量问题的求解步骤.

问题 5

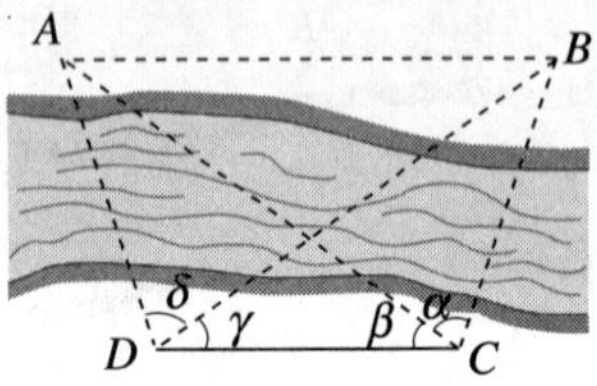

图 3

A，B 两点都在河的对岸（不可到达），设计一种测量 A，B 两点间距离的方法.

方案：如图 3，测量者可以在河岸边选定两点 C，D，测得 $CD=a$，并且在 C，D 两点分别测得 $\angle BCA=\alpha$，$\angle ACD=\beta$，$\angle CDB=\gamma$，$\angle BDA=\delta$.

设计意图

能从只有一个不可到达点的距离测量方案，通过类比，设计出两个点均不可到达间的距离测量方案，并进一步体会如何使测量方案合理、可操作.

问题 6

如何依据测得的数据画出示意图？

设计意图

能把获得的数据作合理的处理，通过直观呈现，来正确反映相关的信息.

问题 7

如何解三角形来求得 A，B 两点间距离？

解：在 $\triangle ADC$ 和 $\triangle BDC$ 中，应用正弦定理得

$$AC=\frac{a\sin(\gamma+\delta)}{\sin[180°-(\beta+\gamma+\delta)]}=\frac{a\sin(\gamma+\delta)}{\sin(\beta+\gamma+\delta)},$$

$$BC=\frac{a\sin\gamma}{\sin[180°-(\alpha+\beta+\gamma)]}=\frac{a\sin\gamma}{\sin(\alpha+\beta+\gamma)}.$$

计算出 AC 和 BC 后，再在 $\triangle ABC$ 中，应用余弦定理计算出 A，B 两点间的距离 $AB=\sqrt{AC^2+BC^2-2AC\times BC\cos\alpha}$.

设计意图

能分析需求的量所在的三角形已知什么，还缺什么，应选择哪个定理来求解，并能指出是解何类三角形的问题.

问题 8

还有没有其他的方法呢？

设计意图

让学生能从已有的知识、经验出发，选择不同的角度设计测量方案，并对不

同的方案进行比较，以加深对实际距离测量问题的理解与认识.

（三）拓展训练

——问题9

为了测量两山顶 M，N 间的距离，飞机沿水平方向在 A，B 两点进行测量，A，B，M，N 在同一个铅垂平面内（如图4）. 飞机能够测量的数据有俯角和 A，B 间的距离. 请设计一个方案，包括：①指出需要测量的数据（用字母表示，并在图中标出）；②用文字和公式写出计算 M，N 间距离的步骤.

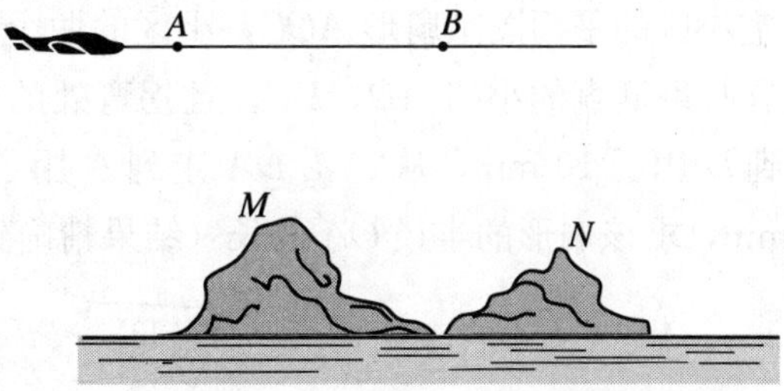

图4

方案1：①需要测量的数据有：点 A 到点 M，N 的俯角分别是 α_1，β_1；点 B 到点 M，N 的俯角分别是 α_2，β_2；A，B 间的距离 d.

②第一步：计算 AM，由正弦定理 $AM=\dfrac{d\sin\alpha_2}{\sin(\alpha_1+\alpha_2)}$；

第二步：计算 AN，由正弦定理 $AN=\dfrac{d\sin\beta_2}{\sin(\beta_2-\beta_1)}$；

第三步：计算 MN，由余弦定理 $MN=\sqrt{AM^2+AN^2-2AM\times AN\cos(\alpha_1-\beta_1)}$.

方案2：①需要测量的数据有：点 A 到 M，N 点的俯角 α_1，β_1；点 B 到 M，N 的俯角 α_2，β_2；A，B 的距离 d.

②第一步：计算 BM，由正弦定理 $BM=\dfrac{d\sin\alpha_1}{\sin(\alpha_1+\alpha_2)}$；

第二步：计算 BN，由正弦定理 $BN=\dfrac{d\sin\beta_1}{\sin(\beta_2-\beta_1)}$；

第三步：计算 MN，由余弦定理 $MN=\sqrt{BM^2+BN^2-2BM\times BN\cos(\beta_2+\alpha_2)}$.

设计意图

这是一道源于教科书、高于教科书的高考题，旨在激发学生的学习兴趣，进一步培养学生会用数学的眼光去分析、解决问题.

（四）总结提高

让学生首先总结本节课的内容，然后谈谈学习这节课的收获的体会，并能从下列三个角度去归纳和总结.

（1）距离测量问题的核心（本质）.

（2）测量方案的确定与具体求解步骤.

（3）建模思想和分析、解决实际问题的能力.

（五）布置作业

教科书第 22 页，习题 1.2A 组第 1，2，3，4，5 题.

六、目标检测设计

1. 如图，某住宅小区的平面图呈扇形 AOC，小区的两个出入口设置在点 A 和点 C 处. 小区里有两条笔直的小路 AD，DC，且拐弯处的转角为 $120°$. 已知某人从 C 沿 CD 走到 D 用了 10 min，从 D 沿 DA 走到 A 用了 6 min. 若此人步行的速度为 50 m/min，求该扇形的半径 OA 的长（结果精确到 1 m）.

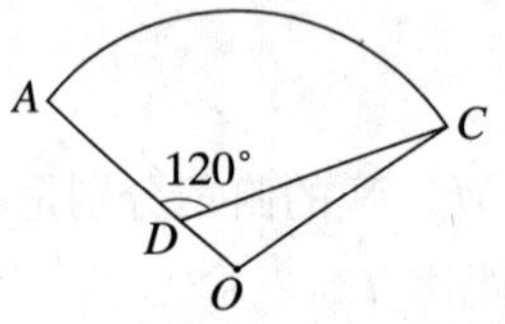

（第 1 题）

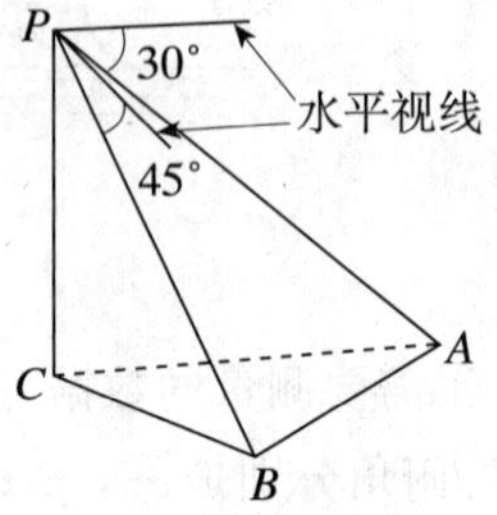

（第 2 题）

2. 如图，某人在高出海面 300 m 的山上点 P 处，测得海面上的航标 A 在正东，俯角为 $30°$，航标 B 在南偏东 $60°$，俯角为 $45°$，求这两个航标间的距离.

（浙江省绍兴市高级中学　阮伟强）

第二章“数列”概述

数列是刻画离散现象的数学模型．学习数列知识对进一步理解函数的概念，体会数学的应用价值具有重要的意义．以函数观点来认识数列的本质有利于加深巩固对函数概念的理解．学习数列又为继续学习极限等内容作好准备，是高等数学的基础内容之一．数列起到了承前启后的作用．

《标准》要求学生了解数列的概念，理解等差数列、等比数列的概念，掌握等差数列、等比数列的通项公式与前 n 项和的公式．体会特殊到一般，一般到特殊的思想方法．

教科书突出了数列与函数的内在关系．特别是等差数列与一次函数、等比数列与指数型函数的内在联系得到了特别的重视．通过图象揭示了离散与连续的区别和联系；其次，教科书内容的设计充分体现了学生是学习主体这一基本思想．在给出大量的生活实例之后，让学生通过观察、操作、归纳、猜想、推理、讨论和交流完成对数学知识的探究过程；最后，教科书的设计突出数学思想方法．

数列是人类历史上认识最早的数学对象之一，早在古巴比伦时代，就有数列相关知识的记载，数列与人类文化有着千丝万缕的联系，也是和人们日常生活密切相关的数学知识之一．在教学中，以分期付款问题等实际例子的研究为载体，加强学生的应用意识和应用数学于实际生活的能力培养，也是达成课程目标的要求之一．

本章知识框图如下所示：

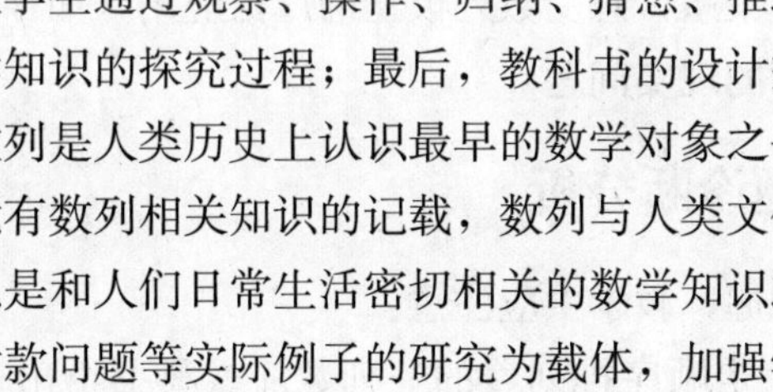

教学案例3

数列的概念

一、内容和内容解析

本节主要介绍数列的概念、分类．通过“三角形数”、“正方形数”等大量的实例引入数列的概念．先给出了一个描述性定义，后在此基础上，给出在函数观点下的定义，指出：“数列可以看成以正整数集（或它的有限子集）为定义域的函数，当自变量从小到大依次取值时对应的一列函数值”．将数列与函数联系起来，不仅可以加深对数列概念的理解，而且有助于运用函数的观点去研究数列．正如并非每一函数均有解析表达式一样，也并非每一数列均有通项公式．

二、目标和目标解析

1．理解数列概念，认识数列是反映自然规律的基本数学模型，探索并掌握数列的几种简单表示法（通项公式、列表法、图象法）．

2．认识数列是一种特殊函数，发现数列的规律，找出数列可能的通项公式．

3．对数列概念的引入可作适当拓展，从研究数的角度提出数列概念，使学生感受数列，对这些现象的数学背景有一直观认识，感受数列研究的现实意义，以激发学生的学习兴趣．

作为数列的起始课，教学时从日常生活中大量的实际问题入手，探索并掌握它们的一些基本数量关系，感受数列模型的广泛应用（如存款利息、购房贷款等与人们生活联系密切的现实问题）．

三、教学问题诊断分析

对数列概念的把握，教学中应注意：

1．数列是按照一定顺序排列着的一列数．教科书给出这个概念后，没有急于给出数列的表示，而是说明了数列中的各项与序号的对应关系，为数列是特殊函数作好铺垫，然后通过“观察”栏目，巩固、加深对数列概念及分类的理解．教学中注意留给学生思考的时间．

2．数列是一种特殊函数，其定义域是正整数集 $\mathbf{N}^*$（或它的有限子集），值域是当自变量顺次从小到大依次取 1，2，3，…值时的对应值．教科书通过数列的定义域与值域之间这种一一对应关系的列表，深化对数列是一种特殊函数的认识．

3. 对于函数 $y=f(x)$，如果 $f(i)$（$i=1$，2，3，…）有意义，这些函数值也可以组成一个数列，教学中要注意数列与函数的这种关系的把握.

四、教学支持条件分析

本节适合使用信息技术创设教学情境的内容大致有：数列概念引入部分，数列的图象表示等. 借助《几何画板》或者图形计算器等，演示数列的动态变化过程，让学生通过对图象、图表等各种形式表现的变化态势以及与此相关联的各个方面进行观察.

五、教学过程设计

（一）情境设计

毕达哥拉斯是古希腊哲学家、数学家，毕达哥拉斯本人以发现勾股定理著称，其实这个定理早为巴比伦人和中国人所知，不过最早的证明应归功毕达哥拉斯. 毕达哥拉斯学派认为：“万物的本原是数.”即“万物皆数”的数学观，它是数学化思想的最初表述形式. 毕达哥拉斯的初步数学化思想促使了对自然数的分类研究，他们定义了许多概念. 如一个数等于它本身以外的全部因子之和称为完全数. 6，28，496，8 128 是很久以前知道的 4 个最小的完全数，从第 4 个完全数 8 128 到第 5 个完全数 33 550 336 的发现经过了一千多年，1999 年发现了第 38 个完全数 $2^{6\,972\,592}\left(2^{6\,972\,593}-1\right)$，它是个 4 197 919 位数.

设计意图

从古代数学家的发现，给学生更大的思维空间，激发他们的学习热情.

（二）问题引入

毕达哥拉斯学派许多关于数的规律的发现，都是借助图形的直观分析而得到的. 他们常把数以点的形式排成各种图形，例如，1，3(1+2)，6(1+2+3)，10(1+2+3+4)，…这些数叫做三角形数，因为它们相应的点排列成正三角形，并且知道第 n 个三角形数是 $1+2+3+\cdots+n=\dfrac{n(n+1)}{2}$（图 1).

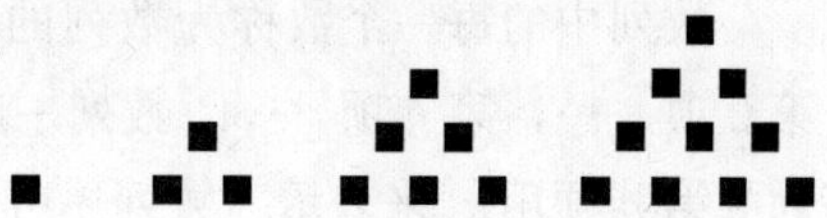

图 1

设计意图

体会用数列刻画图形特征.

又如图 2，1，4(1+3)，9(1+3+5)，16(1+3+5+7)，…是正方形数，第 n 个正方形数是 n^2.

图 2

设计意图

体会这些数的排列的顺序性.

问题 1

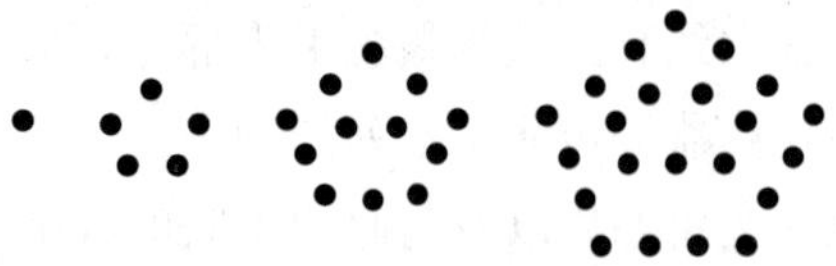

图 3

1，5(1＋4)，12(1＋4＋7)，22(1＋4＋7＋10)，…是五边形数（如图 3），你能根据以上的规律，写出五边形数的第 4 个数吗？

设计意图

体会数列中的项与它的序号的对应关系.

问题 2

请同学们观察上述例子，看它们有何共同特点？

它们均是一列数，它们是有一定次序的.

设计意图

概括出数列的定义. 从而引出数列及有关定义.

(1) 数列的定义

按照一定次序排成的一列数.

注意：

①数列中的数是按一定次序排列的，因此，如果组成两个数列的数相同而排列次序不同，那么它们就是不同的数列；

②定义中并没有规定数列中的数必须不同，因此，同一个数在数列中可以重复出现.

(2) 项与项数的定义

数列中的每一个数称为数列的项，各项依次叫做数列的第 1 项（或首项），第 2 项，…，第 n 项，…. 数列一般可表示为 a_1，a_2，a_3，…，a_n，…. 其中数列的第 n 项用 a_n 来表示. 数列还可简记作 $\{a_n\}$.

问题 3

用数列表示：

(1) 一尺之棰，日取其半，万世不竭.

(2) 某餐馆一周的营业额.

(3) 小王每月应还的购房贷款.

设计意图

感受数列模型的广泛应用.

问题 4

以下 8 组数是数列吗?

5，10，15，20，…，50 ①

1，2，2^2，2^3，…，2^{63} ②

15，5，16，16，28 ③

0，100，200，300，… ④

1，0.11，0.11^2，0.11^3，… ⑤

三角形数：1，3，6，10，… ⑥

正方形数：1，4，9，16，25，… ⑦

五边形数：1，5，12，22，35，… ⑧

设计意图

进一步体会数列的概念，注意这些数的共同特点：按照一定的顺序排列.

(3) 数列的分类

①根据数列项数的多少分

有穷数列：项数有限的数列. 例如问题 4 中数列①、②、③是有穷数列.

无穷数列：项数无限的数列. 例如问题 4 中数列④、⑤、⑥、⑦、⑧是无穷数列.

设计意图

引导学生按数列的项数分类，培养他们的归纳能力.

②根据数列项的大小分

递增数列：从第 2 项起，每一项都不小于它的前一项的数列.

递减数列：从第 2 项起，每一项都不大于它的前一项的数列.

常数数列：各项相等的数列.

摆动数列：从第 2 项起，有些项大于它的前一项，有些项小于它的前一项的数列.

设计意图

引导学生分析各数列项的大小变化特点，培养学生自主探索的精神，渗透归纳类比的思想.

(4) 数列的通项公式

数列①中，每一项的序号与这一项有这样的对应关系：

序号	1	2	3	…	10
	↓	↓	↓	…	↓
项	5	10	15	…	50

即：$a_n=5n$（$1\leqslant n\leqslant 10$，$n\in\mathbf{N}^*$）.

数列②中，每一项的序号与这一项的对应关系为：

序号	1	2	3	…	64
	↓	↓	↓	…	↓
项	1	2	2^2	…	2^{63}
	↓	↓	↓	…	↓
	2^0	2^1	2^2	…	2^{63}
	↓	↓	↓	…	↓
	2^{1-1}	2^{2-1}	2^{3-1}	…	2^{64-1}

即：$a_n=2^{n-1}$（n 为正整数，且 $1\leqslant n\leqslant 64$）.

数列④中：

序号	1	2	3	…
	↓	↓	↓	…
项	0	10	20	…
	↓	↓	↓	…
	100×0	100×1	100×2	…
	↓	↓	↓	…
	$100\times(1-1)$	$100\times(2-1)$	$100\times(3-1)$	…

即：$a_n=100(n-1)$（$n\in\mathbf{N}^*$ 且 $n\geqslant 1$）.

数列⑤中：

序号	1	2	3	4	…
	↓	↓	↓	↓	…
项	1	0.84	0.84^2	0.84^3	…
	↓	↓	↓	↓	…
	0.11^0	0.11^1	0.11^2	0.11^3	…

即：$a_n=0.11^{n-1}$（$n\geqslant 1$ 且 $n\in\mathbf{N}^*$）.

数列 $\{a_n\}$ 的第 n 项 a_n 与 n 之间的关系都可以用这样的式子来表示吗？

不是，如数列③的项与序号的关系就不可用这样的式子来表示.

综上所述，如果数列 $\{a_n\}$ 的第 n 项 a_n 与 n 之间的关系可以用一个公式来表示，那么这个公式就叫做这个数列的通项公式.（通项公式不唯一，数列不一定有通项公式.）

设计意图

通过实例引导学生找出数列中的项和它的序号的对应关系，理解通项公式的概念.

问题 5

数列 4，5，6，7，8，9 与数列 9，8，7，6，5，4 是相同的两个数列吗？

数列 4，5，6，7，8，9 与数列 9，8，7，6，5，4 是不同的两个数列. 如果组成两个数列的数相同而排列次序不同，那么它们就是不同的数列.

设计意图

加深对数列概念中顺序的理解.

（5）数列与数集的区别和联系

在数列的定义中，要强调数列中的数是按一定次序排列的，集合中的元素没有次序.

数列中的数是可以重复出现的，而集合中的数是不允许重复出现的. 如上数列③与④，均有重复出现的数.

设计意图

培养学生逆向思考问题的方法，提高学生的辩证思维能力，加深对数列概念的理解.

问题 6

全体正偶数构成数列吗？如何表示？

方法 1：2，4，6，8，…，$2n$，…

方法 2：

n	1	2	3	…	k	…
a_n	2	4	6	…	$2k$	…

说明：这是表示数列的一个方法——列表法.

方法 3：图象法（图略）.

设计意图

让学生明确数列的表示方法不唯一，常见的表示方法有通项法，列表法，图象法等.

（三）问题深入

问题 7

数列 $\{a_n\}$ 的通项公式 $a_n=n^2-n-2$.（1）求该数列的前四项.（2）求 a_{n^2}.（3）求 a_{a_5}.（4）54 是否该数列中的项？

设计意图

引导学生理解通项公式的意义，即只要依次用 1，2，3，…代替公式中的 n，就可以求出该数列相应的各项.

问题 8

图 4 中的三角形称为希尔宾斯基（Sierpinski）三角形，在图 4 的 4 个三角形中，着色三角形的个数依次构成一个数列的前 4 项，请写出这个数列的一个通项公式，并在直角坐标系中画出它的图象.

图 4

设计意图

引导学生观察着色三角形的个数的变化，寻找规律写出数列的一个通项公式，并用图象表示数列，体会数列的图象是一系列孤立的点.

六、目标检测设计

1. 数列 $\{a_n\}$ 的通项公式 $a_n=\dfrac{n-1}{n+1}$.

（1）求数列的前三项.

（2）$\dfrac{323}{325}$是否为该数列中的项？

2. 写出下列数列的通项：

（1）1，2，1，2，1，2，1，2.

（2）0，$\dfrac{1}{3}$，$\dfrac{1}{2}$，$\dfrac{3}{5}$，$\dfrac{2}{3}$，…

（浙江省绍兴一中　虞金龙）

教学案例4

等差数列的前 n 项和

一、内容和内容解析

本节课之前，学生已经学习了数列的概念、数列的通项公式等基础知识，特别是认真研究了等差数列的概念、通项公式及其性质，这些构成了学习本节课内容的基础.

计算等差数列的前 n 项和，其核心是计算 $1+2+3+\cdots+n$. 如何求 $1+2+3+\cdots+n$ 成为等差数列求前 n 项和的关键. 具体地说，研究高斯小时候计算 $1+2+3+\cdots+100$ 的过程显得十分重要.

高斯方法的特点是把不相同数相加的问题转化为相同数相加，这样就可以利用乘法来计算. 怎样把 $1+2+3+\cdots+100$ 转化为相同的数相加，办法是首尾相加. 这样就出现 $(1+100)$，$(2+99)$，…，$(50+51)$，它们都是101，即转化为 $101+101+\cdots+101=101\times50=5\,010$. 这个办法在用于计算 $1+2+3+\cdots+101$ 时失效. 由于加数的个数是奇数个，首尾相加将出现51被单列出来. 为了解决这个问题，设 $S=1+2+3+\cdots+101$. 把 $1+2+3+\cdots+101$ 倒序重写，得 $S=101+100+99+\cdots+1$，相加，得 $2S=102+102+\cdots+102$，这样，迁移这个方法——“倒序求和”就可以解决等差数列前 n 项和的问题.

二、目标和目标解析

1. 会用“倒序相加法”推导等差数列的前 n 项和公式.

2. 会用等差数列的前 n 项和公式求等差数列的前 n 项和.

3. 已知等差数列中的一些条件，会用等差数列的通项公式和前 n 项和的公式求数列的另外的一些相关量.

三、教学问题诊断分析

面对“高斯求和”，如何使学生寻找到这些数（项）之间的搭配规律，是导入“倒序相加法”，从而推导出等差数列的前 n 项和公式的关键.

教师可以引导学生观察并发现：$1+2+3+\cdots+100$ 中 $(1+100)=(2+99)=(3+98)=\cdots=(50+51)$，从而解决高斯问题.

即 $1+2+3+\cdots+100=(1+100)+(2+99)+(3+98)+\cdots+(50+51)=5\,050$.

显然用这个办法不能解决 $1+2+3+\cdots+100+101$ 的问题. 设置冲突，启发学生另想办法.

对于 $1+2+3+\cdots+n$，需要分 n 是奇数和偶数两种情况.

探究：请寻找一种避免上述求和进行分类的方法.

这就是"倒序相加法"，即：

$$\begin{array}{ccccccccc} 1 & + & 2 & + & \cdots & + & n-1 & + & n \\ n & + & n-1 & + & \cdots & + & 2 & + & 1 \\ \hline (n+1) & + & (n+1) & + & \cdots & + & (n+1) & + & (n+1) \end{array}$$

所以，$1+2+3+\cdots+n=\dfrac{(n+1)\times n}{2}$.

另外，教师可以设计如下问题：已知数列 $\{a_n\}$ 的前 n 项和为 $S_n=n^2+\dfrac{1}{2}n+1$，求这个数列的通项公式. 这个数列是等差数列吗？如果是，它的首项和公差分别是多少？

更进一步，要求学生对数列 $\{a_n\}$ 的前 n 项和 $S_n=pn^2+qn+r$（其中 p，q，r 为常数，且 $p\neq 0$）是否是等差数列，满足什么条件下，数列 $\{a_n\}$ 为等差数列进行探索.

教师可以通过启发式帮助学生获得正确的结论.

教师特别强调：数列 $\{a_n\}$ 为等差数列的条件是 $S_n=pn^2+qn$（p，q 为常数），即 $r=0$.

若数列 $\{a_n\}$ 的前 n 项和 $S_n=pn^2+qn+r$（其中 p，q，r 为常数，且 $r\neq 0$），则数列 $\{a_n\}$ 从第二项开始依次成等差数列.

四、教学过程设计

（一）课题引入

问题 1

求和：

（1）$-1+2-3+4-\cdots+100=$？

（2）$1+2+3+\cdots+100=$？

师生活动：

在（1）中，奇数项与它后面的偶数项相加的结果都是 1；所以应该将奇数项与它后面的偶数项相加，结果为 50.

$(1+100)=(2+99)=\cdots=(50+51)$，所以 $1+2+3+\cdots+100=101\times 50=5\ 050$.

设计意图

通过问题研究，发现方法.

问题 2

怎么求 $1+2+3+\cdots+n$?

不能再用 $(1+n)+[2+(n-1)]+\cdots\cdots$

学生思考、讨论，教师总结.

这就是我们今天要重点掌握的“倒序相加法”. 上面过程表示为:

$$\begin{array}{cccccccccc} 1 & + & 2 & + & \cdots & + & n-1 & + & n \\ n & + & n-1 & + & \cdots & + & 2 & + & 1 \\ \hline (n+1) & + & (n+1) & + & \cdots & + & (n+1) & + & (n+1) \end{array}$$

所以，$1+2+3+\cdots+n=\dfrac{(n+1)\times n}{2}$.

设计意图

通过问题的解决，引进“倒序相加”这一方法.

（二）公式的推导设计

问题 3

如何求等差数列 $\{a_n\}$ 的前 n 项和 S_n?

由于此前有铺垫，可以引导学生自己去推导公式.

$$\begin{array}{l} a_1+(a_1+d)+(a_1+2d)+\cdots+[a_1+(n-1)d] \\ a_n+(a_n-d)+(a_n-2d)+\cdots+[a_n-(n-1)d] \\ \hline (a_1+a_n)+(a_1+a_n)+(a_1+a_n)+\cdots+(a_1+a_n) \end{array}$$

所以，$S_n=\dfrac{n(a_1+a_n)}{2}$.

设计意图

用“倒序相加法”推导等差数列 $\{a_n\}$ 的前 n 项和 S_n.

问题 4

等差数列 $\{a_n\}$ 的前 n 项和公式可以利用通项公式和问题 2 的结果来推导吗?

师生活动:

$S_n=a_1+a_2+\cdots+a_n=a_1+(a_1+d)+(a_1+2d)+\cdots+[a_1+(n-1)d]=na_1+[1+2+\cdots+(n-1)]d=na_1+\dfrac{n(n-1)}{2}d$.

设计意图

让学生掌握等差数列 $\{a_n\}$ 的前 n 项和公式的另一种形式及另外的推导

方法.

问题 5

你能将等差数列 $\{a_n\}$ 的前 n 项和公式的两种形式互相转化吗?

师生活动：把通项公式代入 $S_n=\frac{n(a_1+a_n)}{2}$ 中，即可得到 $S_n=na_1+\frac{n(n-1)}{2}d$；反之，由通项公式得 $d=\frac{a_n-a_1}{n-1}$，代入 $S_n=na_1+\frac{n(n-1)}{2}d$，可得到 $S_n=\frac{n(a_1+a_n)}{2}$.

设计意图

培养学生的等价转化能力以及逆向思维能力.

（三）例题

例 已知一个等差数列 $\{a_n\}$ 的前 10 项的和是 310，前 20 项的和是 1 220，由这些条件能确定这个等差数列的前 n 项和的公式吗?

设计意图

培养学生直接运用公式的能力.

问题 6

对于例题，你还能有其他的解法吗?

解：由 $S_{10}=\frac{a_1+a_{10}}{2}\times 10=310$，得①：$a_1+a_{10}=62$，同理可得②：$a_1+a_{20}=122$.

两式相减得 $10d=60$，$d=6$，代入①得 $a_1=4$，所以 $S_n=3n^2+n$.

设计意图

通过一题多解，培养学生的发散思维能力.

（四）小结

（1）请你说明等差数列的前 n 项和 S_n 如何推导?

（2）解决等差数列求和中，有哪些数学思想方法？具体解题时如何体现?

（五）作业

教科书第 52～53 页，习题 2.3A 组第 2，5 题，B 组第 4 题.

五、目标检测设计

1. $a_1=5$，$a_n=95$，$n=10$，求 S_n；

2. $a_1=100$，$d=-2$，$n=50$，求 S_n；

3. $a_1=14.5$，$d=0.7$，$a_n=32$，求 S_n.

（浙江省诸暨市牌头中学　金兔）

教学案例 5

等比数列前 n 项和公式

一、内容和内容解析

等比数列的前 n 项和公式反映了等比数列前 n 项和与项数 n 之间的函数关系，如果已知等比数列的首项和公比，对于任意一个正整数 n，通过该公式都有唯一确定的前 n 项和与之对应，从等比数列前 n 项和公式的历史发展来看，它是从大量的实际问题抽象出来的一个数学模型，有着广泛的实际应用背景，例如“分期付款”等问题的计算.

等比数列的前 n 项和是“等差数列的前 n 项和”与“等比数列”内容的延续，也是学习后续内容，如数列极限、数列求和等知识的必要准备. 事实上，其他数列的求和问题，很多都可以化归为等比数列的求和. 更重要的是，公式推导过程中所渗透的类比、化归、分类讨论、整体变换和方程等思想方法，都是学生今后学习和工作中必备的数学素养.

二、目标和目标解析

理解等比数列的前 n 项和公式的推导方法；掌握等比数列的前 n 项和公式并能运用公式解决一些简单问题.

1. 在推导等比数列前 n 项和公式的过程中，领会错位相减法的基本原理（即等比数列的定义 $a_{n+1}=qa_n$），同时，能够结合等比数列的定义，对其他的推导方法进行必要的探索.

2. 能够利用等比数列前 n 项和公式求出该数列的前 n 项和，能够运用方程的思想认识等比数列前 n 项和公式，在五个量 S_n，q，a_1，a_n，n 中，已知三个，可以熟练应用公式求出其余两个，能够充分注意到公比为 1 这一特殊情况，在必要时进行分类讨论.

3. 通过融入与等比数列求和有关的历史材料，帮助学生突破难点，体会等比数列求和公式的文化内涵.

根据本课的教学目标，在教学设计过程中应当抓住三条线索：

（1）基础知识和技能：设置问题情境→公式推导→公式运用.

（2）数学思想和方法：特殊到一般、归纳猜想→错位相减等方法→转化、方程思想.

（3）学生情感和态度：产生认知冲突→充满兴趣并积极探索→感受成功的喜悦→体会等比数列前 n 项和的文化意义.

三、教学问题诊断分析

从学生已有的知识结构看，他们已经学习了等差数列的前 n 项和公式，对数列前 n 项和的概念已经知晓，但是值得注意的是，等比数列的前 n 项和公式的推导方法和等差数列所采用的“高斯求和法”有很大的区别，学生难以通过类比获得等比数列求和公式的推导方法. 从等比数列常见的几种推导方法来看，等比数列的定义及其结构特征是各种推导方法的核心，从这个意义上讲，等比数列的定义是等比数列前 n 项和公式的知识生长点.

本节课的第一个难点是利用错位相减法推导等比数列前 n 项和公式，主要困难是学生难以想到“错位相减”这一十分有效的方法，在教学时需要设置适当的问题情境，提高学生思维的积极性. 教学过程中以等比数列的定义和结构为突破口，即等比数列的每一项乘公比都等于后一项，这正是错位相减法的基本原理，也就是说给等比数列各项乘公比所得数列与原数列“错位相等”，抓住了这个关键，通过“相减”消除差异便成了一个自然的想法. 同时，从定义出发，还可以鼓励学生探索其他的推导方法.

在公式应用过程中，公比为 1 的特殊情况是一个难点，尤其是当不能确定公比是否为 1 时需要对公比进行分类讨论. 这对思维不够严密的学生来说是非常容易出错的，所以教学时针对这一难点进行训练是必要的.

本节课教学的重点是等比数列前 n 项和公式的推导和公式的运用. 教学过程应当围绕这两个重点展开，从而达到突出重点的目的. 而如何突破难点是教学取得成效的关键，从历史上看，等比数列求和公式是从大量的实际例子抽象出来的数学模型，所以，从特殊到一般应该是求和公式推导教学的基本思路.

四、教学支持条件分析

为了实现教学目标，突破教学难点，在本节课的教学过程中，需要以下的条件支持：

1. 教师对等比数列求和的历史发展有必要的了解

19 世纪，英国著名物理学家麦克斯韦（J. C. Maxwell，1831—1879）提到：“对学生而言，去阅读任何科目最开始的记录，都是非常有用的，对科学尤然. 当他们身处概念的起源阶段时，他们也最能够完全理解与吸收.”等比数列是最早受到人们关注的数列之一，早在公元前 3000 年，古巴比伦人就已经能用递推关系 $S_n=a_1+q\cdot S_{n-1}$ 计算一些具体的等比数列的求和问题，而以等比数列求和为背景的典故、诗歌等材料在中外数学史上更是不胜枚举. 从公式的推导方法来看，古巴比伦的莱因德纸草所示的计算方法以及《几何原本》中给出的推导方法和教科书所采用的错位相减法有异曲同工之妙，这些材料不仅为我们的教学活动提供了有益的借鉴，同时也为我们的教学提供了丰富的素材. 教学过程中，利用数学史材料设置问题情境，揭示各种推导方法的奥妙，提供公式运用的平台，不但能够激发学生的学习兴趣，达到突破难点、突出重点的目的，而且能够增强本课的文化意涵.

2. 利用多媒体手段和网络资源展示教学材料

教学过程中，通过多媒体投影教学材料，有利于提高教学效率. 有条件时可以安排学生上网查询与等比数列求和相关的资料，以便增强学生的兴趣，扩大学生的知识面，体会数学并非是枯燥的公式的汇集，而是人类文化的组成部分.

五、教学过程设计

问题 1

国王与棋盘上的麦粒数. 国际象棋起源于古代印度，相传国王要奖赏国际象棋的发明者，问他想要什么. 发明者说：“请在棋盘的第 1 个格子里放上 1 颗麦粒，第 2 个格子里放上 2 颗麦粒，第 3 个格子里放上 4 颗麦粒，依此类推，每个格子里放的麦粒数都是前一个格子里放的麦粒数的 2 倍，直到第 64 个格子，能满足我的要求吗?”国王一听笑了，心想几粒麦子加起来不过一小袋，就说把棋盘每格子里的麦粒数加倍给发明者.

（1）原来放好的麦粒是不是要重新放过？为什么？国王一共需要准备多少粒麦粒？比发明者原来的要求多多少？

（2）你能将解决上述问题的算法推广，求出等比数列前 n 项的和吗？试试看，把你得到的结论写下来.

（3）反思公式的证明过程？说说什么样的数列能错位相减求和，为什么？

师生活动：教师利用多媒体投影提出问题，学生讨论、思考、实践，通过比较两个数列：

$$
\begin{aligned}
2S_{64}&=\phantom{1+{}}2+2^2+2^3+\cdots\cdots+2^{63}+2^{64}\\
S_{64}&=1+2+2^2+2^3+\cdots\cdots+2^{63}
\end{aligned}
$$

发现两个数列“错位相等”，为求“比发明者原来的要求多多少”，学生自然想到将两个数列相减，从而发现错位相减法．然后，从特殊到一般，将此解法推广到一般情况，得出前 n 项和公式．教师将前 n 项和公式板书于黑板中心位置，强调推导过程中，公比 $q\neq 1$．学生反思前 n 项和公式推导过程，用自己的语言归纳出：等比数列的各项分别乘公比⟶定义⟶错位相等⟶错位相减⟶消项化简⟶前 n 项和公式．这样一个逻辑链关系，其核心思想是“错位相等⟶错位相消”．教师只是根据学生探究的情况给予“恰时恰点”的指导，一般用“追问”来启发，而不是告诉结果．

设计意图

用国王与棋盘上的麦粒数的故事创设问题情境，引入等比数列求和的主题，同时引起学生对求和的好奇心，唤起学生的求知欲望．问题（1）的意图在于提供一个“样本例”，使学生非常容易地发现“错位相等”，并自然地想到“错位相减”，从而揭示错位相减法求和的基本原理．在此基础上，问题（2）的目的是让学生从特殊到一般，将解决问题的方法推广到一般情况．问题（3）的目的在于通过反思推导过程，领悟“错位相等”、“错位相消”的逻辑关系，进一步理解等比数列求和的核心思想．整个问题的探究过程与荷兰著名数学教育家弗赖登塔尔所倡导的“再创造”的教育思想是一致的．

练习　$7+7^2+7^3+7^4+7^5=?$

设计意图

一方面熟悉等比数列的求和，另一方面为问题 2 作好铺垫，起到承上启下的作用．

问题 2

莱茵德纸草上的算法．约书写于公元前 3000 年的莱因德纸草上，聪明的古代人曾经利用递推关系：

$$7+7^2+7^3+7^4+7^5=7+7\times(7+7^2+7^3+7^4)$$

解决了等比数列 7，7^2，7^3，7^4，7^5 的求和问题．

（1）你能将上述递推关系推广到一般情况吗？

（2）试利用（1）中得到的递推关系推导等比数列前 n 项和公式．

（3）古希腊数学名著《几何原本》中利用等比定理推导出了等比数列的求和公式：

根据等比数列的定义，有：$\dfrac{a_2}{a_1}=\dfrac{a_3}{a_2}=\cdots=\dfrac{a_n}{a_{n-1}}=\dfrac{a_{n+1}}{a_n}=q\ (q\neq 1)$．

由等比定理，得 $\dfrac{a_2+a_3+\cdots+a_{n+1}}{a_1+a_2+\cdots+a_n}=\dfrac{S_{n+1}-a_1}{S_n}=q$．

亦即：$S_{n+1}=a_1+qS_n$．从而可得等比数列求和公式：$S_n=\dfrac{a_1(q^n-1)}{q-1}\ (q\neq 1)$．

试将这种方法和你所用的推导方法进行比较.

师生活动：教师先提出问题（1），学生将特例推广到一般：

$$\begin{aligned}S_n&=a_1+a_1q+a_1q^2+\cdots+a_1q^{n-2}+a_1q^{n-1}\\&=a_1+q(a_1+a_1q+\cdots+a_1q^{n-2})\\&=a_1+q\cdot S_{n-1}.\end{aligned}$$

教师进一步提出问题（2），学生利用上述递推关系得出等比数列求和公式. 学生通过了解《几何原本》中的推导方法，拓宽了视野；通过比较三种推导方法，加深了对等比数列前 n 项和以及等比数列定义结构的理解.

设计意图

从特殊到一般，从模仿到创新，培养学生的知识迁移能力. 同时，通过历史上各种推导方法的了解和比较，让学生领会各种方法求和的核心实质上都是充分利用了等比数列的定义. 另外，本题所得的递推关系蕴含的算法是利用计算机编程计算等比数列前 n 项和的基础，也是第二课时解决课本例 3 的理论依据之一.

例 1　求下列等比数列前 8 项的和：

（1）$\frac{1}{2}$，$\frac{1}{4}$，$\frac{1}{8}$，…；

（2）$a_1=27$，$a_9=\frac{1}{243}$，$q<0$.

变式：（1）求等比数列$\frac{1}{2}$，$\frac{1}{4}$，$\frac{1}{8}$，$\frac{1}{16}$，…的第 5 项到第 10 项的和；

（2）求 $1\frac{1}{2}$，$2\frac{1}{4}$，$3\frac{1}{8}$，$4\frac{1}{16}$，$5\frac{1}{32}$…的前 n 项和.

设计意图

熟悉、巩固等比数列前 n 项和公式.

问题 3

当公比 $q\neq1$ 时，等比数列的前 n 项和为 $S_n=\frac{a_1-a_nq}{1-q}=\frac{a_1(1-q^n)}{1-q}$，这里出现的五个量 S_n，q，a_1，a_n，n 中，已知几个就可以求出其余几个？试分析两个公式各适用于什么情形？

师生活动：教师提出问题，学生讨论并展示结果，体会方程的思想.

设计意图

设计本题的首要意图是让学生明确两个公式的联系和区别，并能够应用方程的思想认识、比较两个求和公式，知道在公式中出现的五个量中，已知三个就可以求出其余两个.

例 2 已知$\{a_n\}$是等比数列，请完成下表：

题号	a_1	q	n	a_n	S_n
(1)	$\frac{1}{2}$	$\frac{1}{2}$	8		
(2)	27	$\frac{2}{3}$		8	
(3)		-2		-96	-63

设计意图

运用方程思想剖析公式中的基本量及结构特征，识记公式. 熟练公式运用，着重强调公式的选择.

问题 4

当公比等于 1 时，等比数列前 n 项和如何求得？试求和：

$a+a^2+a^3+\cdots+a^n=$？其中 $a\in\mathbf{R}$.

师生活动：教师提出问题，请一名学生板演，其余学生自行练习；而后师生共同纠正解答过程中出现的失误，比如忽视 $a=0$ 和 $a=1$ 两种特殊情况；最后教师总结，强调分类讨论的必要性.

设计意图

设置此问题的目的是为了突破第二个难点，即针对公比是否为 1 的分类讨论，本题要对实数 a 的取值分三种情况分类讨论，因为当 $a=0$ 时，对应数列是一个各项为 0 的常数列，它不是等比数列，通过这个问题的解决，一方面使学生明确等比数列前 n 项和公式的特殊情形，另一方面，对培养学生良好的思维品质，领会分类讨论的重要思想都有益处.

例 3 判断是非，并说明理由：

①$1-2+4-8+\cdots+(-2)^{n-1}=\frac{1\times(1-2^n)}{1-2}$；（　　）

②$1+2+2^2+2^3+\cdots+2^n=\frac{1\times(1-2^n)}{1-2}$；（　　）

③若 $c\neq0$ 且 $c\neq1$，则 $c^2+c^4+c^6+\cdots+c^{2n}=\frac{c^2[1-(c^2)^n]}{1-c^2}$.（　　）

设计意图

进一步熟悉等比数列前 n 项和公式的应用，通过辨析公式运用过程中容易出现的错误，明确求和公式在运用过程中容易出现的失误，达到突破第二个难点的目的.

课后作业：利用课余时间查阅资料或者实地访问、调查银行按揭贷款等实际问题，了解等比数列求和公式在实际生活中的应用.

设计意图

通过对公式应用的了解，让学生体会到数学就在我们身边，它是人类文化的重要组成部分.

六、目标检测设计

1. 等比数列在很久以前就受到我国古代数学家的关注，以下两题选自中国古代数学典籍，你能利用今天所学的知识解决它们吗？

(1) 今有出门望九堤，堤有九木，木有九枝，枝有九巢，巢有九禽，禽有九雏，雏有九毛，毛有九色，问各几何.

(2) 远望巍巍塔七层，红光点点倍加增，共灯三百八十一，请问尖头几盏灯.

设计意图

检测学生是否能够利用等比数列求和公式进行计算.

2. 求和：$c^4+c^8+c^{12}+\cdots+c^{2\,008}$，其中 $c\in\mathbf{R}$ 且 $c\neq 1$.

设计意图

检测学生能否注意到公比为 1 这一特殊情况，并根据需要进行分类讨论.

3. 求和 $x+2x^2+3x^3+\cdots+2\,008x^{2\,008}$.

设计意图

为学有余力的同学提供更广阔的思考空间，检测学生对错位相减法的认识和掌握情况.

（浙江省诸暨中学　张小明　绍兴市稽山中学　刘智强　骆永明）

第三章 “不等式”概述

不等关系是自然界中存在的基本数量关系，了解并运用不等关系处理经济生活中的问题，理解其中的数学思想方法，学会用不等式的性质证明不等关系，学会用函数的方法求解一元二次不等式，学会用图解法求解简单的线性规划问题，学会用基本不等式证明不等关系或求函数的最值，这是本单元的基本教学目标，由此进一步提升学生将不等式与函数、方程相联系的思维能力.

不等关系与相等关系都是客观事物的基本数量关系，是教学研究的重要内容. 建立不等观念，处理不等关系与处理等量问题同样重要. 任何人都需要对发生在我们周围的事物做出判断，判断有时需要借助量与量的比较来实现，这就是不等关系在本章的地位作用，而完成量与量比较的过程就是建立不等式这一数学模型的过程.

一元二次不等式的解法是初中一元一次不等式或一元一次不等式组的延续和深化，对已学习过的集合、函数知识的巩固和运用具有重要的作用，与数列、三角函数、线形规划、直线与圆锥曲线以及导数等内容密切相关，许多问题的解决都会借助一元二次不等式的解法. 因此，一元二次不等式的解法在整个高中数学教学中具有很强的基础性，体现出很大的工具作用.

二元的算术平均数、几何平均数之间的不等关系，突出了基本不等式的代数、几何背景，用基本不等式解决问题的基本方法，简单的不等式证明，应用数形结合思想理解基本不等式，并从不同角度探索基本不等式的证明过程，渗透放缩思想的应用，它为不等关系证明、最值求解等提供有效的途径，用基本不等式求最大值与最小值，这一应用渗透于社会经济生活与数学知识的内部矛盾之中.

本章内容共四个核心知识块：第一，以不等关系与不等式基本性质为核心的基础块；第二，以一元二次不等式为核心的解法块，它与二次函数、二次方程紧密联系，既可拓展到二次方程的根的分布，又可拓展到含参数的不等式的求解，以及不等式的恒成立问题；第三，以图解法求解线性规划为核心的应用块；第四，以基本不等式为核心的思想方法块.

根据加涅的教学设计原理，教学设计的目的是为了支持学习过程，而学习过程的结果表现在言语信息、智慧技能、认知策略、态度和动作技能的习得之中.教学的策略就是帮助学生以自己的学习努力达到每一个作业的计划，一切教学的目的都是提供教学事件、指引注意、告诉学生学习目标、呈现刺激材料、提供反馈. 另一方面，从教学使用者角度考虑，教学设计为教师读懂教科书、读懂学生、读懂课堂、读懂评价提供指导，这是本单元教学设计的基本理念.

本章知识框图如下所示：

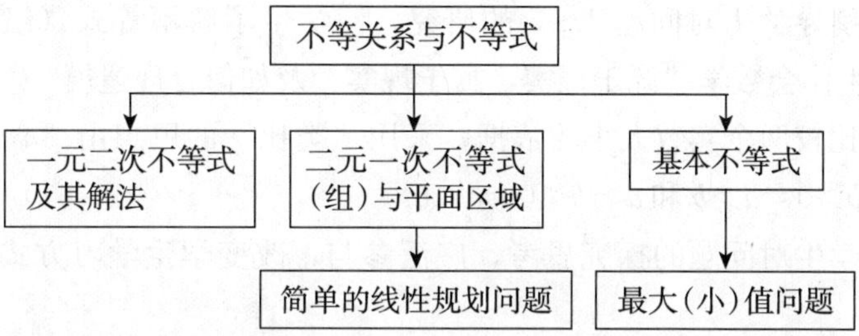

教学案例 6

不等关系与不等式

一、内容和内容解析

不等关系与相等关系都是客观事物的基本数量关系，是数学研究的重要内容. 建立不等观念，处理不等关系与处理等量问题是同样重要的. 任何人都需要对发生在我们周围的事物做出某种判断，判断有时需要借助于量的比较来实现，这就是不等关系在本章内容的地位与作用.

本节课的主要内容是，通过具体问题情境，使学生感受在现实世界和日常生活中存在着大量的不等关系，在学生了解一些不等式（组）产生的实际背景的前提下，学习不等式的有关内容.

不等关系与不等式的核心在于使学生在具体问题情境中学习如何利用不等式研究及表示不等关系. 因此教学的重点在于强化问题意识，因此要引导学生通过小组合作，合理进行“数学建模”，能将每一个不等式问题融入我们的现实生活中.

教学重点：用不等式（组）表示实际问题中的不等关系，并用不等式（组）研究含有不等关系的问题，理解不等式（组）对于刻画不等式关系的意义和价值.

二、目标和目标解析

通过具体情境感受在现实世界和日常生活中存在着大量的数量关系，了解不等式（组）的实际背景，了解不等式一些基本的性质.

1. 通过章头语中的诗“横看成岭侧成峰，远近高低各不同”让学生体会其中蕴含的不等关系及学生自己的举例，体会现实生活中存在大量的不等关系.

2. 通过引导学生对问题 1～5 的研究，使学生了解不等式（组）的实际背景，引导学生体会数学“源于现实，寓于现实”及如何合理建模.

3. 对比比较两个实数大小的依据，采用“类比”的思想由“$a-b=0\Leftrightarrow a=b$”得到 $a-b>0\Leftrightarrow a>b$ 和 $a-b<0\Leftrightarrow a<b$.

4. 通过学生对问题的探究思考，广泛参与，改变学生学习方式，提高学习质量.

三、教学问题诊断分析

学生的学习困难在于如何用不等式（组）正确表示出不等关系.《课标》中特别提出了“数学建模”，但纵观目前的高中数学教学，数学建模的真正落实还是令人担忧的. 因此在教学中应重视学生建模的意识和能力，关注学生的应用潜能. 为突破难点，在例题设计时需关注学生在学习过程中的感受、体验，认知状况及理解程度，注重问题情境、实际背景的设置，力求形式新颖、内容有趣、应用性强.

教学难点：是用不等式（组）正确表示不等关系.

四、教学支持条件分析

为有效实现教学目标，条件允许，可借助计算机进行辅助教学. 进行问题 5 教学时，可通过实验引导学生自己得出结论.

五、教学过程设计

（一）问题引入

现实世界和日常生活中，既有相等关系，又存在大量的不等关系. 如“横看成岭侧成峰，远近高低各不同”. 你能体会其中蕴含的不等关系吗？你还能举出一两个例子吗?

设计意图

诗中蕴含着不等关系，使学生认识到不等关系是客观存在的，是应用广泛的数量关系.“你能举出一两个例子吗”是一道开放性问题，让学生从不同的答案进一步体会不等关系是客观并大量存在的，让学生在交流中学习.

（二）运用不等式研究具体问题

在数学中，我们经常用不等式（组）来研究含有不等式的问题，下面请同学看几个具体的问题.

问题 1

某品牌酸奶的质量检查规定，酸奶中脂肪的含量 f 应不少于 2.5%，蛋白质的含量 p 应不少于 2.3%，写成不等式组就是 $\begin{cases} f \geqslant 2.5\%, \\ p \geqslant 2.3\%. \end{cases}$

问题 2

设点 A 与平面 α 的距离为 d，B 为平面 α 上的任意一点，则 $d \leqslant |AB|$.

问题 3

某种杂志原以每本 2.5 元的价格销售，可以售出 8 万本．据市场调查，若单价每提高 0.1 元，销售量就可能相应减少 2 000 本．若把提价后杂志的定价设为 x 元，怎样用不等式表示销售的总收入仍不低于 20 万元呢?

分析：若杂志的定价为 x 元，则销售的总收入为 $\left(8-\dfrac{x-2.5}{0.1}\times 0.2\right)x$ 万元. 那么不等关系“销售的总收入不低于 20 万元”可以表示为不等式 $\left(8-\dfrac{x-2.5}{0.1}\times 0.2\right)x \geqslant 20$.

问题 4

某钢铁厂要把长度为 4 000 mm 的钢管截成 500 mm 和 600 mm 两种．按照生产的要求，600 mm 钢管的数量不能超过 500 mm 钢管的 3 倍．怎样写出满足上述所有不等关系的不等式?

分析：假设截得 500 mm 的钢管 x 根，截得 600 mm 的钢管 y 根.

根据题意，应有如下的不等关系:

截得两种钢管的总长度不能超过 4 000 mm；

截得 500 mm 钢管的数量不能超过 500 mm 钢管数量的 3 倍；

截得两种钢管的数量都不能为负.

要同时满足上述三个不等关系，可以用下面的不等式组来表示：

$$\begin{cases}500x+600y\leqslant 4\,000;\\3x\geqslant y;\\x\geqslant 0;\\y\geqslant 0.\end{cases}$$

问题 5

b g 糖水中有 a g 糖（$b>a>0$），若添加上 m g 糖（$m>0$）则糖水变甜，你能根据这个事实关系列出一个不等式吗?

设计意图

问题 1～5 用不等式（组）表示汽车的速度，产品质量检验中相关含量指标等. 其意图是使学生认识到现世界中大量的数量关系是可以通过不等式关系表示的，不等式是研究不等关系的数学工具，从而理解不等式（组）对于刻画不等关系的意义和价值，体会“数学建模”的基本过程.

（三）练习

教科书第 74 页第 1，2 题.

（四）比较两个实数大小的方法

两个实数如何比较大小?

引导学生从数形两方面研究及采用“类比”的思想由“$a-b=0\Leftrightarrow a=b$”类比得到如下事实：$a-b>0\Leftrightarrow a>b$，$a-b=0\Leftrightarrow a=b$，$a-b<0\Leftrightarrow a<b$.

例 1 比较 $(a+3)(a-5)$ 与 $(a+2)(a-4)$ 的大小.

例 2 比较 $a^2+b^2+c^2$ 与 $ab+bc+ca$ 的大小.

师生共同归纳作差法的一般步骤：作差，变形，判断差的符号.

练习 已知 a，b，m 均为正数，且 $a<b$，求证：$\dfrac{a+m}{b+m}>\dfrac{a}{b}$.

设计意图

评练结合，掌握作差比较法. 练习与问题 5 前后呼应.

（五）小结

你能结合问题引入、问题1～5谈谈你的认识吗？

师生活动：学生先谈，教师给出总结.

数学是关系学，相等、不等、大小、全等、相似等都是关系，现实世界中存在大量的不等关系，在数学中可用不等式（组）来刻画. “数学建模”，关键是审好题，过好阅读关、心理关，将“实际问题”转化为“数学问题”. 最后用四句话来记住本节课的内容：“不等关系万万千，不等式（组）来表示，作差比较是基础，类比思想很重要.”

设计意图

进行本节课的小结，渗透“数学文化”.

六、目标检测设计

教科书第75页，A组第4，5题，B组第1，3题.

（绍兴鲁迅中学　章显联）

教学案例7

一元二次不等式及其解法

一、内容和内容解析

内容：一元二次不等式及其解法.

内容解析：一元二次不等式及其解法不仅仅是对一类不等式进行求解，更是对模块1中有关函数内容的一种延续和上升. 概括地讲，本节课内容的地位体现在它的基础性，作用体现在它的工具性. 一元二次不等式的解法是初中一元一次不等式或一元一次不等式组的解法的延续和深化，对已学习过的集合、函数知识的巩固和运用具有重要的作用，也与数列、三角函数、线性规划、直线与圆锥曲线以及导数等内容密切相关. 因此，一元二次不等式的解法在整个高中数学教学中具有很强的基础性，体现出工具作用.

教科书首先从一个实际问题引入一元二次不等式的概念，让学生经历从实际情境中抽象出一元二次不等式模型的过程. 然后，借助函数图象，通过二次函数零点与一元二次方程根的关系，引导学生观察、思考，最终归纳出一元二次不等式的解法，再以填空的形式让学生尝试设计求解一般一元二次不等式过程的程序框图，为学生的思维活动留足空间．教科书这样的处理方式突出了讲背景、讲联系、讲应用和螺旋上升的理念．

二、目标和目标解析

1. 经历从实际情境中抽象出一元二次不等式模型的过程，体现学习一元二次不等式的现实意义．

2. 通过函数图象探索一元二次不等式与相应函数、方程的联系；并能进一步感知“三个二次”之间的关系，增强学生数形结合思想的应用意识．

3. 对给定的一元二次不等式能设计求解的程序框图，以加深对知识的理解．同时培养从特殊到一般的认知规律．

4. 会利用一元二次不等式的有关知识，求函数的定义域；能对一元二次方程的根进行讨论．并能利用一元二次不等式解决一些实际应用问题．

三、教学问题诊断分析

学生已有的认知基础是，初中已经学习了一元一次不等式的解以及一元一次不等式与一次函数的关系和二次函数的有关概念．进入高中以后，又进一步学习了函数及相关概念，特别是可以借助图象对函数特征加以直观考察．尤其值得注意的是，学生有利用函数图象进行函数值大小比较的经验．函数图象在 x 轴上方的函数值大于 0，函数图象在 x 轴下方的函数值小于 0，函数图象与 x 轴的交点即为函数的零点．因此，充分利用二次函数的图象是本节内容的一个关键．

在一节课中完成一元二次不等式的解法、解法程序框图及其应用是不现实的，应根据学生实际分课时着力解决好以下两个问题：

1. 理解一元二次不等式、二次函数、一元二次方程之间的关系以及数形结合思想的渗透是本节内容的关键．教学时应该充分引导学生类比一元一次方程、一次不等式与一次函数三者之间的联系，让学生自行探索，教师总结．特别是对框图设计努力做到程序化，并能在具体练习中得以体会．

2. 一元二次不等式及其解法的应用也是教学的重点．通过适量的练习与实际问题的解决，使学生更加深入理解一元二次方程、一元二次不等式和二次函数图象的内在联系，以达到螺旋上升的目的．

四、教学支持条件分析

教学设备：可利用多媒体课件及实物投影仪．

通过让学生观察、讨论、辨析、画图，亲身实践，多角度去体验数学建模的思想，让学生学会用“数形结合”思想建立起代数问题和几何问题间的密切联系.

五、教学过程设计

（一）引入新课

问题1

某同学要把自己的计算机接入因特网，现有两家ISP公司可供选择. 公司A每小时收费1.5元（不足1 h按1 h计算）；公司B的收费原则为用户上网的第1 h内（含1 h，下同）收费1.7元，第2 h内收费1.6元，以后每小时减少0.1元（若用户一次上网超过17 h，按17 h计算）. 请你帮这位同学选择一下，是选择公司A？还是公司B？

设计意图

创设情境，引出课题，同时复习回顾等差数列及不等关系等有关知识，起到承上启下的作用.

（二）讲授新课

问题2

二次函数 $y=ax^2+bx+c$ 的部分对应值如下表：

x	-3	-2	-1	0	1	2	3	4
y	6	0	-4	-6	-6	-4	0	6

则不等式 $ax^2+bx+c>0$ 的解集是____________.

设计意图

在问题1已经明确一元二次不等式的基础上，引导学生通过画出二次函数 $y=ax^2+bx+c$ 的图象求不等式 $ax^2+bx+c>0$ 的解，从而引出“三个二次”的关系.

通过这一问题的解决，为解一元二次不等式指明了方向. 教师可适时再提出以下问题，让学生进一步练习.

问题3

画相应函数图象解下列不等式：

（1）$x^2-5x<0$；　　（2）$-3x^2+6x>2$.

设计意图

进一步强化函数图象在解一元二次不等式时的作用，使学生逐步建立起一元二次不等式、二次函数图象、一元二次方程这“三个二次”之间的关系，为突破本节课的难点打好基础.

通过具体问题的解决，教师应把方向引向探究一般一元二次不等式如何来解.

问题 4

对于一般的一元二次不等式 $ax^2+bx+c>0(a>0)$ 或 $ax^2+bx+c<0(a>0)$ 我们该如何通过相应的函数与方程来求解?

在教师引导下，师生一起完成“三个二次”的关系表.

Δ / 三个二次	$\Delta>0$	$\Delta=0$	$\Delta<0$
$y=ax^2+bx+c$ $(a>0)$ 的图象	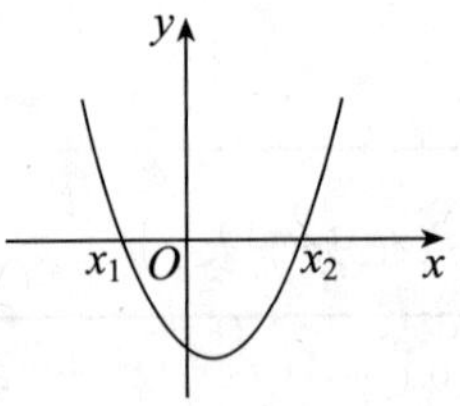	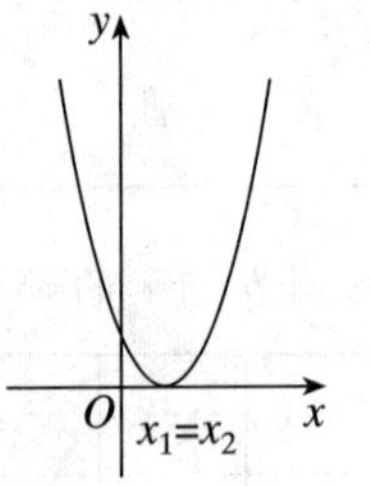	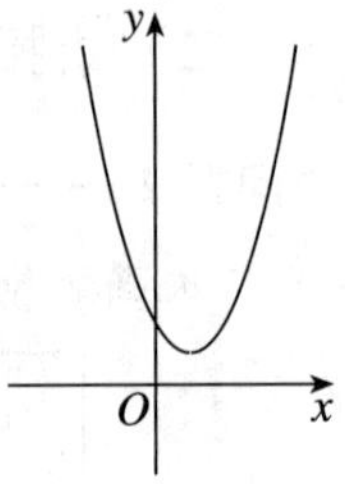
$ax^2+bx+c=0$ $(a>0)$ 的根	$x=x_1$ 或 $x=x_2$	$x_1=x_2=-\dfrac{b}{2a}$	无解
$ax^2+bx+c>0$ $(a>0)$ 的解集	$\{x\mid x>x_2$ 或 $x<x_1\}$	$\left\{x\,\middle\vert\, x\in\mathbf{R}\text{ 且 }x\neq-\dfrac{b}{2a}\right\}$	$\mathbf{R}$
$ax^2+bx+c<0$ $(a>0)$ 的解集	$\{x\mid x_1<x<x_2\}$	$\varnothing$	$\varnothing$

设计意图

由特殊到一般，培养学生的探索精神和化归思想，也为一元二次不等式的解决探求一般的、适用广泛的方法. 整个过程体现了数形结合的思想.

问题 5

解不等式 $4x^2-4x>15$，并画出解不等式过程的程序框图.

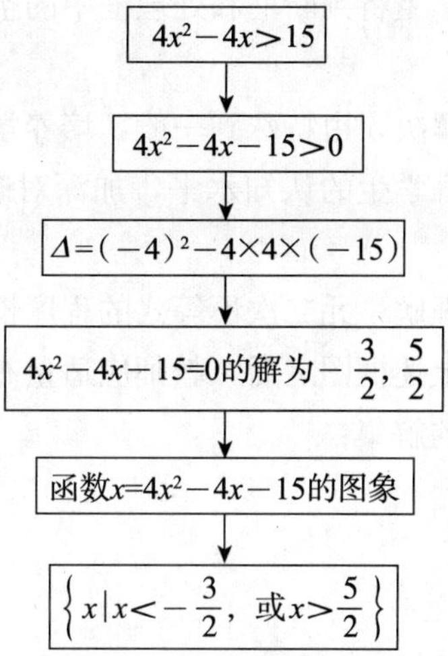

设计意图

从特殊到一般，再从一般到具体，既复习巩固了不等式的解法，又为进一步设计程序框图作好了准备，使学生对一般形式 $ax^2+bx+c>0$ $(a\neq0)$ 的程序框图的理解顺理成章.

问题 6

根据问题 5 结合教科书画出解不等式 $ax^2+bx+c>0$ $(a\neq0)$ 程序框图.

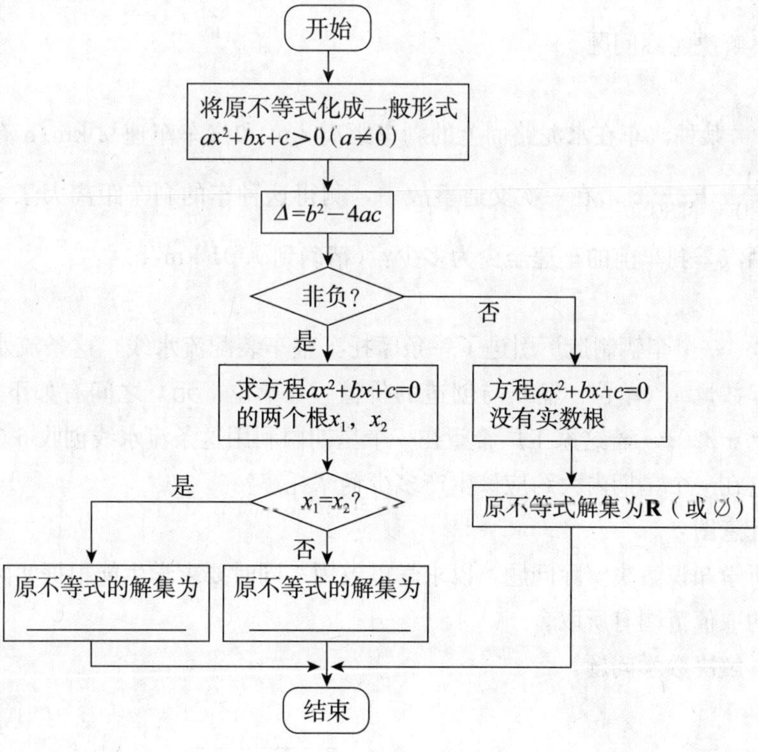

结合教师讲解，要求学生将判断框和处理框中的空格填充完整.

设计意图

根据前面具体问题的解决，由特殊到一般，培养学生的归纳总结能力，同时又从实践上升到理论，提升学生的认知水平，加深对解一元二次不等式的理解，达到螺旋上升的目的.

为了让学生更直观地理解一元二次不等式的程序框图，还可以让学生画出与之对应的函数图象. 完成上述框图之后，教师应适量布置课堂练习.

练习 求下列不等式的解集：

(1) $4x^2-4x+1>0$；

(2) $-x^2+2x-3>0$；

(3) $3x^2+5x<0$；

(4) $x(9-x)>0$.

设计意图

通过练习，熟练掌握解一元二次不等式的步骤.

（三）一元二次不等式的应用

问题 7

一元二次不等式有哪几方面的应用?

(1) 解决实际问题

例 1 某种汽车在水泥路面上的刹车距离 s m 和汽车车速 x km/h 有如下关系：$s=\frac{1}{20}x+\frac{1}{180}x^2$. 在一次交通事故中，测得这种车的刹车距离大于 39.5 m，那么这辆汽车刹车前的车速至少为多少?（精确到 0.01 km/h）

例 2 一个车辆制造厂引进了一条摩托车整车装配流水线，这条流水线生产的摩托车数量 x（单位：辆）与创造的价值 y（单位：元）之间有如下的关系：$y=-2x^2+220x$. 若这家工厂希望在一个星期内利用这条流水线创收 6 000 元以上，则它在一个星期内大约应该生产多少辆摩托车?

设计意图

用所学知识解决实际问题，以求学以致用. 同时要求学生能根据实际情况对未知量的取值范围有所取舍.

(2) 解决数学问题

例 3 求下列函数的定义域：(1) $y=\sqrt{-x^2+3x+4}$，(2) $y=\log_2^{(x^2+2x-3)}$.

例 4 a 为何值时，方程 $x^2+(a+3)x-a=0$ 有实数解？

例 5 已知不等式 $(m^2+4m-5)x^2-4(m-1)x+3>0$ 对一切实数 x 恒成立，求实数 m 的取值范围.

设计意图

通过例题，使学生熟悉和理解一元二次不等式在实际生活中的应用. 补充例题皆在使学生更深入理解函数、方程、不等式的内在联系，既复习了旧知识，又熟悉了新知识，做到了新旧知识的结合. 对于例题的处理，以师生一起分析为辅，学生独立思考解决为主，充分调动学生思维的积极性，同时也体现学生的主体地位.

六、目标检测设计

1. 解下列不等式：

(1) $3x^2-7x\leqslant 10$； (2) $x^2-x+\frac{1}{4}>0$；

(3) $-2x^2+x<-3$； (4) $12x^2-31x+20>0$.

设计意图

掌握一元二次不等式的解法，巩固基本知识，提高解题能力.

2. 若关于 x 的一元二次方程 $x^2-(m+1)x-m=0$ 有两个不相等的实数根，求实数 m 的取值范围.

设计意图

初步会使用一元二次不等式解决其他数学问题，进一步加深对“三个二次”之间关系的认识.

3. 设 m 为实数，解关于 x 的不等式：$m^2x^2+2mx-3<0$.

设计意图

通过解含参数的不等式，进一步提升一元二次不等式的解法，并为画解法框图打好基础.

4. 某文具店购进一批新星台灯，若按每盏台灯 15 元的价格销售，每天能卖出 30 盏；若售价每提高 1 元，日销售量将减少 2 盏. 为了使这批台灯每天获得 400 元以上的销售收入，应怎样制定这批台灯的销售价格？

设计意图

结合本节内容创设问题情境，在学生的练习中再次提出类似的应用问题，引起学生足够的重视.

（绍兴市稽山中学　陶利鑫）

教学案例8

简单的线性规划

一、内容和内容解析

简单线性规划是指目标函数只含两个自变量的线性规划，其最优解可以用数形结合方法求出，它是教科书的新增内容，体现了教科书重视数学应用，也是高中数学教学的一个难点.

线性规划的方法是求解各种优化问题的一种重要方法. 生产实际中存在着大量的涉及提高效率、节约能源、增加利润、安排生产等问题. 若分类，则主要有两类：一类是在人力、物力、财力等资源一定的条件下，如何利用它们来完成最多的任务；另一类是在给定一项任务的条件下如何统筹兼顾，能以最少的人力、物力、财力等资源来完成该项任务. 若从局部来讲，常见的问题则有：①物资调运问题；②产品安排问题；③合理下料问题；④分工配套问题；⑤最短路线问题；⑥最大流量问题；⑦工程网络问题；⑧指派问题等.

本节课为该单元的第 3 课时，主要内容是线性规划的相关概念和简单的线性规划问题的解法. 重点是如何根据实际问题准确建立目标函数，并运用数形结合方法求出线性约束条件下的最优解. 它与其他知识的联系是：

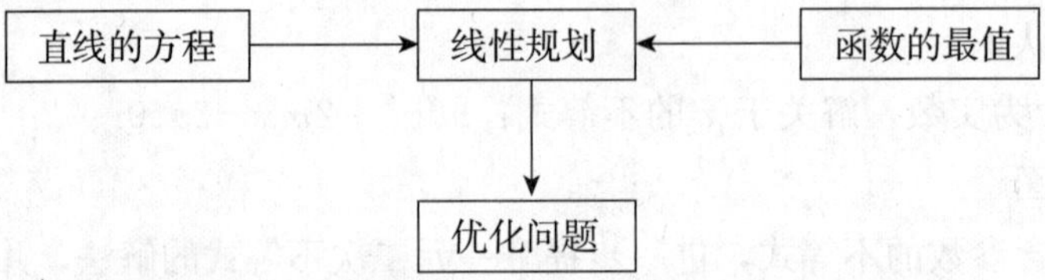

二、目标和目标解析

1. 了解线性规划的意义以及线性约束条件、线性目标函数、可行解、可行域、最优解等相关概念.

(1) 了解线性规划模型的特征：约束条件是线性不等式组，目标函数也是线性的.

(2) 熟悉线性约束条件（不等式组）的几何表征是平面区域（可行域）.

(3) 弄清可行域与可行解、可行域与最优解、可行解与最优解的关系.

2. 掌握实际优化问题建立线性规划模型并运用数形结合方法进行求解的基本思想和步骤.

(1) 能从实际优化问题中抽象、识别出线性规划模型.

(2) 能理解目标函数的几何表征（一族平行直线）.

(3) 能依据目标函数的几何意义，运用数形结合方法求出最优解和线性目标函数的最大（小）值.

3. 培养学生数形结合的能力.

对模型中 z 的最小值的求解，通过对式子 $z=2x+3y$ 的变形，变为 $y=-\frac{2}{3}x+\frac{z}{3}$，利用数形结合思想，把 $\frac{z}{3}$ 看作斜率为 $-\frac{2}{3}$ 的平行直线系在 y 轴上的截距，同时考虑点（x，y）在可行域内变动，通过观察图象，得出直线经过 $M(4，2)$ 时，截距最大，即利润最大. 数形结合思想是寻求线性规划模型的解的有效途径.

三、教学问题诊断分析

初学者常常觉得这一内容能够理解，也容易掌握，特别是用多媒体进行的教学，更觉得这一内容是那样的直观明了，不值一谈. 但一做题，就不知从何下手，如约束条件怎么列？目标函数是什么？可行域如何画？最优解怎么找？特别是当要求的是整数最优解时，就更是觉得无计可施，困难重重.

如何让学生能真正掌握和运用好线性规划，这既关系到消除新的数学学习困难产生的根源，又关系到学生数学应用能力与数学素养的提高. 第一个难点：将实际问题抽象为线性规划模型，通过第1课时已基本克服. 第二个难点：线性约束条件的几何意义，也在第2课时基本解决，但在实际操作中仍有困难，本节需继续巩固. 第三与第四个难点：线性目标函数及其几何表征与寻找最优解的突破，则必须在二元一次不等式（组）表示平面区域的基础上，继续利用数形结合的思想方法把目标函数直观化、可视化，以图解的形式解决. 第五个难点：整数最优解的寻找，应视所教学生的基础区别对待.

四、教学支持条件分析

为了有效实现教学目标，我们既要借助计算机，以高效、精准、直观的演示，使学生发现数学规律，体验数学建模，使教学更富趣味性和生动性，还要认真板书、徒手画图，有时还要故意示错，让学生在误中悟，从而既帮助学生有效地进行“数形结合”，实现数学思维，又培养学生良好的学习习惯与实践能力，以构建有利于学生建立概念的“多元联系表示”的教学情境.

五、教学过程设计

结合实例复习前课内容，让学生水到渠成地初步（巩固）掌握约束条件怎么列？目标函数是什么？可行域如何画？并引导学生在研究中发现“当$\frac{z}{3}$最大时，z取得最大”.

（一）问题引入设计

引例：某工厂用 A，B 两种配件生产甲、乙两种产品．每生产一件甲产品使用 4 个 A 配件，耗时 1 h；每生产一件乙产品使用 4 个 A 配件，耗时 2 h．已知该厂每天最多可从配件厂获得 16 个 A 配件和 12 个 B 配件，按每天工作 8 h 计算，该厂所有可能的日生产安排是什么？

问题 1

该厂生产什么？怎么生产？有哪些限制条件？如何让这些数据整体化，以利于统筹兼顾？

设甲、乙两种产品每日分别生产 x，y 件，按题意列表：

条件 \ 产品	甲产品（设为 x）	乙产品（设为 y）	限制条件
用 A 配件	4		16
用 B 配件		4	12
所需时间	1	2	8

$$\begin{cases} x\geqslant 0, \\ y\geqslant 0, \\ 4x\leqslant 16, \\ 4y\leqslant 12, \\ x+2y\leqslant 8. \end{cases} \quad (1)$$

设计意图

承接前一课时，引导学生读题审题，通过列表统筹处理众多的数据，完成实际问题数学化的过程，使学生进一步熟练如何从实际问题中抽象出不等式组（约束条件）并用平面区域表示.

问题 2

可能的日生产安排，什么意思？

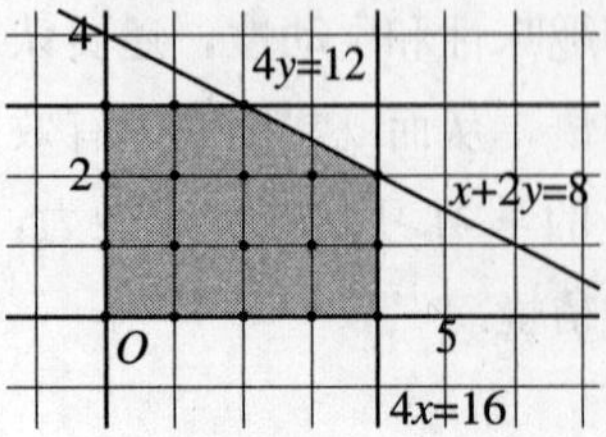

图 1

教学中，可以结合图形（图 1），让学生“读出”可行解，即可行域中的 18 个整点：

(0，0)，(0，1)，(0，2)，(0，3)；
(1，0)，(1，1)，(1，2)，(1，3)；
(2，0)，(2，1)，(2，2)，(2，3)；
(3，0)，(3，1)，(3，2)，(4，0)；
(4，1)，(4，2).

对于边界附近的点，如（3，3），（4，3，），（4，4）是否在可行域中，需引导学生配合不等式 $x+2y\leqslant 8$ 来判断，这将有助于学生解决问题时的缜密思考.

设计意图

让学生了解日生产方案的数学符号表示，不等式组（1）的整数解 (x, y) 的实际意义，并顺势给出“可行解”、“可行域”的概念.

问题 3

若每生产一件甲产品获利 2 万元，每生产一件乙产品获利 3 万元，如何安排生产利润最大？

设计意图

通过添加最优化问题的条件，转入对新知识的探究，得到目标函数，使学生体会知识生成的自然和线性规划模型的价值.

（二）问题的深入

利润函数模型的建立. 设生产利润为 z（万元），则 $z=2x+3y$.

这是一个二元函数，其图象是直线，生产利润 z 受甲、乙两种产品数量 x、y 的共同影响，当 x，y 满足不等式组（1）并且为非负整数时，z 的最大值是多少？这是本课时引导学生共同探索的核心.

教学时，可引导学生分别列举几种可能安排的利润，引出最优化问题，并顺势给出“目标函数”与“最优解”概念.

问题 4

如何看待利润函数的解析式 $z=2x+3y$？怎样求出其最大值？

把 $z=2x+3y$ 变形为 $y=-\frac{2}{3}x+\frac{z}{3}$，这是斜率为 $-\frac{2}{3}$，在 y 轴上的截距为 $\frac{z}{3}$（即随 z 变化）的一组平行直线（直线 $2x+3y=0$ 是其中的一个代表）.

由于 $z=2x+3y$ 中的（x，y）来自于可行域，所以直线 $z=2x+3y$ 与可行域有公共点.

由此追问：

当直线 $z=2x+3y$ 经过可行域中的哪个（些）点时，z 最大？

当直线 $y=-\frac{2}{3}x+\frac{z}{3}$ 经过可行域中的哪个（些）点时，$\frac{z}{3}$ 最大？

当直线 $y=-\frac{2}{3}x+\frac{z}{3}$ 经过可行域中的哪个（些）点时，与 y 轴的交点最高？

故求 z 的最大值，可转化为求 $\frac{z}{3}$ 的最大值，而 $\frac{z}{3}$ 是直线 $z=2x+3y$ 在 y 轴上的截距，只要看直线系 $z=2x+3y$ 与 y 轴的交点 $\left(0,\ \frac{z}{3}\right)$ 的最高即可.

从（一元）函数的观点来看，z 是以直线 $z=2x+3y$ 与 y 轴的交点的纵坐标为自变量的（一元）函数.

由于 y 的系数为正，故 z 是直线的纵截距的增函数，即当直线的纵截距最大（与 y 轴的交点最高）时，目标函数有最大值.（熟练之后，就不必化直线方程为斜截式了!）

设计意图

得出利润函数 $z=2x+3y$ 后，学生多会与一元函数求最值的问题进行类比，考虑定义域（这里是可行域）的作用，求最值的代数的或几何的方法. 在学生活跃的思维中，寻求数形结合的契机.

问题 5

怎样求解线性规划问题?

教师边讲边以板书示范，最后以多媒体整体展示.

表 1

产品 条件	甲产品（设为 x）	乙产品（设为 y）	限制条件
用 A 配件	4		16
用 B 配件		4	12
所需时间	1	2	8

设计意图

通过这个具体例子，让学生梳理问题解决的思路，并归纳最优化问题的求解步骤：

第一步：解题前先列出图表进行分析.

第二步：设变量.

第三步：写出约束条件与目标函数

$$\begin{cases} x\geqslant 0, \\ y\geqslant 0, \\ 4x\leqslant 16, \\ 4y\leqslant 12, \\ x+2y\leqslant 8. \end{cases}$$

目标函数为 $z=2x+3y$.

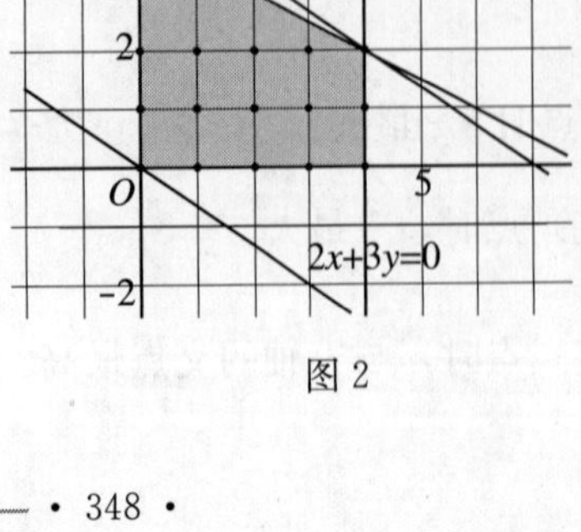

图 2

第四步：画出可行域（实际上也就找到了可行解）.

第五步：作出目标函数所表示的某条直线（通常选作过原点的直线），平移此直线并观察此直线经过可行域的哪个（些）点时，函数有最大（小）值.

第六步：寻找最优点、求最优解.

第七步：确定最大值与最小值.

由$\begin{cases}x=4,\\x+2y=8,\end{cases}$解得点$M$的坐标（4，2）.

当$x=4$，$y=2$时，z最大，$z_{max}=2\times4+3\times2=14$（万元）.

第八步：写出答案.

（三）线性规划概念组

问题6

什么是线性规划问题？

在线性约束条件下，求线性目标函数的最大值或最小值的问题，称为线性规划问题．线性规划问题的模型由目标函数和可行域组成，其中可行域是可行解的集合，可行解是满足约束条件的解．使目标函数取得最大值或最小值的可行解叫做这个问题的最优解.

设计意图

在学生已经获得感性认识的基础上，给出线性规划的相关概念.

结合本例，让学生思考最优解、可行解、可行域有怎样的关系？

教师总结，最优解一定是可行解，可行解的集合即可行域；最优解一般位于可行域的边界上．并进一步概括解线性规划问题的步骤，可简化为8个字：列、设、写、画、作、找、定、答．并以多媒体展示如下：

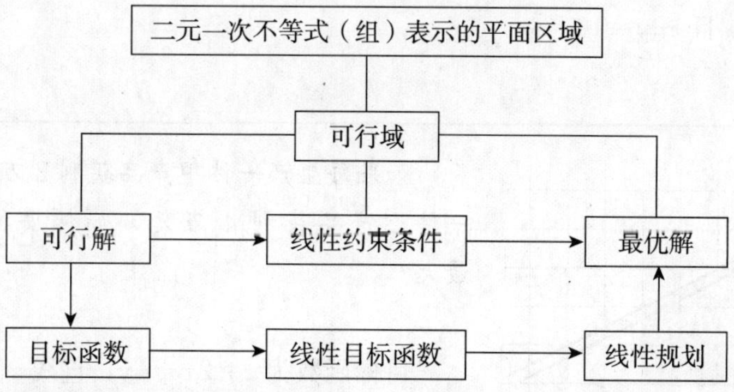

（1）解题前先列出图表进行分析；

（2）设好变量；

(3) 写出约束条件和目标函数；

(4) 画出可行域；

(5) 作出目标函数变化直线；

(6) 寻找最优点、求最优解；

(7) 确定最大值与最小值；

(8) 写出答案.

（四）问题的变式

设计意图

通过目标函数的不同变式，让学生熟悉最优解的求法，尤其是 y 的系数为负的情况，以避免目标函数的最值与它在 y 轴上的截距成正比的思维惯性. 而借助《几何画板》集中呈现目标函数的图形变化，能提高课堂效率，建立精准的数形联系.

问题 7

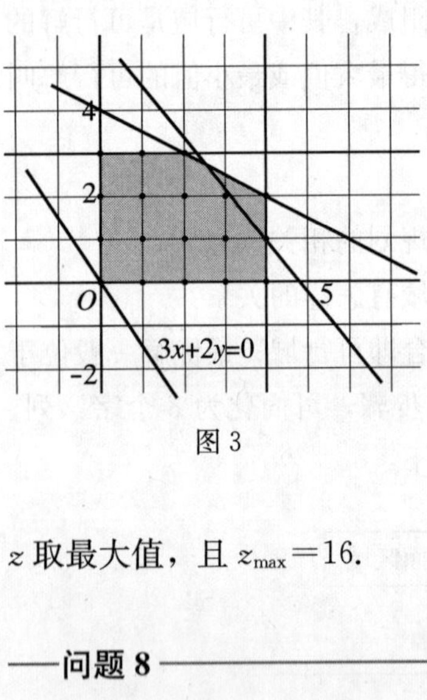

图 3

如果每生产一件甲产品获利 3 万元，每生产一件乙产品获利 2 万元，如何安排生产利润最大？

目标函数为 $z=3x+2y$，直线 $z=3x+2y$ 与 y 轴的交点的横坐标为 $\left(0,\ \frac{z}{2}\right)$.

作出直线 $3x+2y=0$，并平移，观察知，当直线 $z=3x+2y$ 经过点 (4，2) 时，直线 $z=3x+2y$ 与 y 轴的交点最高，即 $x=4$，$y=2$ 时，z 取最大值，且 $z_{\max}=16$.

问题 8

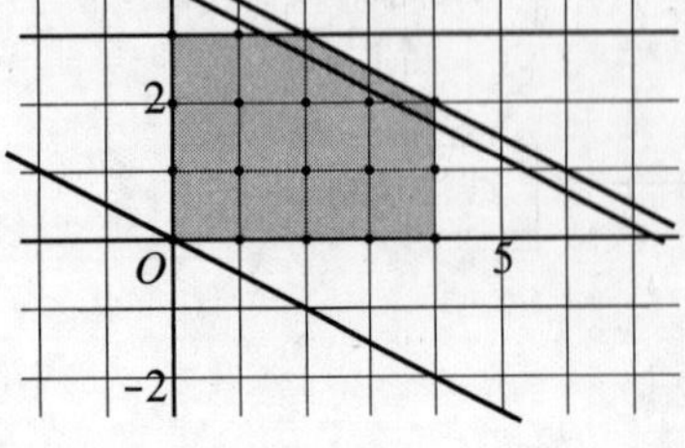

图 4

如果每生产一件甲产品获利 2 万元，每生产一件乙产品获利 4 万元，如何安排生产利润最大？

目标函数为 $z=2x+4y$，直线 $z=2x+4y$ 与 y 轴的交点的横坐标为 $\left(0,\ \frac{z}{4}\right)$.

作出直线 $2x+4y=0$，并平移，观察知，当

直线 $z=2x+4y$ 经过点（2，3）或（4，2）时，直线 $z=2x+4y$ 与 y 轴的交点最高，即 $x=2$，$y=3$ 或 $x=4$，$y=2$ 时，z 取最大值，且 $z_{max}=16$.

——问题 9

如果每生产一件甲产品获利 1 万元，每生产一件乙产品获利 4 万元，如何安排生产利润最大？

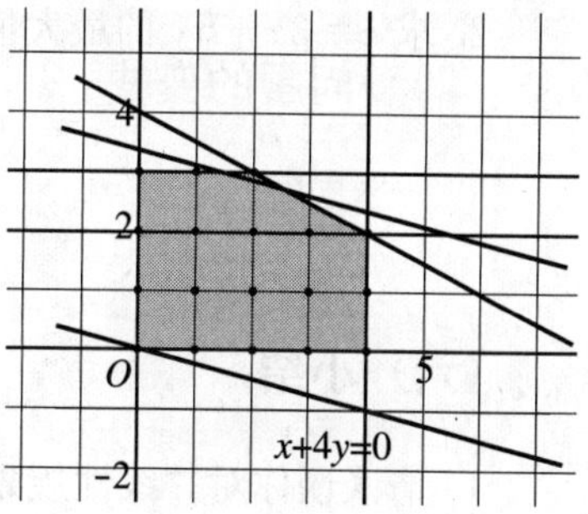

图 5

目标函数为 $z=x+4y$，直线 $z=x+4y$ 与 y 轴的交点的横坐标为 $\left(0,\ \frac{z}{4}\right)$.

作出直线 $x+4y=0$，并平移，观察知，当直线 $z=x+4y$ 经过点（2，3）时，直线 $z=x+4y$ 与 y 轴的交点最高，即 $x=2$，$y=3$ 时，z 取最大值，且 $z_{max}=14$.

——问题 10

如果每生产一件甲产品获利 3 万元，每生产一件乙产品亏损 2 万元，如何安排生产利润最大？

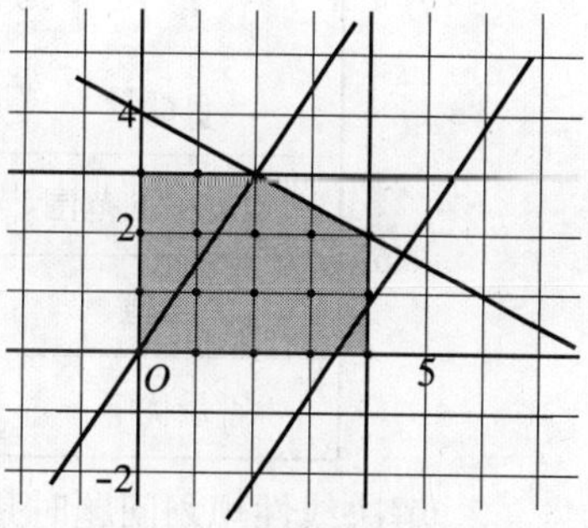

图 6

让学生先猜测. 注意：z 的最大值→直线 $z=3x-2y$ 在 y 轴上的截距 $-\frac{z}{2}$ 的最大值.

目标函数为 $z=3x-2y$，直线 $z=3x-2y$ 与 y 轴的交点的横坐标为 $\left(0,\ -\frac{z}{2}\right)$.

作出直线 $3x-2y=0$，并平移，观察知，当直线 $z=3x-2y$ 经过点（4，0）时，直线 $z=3x-2y$ 与 y 轴的交点最低，即 $x=4$，$y=0$ 时，z 取最大值，且 $z_{max}=12$.

猜测与实际运算结果相符吗？问题出在哪？（出在 y 的系数是负数）.

教学时，对于每一种变式，都需要学生首先明确：

（1）问题满足的不等式组是什么？对应怎样的可行域？

（2）目标函数是什么？对应怎样的直线（系）？

（3）求目标函数的最大值，还是最小值？关注对应的直线（系）与 y 轴的交点的最高点，还是最低点？y 的系数是负数？还是正数？

（五）练习

1. 求 $z=2x+y$ 的最大值，使 x，y 满足约束条件

$$\begin{cases}y\leqslant x,\\ x+y\leqslant 1,\\ y\geqslant -1.\end{cases}$$

2. 求 $z=3x+5y$ 的最大值，使 x，y 满足约束条件

$$\begin{cases}5x+3y\leqslant 15,\\ y\leqslant x+1,\\ x-5y\leqslant 3.\end{cases}$$

（六）小结

1. 请谈谈你对“线性规划”的理解？“线性规划”中的线性和规划的数学意义是什么？

教师根据学生的回答，强调以下两个方面：

①线性：约束条件是线性的，目标函数也是线性的！

②规划：规划就是求最优解，求可行域中使目标函数取得最值的可行解.

与（一元）函数类比：

	函数	线性规划
自变量		
自变量的范围		
最值		
最优解		

2. 解决线性规划问题时是怎样体现数形结合思想方法的？

（七）作业

教科书第106页，习题3.3，A组第3题.

六、目标检测设计

1. 某运输公司有7辆载重6 t的A型卡车，4辆载重10 t的B型卡车，有9名驾驶员. 在建造某段高速公路中，公司承包了每天至少运输沥青360 t的任务. 已知每辆卡车每天往返次数为A型8次，B型6次，每天运输成本为A型160元，B型252元. 每天应派出A型、B型车各多少辆，能使公司总成本最低.

2. 要将两种大小不同的钢板截成A，B，C三种规格，每张钢板可同时截得

三种不同规格的小钢板的块数如下表所示：

钢板类型	A 规格	B 规格	C 规格
第一种钢板	2	1	1
第二种钢板	1	2	3

今需要 A，B，C 三种规格的成品分别为 15、18、27 块，问各截这两种钢板多少张可得所需的三种规格的成品，且使所用钢板张数最少.

（浙江省上虞中学　谢全苗）

教学案例 9

基本不等式$\frac{a+b}{2}\geqslant\sqrt{ab}$

一、内容和内容解析

基本不等式是研究不等关系的一种重要形式，本节课只介绍二元的算术平均数、几何平均数之间的不等关系，教学中突出了解基本不等式的代数、几何背景及用基本不等式解决问题的基本方法和简单的应用，不等式证明的要求较低，教学时不必加深，它在后续学习《选修 2-2》中的推理与证明、《选修 4-5》不等式选讲时得到加强，教学中要把握好这个难度.

基本不等式重点刻画两个正数算术平均值与几何平均值大小的变化规律，应用数形结合思想理解基本不等式，并从不同角度探索基本不等式的证明过程，渗透放缩思想的应用，它为不等关系证明、最值求解等提供有效的途径，用基本不等式求函数的最大值与最小值，这一应用渗透于社会经济生活与数学知识的内部矛盾之中.

基本不等式的代数结构$\frac{a+b}{2}\geqslant\sqrt{ab}$也是数学模型思想的一个范例，教科书中例 1 及习题 3.4 第 1 题将数学模型思想进一步渗透其中，教学中不仅要突出数与形转化思想的运用，而且也要把数学模型化思想呈现在学生面前，这将成为继《数学 1》第三章函数的应用之后，数学模型思想的再一次应用.

二、目标和目标解析

1. 探究并了解基本不等式的证明过程，学会“形”与“数”的转化.

2. 理解两个实数的平方和不小于它们之积的2倍的不等式的证明.

3. 理解两个正数的算术平均数不小于它们的几何平均数的证明以及它的几何解释.

4. 掌握基本不等式解决简单的最大（小）值问题的基本方法.

本节课是学生对不等式认知的一次飞跃，引导学生从数和形两方面深入地探究不等式，通过基本不等式的几何解释，丰富学生数形结合的能力. 为了达到这一目标，通过会标问题，圆内半弦不大于半径问题再现“形”转化为“数”的过程；另一方面，变式教学的设计既加深学生对基本不等式的理解又实现学习目标的达成，从而进一步突破重点. 两个公式的证明要注重严密性，教师要帮助学生理解每一步的理论依据，培养学生良好的数学思维品质，提高学生举一反三的逻辑推理能力；实际问题中的最大值与最小值是基本不等式的直接应用，关键是如何从实际问题中的数量关系抽象出基本不等式的特点，完成由实际问题转化为数学模型，解决函数的最优化问题.

三、教学问题诊断分析

面对第24届国际数学家大会的会标，如何使学生从图中寻找一些相等关系或不等关系？这一探究过程会出现一些思维的障碍点或盲点，就是向哪个方向上寻找“相等关系或不等关系”. 可以引导学生分析直观图形中“直角三角形与正方形面积”中所呈现的数量关系，这样学生才能够发现其中图形面积所隐含的数量关系：

$$4\left(\frac{1}{2}ab\right)+(a-b)^2=(\sqrt{a^2+b^2})^2.$$

即4个直角三角形面积与一个小正方形面积之和为大正方形面积.

当小正方形面积不为0时，大正方形面积大于4个直角三角形面积，即

$$(\sqrt{a^2+b^2})^2>4\left(\frac{1}{2}ab\right)，也即\ a^2+b^2>2ab；$$

当小正方形面积为0时，4个直角三角形面积等于大正方形面积，所以 $a^2+b^2=2ab$，此时 $a=b$.

在不等式 $a^2+b^2\geqslant 2ab$ 的证明中，学生可能不能很快与不等式的基本性质产生联系，或运用比较法思想作差证明，其原因是人的思维需要一个联系“桥”，搭建一个联结点. 可以给出一个引导“如何比较 a^2+b^2 与 $2ab$ 大小”的具体案例.

运用分析法证明基本不等式“$\frac{a+b}{2}\geqslant\sqrt{ab}$”，证明的格式及为什么可以这样证明是学生思维的一个障碍点，一是学生不能马上发现其中隐含的道理，二是学生照此模仿往往就会出错，其原因是学生不能弄清楚这里推理的根据. 但在这里要说清楚全部的根据就要涉及许多内容，如推理的可逆性问题，命题的唯一性问

题，什么情况下才可以运用此法等.

教学实践发现，学生从认知角度来把握基本不等式的代数结构需要一个相当长的过程，尤其是所面对的数学问题错综复杂，教学中要特别突出代数结构的变化过程；另一方面，对于基本不等式的使用条件，学生缺乏判断的自觉意识，因此需采取选择反例的教学策略培养这一意识.

四、教学支持条件分析

学生对不等式的认知仅仅处在不等式求解的层面上，为了使学生在不等式的结构与形式上有较深刻的理解，需要在“形”与“数”的转化上、不等式的数学语言表达上、不等关系证明的逻辑思考上做许多预设，提供尽可能多的提示与标准的语言表达，在教学策略上尽可能多地选择正反两方面的例子、有步骤地变换因素、选择反例、构建假设、验证假设、考虑不同的可能性.

学生在对图形观察时不一定会准确把握图形中的数学本质，或不具备将“形”中的数量关系转化为“数”式的直接能力，因此需要教师引导，如引导学生从图形面积上考虑图形拼接前后的数量关系，或者利用《几何画板》制作一个动态图形拼接过程.

用分析法证明基本不等式时，要引导学生关注其语言“特色”，“要证……，只要证……”，并且规范地书写，给学生一个标准化的格式与信号.

在探索基本不等式的变式时，要引导学生从数学结构上去变化，如“两边同除以某一个式子”或“两边开方”或“两边平方”……给学生指明探索的方向.

在给出基本不等式的几何背景时，要引导学生将“数”式与平面图形中的线段进行转化，转化为几何图形中的数量关系.

在基本不等式的实际应用中，引导学生将问题中的文字语言转化为数学语言，然后根据数学语言的结构特点去灵活运用基本不等式.

五、教学过程设计

教师引言（投影图1）：同学们，这是北京召开的第24届国际数学家大会的会标，会标是根据中国古代数学家赵爽的弦图设计的，图1中的4个直角三角形围成一个正方形，我们大家一起来探究一下会标中所隐含的数量关系.

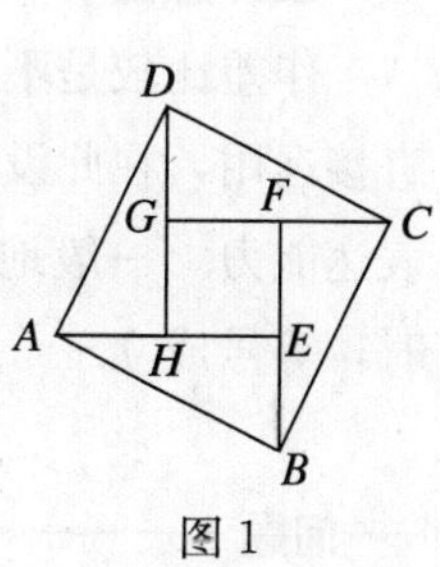

图1

问题1

比较图1中的4个直角三角形的面积与大正方形的面积，用数学符号表示，你会得到怎样的不等式？

师生活动：由学生完成图形面积的符号表示：$\sqrt{a^2+b^2}$，a^2+b^2，$2ab$，

$(a-b)^2$. 观察图 1 中 4 个直角三角形的面积，正方形 $ABCD$，$EFGH$ 的面积，可得到一个等式：$4\left(\frac{1}{2}ab\right)+(a-b)^2=(\sqrt{a^2+b^2})^2$，即 4 个直角三角形面积与一个小正方形面积之和为大正方形面积.

当小正方形面积不为 0 时，大正方形面积大于 4 个直角三角形面积，即 $(\sqrt{a^2+b^2})^2>4\left(\frac{1}{2}ab\right)$，也即 $a^2+b^2>2ab$；

当小正方形面积为 0 时，4 个直角三角形面积等于大正方形面积，所以 $a^2+b^2=2ab$，此时 $a=b$；

当 $a=b$ 时，直观上直角三角形变成等腰直角三角形. 于是从此图形中可得不等关系 $a^2+b^2\geqslant 2ab$.

设计意图

数学问题中的言语信息由生活语言、文字语言、符号语言、图形语言组合而成，且相互转化. 通过教学策略——有步骤地变换因素来展示，通过师生双边活动，让学生说出或写出图形中的数量关系，充分体验数学观察与挖掘的成就感.

问题 2

我们把图形中正数 a，b 更换成实数 a，b，a^2+b^2 与 $2ab$ 的大小关系成立吗？你能证明吗？

师生活动：学生说出作差比较，由学生代表说出或写出证明过程，教师给予补充.

设计意图

作差比较是不等关系与不等式性质单元中重要的知识点，作为这一知识点的直接运用，在此设计这一学生体验活动，关键是培养学生完整而准确的符号语言表达能力. 一般地，对于任意实数 a，b，我们有 $a^2+b^2\geqslant 2ab$，当且仅当 $a=b$ 时，等号成立.

问题 3

上述不等式中 a，$b\in\mathbf{R}$，如果限制 $a>0$，$b>0$，并用 $\sqrt{a}$，$\sqrt{b}$ 分别代替 a，b，可得一个新的不等式：$\sqrt{ab}\leqslant\frac{a+b}{2}$ $(a>0,\ b>0)$. 你能利用不等式的性质证明这一不等式吗？

学生思路：作差比较法证明：

$$\frac{a+b}{2}-\sqrt{ab}=\frac{1}{2}[(\sqrt{a})^2+(\sqrt{b})^2-2\sqrt{ab}]$$

$$=\frac{1}{2}(\sqrt{a}-\sqrt{b})^2\geqslant 0，所以\frac{a+b}{2}\geqslant\sqrt{ab}.$$

教科书思路：分析法证明：

要证：$\frac{a+b}{2}\geqslant\sqrt{ab}$ $(a>0，b>0)$， ①

只要证 $a+b\geqslant$________. ②

要证②，只要证 $a+b-$________$\geqslant 0$. ③

要证③，只要证（________－________）$^2\geqslant 0$. ④

根据一个数的完全平方是非负数，且④是成立的，所以当且仅当 $a=b$ 时，④的等号成立.

师生活动：在回答问题 3 时，学生首先想到作差比较法.

布置学生阅读教科书并完成教科书中的空白处.

①与②的推理是根据不等式基本性质 4；

②与③的推理是根据教科书第 81 页实数性质；

③与④的推理是根据配方法和一个平方数非负性确定的.

这里每一步都是可逆的，因此上述证明是合乎逻辑的.

上述证明方法称为分析法，它是从所求证的结果出发，逐步推出能使它成立的条件，直至已知的事实为止. 分析法是一种“执果索因”的直接证法，它所能证明的命题或公式必须具有可逆性或唯一性，否则，证明就会出现逻辑性问题.

设计意图

这里提供的教学内容是引导学生注意数学思维的分析形式，一方面分析法规范的陈述需要给学生展示，为后续推理与证明打下基础；另一方面分析法也是任一数学问题解题的突破口，这里采取的教学策略是构建假设、验证假设.

问题 4

探究图 2，你能给出不等式①的几何解释吗？

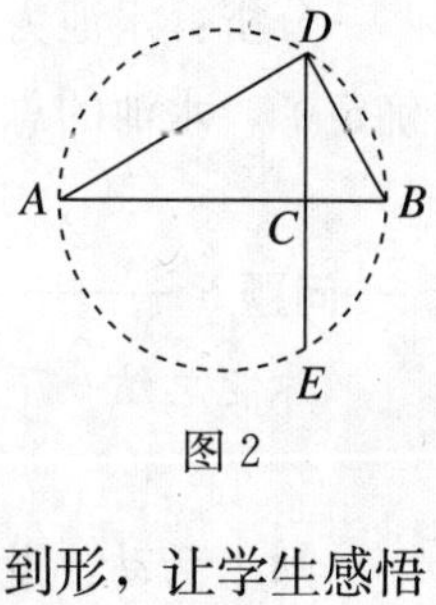

图 2

师生活动：圆的直径为 AB，弦 DE，由于圆的直径长不小于弦长，所以基本不等式的几何解释为半弦不大于半径，当且仅当点 C 与圆心重合，即 $a=b$ 时等号成立.

设计意图

教科书将基本不等式由形而来，产生数的表达，然后再回到形，让学生感悟数与形的有机结合，采取的教学策略是有步骤地变换因素.

基本不等式在解决实际问题中有着广泛的应用，它是解决最大值与最小值问题的有力工具.

例 1　(1) 用篱笆围成一个面积为 100 m^2 的矩形菜园，问这个矩形的长、宽各为多少时，所用篱笆最短，最短的篱笆是多少.

(2) 一段长为 36 m 的篱笆围成一个矩形菜园，问这个矩形的长、宽各为多少时，菜园的面积最大，最大的面积是多少.

设计意图

此问题的数学本质是将一个正数拆成两个正数，探索其和或其积为定值时，其积或其和的最值规律.

——问题 5——

你能说出此题的一般描述吗？它的数学模型是怎样的？

师生活动：

对于 (1)，当面积一定时，长与宽取什么值时篱笆的长最短？

对于 (2)，当周长一定时，长和宽取什么值时篱笆围成的面积最大？

数学模型：对于正数 x，y，

如果积 xy 是定值 P，那么当 $x=y$ 时，和 $x+y$ 有最小值 $2\sqrt{P}$.

如果和 $x+y$ 是定值 S，那么当 $x=y$ 时，积 xy 有最大值 $\frac{1}{4}S^2$.

设计意图

用数学眼光看数学实际问题，培养学生数学模型的总结与识别能力是培养学生综合素质的基础工作，本例的教学策略就是构建假设，学会归纳与表述.

例 2　某工厂要建造一个长方体形无盖贮水池，其容积为 4 800 m^3，深为 3 m，如果池底每平方米的造价为 150 元，池壁每平方米的造价为 120 元，怎样设计水池能使总造价最低，最低总造价是多少？

分析：水池为长方体，它的高是 3 m，底面的长与宽没有确定，如果长与宽确定了，水池的总造价也就确定了.

——问题 6——

你能总结一下此问题的数学模型吗？

师生活动：设底面的长与宽分别为 x，y，于是 $xy=1\ 600$，费用函数 $z=720(x+y)+240\ 000$，此例的数学本质就是探求一个二元函数 $z=720(x+y)+$

240 000在条件 $xy=1\,600$ 下的极值，这一点需要教师的引导与揭示，并说明这一类型问题在科学研究、生产生活实践中的广泛性.

数学模型：此题仍属于“如果积 xy 是定值 P，那么当 $x=y$ 时，和 $x+y$ 有最小值 $2\sqrt{P}$”.

设计意图

教科书选择这一类经典问题作为基本不等式的实际应用，教学中要揭示其内涵与外延，以说明数学来源于生活，总结本例中数学模型的建立过程，使学生逐步建立模型思想.

不等式 $\frac{a+b}{2}\geqslant\sqrt{ab}$ 是一个基本不等式，从结构上看很简单，但是却有丰富的内涵，有许多变化形式，灵活使用基本不等式是成功解题的关键．在使用基本不等式求函数最值时要注意公式满足条件“一正、二定、三相等”，否则就会导致各类错误.

问题 7

$x+\frac{1}{x}\geqslant 2$ 成立吗？

师生活动：画出函数 $y=x+\frac{1}{x}$ 的图象，可知，对于 $x\neq 0$，$x+\frac{1}{x}\geqslant 2$ 不成立.

例 3　若 $x>0$，求 $x+\frac{1}{x}$ 的最小值.

师生活动：因为 $x>0$，由基本不等式，得 $x+\frac{1}{x}\geqslant 2\sqrt{x\times\frac{1}{x}}=2$.

当且仅当 $x=\frac{1}{x}$，即 $x=1$ 时，等号成立.

变式1：$x<0$，求 $x+\frac{1}{x}$ 的最大值.

问题 8

能否转化其结构使其具备使用基本不等式的条件呢？

师生双边活动：事实上，$-x>0$，$(-x)+\frac{1}{(-x)}$ 符合基本不等式的使用条件，所以有 $(-x)+\frac{1}{(-x)}\geqslant 2\sqrt{(-x)\times\frac{1}{(-x)}}=2$，因此由不等式基本性质得

$x+\frac{1}{x}\leqslant -2$，当且仅当 $x=-1$ 时等号成立.

变式 2：a，b 同号，求 $y=\frac{b}{a}+\frac{a}{b}$ 的最小值.

问题 9

此式能否直接应用基本不等式？

师生活动：因为 a，b 同号，$\frac{b}{a}$，$\frac{a}{b}$ 均为正数，所以可应用基本不等式.

变式 3：当 $x>-2$ 时，探求函数 $y=x+\frac{4}{x+2}$ 的最小值.

问题 10

函数表达式 $x+\frac{4}{x+2}$ 从结构上不能直接使用基本不等式，如何变化呢？

师生双边活动：事实上，$x+2>0$，$x+2+\frac{4}{x+2}$ 从整体上符合基本不等式的使用条件，于是有 $x+\frac{4}{x+2}=x+2+\frac{4}{x+2}-2\geqslant 2\sqrt{(x+2)\times\frac{4}{(x+2)}}-2=2$，当且仅当 $x=0$ 时，等号成立.

变式 4：若 $0<x<\frac{1}{2}$，求 $y=x(1-2x)$ 的最大值.

问题 11

除了应用配方法求其最大值外，你会用基本不等式求其最大值吗？

师生双边活动：因为 $0<x<\frac{1}{2}$，所以 $0<2x<1$，$1-2x>0$，$2x+(1-2x)$ 为定值，于是将 $x(1-2x)$ 变形为 $\frac{1}{2}\times 2x\times(1-2x)$，然后再使用基本不等式，这一方法蕴含配凑思想.

设计意图

选择正反两方面的例子是数学教学的基本策略之一，这里通过变式的教学方法拓展基本不等式的运用，包括发现运算结构，应用基本不等式求最值，把握基本不等式使用的前提条件.

问题 12

基本不等式的使用条件与代数特征是什么？它在几何上表达的意义是什么？

设计意图

学生回顾本节课内容并回答：基本不等式中所涉及的量必须是正数，基本不等式涉及两个正数的算术平均和几何平均，它在几何上表示“圆中的半径不小于半弦”.

问题 13

本节课接触到的数学方法有哪些？你体会到的数学思想有哪些？

设计意图

学生通过学习、感悟回答：本节课接触到数学方法是分析法、作差比较法、配凑法等，学到的数学思想是数形结合思想、数学模型思想.

六、目标检测设计

1. 如图，正方形的边长为 $a+b$，请你利用 $AC+BC\geqslant AB$，写出一个含有 a，b 的不等式，说明等号何时成立，并用分析法证明你的结论.

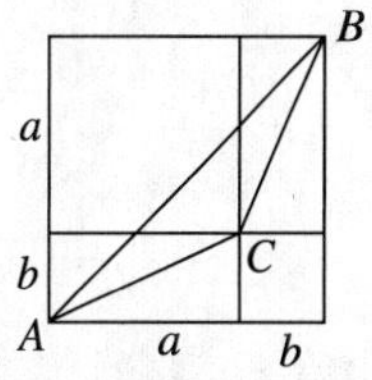

（第 1 题）

设计意图

“数”与“形”结合地研究基本不等式是本节内容的核心，其中数形转化能力又是焦点. 分析法是学生初次接触的证明方法，本问题设计与课程内容紧密联系，加强基本不等式内部联系，此题设计作为教学目标中 1，2，3 完成程度的检测.

2. 已知 $x>1$，求函数 $y=2x+\dfrac{1}{x-1}$的最小值，并求 y 取最小值时 x 的值.

设计意图

基本不等式应用的障碍点在于使用条件“一正、二定、三相等”，当函数的表达形式不符合时，需要经过变形来满足，这需要观察数学表达式的数学结构. 此题的关键就在于将“$2x$”变形为“$2(x-1)+2$”，这样才能与“$\dfrac{1}{x-1}$”结构联系，使用基本不等式. 此题检测学生思维的迁移能力.

（浙江绍兴柯桥中学　余继光）